21世纪法学系列教材

保 险 法

Insurance Law

范 健 王建文 张莉莉 著

法律出版社
始创于1954年
www.lawpress.com.cn
好书，同好老师和好学生分享

图书在版编目(CIP)数据

保险法/范健,王建文,张莉莉著. -- 北京:法律出版社,2016.12(2020.7 重印)
ISBN 978-7-5197-0279-3

Ⅰ.①保… Ⅱ.①范…②王…③张… Ⅲ.①保险法-中国-高等学校-教材 Ⅳ.①D922.284

中国版本图书馆 CIP 数据核字(2016)第 277711 号

保险法
BAOXIANFA

范 健 王建文 张莉莉 著

责任编辑 吴 昉
装帧设计 凌点工作室

出版 法律出版社
总发行 中国法律图书有限公司
经销 新华书店
印刷 固安华明印业有限公司
责任印制 胡晓雅

编辑统筹 法律教育出版分社
开本 720 毫米×960 毫米 1/16
印张 24
字数 462 千
版本 2017 年 1 月第 1 版
印次 2020 年 7 月第 5 次印刷

法律出版社/北京市丰台区莲花池西里 7 号(100073)
网址/www.lawpress.com.cn
投稿邮箱/info@lawpress.com.cn
举报维权邮箱/jbwq@lawpress.com.cn
销售热线/400-660-8393
咨询电话/010-63939796

中国法律图书有限公司/北京市丰台区莲花池西里 7 号(100073)
全国各地中法图分、子公司销售电话:
统一销售客服/400-660-8393/6393
第一法律书店/010-83938432/8433 西安分公司/029-85330678 重庆分公司/023-67453036
上海分公司/021-62071639/1636 深圳分公司/0755-83072995

书号:ISBN 978-7-5197-0279-3
定价:45.00 元

出版说明

法律出版社作为中国历史最悠久、品牌积淀最深厚的法律专业出版社，素来重视法学教育图书之出版。

原“21世纪法学规划教材”系列作为本社法学教育出版的重心，延续至今已有十余年。该系列一直以打造新世纪新经典教材为己任，遍揽名家新秀，因其卓越品质而颇受瞩目并广受肯定。当前，根据法学教育发展变化的客观需要，本社将原有教材系列调整重组，形成新编“21世纪法学系列教材”，以便更好地为法学师生服务。

中国的法学教育正面临深刻变革，未来的法学教育势必以培养高素质法律人才为目标，以知识教育与应用教育相结合、职业教育与素质教育相结合、精英教育与大众教育相结合为导向，法学教育图书的编写与出版也将由此进入变革与创新的时代。

为顺应未来法学教育的改革方向和发展趋势，本社将应时而动，为不同学科、不同层次、不同阶段、不同需求的法学师生量身打造法学教材及教学辅助用书。在教材方面，将推出课堂教学系列、实训课程系列、通识课程系列、简明本系列、双语教学系列等；在教学辅助用书方面，将推出案例教程系列、法规教程系列、练习与测验系列、法学讲座系列、专业培训系列等。或革新，或全新，以厚基础、宽口径、多元化、开放性为基调，力求从品种、内容和形式上呈现崭新风采，为法学师生提供更好教本与读本，同享规划教材之盛。

“好书，同好老师和好学生分享”。本社在法学教育图书出版上必将继往开来，以精益求精的专业态度，打造全新“21世纪法学系列教材”，传播法学知识，传承法学理念，辅拂法律教育事业，积累法律教育财富，服务于万千法学师生和明日法治英才。

法律出版社

作者简介

范　健　江苏省南通市人。南京大学法学院教授、博士生导师。首届中国十大杰出青年法学家(1995 年)。中国商法学研究会副会长,江苏省法学会商法学研究会会长,马克思主义理论研究和建设工程《商法学》重点教材编写项目首席专家暨召集人。主要研究领域为商法、经济法、国际商法。发表学术论文近二百篇,出版独著、合著及主编教材近三十部,主要有:《商法学》(第四版)(2015 年,第一作者)、《商法》(第四版)(面向 21 世纪课程教材、普通高等教育"十一五"国家级规划教材,2011 年,主编)、《商法总论》(2011 年,第一作者)、《公司法》(第四版)("十二五"普通高等教育本科国家级规划教材,2015 年,第一作者)、《证券法》(第二版)(2010 年,第一作者)、《破产法》(2009 年,第一作者)、《商法案例分析》(全国高等学校法学专业课程案例分析教材,2008 年,主编)、《商法的价值、源流及本体》(第二版)(2007 年,第一作者)、《商法基础理论专题研究》(教育部高等教育司推荐"研究生教学用书",2005 年,第一作者)、《德国商法:传统框架与新规则》(2004 年,独著)、《商法论》(2003 年,第一作者)、《公司法论》(上卷)(1997 年,第一作者)、《中国经济法》(1995 年,主编)、《反倾销法研究》(1995 年,独著)、《德国商法》(1993 年,独著)等。

王建文　安徽省望江县人。南京航空航天大学人文与社会科学学院院长、教授、博士生导师。中国商法学研究会常务理事兼信托法专业委员会主任,江苏省法学会商法学研究会副会长兼秘书长,马克思主义理论研究和建设工程《商法学》重点教材编写项目主要成员。第三届江苏省优秀青年法学家(2013 年入选)、江苏省"333 高层次人才培养工程"中青年科学技术带头人(2011 年入选)、江苏省高校"青蓝工程"中青年学术带头人(2010 年入选)、河海大学优秀创新人才(2008 年入选)、江苏省高校"青蓝工程"优秀青年骨干教师(2004 年入选)。江苏省优秀研究生课程《商法专题研究》(2010 年入选)负责人。曾获第二届全国法学教材与科研成果奖三等奖(2006 年)、江苏省第十届哲学社会科学优秀成果奖三等奖(2007 年)。先后毕业于西北政法学院经济法系(本科)、南京大学法学院(硕士、博士),并在中国人民大学法学院从事博士后研究。主要研究领域为商法、金融法。主持国家社科基金一般项目、中国博士后科学基金特别资助项目、中国博士后科学基金面上项目、教育部人文社会科学研究项目、江苏省社会科学基金项目等国家级及省部级课题多项。发表学术论文近百篇，其中十余篇被《中国社会科学文摘》、《高等学校文科学术文摘》及《人大复印报刊资料》转载。出版专著、专著式教材及统编教材二十余部，主要有：《公司高管重大经营决策失误民事责任研究》（2012 年，第一作者）、《中国商法立法体系：批判与建构》（2009 年，独著）、《商法教程》（第三版）（2016 年，独著）、《商法学》（第四版）（2015 年，第二作者）、《商法》（2012 年，副主编）、《商法总论》（2011 年，第二作者）、《公司法》（第四版）（"十二五"普通高等教育本科国家级规划教材，2015 年，第二作者）、《商法》（第四版）（面向 21 世纪课程教材、普通高等教育"十一五"国家级规划教材，2011 年，参编）、《证券法》（第二版）（2010 年，第二作者）、《破产法》（2009 年，第二作者）、《商法的价值、源流及本体》（第二版）（2007 年，第二作者）、《商法基础理论专题研究》（教育部高等教育司推荐"研究生教学用书"，2005 年，第二作者）、《商法》（第二版）（教育部高等教育司组编、全国成人高等教育规划教材，2005 年，第二作者）、《商法论》（2003 年，第二作者）等。

张莉莉 安徽省庐江县人。河海大学法学院副教授。先后毕业于安徽大学法学院（本科、硕士）、南京大学法学院（博士）。江苏省法学会商法学研究会常务理事兼副秘书长。主持和参与国家社科基金一般项目、教育部人文社会科学研究项目、江苏省社会科学基金等国家级及省部级项目多项。发表学术论文二十余篇，其中多篇被《中国社会科学文摘》、《人大复印报刊资料》转载。出版专著两部。

前　　言

蒙法律出版社教育出版分社小宣社长邀约，我和王建文教授于2006年在法律出版社出版了专著型教科书《公司法》。可能是该书出版后获得了令人满意的市场反馈，小宣社长邀请我们出版系列专著型商法教科书。此后的十年内，我们又陆续出版了《商法学》、《商法总论》、《证券法》、《破产法》。其间，《公司法》先后入选教育部普通高等教育"十一五"国家级规划教材、"十二五"普通高等教育本科国家级规划教材。《商法学》与《公司法》均于2015年出版第四版，《证券法》原拟2015年出版第三版，因等候《证券法》立法耽搁下来，但愿立法工作能够顺利推进。为完成系列专著型商法教科书的出版计划，我们数年前就启动了《保险法》和《信托法》的写作。但因科研任务繁重，写作进程进展缓慢。为此，经与出版社协商，我们决定邀请毕业于南京大学法学院、以保险法和信托法为主要研究方向的张莉莉副教授加入作者队伍，共同承担《保险法》和《信托法》的写作任务。本书即为作者队伍扩大后的首部作品。

我国保险法立法起步较晚。1981年《经济合同法》对财产保险合同的专门规定，才使得新中国首次有了实质意义上的保险法律规范。1995年《保险法》的颁布标志着我国保险立法走上了健康发展的轨道。但随着我国保险业的迅速发展，《保险法》已逐步暴露一些不完善、不适应之处。因此《保险法》分别于2002年、2009年、2014年以及2015年进行了修订或修正，同时最高人民法院分别于2009年、2013年、2015年出台了三个关于适用《保险法》的司法解释。当前，保险行业的环境和监管框架也已经发生了众多变化，如保险公司的投资范畴的拓宽、资本市场的制度和模式的创新、互联网保险的兴起、"偿二代"监管框架的确定等。《保险法》面临着再次修订。2015年10月14日，国务院发布了《保险法》第三次修订草案。《保险法》的修订历程，既体现了制度的不断完善，即明确了行业监管、公司经营、业务发展以及消费者保护的法律依据；也体现了立法精神的调整，即更多地着眼于全面维护投保人、被保险人和受益人的利益。

我国保险法理论研究尚处于探索阶段。现有保险法的体系、制度结构及所使用的术语均较多地借鉴了域外法，一些基础性问题尚有待进一步深入。在当前保险业和保险法正处于蓬勃发展的重要阶段，需要拓展我国保险法发展的本土资源，并以此为基础向更深层次、更高领域拓宽和深化理论研究。

在上述背景下，我们以适应保险法学习的实际需要为出发点，以梳理和研究我国保险立法和保险法理论为主线，以典型案例为辅助，编写这本《保险法》教材。希望本书能够帮助读者较为系统地掌握保险法基本理论。

本系列专著型商法教科书问世至今得到了广大同仁和业界的关心和爱护，为实现出版精品的一贯目标，尚乞大家不吝对本书批评指正！

范 健

2016年7月于南京大学北园

目　　录

第一章 保险概述

导读

- 商法中的保险即为商业保险,其性质为商行为的一种。保险具有以下构成要件:特定危险的存在;众人协力;填补损失。
- 在理论上划分保险的种类,探讨各自的规律,有助于人们更好地了解保险行为的特点。其主要划分方法为:人身保险与财产保险;强制保险与自愿保险;原保险与再保险;定值保险与不定值保险;补偿性保险与给付性保险;足额保险、不足额保险与超额保险;个别保险、集合保险与总括保险;单保险与复保险。
- 保险起源于海上保险,成长于火灾保险,扩展于人寿保险,完善于以责任保险为核心的工业保险。

第一节 保险的内涵

一、保险的概念

"保险"一词英语表述为"insurance"(美国)或"assurance"(英国);法语表述为"assurance";德语表述为"Versicherung"。其词源为"sigurare",该词为14世纪前后意大利沿海地方商业文件中所习用,后来用于海商法中,并扩大用于保险后沿用至今。

汉语中使用的"保险"一词属外来用语,来源于日语,而该词又系日本学者借用汉字意译而来。[1] 晚清时期,西方保险业传入我国广东沿海地区后,保险公司曾被

---

〔1〕 借用汉字将insurance译成"保险"的是日本近现代传播西方文明知识的第一人福泽谕吉。他是日本近代启蒙思想家和教育家,出身于中津藩下级武士家庭,小时候受传统的儒家教育,后从儒学转向西洋的功利主义。福泽痛感在日本普及西学的重要,写作了《西洋事情》等书,致力于对西学的传播。他在《西洋旅案内》(中译《西洋旅游介绍》)中介绍了人寿保险、火灾保险和损害保险三种保险制度,从而在日本首次传播了近代保险制度。为纪念福泽谕吉,日本央行将其头像印在最新版的1万日元的纸币上。

音译为“燕梳”。[2] 1885年,清政府的洋务派饬令招商局拨专款在上海设立了“仁和保险公司”与“济和保险公司”,后来合并为“仁济和保险公司”。由此,“保险”作为一种商业形态的名称开始在我国流行起来。到20世纪20年代,广州人逐渐将“燕梳”改称为“保险”。但“燕梳”一词仍一直沿用至新中国成立前。如今,除中国香港地区仍使用外,该词已被大陆废弃。

在经济学中,关于保险的性质有多种解释,主要包括损失说与非损失说两类。损失说以损失补偿观点为理论基础剖析保险补偿机制,具体包括损失赔偿说、损失分担说与危险转嫁说三种学说。损失赔偿说认为保险是双方当事人之间的一种赔偿合同。损失分担说认为保险是基于多数人互助合作的损失分担机制。危险转嫁说从危险处理的角度阐述保险的性质,将被保险人的危险转嫁给保险人视为保险的性质。这三种学说的理论基础同出一辙,不存在本质上的差异,都认为保险是多数人分摊少数人的经济损失。非损失说认为,损失概念不能包括保险的全部内容,故试图以其他方式来界定保险概念,具体包括技术说、欲望满足说、所得说、经济确保说、财产共同准备说、相互金融机关说、经济后备说、货币预备说,等等。其中,技术说与欲望满足说有较大影响。[3]

“保险”一词在法学界的定义较为统一,通常有广义和狭义两种解释。广义上的保险,是指为了偿付自然灾害和意外事故带来的经济损失,以充分的物质准备来保障社会安定,建立专门用途的后备基金的一种经济活动方式,包括社会保险(social insurance)、商业保险(commercial insurance)与合作保险(cooperative insurance)。[4] 狭义上的保险,特指商业保险,即保险人通过与投保人订立保险合同,将收取的保费集中起来,建立保险基金,用于对因自然灾害或意外事故造成经济损失的被保险人进行补偿,或对人身伤亡或丧失工作能力的被保险人给予保险金的活动。依此,商法中的保险即为商业保险,其性质为商行为的一种。

二、保险的特征

作为商行为的商业保险,具有以下特征。

(一)保险的自愿性

商业保险建立在保险合同基础上,原则上需要遵循自愿原则。为此,《保险法》

---

〔2〕 在《海国图志》中,魏源将insurance译成了“担保”,但该词未获普遍采用,实践中采用的是“燕梳”一词。

〔3〕 参见李玉泉:《保险法》(第二版),法律出版社2003年版,第1~9页。

〔4〕 合作保险,又称相互保险,是指由一些对同一危险有某种保障要求的人所组成的组织,以互相帮助为目的,实行“共享收益,共摊风险”,它是当今世界保险市场上的主要形式之一。合作保险的组织形式包括两种:相互保险社、相互保险公司。合作保险采用“自己投保自己承保”的方式,将保险人和被保险人的身份合一,从而规避了投保人和保险人之间的矛盾,降低了运行成本。与商业保险公司相比,相互保险组织不仅投资回报率、业务收入增长率、赔付率都较高,而且综合成本率相对较低。

明确规定,订立保险合同应当遵循自愿订立原则,除法律、行政法规规定必须保险的以外,保险公司和其他单位不得强制他人订立保险合同。[5] 这一点,与社会保险的强制性形成鲜明对比。

(二)保险的双务、有偿性

商业保险以保险合同为基础,而保险合同具有双务、有偿性。投保人履行交付保险费义务的同时,享有使受益人获得保险金的权利;保险人获得收取保险费权利的同时,负有支付保险金的义务。双方当事人可在保险合同中对权利义务作具体约定。与此不同,社会保险的权利义务则是法定的,当事人不得任意更改。

(三)保险的损益性

所谓损益(profit and loss),是指利润与亏损并存。保险是一种典型的损益性行为。投保人以较少的支出换取较大的经济上的保障,即在投保之后,一旦发生保险事故并出现约定的情形,投保人或受益人获得的保险金往往与支付的保险费大相径庭;如果没有发生保险事故,投保人支付的保险费将不能收回。对于保险人而言,其情形恰好相反。因此,几乎在每一项具体的保险业务中,保险行为的双方当事人都存在获利与亏损的问题。这与还本付息的储蓄行为完全不同。即使是将保险功能和储蓄功能相结合的储蓄型保险,也因其具有损益性而与储蓄明显不同。[6]

(四)保险金支付的附条件和附期限性

保险金(insurance benefit)的支付具有或然性,只是在合同约定的条件成立或期限到来时,才予支付。这与储蓄人对其存款到期可向银行提取确定的本息的行为不同。

(五)保险功能的互助性

保险具有"一人为众,众为一人"的互助特性。所谓互助,是指经济利益上的彼此帮助和风险的共同分摊。从效果上看,保险是一种互助共济行为。这种经济互助关系通过保险人用多数投保人缴纳的保险费建立的保险基金对少数遭受损失的被保险人提供补偿或给付而得以体现。[7] 但具有互助性的商业保险不同于合作保险(互助保险),后者是由社会上需要保险人的人或单位共同组织起来采取互助合作

---

〔5〕 参见《保险法》第11条。

〔6〕 储蓄型保险是保险公司设计的一种把保险功能和储蓄功能相结合的险种,如目前常见的两全寿险、养老金、教育金保险。储蓄型保险除了基本的保障功能外,还有一定的储蓄功能。

〔7〕 保险基金(insurance fund)是用以补偿或给付因自然灾害、意外事故和人体自然规律所致的经济损失和人身损害的专项货币基金。它是单个的因发生保险事故而遭受损失的受益人获得经济补偿的资金来源和基础。保险基金具有以下特点:来源的分散性与广泛性、总体上的返还性、使用上的专项性、赔付责任的长期性、运用上的增值性。保险基金由开业资金和保险费两部分构成。开业资金是保险企业开业之初所需的一定数额的资金,保险费是投保人为获得保险人的保险经济保障而交付的费用,是构成保险基金的主要部分。保险基金以各种准备金的形式存在。财产保险与责任保险准备金表现为未到期责任准备金、赔款准备金、总准备金和其他准备金几种形式;人身保险准备金主要以未到期责任准备金形式存在。

的方式所办理的保险形式。商业保险的互助性乃其间接后果而非直接目的;合作保险(互助保险)则以互助为直接目的,合作保险(互助保险)机构属于非营利组织。

三、保险的构成要件

保险的基本原理就是依据合理的数学计算,将少数人的损失分散、转移于多数人群体,使特定损失能得到合理补偿。依此,保险具有以下构成要件。

(一)特定风险的存在

风险的存在是保险产生的基本条件。所谓风险(risk),是指某种事件发生的不确定性。并非所有风险都可以保险,只有可能引起损失且不确定发生的风险才能成为可保风险。一般来说,可保风险应具备以下条件:(1)风险必须是纯粹风险(pure risk),即风险一旦发生就会成为现实的风险事故(peril),只会产生损失而不可能获利。[8] (2)风险必须具有不确定性,风险的不确定性有三层含义:一是风险发生与否不确定;二是风险发生的时间和空间不确定;三是风险发生的原因和结果不确定。(3)风险必须使大量标的均有遭受损失的可能。风险为大量标的所拥有,是可保风险的基本条件。其具体含义为大量性质相近、价值也大体相近的风险单位面临同样的风险。(4)风险必须有导致重大损失的可能。(5)风险不能使大多数的保险对象同时遭受损失,即风险所致损失的发生应具有分散性。(6)风险必须具有现实的可测性。保险经营中,要求制订出准确的费率,而费率的计算依据是风险发生的概率及其所致标的损失的概率,这就要求风险具有可测性。

根据不同标准,可对风险作不同分类。保险法意义上的风险类型按照风险标的分类,包括人身风险、财产风险、责任风险和信用风险。

(二)众人协力

保险的基本原理为集合危险,分散损失。因此,要使保险制度价值得以发挥,就必须有为数众多的社会成员购买保险,从而形成必要的保险基金。这种众人协力的互助共济关系不同于合作保险中直接的互助人之间的法律互助共济关系,它是由保险公司通过分散的保险合同所组织的间接的互助共济关系。这些投保人或受益人与保险公司之间形成了性质相同的法律关系,从而构成了能够分散危险的互助共济团体。这种团体在理论上称为保险团体。商业保险中的保险团体为保险团体之一种,其性质为具有间接互助共济关系的团体;合作保险中的保险团体则为具有直接互助共济关系的团体。

(三)填补损失

保险不可能消灭危险,而是通过集合危险并分散损失的方式,使发生保险事故的当事人所受损失得到合理、充分的经济补偿。商业保险的补偿标准由投保

---

〔8〕 除纯粹风险外,风险还包括收益风险与投机风险。收益风险是指不会导致损失而仅能产生规模不确定的收益的风险。投机风险是指既可能产生收益也可能造成损失的风险。

所缴保费数额和事故发生的种类决定;社会保险的补偿标准则为保障劳动者的基本生活需要。填补损失属性也是保险与赌博之间的显著差异:保险是以确定的保费来避免不确定的损失,赌博则是以确定的赌金来获得不确定的巨额报酬。

四、商业保险与其他保险的区别

(一)商业保险与社会保险的区别

社会保险(social insurance),是指由法律规定的专门机构负责实施,面向法定范围内的社会成员(主要是劳动者)建立,通过向法定范围内的社会成员及用人单位筹措资金建立专项基金,帮助公民在面临特定社会风险时获得基本生活保障的一种社会保障措施。在我国,社会保险包括以下五种类型:(1)养老保险(endowment insurance),含城镇职工基本养老保险、企业年金、农村养老保险等;(2)医疗保险(medical insurance),含城镇职工基本医疗保险、城镇居民医疗保险和新农村合作医疗保险;(3)失业保险(unemployment insurance);(4)工伤保险(employment injury insurance);(5)生育保险(maternity insurance)。

商业保险与社会保险的区别主要表现为以下几个方面:

1. 实施目的不同。商业保险是由作为商主体的保险人实施的经营行为,保险人以营利为目的,独立核算、自主经营、自负盈亏。社会保险是国家社会保障制度下的一种社会保障手段,社会保险机构不以营利为目的,其经费来源于国家财政拨款。

2. 实施方式不同。商业保险依照平等自愿的原则,是否建立保险关系完全由投保人自主决定。社会保险则具有强制性,凡是符合法定条件的公民,都应被纳入社会保障系统,接受保障,并缴纳相应费用。

3. 保障范围和水平不同。商业保险的保障范围由投保人、被保险人与保险人协商确定,不同的保险合同下,不同的险种,被保险人所受的保障范围和水平都不相同。社会保险的保障范围一般由国家事先规定,风险保障范围比较窄,保障水平也以保障公民的基本生活需要为标准。该项标准为高于社会贫困线,低于社会平均工资的50%。

4. 适用对象不同。商业保险的被保险人可以是符合承保条件的任何人。社会保险的保障对象有严格规定,符合条件的全体社会成员均应纳入社会保障体系。

(二)商业保险与政策性保险的区别

政策性保险(act insurance),是指国家从宏观经济利益出发,对某些关系到国计民生的行业实施保护政策而开办的不以营利为目的的保险。[9] 常见的政策性保险包括出口信用保险、农业保险及存款保险等。政策性保险既可由国家专门投资设立的公司经营,亦可由国家委托商业保险公司代办。不过,商业保险公司出于利润

[9] 政策性保险有广义和狭义之分:广义的政策性保险包括社会政策性保险(即社会保险)和经济政策性保险(即狭义的政策性保险),一般所谓政策性保险系就狭义而言,本书亦然。

最大化的考虑,通常不会主动经营政策性保险。

国际上很多国家都十分重视发展政策性保险。各国政府通常会给经办单位以经济上的优惠、法律上的支持和行政上的保护。例如,对农业保险实行减免税政策,采取政府分保、承担部分费用支出、超赔补偿、保费补贴等方式扶持其发展。有的国家还将政策性保险列为强制保险。政策性保险的实施原则是收支基本平衡,略有盈余。但总的来看,各国政策性保险,特别是农业保险,还需要在制度上不断完善。

从目前我国保险业发展的角度看,政策性保险所占保险业务的比例极低,其所涉及的大多是高风险、高损失、高赔付、同时又对国民经济及人民生活水平有重要影响的险种,如农业保险。〔10〕 不过,与发达国家及国际水平相比,我国的政策性保险起步较晚,无论是保费收入还是赔款支出都满足不了目前政策性保险发展的需要。由于财政补贴往往不足,我国保险公司开展该类保险大多会发生经营困难,故保险公司对开展政策性保险普遍缺乏积极性。

政策性保险与商业保险颇为相似,其主要区别为:前者基于国家政策而举办,政府给予税收减免等政策性扶持,保险经营机构经营该项业务不以营利为目的,若发生经营亏损,则由国家财政给予补偿;后者纯属经营性质,经营者以营利为目的,自负盈亏。

第二节 保险的种类

保险的种类,从最初源于海上贸易的水险和非水险两种类型,发展到现代,已经是林林总总,难以计数。有人推断,当代经济交往中开展的各类保险业务达数百

〔10〕 农业保险,是指保险公司承保的种植业、养殖业和其他农业生产项目因自然灾害和意外事故造成损失的保险,此即狭义上的农业保险。广义的农业保险还包括对农民人身意外、养老、健康等方面的保险保障,但一般所谓农业保险系就狭义而言,本书亦然。在新中国成立初期我国曾以政治任务的形式强力推进农业保险,但随着中央政府于1958年12月决定停办国内保险业务,农村保险业务也被迫停办。1982年2月,国务院批转的中国人民银行《关于国内保险业务恢复情况和今后发展意见的报告》中明确提出,要“逐步试办农村财产保险、畜牧保险等业务”。同年,中国人民保险公司全面恢复试办农业保险,在全国范围内进行了大规模的农业保险试验。不过,这种农业保险虽然体现了政府职责,但只是给予开展农业保险项目的中国人民保险公司一定的政策鼓励和财政支持,既未建立专门的政策性农业保险公司,也未建立起完善有效的农业保险制度。随着政府对“三农”问题的重视,2004年以后,在政府的推动下,全国范围内逐渐普遍开展了各种形式的农业保险试点工作,探索建立政策性农业保险和商业性农业保险相结合的现代农业保险制度。其主要形式包括:专业性农业保险公司经营模式(黑龙江省阳光农业相互保险公司、吉林省安华农业保险公司、上海安信农业保险公司);新疆维吾尔自治区的保险公司自办模式;江苏省的政府与保险公司联办共保模式;浙江省的共保经营与互助合作模式;四川省的商业保险公司代办模式。从2009年开始,我国还在江西、湖南、福建、浙江、辽宁、云南等地开展了政策性森林保险试点工作。

种之多。由于保险的命名没有一个严格的标准，有些以保险标的物命名，如财产险；有些以保险事故命名，如地震险；有些以事故发生地命名，如海上保险。在实践中，保险单所承保的危险事故多为综合性的，这导致了危险事故的分类方法常常失去意义。但是，在理论上划分保险的种类，探讨各自的规律，有助于人们更好地了解保险行为的特点。

一、人身保险与财产保险

这是以保险标的为标准所作的分类。

人身保险（life insurance/personal insurance），是指以人的身体和生命作为保险标的的保险。

财产保险（property insurance/non - life insurance），又称损害保险（insurance against damage）、产物保险或对物保险，是指以补偿被保险人的经济损失为基本目的，以特定的财产物资及其相关利益为承保标的的保险。

人身保险与财产保的内容本书将专门论述，此处不赘。

二、强制保险与自愿保险

这是以保险实施形式为标准所作的分类。

强制保险（mandatory insurance），又称为法定保险，是指根据国家颁布的有关法律和法规，凡是在规定范围内的单位或个人，无论是否出于自愿都必须参加的保险。强制保险要求从事特定活动的主体购买责任保险，是因为该主体从事的活动可能给他人带来较大风险，若事故责任人无力承担赔偿责任，则可由责任保险的赔款支付，使受害人尽快获得比较充分的补偿，从而保护社会公众的生命与财产安全，维护社会公众的利益。强制保险因其较强的社会属性，在维护公共安全、参与社会管理、促进社会稳定发展方面具有突出作用，从而承担了较强的社会管理功能。强制保险的经济补偿保障功能，对消除或减轻自然灾害、突发事件和重大事故造成的损失，促进社会安定有序，具有不可替代的作用。由于强制保险某种意义上表现为国家对个人意愿的干预，所以强制保险的范围是受严格限制的。从国际上看，强制保险的形式有两种：一是规定在特定范围内建立保险人与被保险人的保险关系，被保险人或者保险人没有自主选择的余地；二是规定一定范围内的人或财产都必须参加保险，并以此作为许可从事某项业务活动的前提条件。多数国家都对机动车辆第三者责任险及雇主责任险实行强制保险。由于我国长期受计划经济的影响，社会不重视保险，以致我国的强制保险在立法、覆盖范围、险种开发、监管制度等方面相对较为落后。目前，我国实行的强制保险中代表性的为机动车交通事故责任强制保险（简称交强险），它是我国首个由国家法律规定实行的强制保险，此外还包括油污损害民事责任保险、井下职工意外伤害保险、危险作业职工意外伤害保险、旅行社责任保险等强制保险。与发达国家相比，我国的强制保险制度在立法的范围、覆盖面、开发的险种、监管制度方面都比较落后。例如,德国有120多种强制保险,几乎涉及所有公众领域,而我国的强制保险种类却寥寥无几。近年来,歌舞厅、商场、酒店、影剧院等公众聚集场所发生的恶性意外事件让人们更多地关注公共场所责任强制保险。由于公共意外事故引发的诉讼中,受害者针对经营者的索赔非常艰难,结果往往是经营者无力赔偿,受害者求助无门,最后不得不由政府出面解决。因此,我国有必要扩大强制保险的范围,建立符合中国国情、行之有效的强制保险法律制度。当然,强制保险的范围不宜过大,只能对危险范围较广,影响人民利益较大的保险标的实施。

自愿保险(voluntary insurance),是指在自愿原则下,投保人与保险人双方在平等协商的基础上,通过订立保险合同而建立的保险关系。自愿保险的保险关系,是当事人之间自由决定、彼此合意后所建立的合同关系。投保人可以自由决定是否投保、向谁投保、中途退保等,也可以自由选择保险金额、保障范围、保障程度和保险期限等。保险人也可以根据情况自愿决定是否承保、怎样承保等。例如,机动车辆所有人或者管理人除了必须投保机动车交通事故责任强制保险外,为提高保险保障水平,还可自愿投保商业性机动车辆第三者责任险。

三、原保险与再保险

这是以承担责任的次序为标准所作的分类。

原保险(original insurance),又称直接业务保险(direct insurance)或第一次保险,是指保险人与投保人之间直接签订保险合同而建立保险关系的一种保险。在原保险关系中,保险需求者将其风险转嫁给保险人,当保险标的遭受保险责任范围内的损失时,保险人直接对被保险人承担赔偿责任。社会公众作为投保人所形成的保险关系都是原保险。

再保险(reinsurance),又称分保险(cede insurance)或第二次保险,是指保险人将其承担的保险责任中的一部分转移给其他保险人承保的保险。因这种办理保险业务的方法有再一次进行保险的性质,故称再保险。在再保险关系中,直接接受保险业务的保险人称为原保险人,也称再保险分出人;接受分出保险责任的保险人称为再保险接受人,也称再保险人。再保险业务是国际保险市场上通行的业务,它可使保险人避免危险过于集中,不致因一次巨大事故的发生而无法履行保险金赔付的义务,从而有利于保险业务的稳定经营。再保险业务基本可以分为两类:(1)以保险金额来计算再保险责任的比例再保险;(2)以赔款来计算再保险责任的超额再保险,以及由此而衍生的按赔付率计算再保险责任的再保险等。

相对于原保险,再保险有三个特点:(1)再保险当事人双方都是保险人,原保险当事人中只有一方是保险人;(2)再保险的保险标的必然是原保险所承担的部分保险责任;(3)原保险合同的保险标的多为财产、有关利益或人身,再保险的保险标的实际上是一种责任,它属于责任保险。

再保险与原保险之间的关系为:(1)原保险是再保险建立的基础,再保险以原保险的存在为前提;(2)再保险具有相对独立性,主要表现为再保险有自己独立的当事人和保险标的,再保险双方当事人都是保险人,他们彼此之间产生权利义务关系,再保险对于原保险中的被保险人不发生效力;(3)再保险的保险责任以原保险合同为限;(4)原保险终止时,再保险也应终止。

四、定值保险与不定值保险

这是以保险标的的保险价值在投保时是否确定为标准所作的分类。

定值保险(valued insurance),又称定价保险、约定价值保险、定额保险(block insurance),是指保险合同双方当事人事先确定保险标的的价值,并在合同中载明以确定保险金最高限额的财产保险。定值保险合同成立后,如发生保险事故,造成财产全部损失时,无论保险标的的实际价值是多少,保险人都应当以合同中约定的保险价值作为计算赔偿金额的依据,而不必对保险标的重新估价。如果是部分损失,只需要确定损失的比例,该比例与双方确定的保险价值的乘积,即为保险人应支付的赔偿金额。在实际操作中,定值保险合同较多适用于海上保险、国内货物运输保险、国内船舶保险及一些以不易确定价值的艺术品为保险标的的财产保险。在定值保险合同中,保险价值由双方自愿确定,如果保险人对保险标的缺乏经验或专业知识,投保人即可能过高地确定保险标的的价值,谋取不正当利益。因此,为避免损失,保险人对订立定值保险合同多持谨慎态度,其适用范围受到一定限制。在美国,有些州的法律禁止订立定值保险合同。我国《保险法》第55条第1款明确规定了定值保险合同。

不定值保险(unvalued insurance),是指双方当事人在订立合同时只列明保险金额,不预先确定保险标的的价值,须至危险事故发生后,另行确定保险价值而确定其损失的保险。不定值保险中保险标的的损失额,以保险事故发生之时保险标的的实际价值为计算依据,通常的方法是以保险事故发生时,当地同类财产的市场价格来确定保险标的价值。但无论保险标的的市场价格发生多大变化,保险人对于标的所遭受的损失的赔偿,均不得超过合同所约定的保险金额。在不易用市场价值确定保险价值时,也可用重置成本减折旧的方法或其他的估价方法来确定保险价值。在实际操作中,大多数财产保险均采用不定值保险合同。

五、补偿性保险与给付性保险

这是以给付保险金的目的为标准所作的分类。

补偿性保险(compensatory insurance),是指保险人所给付的保险金的目的在于补偿被保险人因保险事故所受实际损失的保险。财产保险属于补偿性保险。因该保险的目的是补偿被保险人的损失,故在保险事故发生后,保险人在保险金额的限度内,以评定实际损失为基础来确定保险金的数额,故亦为评价保险。在财产保险中,即使定值保险合同所约定的保险价值在全损时低于实际损失,被保险人所获的保险金也不失其补偿性,只是补偿的数额小于损失而已。

与补偿性保险相对,给付性保险不以补偿损失为目的。大多数人身保险都属于给付性保险。因为人身保险的标的人的生命或健康是不能以价值来衡量的,保险事故发生后造成的损失也无法以货币来评价。而且,有些人身保险并无意外事故的发生,也无损失的存在,保险人依合同规定所给付的保险金只是为满足被保险人的特殊需要。

六、足额保险、不足额保险与超额保险

这是以保险金额与保险价值(保险标的价值)的关系为标准所作的分类。

根据保险学原理,保险标的的实际价值是确定保险金额的依据,只有当保险金额等于或大体相当于保险标的的实际价值时,保险赔偿才能被认为是充分、合理的。但是在实际保险活动中,基于各种原因,保险标的的实际价值与保险金额不一致的情况极为常见。由此就出现了足额、不足额、超额保险的界定与适用问题。

足额保险(full insurance),又称全额保险,是指保险金额等于或大体相当于保险价值的保险。所谓保险价值,在此是指被保险财产的价值。在定值保险中,特指合同中载明的财产的价值;在不定值保险中,特指保险事故所导致的损害发生时财产的实际价值。根据足额保险合同,保险事故发生时,如果保险标的全部损失,保险人按保险金额全部赔偿;如果部分损失,保险人按实际损失额赔偿。足额保险的被保险人既可以获得充分的保险保障,也不会多支付不必要的保险费。

不足额保险(under insurance),又称低额保险,是指保险金额低于保险价值的保险。不足额保险在发生保险事故所导致的损害时,保险人对被保险人损失的赔偿责任仅以保险金额为限,超出保险金额以外的部分保险人不负赔偿责任,视作被保险人自保。它又分为两种情形,如果发生保险标的全损,按保险金额给付后,不足部分由被保险人自担;如果发生保险标的部分损害,既可以按保险金额与保险标的价值之比例赔付,也可以在保险金额限度内按实际损失赔付。

超额保险(over insurance),是指保险金额大于财产价值的保险。形成这种保险的情况有三种:一是出于善意,被保险人过高估计财产的价值;二是出于情势变更,由于市场价格的变动导致保险合同中约定的保险财产价值贬值;三是出于恶意,如被保险人故意欺骗,在投保时虚报财产价值,希望在保险事故发生后获得多于实际损失的补偿。对于超额保险,一般处理原则是,如果是由于投保人善意形成的超额保险,包括第一种情形、第二种情形,其超过部分无效,投保人可以请求保险人返还无效部分的保险费;如果是由于投保人恶意形成的超额保险,各国法律一般规定保险合同无效,造成保险人损失的,恶意投保人承担损害赔偿责任。我国《保险法》第55条第3款规定,保险金额不得超过保险价值;超过保险价值的,超过部分无效,保险人应当退还相应的保险费。由此可见,我国《保险法》未对超额保险的后果进行区分规定,

即未区分善意与恶意,而一律规定为超过部分无效。

七、个别保险、集合保险与总括保险

这是以保险标的的数量状况为标准所作的分类。

个别保险(single insurance),又称单独保险(single insurance),是指以一人或者以一物为保险标的的保险。多数保险都属于个别保险。

集合保险(collective insurance),是指集合多数性质相似的保险标的而订立一个保险。根据保险标的的性质不同,集合保险又可分为集团保险(即以多数物为保险标的的保险)和团体保险(即以多数人为保险标的的保险)。[11] 集合保险对每一保险标的分别订有各自的保险金额。在保险事故发生时,保险人对每一保险标的在其保险金额限度内根据实际损失(财产保险)或者保险金额(人身保险)承担给付保险金的责任。

总括保险(blanket insurance),又称"统保单"(blanket policy),是指无特定保险标的,仅按一定标准所限定的可以变动的多数人或者物的集体为标的的保险。这种保险的标的通常可以交替,保险人对承保的多数保险标的只确定一个不变的保险金额,而不分别规定保险金额。保险事故发生后,保险人在保险金额的限度内承担保险责任。

八、单保险与复保险

这是以保险人的情况为标准所作的分类。

单保险(simple insurance),是指投保人对同一保险标的就同一保险利益、同一保险事故、同一保险期间与一个保险人订立的保险。

复保险(double insurance),又称重复保险(overlapping insurance),是指投保人对同一保险标的就同一保险利益、同一保险事故分别与两个以上保险人订立保险合同,且保险金额总和超过保险价值的保险。复保险的投保人应当将复保险的有关情况通知各保险人。复保险的各保险人赔偿保险金的总和不得超过保险价值。除合同另有约定外,各保险人按照其保险金额与保险金额总和的比例承担赔偿保险金的责任。复保险的投保人可以就保险金额总和超过保险价值的部分,请求各保险人按比例返还保险费。[12]

---

〔11〕 参见郑玉波:《保险法论》,台北三民书局1998年版,第53页。

〔12〕 参见我国《保险法》第56条。

第三节 保险的产生与发展

一、保险的萌芽

在外国,具有频繁经济贸易往来的地中海沿岸诸文明古国是保险思想的发祥地。公元前30世纪前后,在古巴比伦的法典中就有冒险借贷(bottomry bond)的规定:商人可雇用一个销货员去外国港口销售货物,销货员若顺利归来,商人收取其所获利润的一半;若销货员未回来,或回来时既无货又无利润,商人就要接收销货员的财产,甚至可把销货员的妻子、孩子接收过来作为债务奴隶,但如果货物系被强盗劫去,可免除销货员的债务。公元前25世纪前后,古巴比伦王国国王命令僧侣、法官、村长等收取税款,作为救济火灾的资金。公元前18世纪的《汉穆拉比法典》规定,若商队的马匹、货物等在中途被劫或发生损害,经当事人宣誓并被证实无纵容或过失行为后,可免除其个人的责任,由全体商队成员予以补偿。公元前10世纪,以色列(Israel)国王所罗门(Solomon)对其国民从事海外贸易者课征税金,将其作为补偿遭遇海难者所受损失的资金来源。这些互助共济的救助措施可谓财产保险的萌芽。

公元前四五世纪,古埃及的石匠成立了丧葬互助组织,用交付会费的方式解决收殓安葬的资金,并帮助石匠及其亲属解决生活困难。在古希腊,曾盛行过一种团体,即组织有相同政治、哲学观点或宗教信仰的人或同一行业的工匠人会,每月交付一定的会费,形成相当数量的公共基金。当会员遭遇意外事故或自然灾害造成经济损失时,由该团体给予救济。在古罗马帝国时期,因战事频繁,连年的战争使罗马人在宗教团体的基础上自发地组织起了一些丧葬互助会,以解决会员死亡后的保障问题。其中最有名的是"拉奴维姆丧葬互助会",该会规定,每个成员入会时要缴纳一定的入会费,每月再交一定的会费,会员死亡后,由互助会支付焚尸墓穴的费用。后来,这种善后处理的内容进一步扩展到对死亡会员的遗属给付救济金。在古罗马,还出现过类似这种丧葬互助会的士兵组织,当士兵调职时,该组织给付旅费,当终止服役时,退还本金,士兵阵亡后,对其亲属进行抚恤。这些互助共济的救助措施可谓人身保险的萌芽。

二、海上保险的产生与发展

海上保险(marine insurance),又称水险(marine insurance),是指主要承保被保险人由于海上自然灾害或意外事故的发生而导致财产损失及费用支出的赔偿责任的保险。

现代海上保险由古巴比伦和腓尼基的冒险借贷方式逐渐演化而来。意大利的伦巴第(Lombardia)商人因代教会征收和汇划各地缴纳的税款而形成了欧洲的金融枢纽。借助于金融枢纽地位以及天然的海上贸易枢纽地位,伦巴第商人开始从事海上贸易,并于1250年左右开始从事海上保险经营。14世纪以后,资本主义开始在欧洲大陆萌芽,商品经济得到了较大程度的发展。海上贸易的繁荣为海上保险的发展提供经济基础与市场需求,现代海上保险的做法开始在意大利的商人中流行。世界上最早的保险单于1347年10月23日由意大利热那亚(Genoa)商人乔治·勒克维伦开立,[13]但该保单未确定保险人所承保的风险,还不具备现代意义上的保险单的基本形式。世界上第一份具有现代意义的保险单则于1384年3月24日产生于佛罗伦萨。这张保单承保了从法国南部的阿尔兹运到意大利比萨的一批货物。在这张保单中有明确的保险标的与明确的保险责任,如"海难事故,其中包括船舶破损、搁浅、火灾或沉没造成的损失或伤害事故",在其他责任方面,也列明了"海盗、抛弃、捕捉、报复、突袭"等所带来的船舶及货物的损失。世界上最早的海上保险公司也于1424年成立于意大利的热那亚。

早期的海上保险单的制作与其他商业契约无异,其纠纷处置也与商业契约纠纷一样适用普通契约法与商业惯例。随着海上保险的发展,保险纠纷逐渐增多,海上保险的特殊性与普通契约法之间的不适应性日益明显。因此海上保险繁荣的欧洲各国相继制定了专门的法令对海上保险纠纷作专门调整。例如,1468年,威尼斯制定了关于法院如何保证保险单实施及防治欺诈的法令;1435年,西班牙制定了有关海上保险承保规则及损失赔偿手续的法令;1523年,佛罗伦萨制定了一部较为完整的海上保险条例,并规定了标准保险单的格式;1563年,西班牙国王腓力浦二世制定了安特卫普法典,其第一部分为航海法令,第二部分为海上保险及保险单格式法令,该法典成为欧洲各国效仿的对象。

海上保险从商人兼营向专营的转变完成于英国。15世纪以后,新航线的开辟使大部分西欧商品不再经过地中海,而是取道大西洋,使海上贸易中心逐渐东移。在此过程中,西班牙凭借哥伦布发现美洲新大陆之后所进行的殖民掠夺,发展成为西欧的海上霸主。在1588年通过两次会战打败西班牙的"无敌舰队"后,英国从西班牙手中夺得了海外贸易权,正式确立了其海上贸易中心的地位,并发展成为世界上最强大的国家。16世纪时,海上保险也随着海外贸易的发展传入英国,并获得迅速发展。[14] 1568年12月22日,经伦敦市市长批准,为海上保险提供交易场所的皇

---

〔13〕 该保险单为船舶航程保险单,承保"圣·克勒拉"号货轮从热那亚至马乔卡的保险。从措辞上看,该保险单乃虚设的借款合同。该"合同"规定:若船舶不能安全到达目的港,则由贷款人(即保险人)承担风险并负责还款;若船舶在6个月内安全抵达,则借款合同失效,因借款所付出的利息(保险费)也不退还。该保险单现存于意大利热那亚国立博物馆中。

〔14〕 14世纪以后,海上保险自意大利经葡萄牙、西班牙传到了荷兰。善于经商的伦巴第人移居到英国后,操纵了伦敦金融市场,海上保险又传入英国。作为伦敦保险经营中心的伦巴第街即因此得名,并沿用至今。

家交易所成立,取代了从伦巴第商人沿袭下来的一日两次在露天广场交易的习惯。1574年,经英国女王特许,在伦敦皇家交易所内建立了保险商会,专门办理保险单的登记事宜。英国财政专业人士托马斯·哥雷兰爵士的助手查德·坎德勒担任商会首任主持人。主持人负责起草一切在伦敦成交的保险合同,并按签约人的要求提供相关保险业务状况,按商定数额收取酬金。为避免保险单遗失,坎德勒将所有保险合同都登记注册。随着保险业务的增加,保险商会无力监督所有保险业务。坎德勒以后的主持人无法制止保险经纪人经办保险业务,保险商会的专有权开始动摇,并于18世纪中叶宣布解体。保险商会的功绩在于,促进了海上保险业务的规范化,并对商人普遍遵奉的习惯发展为海上保险法规起到了推动作用。

1601年英国颁布的《议会法》中含有关于海上保险的规定,并特许在保险商会内设立特别商业法庭,负责处理海上保险纠纷案件。该法庭由一个海事法官、伦敦市首席法官、2个民法博士、2个普通法律师及8名商人组成,其中任何5个人均可审理和裁定所有源于伦敦的海上保险纠纷。但该专家法庭并未得到海上保险当事人的青睐。

1720年经女王批准,英国的皇家交易所正式成为经营海上保险的专业公司——皇家交易保险公司(royal exchange assurance corporation)。在海上保险日益繁荣的背景下,爱德华·劳埃德1688年在伦敦泰晤士河畔开设的咖啡馆,因其地处伦敦市中心,且临近海关、海军部和港务局等与航海有关的机构,海陆贸易商人、船主、航运经纪人、保险商等经常光顾于此,从而逐渐成为交换海运信息、接洽航运和保险业务的活动场所。后来这些商人们联合起来,当某船出海时,投保人就在一张纸(即承保条)上注明投保的船舶或货物以及投保金额,每个承保人都在承保条上注明自己承保的份额,并签上自己的名字,直至该承保条的金额被100%承保。由于当时通讯十分落后,准确可靠的消息对于商人们来说是无价之宝。劳埃德为了招揽更多的客人到其咖啡馆来,于1696年出版了一张小报《劳埃德新闻》,每周出版3次,共发行了76期,使其成了航运消息的传播中心。约在1734年,接管咖啡馆的劳埃德的女婿出版了《劳合社动态》(后易名为《劳合社日报》),[15]使劳埃德咖啡馆进一步成为伦敦海上保险业活动的集中场所。随着海上保险业务的发展,在咖啡馆内开展的保险业务已无法适应市场需要。1771年,由79名顾客各出资100英镑另觅新址组建了新的劳埃德保险社(Lloyd's)(现译"劳合社"),该社选举一个理事会负责日常管理事务。但直到1871年英国议会通过《劳合社法》后,劳合社才正式注册成为一个具有法人资格的社团组织。1774年,劳合社迁至皇家交易所,从而成为英国海上保险交易的中心。起初,劳合社的成员受法令限制只能经营海上保险业务,后因1911年的法令取消了该限制,劳合社的成员可经营所有保险业务。

---

〔15〕 至今该报仍在伦敦出版。

1779 年,劳合社委员会制定了劳合社保险单标准格式(Lloyd's S. G. Policy),[16]推动了保险业务标准化的发展。劳合社集中了保险交易,建立了海事报道制度,对当时英国乃至世界海上保险贡献巨大,至今仍为世界上最具影响力的保险组织。[17]

在 1756 年到 1778 年间,英国王座法庭首席大法官曼斯菲尔德勋爵(Lord Mansfield)[18]致力于修订一套适用于海上保险契约的法律,经不断努力,他收集了大量已有记录的判例,并广泛收集了欧洲大陆有关海上保险的法令条例。尽管最终未能实现立法目标,但其研究成果已广泛应用于海上保险业务及裁判之中,并为后世修编该项法案提供了重要基础。

英国在 1906 年制定了至今仍有巨大影响力的《海上保险法》。该法由英国伊丽莎白女王正式签署和颁布,是英国历史上第一部最完整的海上保险法。该法将劳合社制订的海上保单,经严密的论证和修改后,作为该法令的附件。该法颁布之后,成为世界各国制定海上保险法的范本。直至今日,各国在制定保险法,或保险公司在签订海上保险合同时,该法令中的很多规定都会被参考。

1792 年 12 月 15 日,美国成立了第一家股份制保险公司——北美洲保险公司。该公司计划经营海上保险、火灾保险及人寿保险业务,但最初仅办理海上保险业务。19 世纪后,美国海上保险业务得到了较快发展,到 1845 年已有约 75 家经营海

---

[16] 该标准格式后来被英国和美国采用,并流传至今,且两百多年来除了开首语之外几乎没有什么改变。但 1982 年伦敦保险市场启用新保险条款后,该标准已退出历史舞台。从现代海上保险格式中摘录出的下述这段关于承保风险的引述,既可以对那些风险进行定义,又能让我们看到当时海上保险格式中的质朴语言:"我们保险人在这次航行中愿意承受和负担的风险包括:海上的风险、战争中的人、火灾、敌人、海盗、海盗船、偷窃、抛弃、市场与反市场许可证、意外事件、任何国家的国王、君主在任何情况下实施的海上征用、逮捕、拘禁以及羁押行为,或者品质低劣、船长和船员的非法行为,还有任何其他风险造成的损失和灾祸,只要这些损失和灾祸已经或将会对上述货物、商品以及船舶的全部或部分造成伤害、损害或者赔偿。"

[17] 劳合社不是保险公司,而是由个人成员和公司成员组成的承保社团,或者说是一个保险交易中心。劳合社提供数以千计的险种,并在每个工作日里从世界各地承保数百万美元的保费。到 1996 年,劳合社约有 34000 名社员,其中英国 26500 名,美国 2700 名,其他国家 4000 多名,并组成了 200 多个承保组合。在 1994 年以前,劳合社的承保人都是自然人,或称个人会员(individual member)。1994 年以后,劳合社出现了公司会员(corporate member)。此后,个人会员数量连年递减,而公司会员数量逐年递增。劳合社由其社员选举产生的一个理事会来管理,下设理赔、出版、签单、会计、法律等部,并在 100 多个国家设有办事处。2000 年 11 月 28 日,劳合社北京代表处正式成立。

[18] 曼斯菲尔德勋爵(本名威廉·默里,1705 ~ 1793 年)生于苏格兰佩思郡,1730 年成为一名律师,1742 年和 1754 年分别出任皇家副总检察长和总检察长,1756 年至 1788 年出任王座法庭首席大法官。他是英国法律史上一位里程碑式的大法官,被誉为英国的"商法之父"。他通过对具体商事惯例作出的特别判决,将商事习惯和原则引入英国普通法的司法审判,使其成为英国普通法的一部分。英国法律由此打破了以土地为中心、依附于土地并受到根深蒂固的司法传统限制的模式,英国也成为首个在普通法院实施商法的国家。此外,他还发展了票据法、著作权法的理论与实践,开辟了海上保险法这一新领域。参见张京凯:"英国商法之父:曼斯菲尔德勋爵",载《法制日报》2010 年 3 月 9 日。

上保险业务的公司。在1845年至1860年间,美国海上保险业务发展非常迅速,19世纪后半期以后,随着商品贸易的发展和运输方式的变革,海上保险的范围不断扩展,凡是与航海有关的财产、利益与责任均可成为海上保险的标的。由此,海上保险的适用范围从海上运输扩展到与海上运输有关的内地水陆运输。自20世纪以来,海上保险的内容和形式进一步发生变化,其标的已由原来的与海上运输有关的财产、利益与责任,扩展到一些与海上运输无直接关系的海上作业、海上资源开发等工程项目。于是,海上保险的险种不断扩大,除运输保险外,还包括船舶建造保险、船舶停泊保险、海上石油开发保险、海上养殖业保险、船东保赔保险,等等。

三、火灾保险的产生与发展

火灾保险(fire insurance),简称火险,是指以存放或坐落在固定场所范围内并处于相对静止状态的各种物质财富及有关利益为保险标的,由保险人对因保险事故的发生造成的保险财产损失承担赔偿责任的保险。

火灾保险既是财产保险的前身,也是财产保险中最常见的一种业务类型,其产生时间晚于海上保险,但早于工业保险与汽车保险等其他财产保险。

火灾保险萌芽于1118年冰岛(Iceland)设立的Hrepps社,该社对火灾及家畜死亡损失负赔偿责任。在中世纪的欧洲,手工业者按照各自行业结成的行会对其会员遭到的火灾损失给予救济补助,此可谓火灾相互保险的萌芽。冰岛还曾在13世纪以法律的形式规定村民必须组织火灾相互保险,但不久即告失效。火灾保险的近代起源为17世纪初德国盛行的互助性质的火灾救灾协会。1676年,由46个协会合并成立了第一个公营保险公司——汉堡火灾保险社,该公司存留至今。这一火灾保险经营形式为统一前的德国各部所效仿,各地相继成立了公营火灾保险机构,并使公营火灾保险成为德国的特色。

现代意义上的火灾保险形成于英国。与德国不同,私人创办的各种火灾保险组织是英国火灾保险的基本形态。1666年9月2日,伦敦发生巨大火灾,大火整整烧了5天,市内448亩的地域中373亩成为瓦砾,占伦敦面积的83.26%,13200户住宅及90多座教堂被毁,财产损失1200多万英镑,20多万人无家可归。由于这次大火的教训,保险思想逐渐深入人心。1667年,牙科医生尼古拉·巴蓬(Nicholas Barbon)在伦敦开办个人保险营业所,经营房屋火灾保险。因业务发展需要,1680年巴蓬与其他3人合股集资4万英镑,设立了火灾保险公司,对房屋等建筑物承保,并根据房屋租金和结构分类收取保险费。这种方法是现代火灾保险差别费率的起源,尼古拉·巴蓬也因此被喻为"现代保险之父"。1705年,火灾保险公司改名为"菲尼克斯火灾保险公司"(亦译"凤凰火灾保险公司")。

除商业保险机构外,英国还于1683年成立了友爱社(friendly society)。该社为英国第一所经营火灾保险的互助合作社。其章程规定,每一社员除一定数额的保险费外,并须缴纳相当于保险费5倍的委托金,在灾害发生后,所有损失依照保险金额分担。

1710年,以发明灭火器而闻名的查理士·波文(Charles Povey)创立了伦敦保险人保险公司(company of london insurers),后改名为太阳火灾保险公司(sun – fire office)。该公司接受不动产以外的动产保险,营业范围遍及全国,并逐渐演变为皇家太阳联合保险公司,最终发展为皇家太阳联合保险集团(RSA保险集团),如今仍属世界上十大财产保险公司之一。[19] 此后,火灾保险公司逐渐增多,1861～1911年间,英国登记在册的火灾保险公司达到567家。[20]

1752年,本杰明·富兰克林创办了美国第一所火灾保险社。1792年成立的北美洲保险公司也于1794年开始承办火灾保险。

18世纪末到19世纪中期,英、法、德、美等资本主义国家相继完成了工业革命,大机器生产代替了手工操作,物质财富大量增加和集中,对火灾保险的需求变得更为迫切。这一时期,火灾保险组织以股份公司和相互保险组织形式为多。由于火灾保险有利可图,保险公司的承保能力有很大提高,相互之间也发生了激烈的竞争,使许多保险公司被淘汰。1871年芝加哥一场大火造成1.5亿美元的损失,保险公司即为此赔付了1亿美元。随着社会的发展,火灾保险所承保的风险日益扩展,承保责任由单一的火灾扩展到地震、洪水、风暴等非火灾危险,保险标的也从房屋扩大到各种固定资产和流动资产。为了控制同业间的恶性竞争,保险同业公会相继成立,共同协商制定火灾保险费率。

随着火灾保险的发展,各国纷纷加强了火灾保险的法律调整。例如,英国政府于1909年以法律的形式对火灾保险进行制约和监督,促进了火灾保险业务的正常发展。

为了消化火灾保险业务,保险公司设立子公司或部门经营分保业务,从而使再保险业务逐渐发展起来。世界上最早独立经营分保业务的再保险公司是1846年设立的德国科隆再保险公司。到1926年,各国共建立了约156家再保险公司,其中以德国的数目为最。

四、人身保险的产生与发展

在海上保险的产生与发展过程中,出现了人身保险的雏形。15世纪后期,欧洲的奴隶贩子把运往美洲的非洲奴隶当作货物投保海上保险,后来船上的船员也可投保,若因意外事故造成损伤,则由保险人给予经济补偿。这一保险方式可谓人身

---

〔19〕 现在,该集团在全球130个地区开展业务,雇员达27000人,拥有客户2000万。早在1853年,集团就在上海开展了保险业务。1992年"皇家太阳联合保险"重回中国,在北京设立了第一家欧洲保险公司代表处。1998年4月,中国国务院总理访英时宣布,"皇家太阳联合保险"成为第一个取得中国保险经营许可证的英国保险公司。同年10月,"皇家太阳联合保险公司上海分公司"成立,英国首相为公司开业剪彩。该公司现已发展为具有独立法人资格的太阳联合(中国)有限公司。

〔20〕 参见姚海明主编:《保险学》(第二版),复旦大学出版社2005年版,第43页。

保险的早期形式。

1536年,英国人查德·马丁开办了人身保险业务。1536年6月18日,他承保了威廉·吉朋的人寿保险,保险金额2000英镑,保险期限为12个月,收取了80英镑的保费。现代意义上的人身保险由此产生。1583年,伦敦皇家交易所的16个属于保险行会的商人共同签发了世界上第一份人身保险的保单。

为筹集战争经费,时任法国宰相秘书的意大利银行家洛伦佐·佟蒂(Lorenzo Tortine)于1656年提出了一种不偿还本金的募集国债计划(保险史上称为"佟蒂法")。三十多年后的1689年,法国国王路易十四为解决财政困难,采用了"佟蒂法",取得了很好的效果。该法规定,由每个认购人缴纳300法郎,筹集起总额140万法郎的资金,保险期满后,每年支付10%的利息。该法按年龄将认购人分成14个群,对年龄高的群多分利息。"佟蒂法"的特点是将利息付给该群体的生存者,若该群体成员全部死亡,则停止给付。这一规定实际上就是养老年金的雏形。虽然"佟蒂法"因不偿还本金并引起相互残杀而很快被禁止,但引起了人们对生命统计研究的重视。

人身保险发展过程中一个非常重要的标志就是数学方法和统计手段在人身保险业务中的应用。1661年,英国数学家约·格兰特(John Grant)发表了关于生命表思想的论文。1657年,法国数学家、物理学家、哲学家帕斯卡(Pascal Blaise)写成了概率论中最早的论著——《论掷骰子游戏中的计算》,从而奠定了近代概率论的基础。此后,概率论被用于年金保险。1671年,荷兰数学家维特(Johan de Witt)运用概率论的原理,依据人的生存或死亡概率计算年金。

17世纪,伦敦瘟疫流行,各教区每周公布死亡人数的记录,许多数学家开始以这些记录为资料,针对生命表、生命年金等问题进行研究。对生命表贡献最大的是英国著名的数学家和天文学家爱德华·哈雷(Edward Hally),他在1693年以西里西亚的布勒斯劳市(Breslau)市民死亡统计资料为基础,编制出了第一张生命表,精确标示了每个年龄的死亡率,从而为人寿保险提供了计算依据。1699年,英国成立了世界上第一家人寿保险组织——孤寡保险社。到18世纪,福利社团已颇为盛行。

18世纪四五十年代,英国人托马斯·辛普森(Thomas Simpson)根据哈雷的生命表,制定出依据死亡率递增的费率表。1756年,数学家詹姆斯·多德森(Jams Dodson)提出了"均衡保费"思想,并根据年龄的差异制定了更为精确的保险费率表,为现代人身保险的产生奠定了科学的理论基础。〔21〕

1762年,辛普森和多德森两人发起成立了"伦敦公平保险公司",首次将死亡表运用到计算人身保险的费率上,按投保人的年龄,根据死亡表核算保险费,并对异

---

〔21〕 1756年,46岁的詹姆斯·道德森(James Dodson)由于超过了当时福利社团的年龄限制,而被拒之门外。为此,他深感应更合理地计算保费,以便减少"逆向选择"的影响。他依照年龄差等计算保费,并提出了"均衡保费"的理论。

常风险另外加收保费。该公司的设立是近代人身保险制度成熟的标志。随后,人身保险的发展打破了单纯以被保险人的死亡为赔付条件的模式,开始出现无论被保险人生存或死亡都可以获得保险金的两全保险,以及以被保险人健康为保险标的的健康保险和意外保险,到20世纪末期还出现了分红保险、投资连接保险等创新型险种。人身保险的范围不断扩充,为人类对抗死亡和疾病的威胁提供了大量有效的风险规避手段。

五、责任保险的产生与发展

责任保险(liability insurance),也称第三者责任保险(third party insurance),是指以被保险人依照法律或合同应对第三者承担的经济赔偿责任为保险标的的一种财产保险。责任保险产生与发展的基础是,随着民事法律制度的不断完善,社会成员在社会生产和生活中承担的民事法律风险不断增加,客观上需要寻求转嫁风险的保险方式。

责任保险最早出现在英国。1855年,英国铁路旅客保险公司向曼彻斯特、谢菲尔德和林肯铁路系统提供了意外责任事故责任保险,约定承运人对在铁路运输中的货物毁损赔偿责任由保险公司承担。此后,实践中又陆续出现了雇主责任保险、会计师责任保险和医生职业责任保险等,使雇主对雇员职业伤害应承担的民事责任、会计师因疏忽和过失给雇主造成的损失应承担的民事责任、医生在行医过程中因疏忽、过失或意外给患者造成的损害应承担的民事责任,通过保险合同转嫁给保险公司。

责任保险的发展初期,曾遭到许多非议。民众认为开办责任保险会助长道德沦丧,这与法律追求的公平正义相左,同时使得人们对注意义务有所懈怠,助长反社会行为,有悖社会公益。但这并没有阻挡责任保险的发展,20世纪以来,责任保险取得了迅速发展,大部分西方发达国家还对各种公共责任实行了强制保险。有些国家对企业生产的各种产品实行严格的责任管理制度,企业的产品无论是否有缺陷,只要造成他人人身伤亡或财产损失,都要承担经济赔偿责任,这又进一步促进了责任保险的发展。

责任保险的发展速度相当惊人,如今,其保险费的增长速度已超过全部保险业务的保费增长速度。值得一提的是,在责任保险快速发展的同时,美国出现了责任保险危机(主要出现在产品责任领域)。这种危机主要表现为:责任的巨大膨胀与裁决金额的迅速增长导致保险公司采取极端的措施,从而使责任保险费成倍猛增或者使得人们难以得到责任保险的保障。不过,美国的责任保险危机并不代表责任保险的必然发展趋势,只是责任保险在发展中所走过的一段歧途。事实上,在其他国家(如法国),并未像美国那样发生严峻的责任保险危机。[22]

---

〔22〕 参见崔欣、华锰:"责任保险的发展及责任保险危机",载《北方经贸》2003年第7期。

六、现代保险业的发展

进入20世纪尤其是第二次世界大战后，随着现代化大生产的发展以及社会经济生活的日益复杂，各种社会主体所面临的社会风险不断增加，因而通过保险的手段分散社会风险的需求日益增强。同时，现代科学技术的发展，也促进了保险技术和保险经营水平的提高，从而促使保险业在世界各国（地区）获得了普遍发展。如今，保险业已在许多发达国家成为国民经济的重要产业，吸收了巨额资本，创造了大量就业机会。在混业经营模式日益普及的背景下，现代保险业的融资功能不断得到强化。如今，保险公司已成为各国（地区）资本市场中重要的机构投资者，并且不少保险公司还通过资本运作形成了金融集团。在此过程中，保险产品还派生出了很强的信息传递、储蓄、投资等功能，保险产品日益成为个人理财计划的重要内容。如今，在许多国家和地区，投资型险种都在保险市场中占据了重要地位，其增长速度往往高于传统保险产品。

现代保险业表现出保险适用范围与保险产品不断扩大的特征。如前所述，在海上保险等传统险种的产生与发展过程中，都经历了适用范围不断扩展的历程。但随着社会经济的快速发展，传统保险产品适用范围的扩大仍无法满足保险保障范围日益扩大的社会需求，因而各种新型保险不断被创设出来，如汽车保险、航空保险、保证保险、信用保险、分红型保险、万能寿险、巨灾保险等，甚至像奥运会这样的大型运动会都可受到保险保障。

随着保险风险的增大以及与之相适应的保险标的金额的提高，单个的保险公司往往难以独立承担巨额保险责任，因而作为分散危险手段的再保险业务已逐渐发展成为现代保险业中的重要组成部分。例如，人造地球卫星的发射、海上石油钻井平台、核电站、大型水利水电工程（如三峡工程）的保险，无不需要寻求再保险以分散风险。此外，为降低保险金偿付压力，再保险方式还被普遍运用于日常保险经营之中，从而使再保险成为现代保险业的重要运行方式。再保险业务的发展大大加强了国内外保险公司之间的业务联系，从而使保险业的发展呈现出国际化的趋势。[23] 所谓国际化，不仅表现为保险公司以子公司、分公司或提供服务的形式跨国界经营，而且表现为各国（地区）保险公司普遍按照国际惯例从事保险经营活动。

在市场竞争不断加剧的背景下，现代保险业的市场导向发生了质变，保险公司的经营策略纷纷从生产者导向往消费者导向转变。保险公司设计产品、提供服务无不从消费者的角度出发，最大限度地满足消费者的需要普遍成为保险产品设计的出发点。

信息技术在现代保险经营中的作用也日益重要。1994年，伦敦保险市场开始应用电子承保系统，从而极大地提高了工作效率。在保险公司内部管理中，电子化和计算机系统的应用更是无所不在，从内部文档处理、数据的发送、存储、查询、修

---

〔23〕 参见姚海明主编：《保险学》（第二版），复旦大学出版社2005年版，第47页。

改，到承保、理赔、资金的周转、企业的决策等各个环节，信息技术的作用都不断增强。近年来，国际互联网的迅猛发展，更是使保险业普遍进入信息化时代，从而给保险业带来了革命性的影响。

第四节　我国保险业的产生与发展

一、清朝末年保险业的产生与发展

中国很早就形成了互助共济的保险思想，[24]并产生了一些体现保险思想的实践，[25]但与许多制度一样，法律意义上的保险乃“舶来品”。

自清朝立国以来，由于社会动乱，海防虚弱，从1655年起改变“通商裕国”政策，实行禁海迁界。1683年，清朝平定台湾地区后允许渔民造船出海，并在1685年设广东澳门、福建漳州、浙江宁波、江南云台山四榷关与外国通商。由此，广州逐渐成为我国对外贸易中心。为适应外国商人的保险需求，一些外国商人在1801年在广州组织起临时的会社组织，办理海运船只及其运载货物的保险业务。随后，印度加尔各答的一些保险机构，在广州设置了代理处，办理少量海上保险业务。1805年，英商怡和洋行与宝顺洋行在广州共同创办了谏当保险行（canton insurance society），[26]此即在我国开设的第一个保险企业。该行由宝顺洋行和怡和洋行轮流管理，公司每隔5年结算并改组一次，这两家洋行于1835年决定结束合作关系，由怡和洋行独家经营谏当保险行。1841年，英军占领香港，怡和洋行便将谏当保险行从广州迁到香港，成为香港最早的保险公司。1857年，谏当保险行在上海设立分公司，并于1881年12月在香港按照《公司条例》改组为“广东保险公司”（canton insurance society co.）。退出谏当保险行的宝顺洋行于1835年另行创设“于仁洋面保安行”（union insurance society of canton），[27]这是外商在中国创办的第二个保险公司。该公司也在英军占领香港后将总部迁至香港，并于1868年在上海设立分公司。

1840年鸦片战争后，清朝被迫更大范围地开放海禁，外商可以从事贸易的口

---

〔24〕　例如，在《礼记·礼运》中有以下记载：“故人不独亲其亲，不独子其子，使老有所终，壮有所用，幼有所长，矜寡孤独废疾者，皆有所养。”这可谓中国最古老的社会养老保险思想。在东汉时期，我国就产生了“防患于未然”这一对付自然风险的思想。“积谷防饥、储粮备荒”则是我国漫长的封建社会的统治者和老百姓应付粮荒的重要方式。

〔25〕　公元前3000年前后，我国长江流域的一些粮食商人在运输中常采用“分舟运米”的办法，各自将所要运送的一些粮食分装在同一航程的几艘船上，以避免单船运输风险过于集中。这一做法体现了现代保险分散风险的原理，被视为水险起源的最早实例。

〔26〕　也曾译为“广州保险社”“谏当保安行”“谏当水险公司”“广东保险学会”等。canton是当时欧美人对广州的称呼，故按字面意思翻译，应译为“广东保险会社”。

〔27〕　也曾译为“裕仁保险行”“友宁保险行”“联合保险公司”等。

岸,从上海等沿海"五口"逐步扩展到长江中下游的"十口"。保险也跟着贸易的脚步踏上各个口岸,从沿海进入内地。我国各个新开港口之间的短程货运日益频繁,但在动荡的时局下,商人们迫切需要保险保障。于是,兼营保险业务的洋行纷纷筹资开设保险公司。在此过程中,英商很快垄断了我国保险市场。其他国家的洋行也不甘落后,纷纷设立保险公司。19 世纪 60 年代,美商、德商、日商洋行不仅开始代理本国保险公司的业务,而且和英商一样开始在我国设立保险机构。[28]

1865 年,闽粤著名的商号——德盛号创办了中国第一家民族保险公司——义和公司保险行,此可谓我国民族保险业的开端。但仅此一家的民族保险机构,势单力薄,又缺乏经验,很快就从保险市场上销声匿迹了。我国民族保险业的真正兴起还要从保险招商局算起。清政府于 1873 年 1 月在上海设立了轮船招商局。[29] 为摆脱外商独占保险市场的压迫和困境,1875 年 12 月李鸿章在上海创设"保险招商局",试办 1 年。[30] 此后,由于航运发展,保险业务从水险到火险不断扩展,又于 1876 年创设"仁和水险公司",并于 1878 年设立"济和船栈保险局",不久增资扩办为"济和水火险公司"。1886 年,仁和与济和两家保险公司合并成"仁济和水火险公司",资本为白银 100 万两,业务范围也开始从海上转向陆地口岸,承办各种水险与火险业务。[31]

保险招商局虽面临着巨大的经营困难,但其存在还是在洋商独霸的保险市场上为我国民族保险业的发展打开了局面。保险事业本身所具有的社会功能和巨大利润,极大地刺激了中国民族保险业的发展。众多分散的力量集聚在一起,使民族保险业成为一股不容忽视的力量。当然,在夹缝中生存的民族保险业不仅基础薄弱,而且发展环境很不理想,始终处于受支配地位。从 1865 年到 1912 年成立的华商保险公司约有 35 个,其中财产保险公司 27 个,人寿保险公司 8 个,但到 1914 年第一次世界大战之前,继续营业的仅剩 9 个。1907 年,由华兴、华安、华成 3 家公司

---

〔28〕 参见成继跃:"海上吹来保险风——外资保险在中国的历史沿革(上)",载《上海保险》2006 年第 12 期。

〔29〕 19 世纪中叶,洋商迅速、安全、收费低廉的轮船进入中国的航运业后,很快就将中国传统的沙帆船挤了出去。为使我国航运业不致为外商所操纵,同时解决清政府供给的漕运问题,在李鸿章、曾国藩等洋务派的多方努力下,1873 年 1 月清政府在上海设立了轮船招商局。

〔30〕 轮船招商局成立后抢走了洋商许多华商客户,洋商非常不满。因此,当招商局向洋行托保轮船时,他们借机报复,向招商局收取近乎敲诈的高额保费。李鸿章意识到,欲求富国自强,"须华商自立公司,自建行栈,自筹保险"。于是李鸿章委托有多年买办经验的唐廷枢、徐润筹办保险招商局,并于 1875 年 11 月开始公开招股。华商们多半都受过洋商保险公司的欺压,对于华商保险自是十分支持,很快"投股逾额"。12 月 28 日,保险招商局正式成立,共募资 20 万两白银。

〔31〕 仁济和水火险公司的股款都存于轮船招商局。从 1888 年起,轮船招商局由"官督商办"进入"官办"阶段。到了 1920 年,轮船招商局亏银达 2000 万两之巨。由于仁济和大部分资金滞留在轮船招商局,严重影响了它的经营,业务慢慢萎缩,最终于 1934 年 10 月停业。

发起成立了首届“华商火险公会”。[32] 保险公会的成立说明了华商公司加强了自身的组织和团结,迈出了新的一步。到 1911 年辛亥革命前,先后创立的各类华商保险公司,总计有 45 家之多。经过 40 多年的努力,中国民族保险业终于在洋商称霸的保险市场中争得了 10% 的份额,数额虽小,但意义重大。

二、新中国成立前保险业的发展概况

中华民国的成立在一定程度上改善了资本主义的发展环境,尤其是在第一次世界大战期间,帝国主义国家忙于战争,一度放松了对我国的经济侵略,此时国内反帝斗争不断兴起,民族意识不断增强,民族工商业得到了迅速发展。当时民族工商业利用民族资本开办的保险公司发展也很快,由于其形式灵活,业务也十分活跃。其中 1912 年由吕岳泉在上海创办的华安合群人寿保险公司,是我国第一家寿险公司,也是我国规模最大并能与洋人保险公司相抗衡的寿险公司。该公司在国内外广设分支机构,招聘寿险专家,开拓寿险业务,发展颇为迅速。

第一次世界大战结束后,外商又纷纷来华开设保险公司,并获得了快速发展。例如,荷兰裔美国人科尔内留斯 · 范德 · 斯塔尔(Cornelius Vander Starr)1919 年在上海设立了美亚保险代理公司(American Asiatic underwriters,AAU),并在此基础上合并美国友邦保险公司(American international assurance,AIA)等公司组建了美国国际集团(American international group,AIG)。直至 1950 年,该集团才因关闭大陆的企业而将总部迁至纽约。

20 世纪二三十年代,我国民族工商业的发展非常迅速,民族保险业的发展也达到了新中国成立前的鼎盛时期。在 1919 年到 1935 年期间,我国累计设立了 30 多个民族保险公司。尤其是在 1926 年之后,实力雄厚的银行业开始投资于保险业,使得民族保险业有了迅速发展。从资金性质来看,既有官僚资本,也有民间资本,其业务则涉及工商、财产、人寿、运输等险种。中国官僚资本开办的保险公司,由国民党政府直接控制下的中央银行、中国银行、交通银行、中国农民银行、中央信贷局、邮政储金汇业局和中央合作金库等投资。例如,1931 年 11 月 1 日由中国银行投资 500 万元(法币)创办的中国保险公司,到 1938 年 8 月已扩展到海外,分别在香港和新加坡设立分公司,经营各种财产保险和人寿保险。1940 年由中国农民银行投资设立的中国农业保险公司,主要业务由农本局投保,独家经营中国蚕茧保险,并对与农业有关的保险规章制度进行调查研究。中国农民银行还于 1941 年 1 月开办了太平洋保险公司。1935 年 10 月,由中央银行拨款 500 万元,在上海成立的中央信托局保险部,除承办一般业务外,还开办了白银保险、盐运保险、集中再保险等几项特殊保险业务。1939 年,中央信托局保险部为配合抗日战争开办了战时陆地兵险和战

---

〔32〕 该会的宗旨主要是为了联络同业感情,实际发挥的作用很小。随着民族保险业的发展以及公会影响力的扩大,华商火险公会多次改组,1931 年更名为上海市保险业同业公会。

时运输兵险两项特殊险种,这是中国人在保险史上的创举。为了开办这两项特殊险种,财政部拨给保险部资金1000万元作保险费。[33] 许多民办银行也纷纷设立保险公司。例如,1929年11月20日,金城银行在上海设立了太平水火保险公司,资本总额100万元。1933年,金城银行邀集交通、大陆、中南、国华等银行参股,并将资本增为500万元。1935年,太平水火保险公司又联合平安、丰盛公司,组成了实力雄厚的“太平保险集团”。除在上海设立总公司外,太平保险还在国内各大口岸广设分支机构和代理处,最鼎盛时,在全国的代理网点总数达900余处,还在香港和东南亚地区设立了多个分支机构,成为当时我国保险市场上实力雄厚的民族保险公司。太平保险采取了欧美资本主义托拉斯性质的管理形式,对集团内各公司进行联合管理,是当时中外保险公司中独树一帜的新型管理制度。[34] 1933年4月,四明银行在上海成立了四明保险公司,资本总额100万元,实收50万元,经营水险、火险、汽车险、邮包险、火车险、航空险、兵盗险等业务。

除了纯粹的民族保险公司外,一些外商保险公司还与民族资本合资开办了一些保险公司。例如,1930年英国太古洋行与上海商业储蓄银行合资开办了宝丰保险公司,1932年美商美亚保险公司与浙江兴业银行合股开办了泰山保险公司。

由于20世纪二三十年代中国的民族资本还较为薄弱,民族保险公司的兴起并未改变外商保险公司垄断我国保险市场的状况。据1935年《中国保险年鉴》统计,当时华商保险公司有48个,外商保险公司则有166个。更为重要的是,多数民族保险公司要依赖外商保险公司分保,因而不少民族保险公司实质上就是外商保险公司的代理机构。

1941年年底,太平洋战争爆发,日军开进上海租界,昔日操纵上海保险市场的英、美、法等国的保险公司,被勒令停业,其外籍人员被关进集中营。随着国民党政府迁都重庆,我国金融保险中心也随之迁至重庆。在此期间,官僚资本的中国农民银行成立了中国农业保险公司,交通银行成立了中国太平洋保险公司,由此各官僚资本银行均成立了保险公司。当时重庆的保险公司数量已达到50个以上。

抗战胜利后,各保险公司纷纷将总部迁回上海,外商保险公司也在上海复业,使上海再次成为我国保险业中心。此时的官僚资本逐渐发展成为国家金融垄断势力。官僚保险机构在抗战时已经包揽了大部分的保险业务,抗战胜利后更是控制了企业财产、船舶、货物运输、人寿及再保险等业务,形成了官僚资本保险集团的网络。于是,民营保险机构逐渐在保险市场上成为官僚资本的附庸。随后,因连年内

---

〔33〕 参见姚海明主编:《保险学》(第二版),复旦大学出版社2005年版,第49~50页。

〔34〕 经过1951年和1956年的两轮改组,包括太平保险在内的28个华商私营财产保险公司合并重组为公私合营太平保险公司。根据国家的整体安排,从1956年起,国内保险市场由中国人民保险公司独家经营,太平保险停办国内业务,专营境外业务。太平保险从此移师海外,在港澳及东南亚地区开拓经营了整整45年。2001年12月20日,经国务院同意,中国保监会批准,太平保险全面恢复中国境内的财产保险业务,并对公司进行股权改造,公司总部设在深圳。

战,国民经济面临全面崩溃,到新中国成立前夕,大部分保险公司已无法正常经营,处境非常艰难。[35]

1949 年 1 月起,地方军管会相继在解放了的城市对官僚资本保险机构进行了接收、清理。1949 年 5 月 27 日,上海解放。上海市军管会接管了官僚资本保险公司,并对民营保险公司进行清理整顿。在接管的 24 个保险机构中,除中国保险公司和专营船舶保险、船员意外保险的中国航联意外责任保险公司复业外,[36]其他保险公司对未到期的保险单一律退保,终止保险责任。根据上海市军管会发布的训令,包括太平保险公司在内的 64 个华商保险公司和 42 个外商保险公司获准恢复营业。新中国成立后初期,大部分保险公司资力薄弱,承保能力有限。为切断外商保险公司的暴利,上海市军管会还终止了各保险公司的对外分保合同。唯一例外的是中国保险公司,为适应对外贸易的需要,没有终止分保合同。为缓解华商保险公司的分保问题,在军管会的领导和中国保险公司的支持下,1949 年 7 月 20 日,47 个华商私营保险公司联合组成了民联分保交换处(简称民联),主要经办火险的分保业务。民联的成立,促进了私营华商保险公司的业务发展,提高了保险业的信誉。[37]

三、新中国成立后至改革开放前保险业的发展概况

1949 年 8 月,中共中央在上海召开财经会议。在这次会议上,中国人民银行各大区分行的负责人认真分析了我国保险业的现状,普遍认为对全国保险事业进行集中领导和统一管理十分必要,设立全国性保险公司的条件已经成熟,建议设立中国人民保险公司。会后,中国人民银行总行于当年 9 月 17 日正式备文政务院财经委员会核准成立中国人民保险公司,9 月 21 日,财经委员会主任陈云、副主任薄一波就成立中国人民保险公司一事报请中共中央审批,并获批准。

1949 年 9 月 25 日至 10 月 6 日,中国人民银行总行在北京召开第一次全国保险工作会议。会议通过了《中国人民保险公司条例草案》《中国人民保险公司章程草案》,认为国营中国人民保险公司是新中国的国家金融机构,是国营企业的一部分。此后召开的全国保险工作会议,标志着中国人民保险公司的筹建工作全部完成。

1949 年 10 月 20 日,中国人民保险公司(the People's Insurance Company of China)在北京西交民巷 108 号正式成立。它的成立,标志着新中国国家保险事业的诞生。截至 1950 年 5 月,我国保险公司保费收入的比例为国营公司占 70%,民营公司占 8%,外商公司占 22%,标志着国营公司领导地位的确定。

---

〔35〕 参见彭喜锋编:《保险学原理》,复旦大学出版社 2000 年版,第 32～33 页。

〔36〕 考虑到它组织健全,经营稳健,国内外都有分支机构,基础较好,上海市军管会决定恢复办理其各项保险业务,特别是办理已被接管和初步改造的各国营工商企业的保险业务以及进出口货物运输的外币保险业务,并帮助解决私营保险公司分保问题。复业后的中国保险公司,实际上起了国家保险机构的作用。

〔37〕 随着私营保险企业公私合营,民联于 1952 年年初完成了历史使命。

从 1949 年至 1952 年年底,我国保险业经历了一个大发展时期。首先,1951 年 2 月,中央人民政府政务院作出《关于实行国家机关、国营企业、合作社财产强制保险及旅客强制保险的决定》,指定中国人民保险公司为办理强制保险机关。同年 4 月,政务院财经委员会发布《关于颁布财产强制保险等条例的命令》,同时,公布了中国人民保险公司拟定的财产、船舶、铁路车辆、轮船旅客意外伤害、铁路旅客意外伤害、飞机旅客意外伤害的强制保险条例。到 1952 年年底,全国国营企业、合作社的财产全部投保,县以上国家机关财产大部分参加了保险。在农村,中国人民保险公司开办了牲畜保险,试办了农作物保险。1952 年承保牲畜 1400 万头,1950 年至 1952 年共收农业保险费 4800 亿元旧人民币,赔款 1800 余亿元旧人民币。其次,在自愿保险等险种发展了进出口货物运输保险。为了配合国家反封锁、反禁运的斗争,从 1950 年起,中国人民保险公司集中了公营企业进出口货物保险业务,到 1952 年 11 月,国内业务直接业务部分保费收入达 8325.6 亿元旧人民币。最后,国际再保险业务得到发展。20 世纪 50 年代初,我国取消了国内业务分保,国际再保险仅限于国外业务部分。此时,中国人民保险公司与世界上多数国家及地区建立了直接或间接的分保关系和货损、船损检验的代理关系。

由于国家对外商保险公司的业务采取了严格的限制措施,并失去了为数很大的分保收入,因而在国营外贸系统和新的海关建立后,其直接业务来源越来越少。1949 年外商保险公司保费收入占全国保费收入的 62%,1950 年下降为9.8%,1951 年下降为 0.4%,1952 年仅为 0.1%。到 1952 年年底,外国在华保险公司陆续申请停业,撤出我国保险市场。

1953 年,我国开始对农业、手工业和资本主义工商业进行生产资料所有制的社会主义改造。1955 年,在社会主义改造即将完成时,由于经济理论上把全民所有制之间的交换视为产品交换、因而认为国营企业的财产保险是“倒口袋”,遂停办了铁路、粮食、地质、邮电、水利和交通 6 个系统的财产和铁路车辆、船舶的强制保险,并计划于 1957 年停止所有强制性财产保险。当年还完全废除了保险经纪人制度。

1956 年 8 月 10 日,我国保险界提前结束公私合营改造,国内市场上仅剩下中国人民保险公司。到 1957 年 1 月 1 日,该公司在国内再保险市场也一统天下。

1956 年,我国完成了生产资料所有制的社会主义改造,确立了公有制经济的主导地位。在这一胜利面前,党内滋生了盲目乐观情绪,错误地认为在实现社会主义改造之后,用很短时间就可以把社会主义改造为共产主义。于是,从 1957 年下半年开始,掀起了以人民公社运动为代表的限制和取消商品生产的高潮。基于“公有制经济内部分不存在商品货币关系”的理论,1958 年 10 月,在西安召开的全国财贸工作会议通过的《关于农村人民公社财政管理问题的意见》提出:“人民公社化以后,保险工作的作用已经消失,除国外业务必须继续办理外,国内业务应立即停办。”同年 12 月,在武汉召开的全国财政会议正式决定立即停办国内保险业务。

1959 年 1 月,中国人民保险公司召开第七次全国保险工作会议,贯彻落实国内保险业务停办的精神,并部署善后清理工作。从1959年起,全国的国内保险业务除上海、哈尔滨、广州、天津等地继续维持了一段时间外,其他地方全部停办。国内保险业务停办后,国家从精简机构考虑,只是在中国人民银行国外业务管理局下设保险处,负责处理中央和北京地区进出口保险业务,领导国内外分支机构的业务,集中统一办理国际分保业务和对外活动,在对外联系业务时用"中国人民保险公司""中国保险公司"及"太平保险公司"三个名义。中国人民银行所属保险处的人员编制仅30人,1962年精简机构时编制进一步被压缩为12人。

1964年,随着国民经济的全面好转,中国人民银行国外业务局保险处升为局一级单位,对外仍用中国人民保险公司的名义,并由中国人民银行副行长兼任总经理。1965年前后,财政部和中国人民银行准备就恢复国内保险业务做可行性调查。然而,"文化大革命"的爆发,既打断了这一进程,又对中国人民保险公司一直办理的国际保险业务进行了干扰。在"左"的思潮影响下,保险被认为是"私有经济的市场""不适应中国社会主义经济基础""办理国际再保险业务得不偿失""是依靠帝国主义""再保险是帝修反之间的利润再分配"等,因此有人提出要"彻底砸烂中国保险业",不但停办国内保险业务,还要停办全部涉外保险和国际再保险业务。1967年,国内保险业务全部停办。1969年,交通部的远洋船舶保险也被停办,致使海外业务受到很大影响。不久又停办了汽车保险中的第三者责任保险和进出口保险中的罢工险,国际再保险业务也遭到破坏。1968年前,海外业务由香港民安保险公司、中国保险公司、太平保险公司分给中国人民保险公司,然后由中国人民保险公司进行对外统一分保。但1969年后,海外业务对外的分保由民安保险公司代理,寿险由中国保险公司分保,港、澳、新加坡等国家和地区的保险业务则下放到中国保险公司香港分公司管理。到1969年,与我国有再保险关系的国家由原来的32个下降到17个,有分保业务关系的公司由67个下降到20个,仅与社会主义国家及个别发展中国家保持分保关系。

四、改革开放后保险业的发展概况

1978年12月,中共十一届三中全会确立改革开放政策,决定把工作重点转移到以经济建设为中心的社会主义现代化建设上来。1979年2月,中国人民银行全国分行行长会议在京召开,会议做出了恢复国内保险业务的重大决策。同年4月,国务院批准《中国人民银行分行长会议纪要》,明确提出"逐步恢复国内保险业务"。

国内保险业务的恢复工作,首先是设计制定保险条款、费率和单证格式。1979年5月至6月,先后推出企业财产保险、货物运输保险和家庭财产保险3个险种。1979年7月至8月,先后派出几批干部赴广东、福建、浙江、上海、江苏、江西等地,着手恢复保险业务和筹建保险机构。1979年10月,财政部、中国人民银行、中国农业银行联合发布《恢复办理企业财产保险业务的通知》。1979年9月至11月,已有部分地区,如上海、重庆和江西率先开始经营国内保险业务。1979年11月19日,全国保险工作会议对1980年恢复国内保险业务的工作进行了具体部署。会后,国内保险业务的恢复工作迅速在全国展开。1980年1月1日,经国务院批准,中国人民保险公司正式恢复国内保险业务,并开始逐步扩大国外保险业务。到1980年12月,除西藏以外的28个省、自治区、直辖市已恢复人民保险公司分支机构。1981年4月13日,中国人民银行发布《关于保险公司管理体制的通知》,规定中国人民保险公司是办理保险业务的专业公司,各级保险公司受同级人民银行和总公司双重领导,业务上以总公司领导为主,实行独立核算。[38]

1982年12月17日,国务院批复了中国人民银行《关于成立中国人民保险公司董事会的报告》,并批准《中国人民保险公司章程》。根据《中国人民保险公司章程》,中国人民保险公司是中华人民共和国的国有企业,是经营保险业务的专业公司,其经营范围为各种财产保险、人身保险、责任保险、信用保险、农业保险以及再保险等业务。1983年,中国人民保险公司正式升格为国务院直属局级经济实体,并于1984年1月1日起,正式从中国人民银行中分设出来,各省、市、自治区、计划单列市也相应成立了中国人民保险公司的分支机构。1987年7月2日,中国人民保险公司西藏自治区分公司成立。至此,中国人民保险公司在全国除台湾地区外均设立了分支机构。

1985年中共十二届四中全会通过的《中共中央关于制定国民经济和社会发展第七个五年计划的建议》中,将建立各种保险制度提高到"保证经济体制改革顺利进行"的战略高度。1985年国务院颁布了《保险企业管理暂行条例》,对中国人民保险公司的性质和业务活动作了规定,并对建立一个多层次的保险体系作了规定。

随着市场经济的迅猛发展,与市场经济规律相悖的垄断经营体制的固有弊端逐步暴露出来。垄断体制窒息了价值规律在保险业务发展中的作用,剥夺了被保险人选择保险人的权利,导致保险费率居高不下,保险市场开拓力萎缩。因此,改变中国人民保险公司一统天下的保险体制已成为当时迫切需要解决的问题。

1985年3月,国务院颁布了《保险企业管理暂行条例》,规定只要具备相关条件,经国家保险管理机关批准,并向工商行政管理机关申请经营保险业务营业执照,即可设立保险机构,经营保险业务。据此,1986年2月,中国人民银行批准设立"新疆生产建设兵团农牧业保险公司",专门经营新疆生产建设兵团农场内部的种养两业保险,打破了由中国人民保险公司独家垄断国内保险市场的局面。1992年该公司更名为"新疆兵团保险公司",并相应扩大业务范围。[39] 1987年,中国人民银行批准交通银行及其分支机构设立保险部。1988年5月,平安保险公司在深圳

---

〔38〕 国内保险业务恢复后,过去企业发生意外损失统一由财政解决的做法也作了相应改变。凡是全民所有制和集体所有制企业的财产,包括固定资产和流动资金,都可自愿参加保险。全民所有制单位投保的财产,一旦发生损失,由保险公司按保险合同的规定负责赔偿,国家财政不再核销和拨款。

〔39〕 为发展全国性财产保险业务,该公司于2002年9月再次更名为中华联合财产保险公司。

蛇口成立。1991 年,中国人民银行要求保险业与银行业分业经营、分业管理,批准交通银行在其保险部的基础上组建中国太平洋保险公司,成为继中国人民保险公司之后成立的第二个全国性综合性保险公司。1992 年 9 月,平安保险公司更名为"中国平安保险股份有限公司",成为第三个全国性综合性保险公司。

从 1988 年起,中国人民银行批准在四川省、大连市、沈阳市、长沙市和厦门市设立 5 个股份制人寿保险公司,开始探索寿险与财产险分业经营的模式。1991 年后,中国人民银行又先后批准在珠海、本溪、湘潭、丹东、广州、太原、天津、福州、哈尔滨、南京、昆明等地组建股份制人寿保险公司。新建立的寿险公司除了办理商业保险外,还接受地方政府的委托,代办社会保险业务。中国人民保险公司在这些人寿保险公司中都持有一定股份。

1994 年起,国内陆续成立了多家股份制保险公司。例如,1994 年 10 月,中国人民银行批准在上海成立天安保险股份有限公司。1995 年 1 月,又批准在上海成立大众保险股份有限公司。1996 年,中国人民银行还批准设立了新华人寿保险股份有限公司、泰康人寿保险股份有限公司、华泰财产保险股份有限公司、永安财产保险股份有限公司、华安财产保险股份有限公司 5 家股份制保险公司。

1995 年《保险法》确立了分业经营的原则。基于此,1996 年 7 月,经国务院批准,中国人民保险公司改组为中国人民保险(集团)公司,下设中保财产保险有限公司、中保人寿保险有限公司和中保再保险有限公司,实行产、寿险分业经营。国务院还将 17 家地方寿险公司全部并入中保人寿保险有限公司。

为促进我国的保险事业健康发展,1998 年 10 月 7 日,国务院批准《撤销中国人民保险(集团)公司实施方案》,将原中保财产保险有限公司更名为中国人民保险公司;原中保人寿保险有限公司更名为中国人寿保险公司;原中保再保险有限公司更名为中国再保险公司;将中保集团所属的其他海外经营性机构全部划归香港中国保险(集团)有限公司管理。

1992 年,美国友邦保险公司经批准在上海设立分公司,拉开了新中国保险市场对外开放的序幕。1996 年 11 月 26 日,经中国人民银行批准,加拿大宏利人寿保险公司和中国对外经济贸易信托投资公司(中化集团公司核心成员)在上海合资组建了中宏人寿保险有限公司。[40] 这是我国改革开放后建立的第一家合资保险公司。2001 年加入世界贸易组织(WTO)后,我国保险市场对外开放步伐明显加快,到 2003 年年底,即有 13 个国家和地区的 37 个外资保险机构在国内设立了 62 个保险营业机构,另有 19 个国家和地区的 127 个外资保险机构在国内设立了 191 个代表

---

〔40〕 加拿大宏利金融集团(Manulife Financial)是加拿大主要的财经服务企业,业务遍布全球 19 个国家和地区。继 2004 年完成加拿大历史上最大一宗跨国合并交易,成功实施对美国 John Hancock 恒康金融服务有限公司的合并,宏利金融成为加拿大第一、北美第二。宏利人寿保险是宏利金融集团属下的成员公司。加拿大宏利人寿保险公司 1887 年成立于加拿大多伦多市,现为加拿大规模最大的人寿保险公司和北美 15 家最大的人寿保险公司之一。

机构和办事处。[41]

为规范和促进我国保险业的发展,加强对保险市场的监管,中国保险监督管理委员会于1998年11月18日成立。其基本目的是深化金融体制改革,进一步防范和化解金融风险,根据国务院授权履行行政管理职能,依照法律、法规统一监督和管理保险市场。

与我国市场经济的高速发展相适应,近年来,我国保险业也取得了举世瞩目的发展成就,在保险深度和保险密度上都取得了重大进展。[42] 如今,我国保险市场已形成了以国有商业保险公司为主体、中外保险公司共存、众多保险公司竞争发展的格局。此外,保险资产管理公司、保险专业中介公司(保险代理公司、保险经纪公司、保险公估公司)等其他保险机构都得到了迅速发展,形成了各种性质的保险业务都能充分竞争的市场格局。不过,迅速发展中的我国保险市场仍存在不少问题,尤其是诚信缺失的问题颇为突出,保险诈骗、保险理赔难及中介机构违背职业道德的问题仍较为严重,因而保险市场的发展依然任重而道远。

思考题

1. 如何理解保险的本质?
2. 保险有哪些分类?
3. 阐述保险制度的历史发展过程。

[41] 参见姚海明主编:《保险学》(第二版),复旦大学出版社2005年版,第52~54页。

[42] 保险深度是指某地保费收入占该地国内生产总值(GDP)之比,反映了该地保险业在整个国民经济中的地位。保险深度取决于一国经济总体发展水平和保险业的发展速度。保险密度是指按当地人口计算的人均保险费额。保险密度反映了该地国民参加保险的程度,一国国民经济和保险业的发展水平。

第二章 保险法概述

导 读

- 保险法有广义和狭义之分:广义上的保险法包括商业保险法和社会保险法两大类;狭义上的保险法特指商业保险法。一般所谓保险法系就狭义而言。
- 保险法的体系包括三类,即保险合同法、保险业法与保险特别法。其中,保险合同法是保险法的核心内容,涉及保险商行为的主体资格、受益人资格、合同订立与生效的条件、合同基本条款、当事人的权利义务、合同的变更与终止等;保险业法是国家对保险市场及市场主体的组织和经营活动进行监管的法律规范总称;保险特别法是专门规范特定的保险种类的保险关系的法律规范。
- 我国《保险法》颁布于1995年,并于2002年、2009年、2014年和2015年进行了修订。

第一节 保险法的内涵

一、保险法的概念

"保险法"(insurance law/law of insurance)一词有广义和狭义两种解释。广义上的保险法,是指以保险关系为调整对象的一切法律规范的总称。保险关系,是指因保险合同而发生的权利义务关系以及在保险监管过程中所发生的各种关系。广义上的保险法包括商业保险法和社会保险法两大类,具体包括以下内容:调整保险团体组织及保险监管关系的保险业法(insurance business law);调整保险合同当事人、关系人及辅助人之间保险权利义务的保险合同法(law of insurance contract);专门调整某一险种保险关系的保险特别法(special insurance law);调整社会保险关系的社会保险法(social insurance law),等等。

狭义上的保险法,特指商业保险法(commercial insurance law),其所调整的保险关系包括:保险人与投保人之间的保险合同关系;保险人与被保险人、受益人之间基于保险合同所形成的权利义务关系;投保人与被保险人、受益人之间基于保险合同所形成的权利义务关系;保险人与保险中介人之间的权利义务关系;保险人之间的权利义务关系;保险人内部的组织关系;保险监管机构与保险人、保险代理人、保险经纪人及保险公估人之间的监管与被监管关系。一般所谓保险法系就狭义而言,本书亦然。

二、保险法的特征

所谓法的特征,是指法本身所固有、所确定的东西,从一定意义上讲,是法的本质的外化,是法区别于其他社会现象的重要标志。[1] 法的特征经常被称为法的特性,也说明了法的特征中包含了关于其性质的考察。依此,作为部门法的保险法,其特征构成了保险法区别于其他法律部门的主要标志,成为保险法本质的外在表现形式。也就是说,保险法的特征应当是指将保险法作为一个独立的法律部门,并置于整个法律体系之中与其他法律部门相比较而显现出来的本质外化的个性化特征。

对于保险法的特征,学者们从各自的角度作了不同阐释。有学者认为,保险法的特征主要有:广泛的社会性、严格的强制性、至善的伦理性、特定的技术性。[2] 另有学者认为,保险法的特征有:保险法是商法、保险法是管理法、保险法是任意法、保险法是技术法。[3] 还有学者认为,保险法的特征包括以下内容:公益性与私益性的结合、强制性与任意性的结合、伦理性与技术性的结合。[4] 本书认为,保险法的特征可作如下归纳。

(一)保险法是包含大量公法规范的私法

保险法以基于保险合同及保险监管过程中所形成的保险关系为调整对象,而保险活动的法律性质属于典型的由商主体实施的商行为,因而应将保险法纳入商法的范畴,属于商法之特别法。传统上,商法作为商人自治法,属于典型的私法。近现代商法作为调整商事交易关系的法律,一般被视为民法的特别法,从根本上说属于私法范畴。保险法作为商法,当然应纳入私法的范畴。但随着现代经济的发展,社会整体观念的加强,对于私法关系,逐渐改变以往放任主义的态度,而采取积极干预主义的方式,从而使私法中具有公法属性的规范日益增加。在此方面,保险法表现得颇为明显。例如,保险业监督管理关系,就明显涉及公共权力、公共关系、公共利益和上下服从关系、管理关系、强制关系。当然,这些公法性规范始终处于为私法交易服务的地位,它还不能改变保险法的私法属性。

(二)保险法主要为强制性规范

所谓强制性,是指必须严格遵循法律、法规的规定,而不能将其替代或变更的

---

〔1〕 参见李龙主编:《法理学》,武汉大学出版社1996年版,第24页。
〔2〕 参见樊启荣:《保险法论》,中国法制出版社2001年版,第35~36页。
〔3〕 参见徐卫东:《保险法论》,吉林大学出版社2000年版,第50~54页。
〔4〕 参见温世扬主编:《保险法》,法律出版社2003年版,第23~25页。

法律属性。强制性规范在现代私法中日益增多,其中,保险法中的强制性规范也占据一定比重。关于保险利益原则、保险公司的设立与运行、保险经营规则、保险代理人和保险经纪人、保险业监督管理的规范,大多属于强制性规范。表现在立法技术上,则大量运用了“必须”“应当”“不得”“禁止”等语词来体现其强制性。例如,关于保险利益原则,我国《保险法》第12条规定:人身保险的投保人在保险合同订立时,对被保险人应当具有保险利益;财产保险的被保险人在保险事故发生时,对保险标的应当具有保险利益。不过,保险法毕竟本质上属于调整平等主体之间法律关系的私法,因而保险法中也有少量任意性规范。例如,各国保险法普遍规定:投保人和保险人可以协商变更合同内容;人身保险的受益人由被保险人或者投保人指定;被保险人或者投保人可以指定一人或者数人为受益人。

(三)保险法兼具技术性与伦理性

从社会学角度观察,法律规范由伦理性规范与技术性规范组成。所谓伦理性规范,“其制定也,本诸恒清,基乎常理,如杀人者死,欠债者还,虽庸夫愚妇莫不知其然也。”所谓技术性规范,“其制定也,完全出乎立法专家之一种设计,故其内容并非仅凭一般常识所能了解。”[5]任何法律部门都是法技术的构造,因此所有法律部门都具有技术性。但由于商法以经济效用为主要目的,为维护交易的便捷、公平与安全,其规定更加明显地具有技术性,与作为一般私法的民法偏重于伦理规范有明显区别。商法的技术性主要体现在商行为法部分,法律对商行为中的行为方式、行为环节、行为规则都作了具体、翔实的规定,具有很强的可操作性和技术性。

保险法作为典型的商行为法,包含了大量的技术性操作规则,如关于保险合同必要条款、保险合同的变更和终止、保险费率的厘定、承保风险的选择程序、保险事故损失的计算、保险赔款的计算、设立保险公司应具备的技术与物质条件、责任准备金的提存的规定等,这些实用的法律技术规范都具有较强的技术性。正因为保险法具有浓郁的技术性,才使其在各国存在技术上的共通性,可以相互借鉴,从而更多地表现出国际趋同性。

与其他商事部门法不同,为防止道德危险,保险法还设定了大量体现伦理性要求的规范,从而使其具有明显的伦理性色彩。保险的射幸性质使其容易引发道德危险。因此,为防止道德危险的发生,要求保险合同当事人必须以最大的善意订立保险合同。保险法关于保险利益原则的规定即为伦理性的典型体现。保险法关于投保人为无民事行为能力人投保以死亡为给付保险金条件的人身保险的限制性规定,也是保险法伦理性的体现。

三、保险法的宗旨与作用

各国(地区)保险法均以促进本国经济健康发展与保护保险活动当事人的合法

---

[5]　参见郑玉波:《票据法》,台北三民书局1986年版,第3页。

权益为主要立法宗旨。对此,虽然两大法系国家和地区大多不在立法中作明确规定,但其立法精神及规范体系都体现出这一立法宗旨。对此,我国《保险法》第1条明确规定:"为了规范保险活动,保护保险活动当事人的合法权益,加强对保险业的监督管理,维护社会经济秩序和社会公共利益,促进保险事业的健康发展,制定本法。"该规定即为我国《保险法》的立法宗旨(或称立法目的)的概括。这一立法宗旨的形成与确立,是我国保险市场的地位、作用及实践经验在保险立法方面的综合体现。因此,所谓保险法的宗旨与作用,实际上是从不同角度所作的表述。据此,我国《保险法》的宗旨与作用表现为以下五个方面。

(一)规范保险活动

在我国市场经济实践中,保险业在稳定企业经营、保障人民生活安定、促进市场经济发展等方面,发挥了日益重要的作用。近年来,我国保险市场有了很大的发展,保险机构的数量和从业人员都有了很大增长,业务范围得到了逐步扩展,保费收入也逐年大幅递增。但由于我国保险市场仍处于发展阶段,从业人员的素质参差不齐,监管手段和管理措施也存在一定差距,因而存在一些不规范的问题。其主要表现为保险公司在承保时欺骗投保人、隐瞒真实情况、违法承诺给予不当利益、利用各种关系强迫投保等。为了保证我国保险业的健康发展,必须依法规范保险活动,使保险活动完全纳入法治轨道,在订立保险合同、设立保险公司及经营保险业务等方面,都要严格遵循法律规定。

我国《保险法》规定了一系列原则性与具体性规范,使保险活动具备了较为严密的规范体系。包括:(1)强化保险公司的风险控制机制,规定保险公司应依法提取保证金与各项责任准备金,缴纳保险保障基金,并要求保险公司应具有与其业务规模和风险程度相适应的最低偿付能力;(2)强化保险公司及保险从业人员的行为规范;(3)强化监管部门的权力,对于保险业的违法行为及时进行处理;(4)完善保险法律责任,等等。例如,《保险法》第116条对保险公司及其工作人员在保险业务活动中的禁止性行为作了明确规定,第130条对保险手续费和经纪人佣金的支付作了明确规定,第131条对保险代理人、保险经纪人及其从业人员在办理保险业务活动中的禁止性行为作了明确规定。

(二)保护保险活动当事人的合法权益

保险活动的当事人,是指依照保险合同,在保险活动中享有权利和承担义务的人。与证券法强调保护投资者合法权益不同,保险法不仅强调对投保人、被保险人及受益人权益的保护,而且为从根本上维护投保人、被保险人及受益人的权益,还强调对其他保险活动当事人合法权益的法律保护。这主要表现为以下两个方面的内容。

1. 强调对投保人、被保险人及受益人权益的维护

在保险合同关系中,因投保人、被保险人及受益人相对处于弱势地位,故各国保险法普遍强调对其权益的维护。例如,各国保险法普遍规定:投保人有权解除保

险合同,保险人的合同解除权却受到法律限制。对此,我国《保险法》第 15 条规定:"除本法另有规定或者保险合同另有约定外,保险合同成立后,投保人可以解除合同,保险人不得解除合同。"保险法确认的不可抗辩规则、格式条款的不利解释规则也体现了强调维护投保人、被保险人及受益人权益的立法精神。

在我国保险实践中,曾长期存在"理赔难"问题。该问题不仅严重损害了被保险人及受益人的权益,而且对我国保险市场的健康发展造成严重障碍。为此,我国 2009 年《保险法》通过修改第 22 ~ 24 条,对保险人的义务和理赔期限作了限定,从而在制度层面上防范保险人设定烦琐的理赔程序、拖延核定和赔付。

2. 兼顾对保险人合法权益的维护

在保险合同关系中,固然应强调对投保人、被保险人及受益人权益的维护,但同样应兼顾对保险人合法权益的维护。例如,各国保险法普遍规定:投保人故意造成被保险人死亡、伤残或者疾病的,保险人不承担给付保险金的责任;受益人故意造成被保险人死亡、伤残、疾病的,或者故意杀害被保险人未遂的,该受益人丧失受益权;因被保险人故意犯罪或者抗拒依法采取的刑事强制措施导致其伤残或者死亡的,保险人不承担给付保险金的责任。我国《保险法》第 43 ~ 45 条也对此作了明确规定。这些规定既是保险法所具有的伦理性要求,也是对保险人合法权益予以维护的体现。

(三)加强对保险业的监督管理

保险监督管理机构依法对保险人、保险市场进行监督管理,其目的是确保保险市场规范运作,保险经营单位依法经营,保证保险人的偿付能力,保障被保险人的合法权益,提高保险体系的效率,防范和化解保险风险,促进保险业健康、有序发展。保险法将加强对保险业的监督管理作为立法目的,是由保险业的特殊性决定的。一方面,保险业务渗透到社会的每一个行业甚至每个人,保险公司的客户非常广泛,保险公司经营的好坏不仅影响到保险公司自身,也影响到保险公司所涉及的每个行业、领域,每个家庭、个人。因此,必须强调对保险公司的监督管理。另一方面,保险所具有的专业性,决定了一般企业、公民对保险费率的计算等一些专业性很强的问题难以把握,处于弱势地位,保险公司承诺的兑现及保险赔付的主动权掌握在保险公司手中。要保护保险活动当事人的合法权益,维护保险活动的正常秩序,仅靠保险公司的自律是不够的,因而必须加强政府监管。为加强对保险业的监督管理,我国《保险法》对规范保险监督管理机构及其监管行为作了系统规定。

(四)维护社会经济秩序和社会公共利益

保险法通过规范保险活动、保护保险活动当事人的合法权益及加强对保险业的监督管理,来达到维护社会经济秩序和社会公共利益的目的。因此,"维护社会经济秩序和社会公共利益"这一立法宗旨,已在一定程度上包含于前三项立法旨之中。不过,由于保险市场的作用日益凸显,且近年来我国金融领域商业贿赂及保险业的"霸王条款"现象已产生很大的负面影响,我国 2009 年《保险法》新增了"维护社会经济秩序和社会公共利益”的内容。此外,该法第 4 条规定:“从事保险活动必须遵守法律、行政法规,尊重社会公德,不得损害社会公共利益。”其中,“不得损害社会公共利益”的内容即为新增规定。《保险法》第 43 ~ 45 条的规定也体现了维护社会经济秩序和社会公共利益的立法精神。

(五)促进保险事业的健康发展

保险事业是国家经济建设和社会生活中重要的组成部分,保险事业发展健康与否,直接关系到国家的经济建设、社会安定。规范保险活动,保护保险活动当事人的合法权益,加强对保险业的监督管理,并在保险业务与保险监管中维护社会经济秩序和社会公共利益,其共同目标都是为了促进保险事业的健康发展。因此,促进保险事业的健康发展可谓保险法的根本宗旨。

我国《保险法》的许多规定都体现了促进保险事业健康发展的立法精神。例如,为使我国保险市场能够形成适度竞争又不导致无序竞争,我国《保险法》第 67 条规定:设立保险公司应当经国务院保险监督管理机构批准;国务院保险监督管理机构审查保险公司的设立申请时,应当考虑保险业的发展和公平竞争的需要。依此,我国在保险市场准入方面设定了较为严格的审查标准。尽管是否符合“保险业的发展和公平竞争的需要”是一个主观标准,可能在保险市场化建设进程中造成一些权力寻租的问题,但客观上确实体现了立法机关促进保险事业健康发展的立法目的。

第二节 保险法的地位与体系

一、保险法的地位

保险法的地位,是指保险法在整个法律体系中所处的地位,即保险法在整个法律体系中作为法律部门的具体层次与具体位阶。因各国对保险法的法律属性存在认识差异,故对保险法地位的确定也不尽相同。一般来说,在采民商合一制的国家,保险法是民法的特别法,与民法的关系是特别法与普通法的关系;在采民商分立制的国家,保险法与公司法、证券法、破产法、票据法等均为商法的组成部分,属于商事部门法。

在我国,因未制定形式商法且立法机关一贯采行民商不分的混合立法模式,故从现行立法体系看,只能将保险法纳入民法的特别法范畴。不过,保险法的本质属性为商事部门法,在保险法的立法与司法过程中,应充分认识到其商法属性。当然,即使我国未来制定形式商法,保险法也将独立存在,因而保险法将继续保持其商事部门法的地位。

二、保险法的体系

关于保险法的体系，理论界有两种不同概括：其一，认为保险法包括三类，即保险合同法、保险业法与保险特别法；[6]其二，认为保险法包括两类，即保险合同法与保险业法。[7] 实际上这两种概括仅存在认识视角上的差异，其区别在于第一种概括将独立于形式保险法之外的特别保险规范作为保险特别法，而其本质属性或为保险合同法或为保险业法。不过，鉴于特别保险法毕竟属于适用于特别领域的特别规范，故不妨将其作为一种特殊类型加以看待。

（一）保险合同法

保险合同法是保险法的核心内容，涉及保险商行为的主体资格、受益人资格、合同订立与生效的条件、合同基本条款、当事人的权利义务、合同的变更与终止等。许多国家都将保险业法单独制定，而一般所谓保险法即特指保险合同法。在立法体例上，保险合同法主要有三种模式：（1）作为合同法或商行为法的一部分而规定于民法典或商法典中，如法国（1976 年《保险法典》颁布前）、意大利《民法典》、西班牙《商法典》、葡萄牙《商法典》、俄罗斯《民法典》、我国澳门地区《商法典》；（2）规定于单行法规中，如德国、奥地利、瑞士、英国等；（3）规定于统一的保险法典中，如法国（1976 年《保险法典》颁布后），日本（2008 年《保险法》颁布后），美国加利福尼亚（California）、北达科他（North Dakota）、南达科他（South Dakota）及蒙塔纳（Montana）四州及我国台湾地区。

我国《保险法》第二章“保险合同”是关于保险合同法的专门规定。此外，《民法通则》、《合同法》的相关规定作为合同法的一般规定亦可适用于保险合同。

（二）保险业法

它是指国家对保险市场及市场主体的组织和经营活动进行监管的法律规范总称。保险监管法是保险业法的主要内容，故保险业法又称保险业监管法，具有较强的公法色彩。但从其内容看，保险业法的主要内容是保险企业的组织和经营规则，故其作为保险业组织法属于商事组织法的一部分。因此保险业法可纳入商法的范畴。在立法体例上，保险业法主要有两种模式：（1）以单行法专门规定，即直接以“保险业法”“保险公司法”“保险业监督管理法”等冠名，如德国 1993 年《保险业监管法》、日本 1900 年《保险业法》、意大利 1923 年《民营保险业法》、英国 1958 年《保险公司法》，法国于 1905 年颁布的《人寿保险事业监督法》及 1938 年通过的有关保险业监管的专门法律均属此例；[8]（2）以统一的保险法典规定，即将保险业法和保险

---

〔6〕 参见贾林青：《保险法》（第三版），中国人民大学出版社 2009 年版，第 22 页；李玉泉：《保险法》（第二版），法律出版社 2003 年版，第 15～17 页。

〔7〕 参见任自力主编：《保险法学》，清华大学出版社 2010 年版，第 26 页；温世扬主编：《保险法》，法律出版社 2003 年版，第 27 页。

〔8〕 我国于 1985 年 3 月颁布的《保险企业管理暂行条例》（已失效），也是当时唯一对保险企业进行专门规制的立法。

合同法作为保险法的重要内容一并规定在保险法典中,如法国(1976年《保险法典》颁布后)、美国纽约州及我国台湾地区。[9]

在我国,1985年3月颁布的《保险企业管理暂行条例》(已失效),曾是当时唯一对保险企业进行专门规制的立法;1995年《保险法》则采取了以统一保险法典的形式规定保险业法。

值得注意的是,无论是采用单行法规模式还是采用统一法典模式,随着保险业的迅速发展,新问题的不断涌现,各国往往会不断修改保险业法,或在主法之外制定一些补充性的法律规定。

(三)保险特别法

它是指在保险普通法(含保险合同法和保险业法)之外,专门规范特定的保险种类的保险关系的法律规范。英国的《海上保险法》、日本的《人身保险法》以及我国《海商法》中关于海上保险的规定,都属于保险特别法的范畴。根据法律适用时特别法优于普通法的原则,若保险特别法对特定类型的保险已经作了规定,则适用保险特别法的规定;若保险特别法对特定类型的保险未作规定,则适用保险普通法的规定。

第三节　外国保险法立法概况

保险法发源于欧洲,并随着商品经济与市场经济的发展,逐渐在世界范围内发展起来。因其产生与发展都植根于市场经济,故在市场经济高度发达的西方国家,保险法也同样更为发达,并对我国保险法的完善具有借鉴价值。为此,本节对主要西方国家的保险法立法情况略作介绍。

一、法国保险法立法概况

法国在欧洲大陆保险事业刚启蒙的阶段就十分活跃,在14世纪到17世纪前叶,欧洲各国纷纷出现了包含有海上保险的有关规定。其中法国尤为活跃,可谓现代保险法的起源地。早在1671年,法国里昂就出版了《海事指南》。《海事指南》虽非立法文件,但它对保险业务及保险的形式有详细解释,故其可谓完整的海上保险法提纲,并对法国乃至世界各国的海上保险立法产生了深远的影响。

1681年,法国国王路易十四颁布了《海事条例》(Ordonnance de la marine),该法乃欧洲大陆具有现代意义的最早保险法。《海事条例》是调整航海贸易的海商

[9] 日本2008年《保险法》仅实现了保险合同法的法典化,未将保险业法纳入其中。我国台湾地区曾采取分别制定保险合同法与保险业法的立法体例,但现行保险法已改采统一立法的体例。

法,其中第六章将海上保险的规定作了相对统一的集中规定。后世各国海商法及商法典中关于海上保险的规定,大多源于此。从内容上看,1681 年《海事条例》要比《巴塞罗那法令》的规定更为完善。1807 年《法国商法典》制定时,其海商法部分的内容也以 1681 年《海事条例》为蓝本。在施行 160 年后,法国又于 1967 年 7 月 3 日以第 67 - 522 号法令及其附件、1968 年 1 月 19 日的第 68 - 64 号法令,取代了包含在 1807 年《法国商法典》中的海上保险法规。由此,法国海上保险转向了单独立法的模式。

法国的陆上保险,原先适用其民法规定。然而,1804 年《法国民法典》只是在"射幸契约"中提到保险契约,此外并无详细规定。1904 年法国开始拟定保险合同法草案,经反复修改,《保险合同法》于 1930 年 7 月 13 日获得通过。该法共 4 章 86 条:第一章,保险的一般规定,包括总则、保险;第二章,损害保险的规定;第三章,人身保险的规定;第四章,有关程序的规定。

法国采用了保险合同法和保险业法分别立法的体例。在保险业法方面,法国于 1905 年颁布了《人寿保险事业监督法》,1938 年又通过了有关保险业监管的专门法律。

1976 年 7 月 16 日,法国颁布了将有关保险的法律、规定、政令编纂而成的《保险法典》(Code Des Assurances)。该法典分为法律、规定、政令三部分,每一部分又分为五章:第一章为保险合同;第二章为强制保险;第三章为保险公司;第四章为保险特有的机制;第五章为一般代理和中间商。[10] 这是一部内容非常完整的保险法典,不仅包括了保险合同、海上保险、保险公司、保险中介以及其他保险组织、保险监管规范,还包括了政策性很强的强制保险规范。此后,该法分别在 1983 年和 1997 年作了修订。迄今为止,在大陆法系国家中,该法典是内容最为广泛的保险法典。

第二次世界大战前,与法国保险法立法体系基本相同或参照了法国的立法经验的国家有:比利时、荷兰、西班牙、意大利、葡萄牙、罗马尼亚、土耳其、希腊、智利、乌拉圭、阿根廷等。这些国家从整体上构成了保险法层面的法国法系。保险法中法国法系的特点为,采用保险合同法和保险业法分别立法的体例,制定独立的保险合同法,并在商法典中对海上保险作专门规定。不过,由于法国 1976 年《保险法典》的颁布,法国本身已脱离了这一传统立法体例。

二、德国保险法立法概况

德国的保险立法稍晚于法国,其保险法的编制形式与法国也有不同。例如,法国在其民法和商法典中都有关于保险的规定,但在德国的民法典和商法典中均未对保险契约予以规定。

德国最早的保险立法,是 1731 年颁布的《汉堡海损及保险条例》。1794 年《普

〔10〕 参见温世扬主编:《保险法》,法律出版社 2003 年版,第 29 页。

鲁士一般邦法》对海上保险与陆上保险均有规定，其中关于海上保险的内容被吸收到1897年《德国商法典》的海商法之中。汉堡商会制定的1919年海上保险规则等也构成了重要的海上保险法渊源，并流传甚广。

德国的陆上保险法——《德国保险合同法》颁布于1908年5月30日，1910年起施行。该法共五章，分别是：各种保险共同规则，即通则；损害保险；人寿保险；伤害保险；附则。在近一百余年的实践过程中，该法经过多次修改，尤其是在1994年欧盟保险市场一体化，德国保险监督局被迫放弃对保险条款的事先审批权力时，德国保险合同法经历了最重要的一次补充，添加了强制责任保险，法律保障保险和医疗保险3个险种的法条，同时添加了著名的a条款，即强制性的消费者保护条款（一些法条被明确为强制条款，消费者的某些权利即使经消费者本人签字同意也无法放弃）。但总体而言，经过此次修订的《德国保险合同法》基本保留了1908年文本的原貌和措词，很多法条已经同现实情况不相符合，其中一些甚至被法院判决修改的同书面意思完全相反。因此德国保险法学界和实务各界均一致认为应对该法作实质性修订。为此，德国在2000年即成立了保险合同法改革委员会，成员包括保险法专家（学者、律师和法官）及各方利益代表（全德保险协会、各保险公司、保险中介人协会、消费者协会等）。

除了修改法律的内在要求外，欧盟指令也迫使德国修改保险合同法。欧盟在2002年颁布了两个对保险业至关重要的指令，一个是异地直销指令，[11]另一个是保险中介人指令，其中异地直销指令最为著名。该指令旨在确保在欧盟范围内对除了人寿保险以外的直接保险的自由竞争，以便符合《罗马公约》《统一欧盟法》及欧共体法院的一些判决的要求。该指令也对在欧洲国家的直接保险合同设立了一些共同的法律选择规则。这两个指令对德国保险界产生了巨大的震动。因为德国保险销售很多属于异地直销，同时德国原来对保险中介人基本没有特别管理，这两个新指令将迫使德国保险业作出更多让步，进行更多有利于消费者但同时增加保险人成本的改革。

为了能将欧盟指令及时落实为德国国内法，德国保险合同法改革委员会迅速展开了工作。该委员会在2003年6月发表了改革初步意见，随后在2004年4月发表了长达570页的最终工作报告，对保险合同法的修改详细阐明了理由，提出了具体建议，最后公布了专家共同拟定的新保险合同法草案。这次修订，一方面，按照欧盟指令，将相关内容转换为德国国内法；另一方面，德国多年实践积累的不成文法，包括联邦最高法院判决、联邦宪法法院判决等，在这次改革中都一并落实为成文法。

2006年10月，德国联邦政府审订后的保险合同法草案公布，并提交给联邦议会审议。按照欧盟规定，中介人指令应当由各国在2005年1月15日之前转化为国

---

〔11〕 即有关直接保险（direct insurance）的第二议会指令（second council directive）。

内立法。虽然德国专家们进行了紧张的工作，但是仍然没有完成这个目标（欧盟很多其他国家也没有完成，比如法国、希腊、西班牙、葡萄牙等）。[12] 由于德国立法程序烦琐，该法案批准实施的日期一推再推，直到 2007 年 11 月 23 日才最终获得通过，并于 2008 年 1 月 1 日起生效。2007 年《德国保险合同法》分为 3 编 215 条，依次为：第一编，总则，含 2 章 99 条，其中第一章为有关全部保险领域的规定，第二章为损害保险；第二编，各个保险种类，含 8 章 109 条，各章依次为责任保险、法律费用保险、运输保险、建筑物火灾保险、生命保险、职业失能保险、意外伤害保险、医疗保险；第三编，附则，含 7 条内容，不分章节。[13] 此次改革是德国保险合同法有史以来最大的一次改动，基本上抛弃了原有的条款编排，完全重新改写。

在保险业法方面，德国 1901 年制定了《民营保险法》，1931 年颁布了《再保险监督条例》。现行保险业监管法律是 1993 年制定并于 1995 年、2000 年、2007 年修订的《保险业监管法》。经过一个多世纪的发展，德国的保险法律体系相对较为完善，法律规定也较为详尽，其以保险合同法为中心，同时注重保险业的监管。瑞士、奥地利、瑞典和丹麦等许多大陆法系国家都仿效德国保险法立法体例，从而在整体上构成了保险法层面的德国法系。

三、英国保险法立法概况

英国是保险最早发源的国家之一，在普通法中有许多关于保险的规则。此外，英国还制定了不少成文保险法，并在许多成文法中包含了保险法规范。

英国女王伊丽莎白于 1601 年颁布的《议会法》中即含有关于海上保险的规定。1871 年英国议会通过的《劳合社法》虽非严格意义上的保险法，但因该法使劳合社正式注册成为一个具有法人资格的社团组织，并促使其在海上保险业务中发挥日益重要的作用，因而该法在保险立法史上具有重要意义。

1774 年英国议会通过了《人身保险法》（Life Insurance Act），规定投保人必须对保险标的具有保险利益，否则保险合同无效。该法不仅适用于人身保险，而且适用于火灾保险和人身事故保险，但有关船舶保险、商品或货物（包括货币）保险则不适用该法。1876 年，英国议会通过了《保险单法》。

在 1756 年到 1778 年间，英国王座法庭首席大法官曼斯菲尔德勋爵（Lord Mansfield）致力于修订一套适用于海上保险契约的法律。尽管最终未能实现立法目标，但其研究成果已广泛应用于海上保险业务及裁判之中，并为后世修编该项法案提供了重要基础。

1906 年，英国颁布并施行了《海上保险法》（Marine Insurance Act）。该法由

---

〔12〕 参见宫峰元：“德国保险合同法百年巨变 15 要点修改有利消费者”，载《中国保险报》2007 年 3 月 12 日。

〔13〕 任自力：“德国 2008 年《保险合同法》变革透视”，载《政法论丛》2010 年第 5 期。

Mackenizie Dalzell Chalmers 爵士于 1894 年完成起草，当年提交给贵族院讨论，然后由 Herschell 勋爵指定给一个由律师、船东、保险人和理算师组成的委员会讨论，1900 年被提交上议院及大法官 Halsbuty 勋爵组成的一个委员会讨论。1900 年它在上议院获得通过，但在众议院受阻，直至 1906 年由同时兼任上议院议长的 Loreburn 大法官提议才最终获得通过。1906 年 12 月 31 日，该法由伊丽莎白女王正式签署，成为英国历史上第一部最完整的海上保险法。制定该法的目的是调整海上保险合同，承认其法律特征，赋予其法律效力，解释其法律含义并给予其法律上的其他支持。该法的规定相当完整，包括海上保险合同的定义、形成、形式要件、基本法律特征、默示内容、合同条款的法律界限及适当解释等。该法还将劳合社制定的海上保单，经过严密论证和修改，列为“附件一”。1906 年《海上保险法》对很多国家的海上保险立法都有重要影响，被世界各国视为海上保险法的范本。目前世界上有船舶保险和货物运输保险的国家中几乎有 2/3 的保单内容，采用英国保险条款，或者是既采用英国保险法的规定，又采用保险单条款。还有一些过去属于英联邦的国家将该法作为海上保险合同的基本法规，甚至将其不加任何改变地或以类似方式列入本国法规中，如印度、澳大利亚、肯尼亚等国。美国法院处理这类问题时也常以 1906 年《海上保险法》作为美国海商法的依据。

英国还于 1923 年和 1930 年制定了《简易保险法》(The Insurance Act) 和《第三人权利保险法》(Third Parties Right against Insurance Act)。此外，有关保险业法方面，英国先后制定了 1958 年《保险公司法》(Insurance Companies Act，该法曾于 1974 年、1981 年、1982 年修订)、1969 年《公司法》(该法第二部分就保险业作了规定)、1975 年《保单持有人保护法》、1977 年《保险经纪人(登记)法》等。

1930 年《道路交通法》确立了强制汽车责任保险制度。该法第 149 条和第 150 条规定：车辆驾驶人负有强制投保义务；任何受车辆事故侵害的第三人(包括乘客)在受到伤害时，有权根据对投保人的赔偿判决直接申请对承保人的强制执行。

英国保险法规范还存在于其他一些相关法律之中，如 1925 年《财产法》、1774 年《(城市)火灾防护法》、1974 年《罪犯名誉恢复法》。

英国保险法律界自 20 世纪 50 年代就开始关注保险合同法的改革问题。1980 年 7 月 25 日，英国法律委员会发表了第 104 号报告，题目是“保险法：不告知和违反保证”。该委员会同年还提出了《保险法改革法案》。1997 年英国全国消费者协会提出的题为“保险法改革：英国消费者对保险法的看法”的报告，支持英国法律委员会关于英国保险法需要修改的立场。21 世纪初，英国保险法学会针对英国保险法改革的状况组织了两次研讨。在 2001 年 3 月 5 日的研讨会上，英国上院大法官朗莫尔作了题为“一个新世纪的英国保险合同法”的长篇发言。他认为，英国保险法的改革并未付诸任何行动，虽然 1980 年英国保险法改革报告对 20 世纪保险发展具有里程碑意义，但保险法却没有任何改革。2002 年 9 月，英国保险法学会保险法改革分会发表了题为“保险合同法改革”的报告，对此前英国保险法改革状况进行了总结,并提出了自己的意见。该报告特别指出,修改保险法的目的是消除保险法中的不公正,而不是仅仅减轻或缓和这种不公正。自 2005 年 12 月 21 日开始,英国法律委员会和苏格兰法律委员会对保险法的改革进行了联合问卷调查。这两个委员会还委托英国南安普顿大学著名商法和保险法教授摩根斯对澳大利亚保险法改革,尤其是对澳大利亚 1984 年保险合同法进行研究。摩根斯教授同年提交的报告认为澳大利亚保险法的改革是成功的。英国保险法改革涉及了可保利益、不实陈述与不告知、违反保证、代位追偿等诸多问题,但其中最主要问题是"最大诚信原则"。英国法律委员会继 1980 年第 104 号报告之后,2006 年 9 月 22 日起又提交了三个专题研究报告:《不实陈述与不告知》(2006 年 9 月 22 日),《保证》(2006 年 12 月 28 日),《保险中介与合同订立前的信息》(2007 年 3 月 21 日)。[14]

四、美国保险法立法概况

与英国不同,美国有关保险的法律是由各州自行制定的,全国并没有一部统一的保险法律。各州的保险法由许多部分构成:州颁布的法律;监督官颁布的法规;判例法,即解释成文法和法规以及用来解决保单和再保险协议争议的法院判决。

自 19 世纪后半期以来,美国各州纷纷颁布保险法。除加利福尼亚(California)、北达科他(North Dakota)、南达科他(South Dakota)及蒙塔纳(Montana)四州的保险法以保险合同法为中心外,其他各州的保险法大多以对被保险人的保护以及对保险业的监督管理为主要内容,即以保险业法为中心。以保险业法为中心的各州,保险合同法主要表现为一般合同法规范及判例法。

在各州保险法中,《纽约州保险法》(Insurance Law of the State of New York)最为完备。该法颁布于 1892 年,1939 年重新编纂,共计 18 章 631 条,内容基本涉及保险业的各个方面。其主要内容包括:保险监管机构的组织,保险公司的设立许可、撤销、合并及其资产运用的管制,代理人及经纪人的许可与撤销,保险费及费率算定机构的统制,保险公司的报告义务与定期检查,课税,等等。[15]

美国各州关于管理和监督保险人的法律,一般都对保险公司的设立、对保险业的财务监督及保护被保险人利益方面等作了规定。其主要内容包括:(1)股份保险公司必须遵守州法律关于最低资本和盈余的规定。当然,最低资本的金额在各州、各种保险间并不一致。对相互保险公司则仅规定最低盈余额。(2)保险企业可列入资产负债表的资产内容,计算准备金的方法、投资的方向及比例,对费用开支的限制以及公司分红方法等内容。(3)为保护投保人的利益而对保险代理人和经纪人所作规定,如禁止不合格的代理人经营保险业务,禁止保险代理人以给予投保人佣金作为参加保险的引诱,禁止不正当的营业行为(如不公平的理赔、歧视某些被

---

〔14〕 参见陈欣:"英国保险法改革对二次修法的启示",载《中国保险报》2007 年 7 月 23 日。

〔15〕 参见梁宇贤:《保险法新论》,中国人民大学出版社 2004 年版,第 6 ~ 7 页。

保险人等)。[16]

与大多数现代国家不同,美国没有关于海上保险的制定法。根据案件管辖规则,各州法院在裁判海上保险争议时虽应适用美国法,但法院通常从英国 1906 年《海上保险法》中寻求适用规则。这使得美国海上保险法在某些方面,特别是有关被保险人可以索赔的损害赔偿种类问题上,偏离了许多其他领域的相应法律,而是依赖于以欧洲海商习惯法为基础的一般海商法。

美国参众两院于 1999 年 11 月 4 日分别以压倒性多数票通过、克林顿总统于当月 12 日签署的《金融服务现代化法》,也在美国保险法体系中具有重要地位。该法体系庞大,涉及包括银行、证券和保险在内的整个金融业活动的具体规范以及在实体权利和程序方面的具体可操作规范。该法打破了自 20 世纪 30 年代以来美国银行、证券和保险业之间的法律壁垒,允许金融领域混业经营。该法规定的保险业法范畴的内容主要包括:(1)以专章对保险业经营提出了一系列规范;(2)鉴于国民银行从事有关保险业务,要求保险产品必须明示"保险产品未经存款保险";(3)该法还使全国保险专员联合会(NAIC)、全国注册代理人和代理人协会成为真正意义上的联邦保险监管机构。进入 21 世纪后,美国经济保持繁荣,特别是信息技术引领的网络经济奇迹般崛起,与《金融服务现代化法》的实施密不可分。[17]

五、日本保险法立法概况

明治维新后,日本从西方引进了保险经营制度,并在日本成立了第一家保险公司——东京海上保险公司。同时,日本启动了保险法立法工作。1890 年,日本旧《商法典》颁布。该法分别在"商行为"及"海商"中以专章对保险合同法与海上保险法作了集中规定。1899 年颁布的新《商法典》同样对保险合同法及海上保险法作了规定。保险合同法规定于该法第三编第十章中,海上保险法规定于第四编第十章中。其中,有关保险合同法的规定共 55 条,其内容主要包括:关于损失保险的规定与关于生命保险的规定,前者又细分为关于火灾保险的规定与关于运输保险的规定。有关海上保险的规定共 27 条,主要内容包括:海上保险的范围,海损的补偿,船舶及海运货物的保险价额,航海保险的保险期,海上保险证券的记载事项,保险人和被保险人的责任。该法虽经多次修订,但保险法部分的内容基本上未作实质性修订。1939 年,日本制定了《保险业法》。该法在 1995 年进行了全面修订,并于 2003 年作了部分修订。

2008 年 5 月 30 日,日本颁布了自明治维新 130 年以来的第一部《保险法》。该

---

〔16〕 参见李玉泉:《保险法》(第二版),法律出版社 2003 年版,第 36 页。

〔17〕 随着次贷危机引发的金融风暴不断升级,越来越多的人开始质疑《金融服务现代化法》的负面作用。在其推动下,美国经济逐步走向了过度的虚拟化和自由化,网络泡沫、房地产泡沫接连破灭,金融衍生产品泛滥成灾。不过,其功过究竟如何,也许只有等到当前这场百年一遇的金融危机渡过后,才能客观地加以评价。

法将《商法典》中的保险合同法部分独立出来，单独制定了单行法形态的《保险法》。日本《保险法》分成5个章节96条，附则6条，共计102条。其具体构成为：第一章，总则；第二章，损害保险；第三章，生命保险；第四章，伤害疾病定额保险；第五章，杂则以及附则。日本2008年《保险法》借鉴德国《保险合同法》的立法经验，在《保险法》中参照德国的分类标准，也将保险分为三大类：损害保险、生命保险和伤害疾病定额保险（其中包括健康保险）。由此，日本正式将保险领域划分为三类，而非《保险法》独立之前的损害保险和生命保险两大类外加一个第三领域的分类方法。〔18〕

日本在《商法典》基础上制定《保险法》，除将相互保险等纳入《保险法》的调整范围并将条文从原有的文言文变为现代文外，其立法原则主要凸显在以下四个方面：（1）强化符合现代保险交易发展规则的制定；（2）强化对投保人方的保护；（3）强化保险契约当事人外第三人的法律地位；（4）强化道德风险的防范。日本期望通过这四点强化措施，应对现代经济社会中消费者对保险规制的需求，促进保险制度的健康发展。〔19〕

日本旧商法典颁行1年后，又颁布了《保险业法》。该法于1939年曾被逐条修改，因本次修改近乎重新制定，故有的学者认为日本《保险业法》的制定时间为1939年。1995年，日本将《保险业法》《保险展业法》《外国保险公司法》合并，制定了新的《保险业法》，并于1996年12月22日颁布了《保险业法实施条例》。现行日本保险业法包括以下内容：（1）将保险业务分为三大类，即人寿保险（生命保险）、财产保险（损害保险）和意外保险（包括意外伤害、疾病和护理等保险业务）。其中人寿保险公司可以经营人寿保险业务和意外保险业务，财产保险公司可以经营财产保险业务和意外保险业务。（2）规定了保险经纪人制度。（3）保险条款、费率自由化。（4）新增了偿付能力管理、被保险人保障基金、财务公开制度等内容。

第四节 我国保险法立法概况

一、清朝末年的保险法立法概况

我国最早的保险立法活动始于清末修律时期。1843年签订的《中英五口通商附粘善后条款》和《中英五口通商章程》，开外国人在华享有领事裁判权之恶例，此后，法、美、挪、俄、德、荷等17国，先后通过不平等条约取得在华领事裁判权。领事裁判权的存在，使得中国国家主权呈现出不完整性。因此，自清末以来，清政府一直致力于收回领事裁判权。

---

〔18〕 参见沙银华："日本新《保险法》即将实施"，载《中国保险报》2010年3月17日。

〔19〕 参见岳卫："日本《保险法》的立法原则及对我国的借鉴意义"，载《当代法学》2009年第4期。

1900年,八国联军攻占北京,慈禧太后挟光绪皇帝西逃,途中以光绪名义颁布罪己诏。此时改良派抬头,慈禧即在西安下诏变法。1902年,清政府在与各国谈判续订商约时,英、日等国承诺,如中国改良法律及司法状况"皆臻完善",可以考虑放弃领事裁判权。于是,直隶总督袁世凯会同湖广总督张之洞、两江总督刘坤一奏请派员修订法律。视治外法权为心病的清政府为列强之诺言所动,下谕:现在通商交涉事益烦多,着派沈家本、伍廷芳将一切现行律例,按照交涉情形,参酌各国法律,悉心考订,妥为拟议,务期能中外通行,有裨治理。由此,中国开始抛弃延续了几千年的法律传统,进行法律的大变革。

1903年,清政府设商部,并指派大臣载振、伍廷芳等人草拟大清商律。同年12月,载振、伍廷芳等人起草完毕《商人通例》(9条)和《公司律》(131条),1904年1月由商部奏准颁行,定名为《钦定大清商律》。其中,《商人通例》共计9条,在关于商业的规定中包括了保险业规范;《公司律》共计131条,对保险公司的设立作了规定。这是中国近代史上第一部商法,也是第一部包含保险法内容的法律,它的颁布使保险业开始有法可依,初步改变了以往处理保险索赔案时依据外国相关法律的情况,结束了中国保险业无法可依的局面。不过,《钦定大清商律》被认为脱离中国固有的国情、商情,颁布之后就遭到广泛非议,使其作用未能得到发挥。

1907年清政府委派沈家本、俞廉三、英瑞为修律大臣,设立修订法律馆,主持起草民刑法典。此后,主要商事法典改由修订法律馆主持起草,单行法规仍由各有关机关拟订,经宪政编查馆和资政院审议后请旨颁行。沈家本通过到日本考察的侍郎董康,邀请日本东京控诉院判事松冈义正、帝国大学刑法教授冈田朝太郎、司法省事务官小河滋次郎、帝国大学商法教授志田钾太郎来华,协助起草法典,并在京师法律学堂担任教习。

1907年,工部并入商部,进而成立农工商部。修订法律馆于1908年9月起草了《大清商律草案》,1911年9月农工商部起草了《改订大清商律草案》,此外还草拟了《交易行律草案》《保险规则草案》《破产律草案》等,但均未正式颁行。《大清商律草案》第七章和第八章分别规定了"损害保险营业"和"生命保险营业"。在共计57条的篇幅中,《大清商律草案》分别规定了以下内容:总则;火灾保险营业;运送保险营业;生命保险营业。不过,《大清商律草案》未及正式颁布,清朝就已灭亡,中国最早的保险立法也随之夭折。[20]

清末涉及保险的另外一个立法尝试是1910年制定的《保险业章程草案》。该草案共7章105条,具体包括以下内容:总则;股份公司;相互公会;物产保险;生命保险;罚则;附则。该草案同样因清政府的灭亡而成为废案。

综观清末时期拟订的保险法草案,对于保险法规以及涉及的商法、海法两大法部门都进行了制定法规的探索,而且内容比较周全。这些保险法规虽未颁行实施,

---

〔20〕 参见覃有土主编:《保险法概论》(第二版),北京大学出版社2001年版,第81页。

但对于民族保险业的兴起、发展起了一定促进作用，并对民国成立后的北洋政府时期的保险法规的制定，起了借鉴和依据作用。

二、新中国成立前的保险法立法概况

1912年，在学习西方、创办民族工商业的巨大压力下，北洋政府开始组织起草商事立法。1913年，当时任北洋政府农商总长的张謇在《实业政见宣言》中倡言：应尽快制定公司法、破产法、运输保险等法规。1914年，北洋政府颁布《商人通例》。该法第1条列举了共17种商业行为，其中第12项为保险，且有关商人能力、商业登记、商号、商业账簿、商业使用人、商业学徒及代理商的条款均适用于保险公司。

1917年，北洋政府农商部拟订了以保险为主的专门法律《保险业法草案》（42条）。翌年，法制局作了修改，力主严加监督，认为“保险营业本含有投机之性质，近来此等公司之设立，日益增加，非明定监督之方，恐难免欺诈之弊”。因此，修改后的草案明确规定申办保险公司要向农商部门申请颁发营业执照，并缴纳规费。该草案还具体规定了对保险业的管理权限及方式、公司清算、解散、破产程序以及对违法行为的处罚。[21] 但直至北洋政府解散，该法仍未公布。

南京国民政府于1927年取得对国家的统治权后不久即启动了保险立法工作。1927年11月19日，《国民政府财政部金融监理局组织条例》颁布。1928年国民政府又颁布了《保险条例草案》。1928年立法院成立后，立法机关着手于法典编纂工作。1929年11月，商法起草委员会完成了《保险契约法草案》，经立法院修正通过时更名为《保险法》，并于同年12月30日由国民政府公布。该法共3章82条，其内容为：总则；损失保险，包括火灾保险和责任保险；人身保险，包括人寿保险和伤害保险。不过，该法未获施行。

国民政府金融监理局于1928年制定《保险条例草案》（19章39条）。广东省政府同时颁布《广东省整理保险事业暂行条例》，翌年，广东省劳工厅制定了劳动法规，其中涉及劳动保险、伤害保险和疾病保险。

1929年12月30日，国民政府公布了我国保险史上第一部专门法律——《保险法》，内分总则、损害保险、人身保险3章共82条。界定了各种财产保险、人身保险、复保险、再保险等契约签订、存续、中止、恢复、失效等方面的有关规定以及保险双方的权利与义务关系。

1930年，张学良政府颁布《保险公司暂行管理办法》，辽宁省政府公布《整理保险公司暂行章程》。1931年国民政府颁布施行涉及海上保险的《海商法》。1935年，国民政府行政院通过《强制劳工保险法草案》；7月5日颁布了《保险业法》，内分总则、保证金、保险公司、相互合作社、会计、罚则、附则7章共80条。1935年5月10日，国民政府颁布《简易人寿保险法》共38条，同年9月12日公布《简易人寿保

---

〔21〕 参见温世扬主编：《保险法》，法律出版社2003年版，第32页。

险章程》。1937年1月16日,国民政府修正公布了《保险法》和《保险业施行法》,规定同一保险业不得兼营损失保险与人身保险,在保险业法施行前兼营者,应于保险业法施行后两年内依法改组。各保险公司都据此制定了具体的保险条款。

在抗日战争爆发、国民政府迁往重庆后,除《简易人寿保险法》和《简易人寿保险章程》外,上述法规均未能付诸实施。立法者为了维护民族权益,试图冲破帝国主义列强不平等条约的约束,在这些未获施行的保险立法中,设置了限制外国保险公司在中国领土上的经营范围和特权的某些条款。但在半封建半殖民地的旧中国,执政当局对帝国主义的依赖性和它本身的软弱性,决定了有关限制外商权益的立法必然会遭到干扰和反对,因而最终无法施行。

国民政府迁都重庆以后,还重新制定过一些单行法规和办法。在1941年以前公布施行的有《国民寿险章程》《公务员团体寿险简章》《战时兵险法》及《健康保险草案》等。1942年又公布了修正后的《简易人寿保险法》。比较系统的保险法令规章,是从1943年起由政府陆续颁布的《战时保险业管理办法》及其施行细则和火险、水险、人寿保险基本条款以及《保险代理人经纪人公证人登记领证办法》等法律文件。

三、新中国成立后至改革开放前的保险法立法概况

新中国成立后,面对接收官僚资本保险公司、改造华商保险公司和建立人民保险公司的局面,对保险业的管理权主要由各地方政府行使。因此,新中国成立初期先出现的是一些地方性法规,如1949年东北财政经济委员会制定的《公营企业投保火险简略办法》、上海市的《统一火险费率实施办法》。属于全国性保险立法的主要有:1949年12月23日由政务院财政经济委员会制定的《关于国营公营企业必须向中国人民保险公司进行保险的指示》;1951年2月3日,政务院通过了《关于实行国家机关、国营企业、合作社财产强制保险及旅客强制保险的规定》;1951年4月24日,政务院财政经济委员会公布了6项保险条例,《铁路车辆强制保险条例》《船舶强制保险条例》《铁路旅客意外伤害强制保险条例》《轮船旅客意外伤害强制保险条例》《飞机旅客意外伤害强制保险条例》以及《财产强制保险条例》。同时公布的还有配合财产保险条例的3个保险费率表。1953年6月20日,财政部发布了《关于财产强制保险投保范围的通知》。1957年4月6日,财政部又发布了《公民财产自愿保险办法》。1958年10月,中国人民保险公司国内业务停办后,客观上使保险立法丧失了存在的基础,从而使保险法制处于停滞状态。

四、改革开放后的保险法立法概况

(一)保险法的制定

1980年国家决定恢复国内保险业务,又使保险立法提上了议事日程。1981年12月13日颁布的《经济合同法》对财产保险合同作了专门规定,这是新中国首次有

了实质意义上的有关保险的法律规定。1983 年 9 月，国务院公布了《财产保险合同条例》，这是新中国调整保险合同关系的第一部专门立法。1985 年 3 月 3 日，国务院又制定了《保险企业管理暂行条例》。该条例规定中国人民银行为国家保险管理机关，中国人民保险公司是拥有垄断经营权的在全国经营保险和再保险业务的国营企业；设立保险企业要具备的条件，包括最低的资本金额；保险公司要保证有足够的偿付能力和保险准备金；关于再保险的法律要求等。其余法律、法规中涉及保险内容的，有《涉外经济合同法》《外资企业法》《海商法》《经济合同法》《商业银行法》《民用航空法》《刑法》等。

1995 年 6 月 30 日，《保险法》在全国人大常委会上通过，并于 1995 年 10 月 1 日起施行。这标志着我国保险立法走上了健康发展的轨道。《保险法》的制定适应了我国保险业迅速发展的客观需要，填补了我国系统性保险立法的空白。同时，还适应了发展我国社会主义市场经济的需要，严格规范保险行为，全面保护被保险人和保险当事人的合法权益，强化对保险业的监督管理。《保险法》出台后，中国人民银行相继制定了一些配套的保险业管理规定，如《保险管理暂行规定(试行)》《保险代理人管理规定(试行)》《保险经纪人管理规定》等。1998 年 11 月中国保险监督管理委员会成立后，立即对保险市场的现状和存在的问题进行调查研究，并着手修改、补充和完善保险法律法规体系，先后颁布了《保险公司管理规定》《向保险公司投资入股暂行规定》《保险公估人管理规定(试行)》等一系列保险规章。

(二)保险法的修订

2002 年 10 月 28 日《保险法》进行了一次修正，自 2003 年 1 月 1 日起施行。该次修改主要侧重于保险监管法部分的进一步完善，对保险合同法部分基本上未作改动。

2004 年，中国保监会启动了《保险法》的再次修改工作。2008 年 8 月，国务院审议通过后向全国人大常委会提交了《中华人民共和国保险法(修订草案)》，2009 年 2 月 28 日，第十一届全国人大常委会第七次会议审议通过了《中华人民共和国保险法(修订草案)》，并于 2009 年 10 月 1 日起施行。这次对《保险法》进行的系统性修订，吸收了十六大以来保险业改革发展的宝贵经验和有益探索，针对保险业发展站在新起点进入新阶段的实际，对行业发展和保险监管作出了许多新的规定，进一步完善了商业保险的基本行为规范和国家保险监管制度的主体框架。在结构上，《保险法》将第二章保险合同中原第二节和第三节位置调换，将“人身保险”一节放在了财产保险的前面规定。这一调整不仅说明了近年来人身保险规模的不断壮大，更在于体现以人为本的思想。同时，2009 年《保险法》将原第五章和第六章位置调换，把“保险代理人与保险经纪人”规定在第五章，“保险业监督管理”规定在第六章，从体例上体现出将保险代理人与保险经纪人一并纳入监管的决心，立法技术更加科学。

2014 年 8 月 31 日，第十二届全国人民代表大会常务委员会对该法再次修正。

修订后的《保险法》共8章187条。其中第82条因《公司法》修改导致本条所引用的条文序号发生变化而作相应修改。第85条因考虑到保险监督管理机构可以通过制定相关准则、实施精算报告制度对精算专业人员实施监督，对违法行为依据本法有关规定追究法律责任，删去了国务院保险监督管理机构对精算专业人员进行资格认可的规定。

2015年4月24日，第十二届全国人民代表大会常务委员会第十四次会议对该法再次修正。修订后的《保险法》共8章185条。主要内容在于放宽审批，纳入保险销售人员、个人保险代理人、保险代理机构的代理从业人员、保险经纪人的经纪从业人员“应当品行良好，具有保险销售所需的专业能力”内容，删去其需要取得“国务院保险监督管理机构颁发的资格证书”。

2015年10月14日，国务院发布《保险法》第三次修订草案。本次《保险法》修改共新增24条，删除1条，修改54条，修改后共9章208条。修改内容主要有：业务和资金管制放松、明确融资工具使用、加强偿付能力监管、增强消费者权益保护、完善和放松中介监管、明确行业协会等组织法律地位、加大对于保险违法行为的处罚力度等。

思考题

1. 如何理解保险法的内涵？
2. 保险法包括哪些内容？

第三章 保险法的基本原则

导读

- 保险法的基本原则是贯穿整个保险法法律规范体系，指导诸多保险法律制度适用的基本行为准则。包括最大诚信原则、保险利益原则、损失补偿原则和近因原则。
- 最大诚信原则内容丰富，具有代表性的包括：投保人或被保险人的如实告知义务与信守保证义务、保险人的条款说明义务、弃权和禁止反言规则、不可抗辩规则。
- 保险利益原则是保险合同订立和履行的法律依据，当事人不得协商变更，其着眼于防止假借保险合同谋取不当利益，维持保险活动的保障功能。
- 损失补偿原则是保险制度的保障职能的法律表现，适用于财产保险，也部分地适用于人身保险。
- 近因原则是判断风险事故与保险标的损失之间的因果关系、确定保险赔偿责任的基本原则，也是保险当事人处理保险案件或法院审理有关保险赔偿案件时，调查事件发生起因和确定事件责任归属所应遵循的原则。

保险法的基本原则，是指集中体现保险法的性质和宗旨，为保险法所独有的，对各种保险法律关系具有普遍适用意义与司法指导意义，对全部保险法律规范体系具有统领作用的基本准则。

关于保险法有哪些基本原则，学术界代表性观点主要有：(1)七原则说，即合法性原则、平等自愿原则、公平竞争等价有偿原则、诚实信用原则、保险利益原则、损害补偿原则、近因原则；[1] (2)五原则说，即坚持保险与防灾防损相结合的原则、最大诚实信用原则、保险利益原则、损失补偿原则、近因原则；[2] (3)四原则说，其中包含两种观点，一种观点认为包括最大诚实信用原则、保险利益原则、损失补偿原则、近因原则，[3] 另一种观点认为包括诚实信用原则、保险利益原则、损失补偿原则、近因原则。[4]

---

〔1〕 参见范健主编：《商法》，高等教育出版社、北京大学出版社2002年版，第474～476页。

〔2〕 参见李玉泉主编：《保险法》，法律出版社1997年版，第50～88页。

〔3〕 参见覃有土主编：《保险法教程》，法律出版社2002年版，第77～107页。

〔4〕 参见任自立主编：《保险法学》，清华大学出版社2010年版。

本书认为,保险法的基本原则应当遵循两个标准:

1. 保险法的基本原则应当是在保险法领域中特有的原则,而不应是适用于整个民法领域的民法基本原则或适用于整个商法领域的商法基本原则。虽然民法基本原则和商法基本原则对保险法也有重要的指导作用,但由于其适用范围的普遍性,不应将其直接作为保险法的基本原则。

2. 保险法的基本原则应当是贯穿于整个保险法领域,即既适用于财产保险合同,又适用于人身保险合同,对于仅适用于财产保险合同领域或者仅适用于人身保险合同领域的某些原则或准则,由于其适用范围的限定性,不应作为保险法的基本原则。基于这两个标准,本书采用四原则说,即保险法的基本原则包括最大诚实信用原则、保险利益原则、损失补偿原则和近因原则。

第一节 最大诚信原则

一、最大诚信原则的基础理论

(一)最大诚信原则的缘起和演进

最大诚信在英语中表述为"utmost good faith",拉丁语则表述为"uberrimae fidei"。根据《布莱克法律词典》,最大诚信是指最充分的诚实信用,绝对且完美的坦白或公开和诚实,无任何隐瞒或欺骗,不论其程度是何等轻微。[5] 我国学者一般认为最大诚信原则可表述为保险合同双方当事人在签订保险合同时及在合同有效期内,应当最大限度地向对方提供影响对方作出是否缔约的决定及影响缔约条件的全部重要事实,不得不予告知、隐瞒、伪报或欺骗;同时信守合同订立的约定与承诺,否则,一方可以此为由主张保险合同无效或不履行合同的约定义务或责任,甚至可以就受到的损害向对方要求赔偿。

最大诚信原则(uberrimae fidei /utmost good faith)的确立最早可追溯到海上保险的初起时代。当时通讯工具落后,承保人往往远离保险标的,仅凭投保人提供的资料,决定是否承保及如何承保,所以特别要求投保人诚实可靠。学术界一般认为1766年Carter v. Boehm案是最大诚信原则的判例渊源。该案中主审大法官曼斯菲尔德勋爵将罗马法上的诚实信用概念引入审理中,从而被视为是保险法诚信或最大诚信义务概念最原始的论断。此后在海上保险合同纠纷中,涉及最大诚信原则或义务的,一般都将Carter v. Boehm案作为先例加以援引。到19世纪晚期,法官在判决中形成较为一致的判决意见,即被保险人或者投保人负有的不仅是诚实义务,而且是

---

[5] See Henry Camphell Black, Black's Law Dictionary, 10th Edition, West Group, 2014, p. 1520.

"最大"诚信义务。[6] 例如,英利斯(Inglis)大法官指出:保险合同的特别之处在于其要求当事人双方具有最大诚信。因此,即使被保险人没有欺诈甚至具有善意,其仍然可能未尽披露义务。[7] 这一意见在1906年英国《海上保险法》第17条得到确认。该法第17条规定:"海上保险合同是建立在最大诚信基础上的合同;如果任何一方不遵守最大诚信,另一方可以撤销该合同。"该法第18条、第19条、第20条是对最大诚信原则的进一步规定,其中第18条、第19条规定了被保险人和保险经纪人的告知义务,第20条是关于误述的规定。1906年英国《海上保险法》的规定被认为是最大诚信原则在成文法中的最早体现,并在其后向两个方向不断演进,如今成为现代各国保险法的一项基本原则。[8]

1. 从英国法扩展到其他法域。美国在继受英国保险法传统的同时,也继受了最大诚信原则的立法精神。在1825年美国联邦最高法院审理的M' Lanahan v. Universal Insurance Co. 一案中,最大诚信原则被确认适用于海上保险。但美国法院对该原则的适用较英国保险法更为缓和。由于最高法院判决认为投保人仅须以"适当与合理的勤勉"(due and reasonable diligence)履行该义务,而不必像英国法实际上要求的那样以"极大的勤勉"(extreme diligence)履行该义务,因此"美国的规则比英国的规则对被保险人更为有利。"[9] 澳大利亚1909年《海上保险法》第二章第23~27条规定了披露义务与述答义务。其中第23条规定:海上保险合同以最大诚信为基础;一方当事人不遵守最大诚信,则另一方有权撤销合同。第24~27条则是对第23条的进一步规定,类似于英国1906年《海上保险法》第18~20条。澳大利亚1984年《保险合同法》第2章第12~15条规定了"最大诚信义务"。但这些规定具有原则性,相关的具体规则在诸多方面突破了英国保险法。[10] 在大陆法系国家,如德国、法国、日本等国,其保险法并未明确规定最大诚信原则,但是学者和法官以民法典上的诚信原则为基础,在保险法实务中仍遵循最大诚信原则。我国《保险法》《海商法》亦未明确使用"最大诚信原则"的概念,但保险法中保险合同双方当事人的诚信义务的规定已体现了该原则,在司法裁判文书中则已普遍适用该原则。

---

〔6〕 See John Lowry, Withering the Duty of Faith in UK Insurance Contracts, 16 Connecticut Insurance Law Journal 97, 109(2009).

〔7〕 See Life Association of Scotland v. Foster(1873)11 m. 351, 359.

〔8〕 近年来,有学者对最大诚信原则提出疑义,认为该原则的普通法渊源并不明确,其与大陆法系民法中的诚信原则也并无历史关联,且保险商洽中的披露义务并不依附于"最大诚信原则",因此该原则在保险法上并非必要(参见韩永强:"保险合同法'最大诚信原则'的祛魅",载《甘肃政法学院学报》2011年第3期)。还有学者认为,最大诚信原则的理论依据不足,且从诚信原则的核心规则来看,无论是告知义务、说明义务还是弃权与禁止反言,亦不足以支撑其存在,因而最大诚信原则之称谓在理论与实践层面均具有巨大潜在危害性,应以诚信原则取代之(参见任自力:"保险法最大诚信原则之审思",载《法学家》2010年第3期)。

〔9〕 See Ray Hodgin. Insurance Law: Text and Materials, 2nd, Cavendish Publishing Limited, 2002, p. 200.

〔10〕 参见韩永强:"保险合同法'最大诚信原则'古今考",载《华东政法大学学报》2013年第1期。

对此,我国《保险法》第5条明确规定:"保险活动当事人行使权利、履行义务应当遵循诚实信用原则。"

2. 从海上扩展到所有保险。随着保险业务从海上保险扩展至非海上保险,人们发现非海上保险存在与海上保险同样的问题,即在保险活动中,由于保险人对其所承保标的无法加以控制,对保险标的的实际情况难以获知或知之有限,许多相关资料全依赖投保人或被保险人提供,保险人通常是基于对投保人或被保险人的充分信任而接受投保和承担保险责任。因此,诚实信用原则在保险活动中显得特别重要,要求当事人在保险商行为中具有最大的诚实信用,即最大的"善意""诚实"与"信用"。在 Lindenau v. Desborough 一案〔11〕中,贝利(Bayley)法官指出:"我认为在任何保险中,被保险人都应该将自己知道的事实向承保人披露;合适的问题在于某特定事实是否真正重要,而不仅仅是当事人认为其重要。相反的原则会导致信息隐瞒,而且通常很难表明未提供信息的当事人一方认为该信息具有重要性。"此后,最大诚信原则的适用范围日益拓展到所有保险。

经典判例 Carter v. Boehm 案的背景、事实与判决〔12〕

英国东印度公司在马尔堡(Fort Marlborough)设有一个工厂,并在该地兼营贸易。George Carter 为马尔堡及工厂副都督。该副都督于 1759 年 9 月 22 日写信指示原告在伦敦为其投保。原告 Roger Carter 为副都督之兄(弟)。包含投保指示的信件在经过漫长的海上通邮之后于 1760 年 4 月中旬被送达伦敦。1760 年 5 月 9 日,投保事宜办妥。承保事故为马尔堡被英国的欧洲敌人进攻或者攻占,承保期间为 1759 年 10 月 1 日至 1760 年 10 月 1 日。承保不考虑保险利益,也不允许进行比例赔付。投保人为原告,被保险人则是副都督,被告为保险人。

当时正值欧洲历史上的"七年之战"期间(1756~1763 年)。此前,英国、法国、荷兰、西班牙等国彼此互有宿仇,此间又在印度洋为争夺殖民利益而相互交恶。在这种背景下,英国与法国于 1756 年 5 月开始处于交战状态。法国人 D'Estaigne 伯爵被英国人俘获,但其在被遣送回欧洲的航海途中脱逃。D'Estaigne 伯爵摇身一变成为海盗——其实当时海盗和政府军没有实质区别,海盗行为本身也合法。1759 年 9 月 1 日,D'Estaigne 伯爵带领的一群临时拼凑而成的海盗团从毛里求斯出发,意图前往中国海实现其发财梦。但他们随后的航海路线更多的是基于机会主义,而不是基于精心计划。由于迟迟未能找到通向中国海的海上门户(海峡),这群法国海盗于 1760 年 2 月放弃了中国梦,于是开始随机攻掠印度洋中有利可图的岛屿。

---

〔11〕 (1828)8 B. & C. 586.

〔12〕 转引自 Stephen Watterson,"Carter v. Boehm(1766)" in Charles Mitchell and Paul Mitchell eds, Landmark Cases in Contract Law, Hart Publishing, 2008, p. 59。

1760年3月，他们在荷兰殖民区帕当(Padang)作短期停留之后，继续南下向马尔堡进发。最迟在1760年4月3日，他们攻克了马尔堡，原告及其负责的东印度公司马尔堡厂区员工一并向法国人D' Estaigne伯爵纳降。原告为此遭受损失，便向被告保险人请求获得保险补偿。被告拒绝予以补偿，诉讼由此产生。曼斯菲尔德勋爵以及一个由商人组成的陪审团先前于1762年两次判决原告胜诉。被告不服，便于1766年4月19日请求法院重新审理此案。该案经过三次审理，三次都是承保人败诉。本案即为第三审。曼斯菲尔德勋爵的判词中被广为援引的内容如下：〔13〕

保险乃是基于投机的合同。赖以估算事故之偶发概率的特殊事实主要仅为被保险人心知肚明；承保人信任被保险人的陈述，相信被保险人为了使承保人误以为本案所涉情形并不存在而隐瞒其(被保险人)知道的事实，在此基础上，承保人对风险进行评估，以为并不存在风险。实际上，被保险人隐瞒本案所涉情形，此为欺诈，故保险单无效。尽管此种隐瞒可能由于错误而发生，尽管被保险人并无欺诈之意，但合同依然无效：因为承保人实际承担的风险完全不同于其合同订立时所理解、评估并拟承担的风险。如果承包人隐瞒事实，则保险单同样无效。比如，承保人承保一艘航船，但其暗中已知该船已经安全到港。此种情形下，被保险人可起诉请求承保人返还保险费、并从对方的不知情和误以为这一状态中获得交易……这一规则旨在防止欺诈、鼓励诚信。

曼斯菲尔德勋爵的判词共有三个部分，以上属于判词第一部分，只是一般原则的阐述，并未涉及案件本身；第二部分简要确认了案件的关键事实；第三部分则逐一驳回了承保人的抗辩意见，最后重申承保人不得无理拒赔而行欺诈之事。

(二)最大诚信原则的制度基础

诚信概念最早源于罗马法，其在大陆法系合同法乃至整个民法体系中具有至高地位。诚信原则在成文法中的最早规定见于1804年《法国民法典》第1134条第3款规定："契约应依诚信履行之。"1896年《德国民法典》第242条规定："债务人须诚实信用，并依据交易惯例履行其给付"，从而将诚实信用的适用范围由契约关系扩及全部债务关系。1907年《瑞士民法典》第2条第1项关于"每个人都必须依诚实信用行使其权利和履行其义务"的规定则进一步将诚信原则确立为适用于整个民法领域的基本原则。此立法例得到不少大陆法系国家及地区的仿效。

相对于大陆法系国家，诚信原则在英美法中出现的时间较晚。〔14〕在英国，主流观点认为，英国法律中既不存在一般性的诚信概念，也不存在如大陆法系国家法律中诚信原则的明确规定，诚信原则在法律上一直处于缺位状态。〔15〕但由于保险、保

---

〔13〕 See Carter v. Boehm(1766)3 Burr 1905,1910－1912.

〔14〕 参见任自力："保险法最大诚信原则之审思"，载《法学家》2010年第3期。

〔15〕 参见[德]莱因哈德·齐默曼、[英]西蒙·惠特克：《欧洲合同法中的诚信原则》，丁广宇、杨才然、叶桂峰译，法律出版社2005年版，第31～37页。

证或合伙等特别合同中都包含有用诚信来表述的义务,[16]因而被部分学者作为论证英国法中存在事实上的诚信原则的证据。[17] 在美国,学术界的主流观点认为,“诚信”这一概念源于德国法上的诚实信用原则,最早见于1952年的美国《统一商法典》。[18] 该法典第1-102条将根据诚实信用原则产生的义务规定为强行性规范,当事人不许违反,并不得以协议改变之;其第1-103条将诚实信用原则解释为“对商人而言,诚实是指忠实于事实真相,遵守公平买卖之商业准则”;其第1-203条则进一步将诚实信用原则确立为司法的最高原则,即“对于本法范围内的任何合同或义务,当事人在其履行或执行中均负有诚信义务。”1979年,诚信概念进入美国《合同法第二次重述》。20世纪80年代之后,诚信概念进一步进入美国的公司法。

诚信原则为法律之最高原则,“甚至具有君临全法域之效力”[19],保险法自应遵循。由于保险的高度信息不对称性、射幸性及格式性等特殊性,诚实信用原则在保险法中的重要性是在其他法律中无可比拟的,故被称为最大诚信原则。此外,保险具有安全保障、经济补偿等基本社会功能,而这些功能的实现有赖于保险当事人之间建立良好的诚信机制,保险法中的最大诚信原则正是这一需求的反映。

二、最大诚信原则的适用

保险最大诚信原则初期主要是保险人约束投保人的工具。随着保险行业的发展,为了保护投保人的利益,防止保险人恶意抗辩,各国保险法相继修改,将该原则扩大同时适用于保险人与投保人。最大诚信原则的内容非常丰富,具有代表性的包括:投保人或被保险人的如实告知义务、信守保证义务、保险人的条款说明义务、弃权与禁止反言规则、不可抗辩规则。

(一)如实告知义务

1.如实告知义务的含义

如实告知义务,又称据实说明义务、如实披露义务,是指投保人在订立保险合同过程中,对保险人的询问所作陈述应当全面、真实、客观,不得隐瞒或者故意不回答,也不得编造虚假情况来欺骗保险人。如实告知义务直接来源于法律的规定,而非基于当事人的约定,属于法定义务。如实告知义务并非基于保险合同产生,而是保险法规定的合同前义务,不构成保险合同的内容。

2.如实告知义务的主体

关于告知义务的主体,各国的保险立法不完全相同,主要区别在于当投保人与被保险人不一致时,被保险人是否应当负告知义务。有的国家规定告知义务人为

---

〔16〕 参见[德]莱因哈德·齐默曼、[英]西蒙·惠特克:《欧洲合同法中的诚信原则》,丁广宇、杨才然、叶桂峰译,法律出版社2005年版,第479~481、493页。

〔17〕 参见任自力:“保险法最大诚信原则之审思”,载《法学家》2010年第3期。

〔18〕 参见徐国栋:“英语世界中的诚信原则”,载《环球法律评论》2004年秋季号。

〔19〕 参见史尚宽:《民法总论》,台湾正大印书馆1980年版,第300页。

投保人，如德国、意大利、越南、俄罗斯等；有的国家区分不同情况，如日本在损失保险中规定投保人为告知义务人，在人寿保险中规定投保人和被保险人为告知义务人；有的国家规定告知义务人为投保人和被保险人，如韩国、瑞士等。[20] 英国1906年《海上保险法》第18条第1款规定："在契约订立前，被保险人应该依本条之规定，将其所知之有关重要情节，尽量告知保险人。"我国台湾地区"保险法"第64条规定，订立契约时，要保人对于保险人之书面询问，应据实说明。

我国《保险法》第16条仅规定了投保人负告知义务，未就被保险人的告知义务作明确规定。这对于投保人和被保险人高度统一的财产保险来说一般不存在问题，但在人身保险实务中就有发生争议的可能。在一些实例中，投保人和被保险人不是同一人，且被保险人对保险标的之危险事项有比投保人更为透彻的了解，特别是有关被保险人个人或者隐秘事项，投保人难以知晓。若被保险人不负如实告知义务，对保险人估计危险可能会有妨碍，从而导致对保险人不公平的后果，因而法律应对被保险人的如实告知义务作明确规定。对此，可以对《保险法》第16条作扩张解释，将负如实告知义务的主体扩张至投保人和被保险人。

3. 如实告知义务的内容

对此，国际上有两种立法例，即询问告知主义（书面询问主义）和自动申告主义。依自动申告主义，法律对告知的内容没有确定的规定，只要事实上与保险标的危险状况有关的任何重要事实，投保人都有义务告知保险人。因其要求较为苛刻，自动申告主义仅有少数国家采用，并都有所调整。依询问告知主义，投保人或被保险人的告知范围仅限于保险人询问的问题，对于未作询问的，则不必陈述。因其对投保人要求相对宽松，询问告知主义为大多数国家所采用，一般采用书面询问的方式进行。

我国《保险法》第16条第1款规定："订立保险合同，保险人就保险标的或者被保险人的有关情况提出询问的，投保人应当如实告知。"从该条款出发，并不能必然推导出询问告知主义。本书认为，对于应当告知事项的确定，应当以询问告知为原则，自动申告为补充。其理由有二：一是允许告知义务人对足以影响保险的有关事项在保险人未询问的情况下不负告知义务，违反了"最大诚信"的要求；二是保险法的立法目标应当考虑当事人即投保人和保险人双方的利益平衡，而不应片面地保护投保人一方，否则可能放纵投保人的某些失信行为。同时，我国《海商法》第222条规定："合同订立前，被保险人应当将其知道或者在通常业务中应当知道的有关影响保险人据以确定保险费率或者确定是否同意承保的重要情况，如实告知保险人。保险人知道或者在通常业务中应当知道的情况，保险人没有询问的，被保险人无需告知。"依此规定，投保人或者被保险人的如实告知义务之履行不以保险人的询问为前提，不论保险人是否询问，除非保险人已知或者应知，投保人或被保险人

---

〔20〕 参见徐卫东：《商法基本问题研究》，法律出版社2002年版，第437页。

应当将有关保险的重要情况主动告知保险人。而投保人无须告知的保险人没有询问的事项,仅以保险人知道或者应当知道的事项为限。

以此为鉴,如实告知的事项包括:(1)保险人询问的事项;(2)对有些情况下保险人虽未询问,但足以影响保险的重大事项也负有告知义务;(3)免予告知的事项,包括保险人已知的事实和保险人应知但因重大过失未知的事项。在保险实践中,告知事项一般包括:有关投保人和被保险人的详细情况;有关标的的详细情况;危险因素或危险增加的情况;损失期望值高出一般的情况;以往损失赔付情况;以往遭到其他保险人拒绝承保的事实。在人身保险中,如实告知义务的内容主要包括被保险人的年龄、性别、健康状况、既往病史、家族遗传史、职业、居住环境、嗜好等。在财产保险中,如实告知义务的内容主要包括保险标的的价值、品质、风险状况等。当然,具体到每份保险合同,告知事项的范围会依其保险种类的不同而有所不同。

4. 违反如实告知义务的构成要件

包括主观要件和客观要件。违反如实告知义务的主观要件指义务人未告知或做不实的告知,是否为故意或过失所致。《保险法》第16条第2款规定:"投保人故意或者因重大过失未履行前款规定的如实告知义务,足以影响保险人决定是否同意承保或者提高保险费率的,保险人有权解除合同。"可见,立法对违反如实告知义务的主观归责性采用过失主义,即投保人存在主观故意或重大过失。其中,故意是指投保人已经明知其行为必然会或可能会导致违反如实告知义务这一后果,仍然希望或放任这种结果的发生;重大过失是指投保人因疏忽或过于自信不仅没有遵守法律对他较高的注意之要求,甚至连人们一般应该注意并能够注意的要求都未达到,以致造成违反如实告知义务的后果。

违反如实告知义务的客观要件是指告知义务人不告知有关重要事项或对有关事项做不实说明。综观各国立法,违反告知义务的客观构成要件,大体有两种体例:因果关系说和非因果关系说。因果关系说主张投保人未如实告知的事项与保险事故的发生有因果关系的,保险人才能解除合同而免除赔偿义务。德国、日本、我国台湾地区及美国堪萨斯、密西西比、罗德岛三个州采此说。非因果关系说,又称危险估计说,认为投保人只要有违反如实告知义务的事实,不论其与保险事故的发生是否有因果关系,保险人都可以解除合同,免负保险赔偿责任。其重点只在于投保人的违反如实告知义务可能影响保险人在订约时的危险估计,至于事后是否影响保险事故的发生不在所论之列,法国及美国大多数州皆采此说。[21]

对此,我国保险法未予明确规定,理论界亦有争议。有学者认为,社会生活的复杂多样决定了影响保险合同的因素也是广泛的、复杂的,就参与保险合同的一般社会公众来讲,哪些情况对与其所签订的保险合同有联系而应当向保险人如实陈述,不一定完全知晓,要求投保人应当如实做全面的陈述,未免过于苛刻。因此,应当强

---

〔21〕 参见徐卫东:《商法基本问题研究》,法律出版社2002年版,第437页。

调投保人告知的内容与保险事故的发生之间存在因果关系，并将该种因果联系作为保险人解除保险合同的必要条件。[22] 也有学者认为，应以非因果关系说为基本原则，因为保险合同中投保人和被保险人的告知义务是先合同义务，违反告知义务会影响保险人在同意承保和确定保险费时的意思表示，如果保险人基于错误的认识确定了双方的合同义务，那么就应允许保险人通过解除合同的手段来改变订立合同时的意思表示。[23] 还有学者认为，单纯采因果关系说或非因果关系说均不合适，因为"非因果关系说明显侧重于诚信原则，只重告知义务人是否违反告知义务的表面事实，却不论实质上是否影响保险事故的发生，即未注意对价平衡关系；而因果关系说注意了对价平衡关系，但在逻辑上有欠缺"。"较为合理的做法应该是，原则上，保险事故发生后，若告知义务上未如实告知的重要事项与保险事故之发生有因果关系的，保险人可以解除合同；如无因果关系的，保险人不得解除合同，只有在能证明保险人若于订约时知晓该事实，依一般承保原则即不会承保的，保险人才可以解除合同，若保险人通过增加保费能够接受投保，没有承担过度风险的话，保险人不得主张解除合同，而只得增加保费"。[24]

5. 违反如实告知义务的后果

违反告知义务的法律后果，各国保险立法的规定不尽一致。主要有两种不同的做法：(1)保险合同自始无效。即一旦发现被保险人有不实告知，保险合同依法自始丧失效力。这种做法把告知义务视为订立保险合同的必要条件，若有违反，则订立合同的基础就不存在，在法律上也就成为无效合同。这种做法对被保险人的要求极为严格，而且保险人也无选择的余地。英国1906年《海上保险法》第18条规定，被保险人不告知或者不如实告知重要事实的，保险人得宣告契约无效，而无论其主观是否有过错，并且对保险人的解除权未作时间限制和因果联系限制。这一规定较为苛刻。1977年英国保险业协会、劳埃德、生命保险组织制定了旨在限制保险人基于被保险人未告知重要事实而使合同无效之权利的《保险惯例综述》，1986年又发布了《一般保险惯例综述》，其中的一项重要内容就是对于无过错的未告知与不实告知，保险人不得有使合同无效的权利。(2)保险人有权解除保险合同。与保险合同自始无效相区别的是，这种合同具有有效合同的一切特征，但保险人可以因被保险人未履行告知义务而解除合同。例如，德国保险法规定投保人违反如实告知义务的，保险人可以解除保险契约，但以投保人存在主观过错为前提。同时，德国保险法将过错分为一般过失和重大过失，对于一般过失，保险人不能解除合同，而只能在通知投保人之日起一个月内终止合同。又如，我国台湾地区"保险法"第

---

〔22〕 参见贾林青："关于我国保险合同制度之立法完善之思考"，载贾林青、徐涛主编：《海商法保险法评论》（第二卷），知识产权出版社2007年版，第320页。

〔23〕 参见王磊："浅谈保险法的告知义务问题"，载贾林青、徐涛主编：《海商法保险法评论》（第二卷），知识产权出版社2007年版，第320页。

〔24〕 参见徐卫东：《商法基本问题研究》，法律出版社2002年版，第437页。

64 条规定，要保人故意隐匿，或因过失遗漏，或为不实之说明，足以变更或减少保险人对于危险之估计者，保险人得解除契约；其危险发生后亦同。

我国《保险法》第 16 条第 2 款规定，投保人故意或者因重大过失未履行前款规定的如实告知义务，足以影响保险人决定是否同意承保或者提高保险费率的，保险人可行使解除权。为督促保险人尽快行使权利，维护双方的合法权益，《保险法》第 16 条第 3 款对保险人的合同解除权作了限制："自保险人知道有解除事由之日起，超过三十日不行使而消灭；自合同成立之日起超过二年的，保险人不得解除合同；发生保险事故的，保险人应当承担赔偿或者给付保险金的责任。"同时，我国《保险法》第 16 条第 4 款、第 5 款还针对投保人违反告知义务的不同主观心理状态作了相应规定：(1)投保人故意不履行如实告知义务的，保险人对于合同解除前发生的保险事故，不承担赔偿或者给付保险金的责任，并不退还保险费。(2)投保人因重大过失未履行如实告知义务，对保险事故的发生有严重影响的，保险人对于合同解除前发生的保险事故，不承担赔偿或者给付保险金的责任，但应当退还保险费。

典型案例 保险合同解除与保险人拒赔〔25〕

小田系田某与冉某之子。2007 年 6 月 21 日，田某与某保险公司签订保险合同，合同约定：投保人为田某，被保险人为小田，保险受益人为田某、冉某，投保险种为终身保险，保险期间为终身，保险金额为 2 万元，如被保险人身故，保险公司将按基本保额的三倍给付身故保险金。合同签订后，田某按前述保险合同约定按期向保险公司缴纳了 2007 年至 2009 年的保险费共计 4500 元。2009 年 11 月 23 日，被保险人小田因患肺结核死亡。田某认为属于保险责任事故，向保险公司提出理赔申请。保险公司于 2009 年 12 月 25 日向田某出具《拒绝给付保险金通知书》，该通知书载明的主要内容为"……经调查核实我公司发现投保前已患疾病，根据相关法律规定和保险合同条款……本次事故我公司不承担保险责任……该合同效力终止……退还保单现金价值 2116.74 元……"田某、冉某遂诉至该院，要求保险公司共同赔付保险金 60000 元。另查明，小田于 2001 年和 2008 年接受过肺结核诊治。2007 年 6 月 19 日，田某在申请投保时，在填写个人保险投保单告知事项第 7 条 C 项："被保险人是否曾患有或接受治疗过哮喘、肺结核、肺气肿……疾病"时，投保人田某及被保险人小田均填写为"否"。

法院认为，田某在投保时就被保险人小田曾患"肺结核"的事实未向保险公司尽到如实告知义务，保险公司有权解除合同。根据在案事实，保险公司于 2009 年 12 月 25 日作出《拒绝给付保险金通知》，该载明的内容可以确认，从 2009 年 12 月 25 日起保险公司就应当知道有解除事由，但保险公司在知道有解除事由之日起 30

---

〔25〕 转引自最高人民法院 2013 年 6 月 7 日公布的"保险合同纠纷典型案例"。

日内未行使该解除权,其解除权已消灭。本案所涉保险合同未被解除的情况下,对双方仍具有约束力,保险公司应当按照本案所涉保险合同的约定承担给付田某等人保险金的责任。判决撤销原审民事判决,保险公司承担保险责任。

【评析】

《保险法》第16条赋予保险公司在投保人故意或因重大过失未履行如实告知义务时的解约权及拒赔权,但是,根据《保险法司法解释(二)》第8条的规定,保险人未行使合同解除权,不得直接以存在《保险法》第16条第4款、第5款规定的情形为由拒绝赔偿,除非当事人就拒绝赔偿事宜及保险合同存续另行达成一致,因此解约权与拒赔权的行使是递进的,保险人只有先行使解约权,才能行使拒赔权,而不能直接行使拒赔权。

(二)信守保证义务

1.信守保证义务的含义

保证是投保人或被保险人向保险人所做出的承诺,依英国1906年《海上保险法》的解释,即保证作为或不作为某些特定事项,或保证履行某项条件,或肯定或否定某些事实特定状况的存在,一旦违反,保险人可以据以解除合同。简言之,保证,是指投保人或被保险人对某些特定事项如为一定行为、不为一定行为或某特定事项的真实性向保险人所作的担保。产生保证的原因通常有两方面:一是为了确保"良好管理"的某方面得以贯彻,如在盗窃险中,保证保险系统处于良好的工作状态;二是为了确保未经保险人同意不得进行某些风险较大的活动。[26] 保证的目的主要在于控制风险,确保保险标的处于稳定的、安全的状态之中。例如,财产险一般要求被保险人做出"不堆放危险品和特别危险品的保证";机动车辆保险的被保险人必须保证保险车辆"保持安全行驶技术状态";货物运输保险的被保险人必须保证"货物包装符合政府有关部门规定的标准"。然而,我国保险法缺乏对保证的相应规定,《海商法》第235条提到了海上保险合同的保证条款:"被保险人违反合同约定的保证条款时,应当立即书面通知保险人。保险人收到通知后,可以解除合同,也可以要求修改承保条件、增加保险费。"

保证与告知存在很大区别:(1)保证是保险合同内容的重要组成部分,而告知是对过去或现在事实的客观说明,本身并非保险合同的内容。(2)保证的目的在于控制风险,而告知的目的在于使保险人正确估计其所承担的风险。(3)保证必须严格遵守,违反保证义务的后果是保险人可解除合同,且无须证明保证事项的重要性;而违反告知义务,保险人可解除合同,但须证明未如实告知事项的重要性。

---

〔26〕 参见温世杨主编:《保险法》(第二版),法律出版社2007年版,第38页。

2. 信守保证义务的类型

(1)明示保证和默示保证

这是以表现形式为标准进行的区分。

明示保证,是指在保险合同中对保证事项予以记载,并由投保人或被保险人作明确承诺的保证方式。例如,仓库保险合同中一般都有“不堆放危险品”的明示保证条款。

默示保证,是指投保人或被保险人对于某些特定事项虽未作明确担保,但可依社会上普遍认可的某些行为规范而推定为投保人或被保险人对此作出承诺的保证方式。例如,海上保险的默示保证有三:其一,有适航能力,即被保船舶在构造、性能、人员、装备、供给等方面,均应具备适合预定航行的能力。其二,不改变航道,即被保险船只不应驶离两个港口之间的通用航道,除非为了躲避危险或履行人道主义义务。其三,具有合法性,即被保险人不得从事非法运输,如进行走私,载运违禁品等。

(2)事实保证和约定保证

这是以内容为标准进行的区分。

事实保证,是指投保人或被保险人对过去或现在某一特定事实的存在或不存在的保证。事实保证要求对过去或投保当时的事实作出如实陈述,而不是对该事实以后的发展情况作保证。例如,某人保证过去及现在从未患过某种疾病。

约定保证,是指投保人或被保险人对将来某一事项的作为或不作为或者某一状态在保险合同期间持续存在或不存在的保证,即对未来有关事项的保证。例如,在投保盗窃险时承诺安装防盗窗。

3. 违反信守保证义务的后果

早期的保险法理论和实践认为,对于保证的事项均假定其为重要的,故在涉讼时,保险人只要证明保证已被破坏,无论是故意还是过失,对合同的影响毫无二致。换言之,投保人或被保险人违反信守保证义务,无论其主观状态如何,是故意还是过失违反保证义务,保险人均有权解除合同。凡是被纳入保证范围的事项,均被终局性地推定为具有重要性,只要投保人或被保险人违反保证义务,无论是否对保险人造成损害,即使违反保证的事实更有利于保险人,[27]保险人仍可以违反保证为由使合同无效或解除合同。对于违反保证义务的情况,除人寿保险外,保险人一般不退还保险费。

此种严格的规定源于18世纪的海上保险,对被保险人甚为不利。自20世纪以来,为保障被保险人利益,各国立法在以下几个方面对被保险人利益加以补救:一是强调保证内容的重要性,以使其真正具有保证的性质,否则,被保险人即使有所违背,也不一定使保险合同失效;二是强调对保证采用功能的及公平的解释,对保

---

〔27〕 参见黎建飞:《保险法新论》(第二版),北京大学出版社2014年版,第39页。

证事项均采宽松解释，尤其当依文字解释仅能表示其为表面上的破坏，而对危险的影响仅属暂时的或轻微的时候，即须采用功能的或公平的解释。例如，美国若干州法规定，除非破坏保证增加了损失的危险，或是对保险人承担的危险发生重大影响，保险人不得据以主张合同失效。

（三）条款说明义务

1. 条款说明义务的含义

为避免保险免责条款因订立不合理而增加投保人的责任，保险法要求保险人对免责条款明确告知以限制保险人对免责条款的滥用。条款说明义务，是指保险人应当就保险合同利害关系条款特别是免责条款向被保险人明确说明的义务。保险条款的说明义务是由保险合同的性质决定的。保险合同的条款通常由保险人事先确定，具有很强的专业性、技术性，未经专门研习，很难正确理解。投保人或被保险人往往无法对保险条款的内容进行协商，而仅有是否投保的选择权。这种格式条款往往会损害投保人或被保险人的利益。因此，现代各国保险法均规定，保险人于保险条款有说明的义务。

对此，我国《保险法》第 17 条第 1 款规定："订立保险合同，采用保险人提供的格式条款的，保险人向投保人提供的投保单应当附格式条款，保险人应当向投保人说明合同的内容。"这表明保险人的条款说明义务是法定义务，不得以合同条款的方式予以限制或者免除。《保险法》第 17 条第 2 款规定："对保险合同中免除保险人责任的条款，保险人在订立合同时应当在投保单、保险单或者其他保险凭证上作出足以引起投保人注意的提示，并对该条款的内容以书面或者口头形式向投保人作出明确说明；未作提示或者明确说明的，该条款不产生效力。"这是针对保险实务中"投保容易理赔难"的有效举措，也是对投保人知情权保护的加强。

2. 条款说明的内容

只要能够影响投保人权益的有关合同条款的内容及其法律后果都应当成为说明对象。首先，保险合同的免责条款和基本条款（如险种、费率、投保人的义务、保费的支付、保险金额的赔偿与给付）是当然的说明内容。我国台湾地区"保险法"第 54 条第 1 款规定："保险契约中有左列情事之一，依订约时情形显失公平者，该部分之约定无效：(1)免除或减轻保险人依本法应负之义务者。(2)使要保人、受益人或被保险人抛弃或限制其依本法所享之权利者。(3)加重要保人或被保险人之义务者。(4)其他于要保人、受益人或被保险人有重大不利益者。"因此，从广义上说，保险合同的免责条款是指一切免除保险人责任、限制保险人责任、对投保人或被保险人施加特别义务的条款。[28]

同时，《保险法司法解释（二）》第 10 条规定，保险人将法律、行政法规中的禁止

---

〔28〕 参见曹兴权：《保险缔约信息义务研究》，中国检察出版社 2004 年版，第 225 页。

性规定情形作为保险合同免责条款的免责事由，保险人对该条款作出提示后，投保人、被保险人或者受益人以保险人未履行明确说明义务为由主张该条款不生效的，人民法院不予支持。这里将禁止性规定与法定免责条款区别开来。法定免责条款是法律、行政法规明确规定的不承担责任的情形，在法定免责条款中，行为人违反法律规定的法律后果是保险人不承担保险责任。禁止性规定是禁止当事人为一定行为的法律规定，行为人违反禁止性规定，应根据该规定的立法目的受到相应的行政处罚或刑事处罚。如保险合同未将禁止性规定作为免责事由，并不会直接产生保险人免除保险责任的法律效果。如保险合同中将禁止性规定作为免责事由，保险人就上述违反禁止性规定的后果通过充分的提示使得投保人知道违反禁止性规定与保险人免责之间的直接关联性，则投保人、被保险人不得再以保险人对该条款的概念、内容等未进行明确说明为由主张该条款不生效。

其次，投保人询问的任何事项也是说明的内容。条款说明义务并不意味着保险人对任何条款都要向投保人进行说明，如果要求保险人对所有条款都向投保人说明，既不现实也不合理，且可能会出现投保人滥用说明义务条款，从而主张保险人未履行说明义务而要求保险人承担责任的情形。因此，对于能够为社会上具有一般知识水平、理解能力的人所熟知的且不会影响投保人决定是否参加保险的事项，可以简要说明甚至不说明。但是，如果投保人就此询问，保险人应当予以解释，尤其是保险人应当就双方权利义务关系有重大影响的保险行为和保险术语的含义及其法律效果向投保人进行必要的解释和说明。

最后，在保险实务中，还有其他一些足以影响投保人利益而需要保险人加以解释的内容，且这些内容常成为保险争议产生的原因，保险人有必要在订立合同时加以解释和说明。例如，合同的生效时间与条件，我国《保险法》规定合同双方就合同条款达成协议时成立，但未对合同的生效时间作出规定，这取决于当事人的约定；但在实务中，由于投保人对保险业务不了解，往往会对生效时间产生误解，从而影响到自己的利益。又如，保险索赔的先决条件，我国《保险法》第 21 条作了一个简单规定，即要求投保人、被保险人或者受益人知道保险事故发生后，应当及时通知保险人。这一条款明显不足以起到指导实务的作用，在实践中，各保险公司均在各自的保险条款中对出险通知期限及方式作出具体规定。如中国人民保险公司的《渔船保险条款》规定："被保险人一经获悉保险渔船发生保险事故，应尽力采取必要措施进行救护，并须在到达第一港口四十八小时内通知本公司或本公司在当地的代理人。"此外，该公司的保险条款中对通知方式、迟延通知的法律后果也都有规定。而这些规定都需要保险人本着诚信向投保人做出解释，否则只会平添纠纷。

3. 条款说明的形式

内容固然重要，形式也不容忽视。关于说明的形式问题，法律无明文规定，实际的案例中也没有统一的标准。但这一问题如不妥善解决，对保险人极为不利。因为保险合同是格式合同,如果没有相对明确的标准,法官在解释时会按照有利于投保人的方式,而且保险人往往还会陷入举证困难的境地。对此,可采取以下方式解决:

(1)制作保险合同时,根据《保险法司法解释(二)》第11条第1款的规定,应当以足以引起投保人注意的文字、字体、符号或者其他明显标志作出提示,如此可以认定其履行了提示和明确说明义务。但是这仅仅是起到"提醒注意"的效果,而并不能达到"解释说明"的要求。保险人还应当在合同中以书面形式就保险合同中有关条款所涉及的专业性术语做出注释,并且在与投保人签订保险合同之前或签订保险合同之时,向投保人(包括其代理人)就保险合同中有关条款所涉及的概念、内容及法律后果等做出解释,以确保投保人明了该条款的具体含义及法律后果。

(2)通过网络、电话等方式订立的保险合同,保险人以网页、音频、视频等形式对免除保险人责任条款予以提示和明确说明的,人民法院可以认定其履行了提示和明确说明义务。实践中,有些保险公司设计的网络投保程序并没有主动出示格式条款,或者虽出示格式条款,但该格式条款并没有对免除保险人责任的内容采取特别标示,不能认为其履行了提示义务。

4. 违反条款说明义务的后果

(1)保险人未尽说明义务的,投保人有变更或撤销权。我国《合同法》第54条规定,重大误解、显失公平或一方以欺诈等手段使对方在违背真实意思的情况下订立的合同,受损害方有权请求人民法院或仲裁机构变更或撤销。在保险合同签订过程中,保险业务员对保险条款不作说明或说明不到位,可能导致投保人对保险合同存在重大误解或在订立合同时显失公平;甚至保险业务员的虚假陈述构成欺诈,因此应赋予投保人对合同的变更或撤销权,以保护善意投保人的权利。依照法律的规定,撤销权的行使期间为一年,属除斥期间,投保人不行使就会丧失该项权利,有利于维护保险合同的稳定。

(2)对理解有争议的格式条款,保险人应承担不利解释的法律后果。《保险法》第31条规定,对于保险合同的条款,保险人与投保人、被保险人或者受益人有争议时,人民法院或者仲裁机关应当作有利于被保险人和受益人的解释。这是基于格式条款不利解释原则的适用,保险人若不能举证证明己方已履行了说明义务,应推定其履行不能,适用的是举证责任倒置的原则。当然,投保人对保险人履行了明确说明义务在相关文书上签字、盖章或者以其他形式予以确认的,应当认定保险人履行了该项义务。但另有证据证明保险人未履行明确说明义务的除外。

(3)保险人未作明确说明的免责条款无效。保险法规定,保险人在订立保险合同时未就免责条款向投保人明确说明的,该条款不产生效力,故对保险人未予以明确说明的免责条款应认定为无效。合同条款的部分无效不影响合同其他条款的效力,投保人可以依据有效的合同条款提出相应的请求。

典型案例 条款字太小,保险公司败诉[29]

王某是平度市公安局交警大队的一名民警,2011 年 11 月 11 日,王某驾车时出车祸当场死亡,肇事车逃逸未查获。事后,平度公安认为:王某在未取得机动车驾驶证的情况下,驾驶车辆在该次事故发生中具有过错,应承担事故的次要责任。据了解,事发前,交警大队曾为王某在中国平安财产保险股份有限公司平度支公司投保"平安团体意外伤害保险",意外伤害身故和残疾保险限额为 20 万元。事发后,王某家属向保险公司提出理赔,但遭到了保险公司的拒绝。王某家属将保险公司告上了法庭,要求保险公司赔付保险金 20 万元。

法庭上,王某家属提供了王某的实习驾驶证,但有效期为 1994 年 8 月 12 日至 1995 年 9 月 11 日。王某家属认为,根据相关规定,实习驾驶证与驾驶证效力一致,王某属于超期驾驶,而非无证驾驶。对此,保险公司则认为,因王某未及时申请换发正式驾驶证,故其驾驶水平以及身体条件都不能按照规定进行检查,王某在事故发生之日并不具有合法有效驾驶资格。

双方签订的保险条款中约定:"被保险人无有效驾驶证驾驶或驾驶无有效行驶证的机动车期间遭受伤害导致身故和残疾的,保险人不承担给付保险金责任。"但王某家属认为,这些字体明显小于正常字体,且没有加黑、加粗,即没有足以引起投保人注意的提示。法院调查认为,保险公司对免责条款、责任免除确实没有明显标志,因此不能证明将责任免除条款告知了投保人。最终法院判决由保险公司赔偿王某家属保险金 20 万元。

一审宣判后,保险公司提起上诉,二审法院作出维持原判的裁定。

【评析】

根据《保险法》第 17 条第 2 款的规定,对于免责条款,保险人在订立合同时应当在投保单、保险单或者其他保险凭证上作出足以引起投保人注意的提示,并对该条款的内容以书面或者口头形式向投保人作出明确说明。其中涉及提示注意和明确说明的程度问题。对于提示注意的程度,根据《保险法司法解释(二)》第 11 条第 1 款"应当以足以引起投保人注意的文字、字体、符号或者其他明显标志作出提示"的规定,使用放大、加黑、使用不同字体等特别标识进行标示,使其达到引人注意的程度。对于明确说明的程度,该条第 2 款规定,保险人对保险合同中有关免除保险人责任条款的概念、内容及其法律后果以书面或者口头形式向投保人作出常人能够理解的解释说明即可。易言之,保险人的"明确说明"原则上应达到使普通智识能力的社会主体能够理解的程度,同时兼顾智力欠缺的盲人、文盲等消费者的特殊情况。[30]

---

[29] 参见李保光:"条款字太小,保险公司败诉",载《半岛都市报》2013 年 8 月 28 日。

[30] 参见王林清:《保险法理论与司法适用》,法律出版社 2013 年版,第 23 页。

(四)弃权与禁止反言

1. 弃权与禁止反言的含义

早期判例法中,法院始终坚信保险公司会通过它们对制定复杂的保单语言的控制以及它们对保证工具(特别是在早期的判例法中)的严格使用来获得不当利益。为了与之相对抗以保护被保险人的利益,法院使用了两个有力的反抗辩机制——弃权和禁止反言。

所谓弃权,是指合同当事人一方清楚地知道对方违约,却作出某种行为,表示其不加反对甚至同意时,该方的行为就可能构成法律上的弃权,导致其原有的某种合同权利的暂时或最终丧失。弃权即自愿放弃某种已知的权利。[31] 在保险法中,弃权是指保险合同的当事人故意抛弃其在保险合同中的有关权利,如合同解除权、抗辩权。往往适用那些保险人意识到其有撤销保单的正当理由或者就保单的任何索赔的抗辩,并且明示的或暗示的通过其代理人的行为(如接受保费),传达给被保险人其自愿放弃这种权利的情形,如投保单中被保险人的误述、先合同条件的违反、保单期内条件或保证的违反或是损失发生后关于索赔保护的条件的违反所产生的保险人的权利等。

所谓禁止反言,也称禁止反悔、禁止抗辩或者失权,是指保险合同的当事人因其已有的言行而禁止再否认合同的效力。如果保险人或其代理人向被保险人表示,他可以为保单禁止的某种行为,或是可以不为保单要求他必须完成的行为,则保险人日后便不得以被保险人的这种作为或不作为为理由,而主张保险合同无效。

禁止反言的概念很多时候是与弃权结合在一起的,相当一部分禁止反言的情形与弃权极为相似。弃权与禁止反言也是保险活动中最大诚信原则的典型体现,在目前保险纠纷的解决中运用颇多。

2. 弃权与禁止反言的适用要件

弃权的适用要件包括:

(1)保险人有弃权的意思表示。保险人弃权的意思表示既可以采明示方式,也可以采默示方式。明示弃权,是指保险人直接以法律或习惯所认可的方式明确地表示弃权的意思,如通过保险人的代理人的明确陈述向被保险人传达或者采用书面方式弃权。默示弃权,是指被保险人从保险人的行为中可以推知其弃权的意思,即发生保险人弃权的法律后果。一般有下列行为的,即可构成默示弃权:其一,在已知违反条件或保证的情况下,保险人仍然接受保费;其二,保险事故发生后,保险人明知有拒绝赔付的抗辩权,仍然寄送损失证明表,要求投保人提出损失证明的,即可认为保险人默示放弃抗辩权;其三,保险人明知投保人的损失证明有瑕疵,仍然无条件予以接受,即可视为保险人放弃瑕疵抗辩权;其四,保险人接受投保人、被保

---

〔31〕 [美]肯尼斯·S.亚伯拉罕:《美国保险法原理与实务》,韩长印等译,中国政法大学出版社2012年版,第68页。

险人或受益人对保险事故的逾期通知,则可视为保险人放弃逾期通知抗辩权;其五,保险人基于无效保险合同而主张权利的,则可视为保险人放弃基于无效合同产生的抗辩权;其六,保险人明知投保人违反约定义务而保持沉默的,除非保险人有为意思表示的义务或者其沉默对被保险人显失公平,一般不发生弃权的法律后果。

(2)保险人知道或者应当知道有权利的存在。保险人必须知道或者应当知道投保人、被保险人的违约情况,并使保险人产生合同解除权或抗辩权,否则保险人的作为或不作为不得视为弃权。

(3)保险人弃权的意思表示必须是向保险合同的对方当事人做出并且到达对方当事人。保险人弃权的意思表示必须是向投保人、被保险人或受益人做出并且到达,才发生弃权的法律后果。如果保险人向第三人做出放弃权利的意思表示,则不构成弃权。如果保险人在弃权的意思表示到达对方当事人之前撤回了该意思表示,也不发生弃权的法律后果,但撤回通知必须符合法律的相关要求。

同时,保险法对弃权有一定限制,主要包括:〔32〕与社会公共利益有关的权利,不得抛弃;法律赋予的权利,不得抛弃;对于事实的主张不得抛弃;如果抛弃权利会侵害他人权利,不得抛弃。

禁止反言的适用要件包括:〔33〕(1)保险人曾就订立保险合同的有关重要事项,向投保人做出了虚假的陈述或行为。(2)保险人做出这种虚假的陈述或行为的目的是让投保人或被保险人信赖该陈述或行为,或者投保人、被保险人信赖该陈述或行为并不违背保险人的意图。(3)投保人或被保险人信赖该陈述或行为,并且在主观上出于善意。这里的善意,是指投保人或被保险人在客观上不知道或依其认识能力不可能知道保险人的陈述是虚假的心理状态。(4)投保人或被保险人因信赖该陈述或行为而做出某种行为。

3. 弃权与禁止反言的范围和法律后果

(1)弃权的范围和法律后果

弃权的范围,主要是基于合同产生的各种权利,如合同解除权、各种抗辩权。但是,如果保险人放弃某项权利违反了法律的禁止性规定或者公序良俗原则,则不构成弃权,例如保险人主张投保人对保险标的应具有保险利益的权利就不得放弃。

弃权的法律后果主要是保险人丧失了其明示放弃或默示放弃的相关权利,在

---

〔32〕 参见黎建飞:《保险法新论》(第二版),北京大学出版社 2014 年版,第 45 页。

〔33〕 关于禁止反言的适用问题,美国 Roseth v. St Paul Property & Liability Insurance Company (see Supreme Court of South Dakota, 1985. 374 N. W. 2d 105.)一案中,Woullman 法官曾对禁止反言规则的适用范围予以解释:如果保险人或者其代理人于保险合同生效时或者生效前就承保范围或者除外条款进行了虚假陈述,并且被保险人合理信赖此虚假陈述而遭受损失,即使此虚假陈述并无过错,也当禁止保险人在损失发生后以保单条款实际并未承保导致该损失的风险为由而拒绝赔付。参见[美]肯尼斯·S. 亚伯拉罕:《美国保险法原理与实务》,韩长印等译,中国政法大学出版社 2012 年版,第 76 页。

投保人、被保险人、受益人有相关违约行为时,保险人不得再主张已放弃的合同解除权或抗辩权。但是,如果投保人、被保险人、受益人有其他的违约行为,则保险人仍然可依据法律规定或当事人约定享有相应的抗辩权或合同解除权。

(2)禁止反言的范围和法律后果

一般来说,禁止反言的范围包括:保险人交付保单时,明知保险合同有违背条件、无效、失效或其他可解除的原因,而仍交付保单,并收取保险费的;保险人的代理人就投保申请书及保单上的条款,做错误解释,而使投保人或被保险人信以为真的;代理人代替投保人填写投保申请书时,为使投保人申请容易被保险人接受,故意将不实的事项填入投保申请书或隐瞒某些事项,而投保人在签发保单时,不知其为虚假的;保险人或其代理人表示已经依照被保险人的请求为某一行为,而事实上未实施的;保险人或其代理人对被保险人的身份或职业进行错误的分类,而被保险人不知道或未经被保险人同意的。

适用禁止反言的法律后果是保险人不得以投保人或被保险人违反约定义务为由而主张保险合同无效、解除保险合同或对投保人、被保险人、受益人进行抗辩。

(五)不可抗辩规则

1. 不可抗辩规则的含义

不可抗辩规则,又称不可抗辩条款(incontestable clause)、争议条款、不可争议条款,是指保险合同自生效之日起经过一段时间(一般为 2 年),就成为不可争议的文件,保险人就不得以投保人在订立保险合同时违反诚实信用原则、未履行如实告知义务为由而主张合同无效并拒绝赔偿保险金。

不可抗辩规则肇始于英国,广泛应用于美国。[34] 1848 年,基于市场竞争策略的考虑,英国的一家保险公司率先在其销售的保单中引入不可抗辩条款,[35]其目的在于增加社会公众对保险公司的信任。1864 年,基于平复和消除美国保险消费者对保险公司不满情绪这一初衷,美国曼哈顿人寿保险公司将不可抗辩条款引入保单中。[36] 20 世纪初期,美国部分州开始在制定法中规定不可抗辩条款,不可抗辩条款开始向不可抗辩法则转化。美国关于不可抗辩条款的立法影响了许多国家的保险立法,我国《保险法》第 16 条第 3 款也规定了不可抗辩条款。按照该规定,当投保人故意或者因重大过失未履行前款规定的如实告知义务,足以影响保险人决定是否同意承保或者提高保险费率的,保险人有权解除合同。但是,自合同成立之

---

〔34〕 参见李青武:"我国《保险法》不可争辩条款制度:问题与对策",载《保险研究》2013 年第 4 期。

〔35〕 See David G. Newkirk, An Economic Analysis of the First Manifest Doctrine: Paul Revere Life Insurance Co. v. HAAS, 644 A. 2D 1098 (N. J. 1994), Nebraska Law Review, 1997, v. 76, p. 826.

〔36〕 See Betram Harnett & Irving I. Lesnick, life and Health Insurance Annotated § 5. 07 (2000), 转引自 Erin Wessling, Contracts – Applying the Plain Language to Incontestability Clauses Kersten v. Minnesota mutual life insurance Co., 608 N. W. 2D 869 (MINN, 2000), William Mitchell Law Review, 2000, v. 27, pp. 1256 – 1257。

日起超过二年的,保险人不得解除合同;发生保险事故的,保险人应当承担赔偿或者给付保险金的责任。

2. 不可抗辩规则的适用范围

在我国,关于财产保险合同是否可以适用不可抗辩条款,存在截然相反的两种观点。否定说法认为,不可抗辩条款仅适用于人身保险,不适用财产保险,理由为:(1)财产保险合同期限通常为1年,而不可抗辩条款所保护的是被保险人的长期期待利益。(2)相对于人身保险的被保险人而言,财产保险的被保险人更容易举证,因为被保险人并没有死亡,无须不可抗辩条款进行特殊保护。(3)适用不可抗辩条款的目的,在于人之生存价值得到法律的维护,使得被保险人之亲属在被保险人死亡之后,生活不至于无着落。与此不同,财产保险关注的重点则是保险标的——承保财产之价值损益变动的补偿,不涉及人的生存价值的保障,根本不可能适用不可抗辩条款。因此有学者认为,不可抗辩条款是寿险契约之独特规则。[37]

肯定说法则认为,不可抗辩条款不仅适用于人身保险,也应当适用于财产保险,其理由包括:(1)财产保险合同的期限一般比较短,因此其适用不可抗辩条款的实际机会较少。(2)域外立法亦无排除性规定,包括日本、韩国、我国台湾地区的保险立法规定所确立的不可抗辩条款,但并无不可适用财产保险之立法限制。

本书认为,不可抗辩规则的适用范围原则上仅及于人身保险合同而不适用于财产保险合同,但是,如果财产合同约定了不可抗辩规则的适用,则从其约定。其理由有三:

第一,从立法目的来看,不可抗辩规则意在督促保险人严格核保程序,规范、谨慎和诚信经营,保护被保险人的利益,体现对被保险人生命价值的尊重和关怀,也防止在被保险人死亡之后保险人运用合同解除权而导致被保险人家属生活无依。这一人道主义关怀的法律化实际上是不可抗辩规则设立的根本原因。而财产保险关注的是保险标的财产价值损益变动的补偿,并不涉及对人的生存价值的保障,因此,不可抗辩规则一般适用于人身保险合同。

第二,从国外立法来看,大多数国家都将不可抗辩规则仅适用于人身保险。英美法中不可抗辩条款起源于人寿保险合同,后来也适用于健康保险合同。但因意外伤害保险多为短期险种,故学说和立法多认为其不适用于不可抗辩规则。[38] 美国一些州的立法承认不可抗辩规则适用于残疾保险和意外伤害保险,但前提是这些险种的保险合同期限必须是2年以上。

第三,尽管财产保险合同的期限可以设定为2年以上,但总的来看,大多财产保险合同的期限较短,因此不能适用不可抗辩规则。但是,如果财产保险合同当事人

---

〔37〕 参见王林清:《保险法理论与司法适用》,法律出版社2013年版,第150页。

〔38〕 参见刘学生:“论不可抗辩条款”,载谢宪主编:《保险法评论》(第三卷),法律出版社2010年版,第160页。

约定了财产保险合同适用不可抗辩条款,则应当认定这一条款有效。

3. 不可抗辩条款的起算时间

各国(地区)关于不可抗辩期的起点立法例分为两种类型:(1)单一时间的立法例,主要为英美法系保险法所采用。其条款表述为:"保险契约(残疾或伤害死亡给付条款除外)除了欠缴保费以外,自契约成立之日起,经过一定期间(通常为1年或2年)以后,即成为不可争。"[39](2)双重时间的立法例,主要为大陆法系保险立法所采用。德国《保险契约法》第21条第3款规定:"保险人根据本法第19条第2款至第4款规定所享有权利的行使期限为合同生效后5年内,如果保险事故在上述期限届满前发生,则上述规定不予适用。如果投保人故意违反告知义务的,上述期限为10年。"[40]我国台湾地区"保险法"第64条规定:"订立契约时,要保人对于保险人之书面询问,应据实说明。要保人故意隐瞒,或因过失遗漏,或为不实说明,足以变更或减少保险人对于危险之估计者,保险人得解除契约;其危险发生后亦同。但要保人证明危险之发生基于其说明或未说明之事实时,不在此限。前项解除权,自保险人知有解除原因后,经过一个月不行使而消灭;或契约订立后经过二年,即有可以解除之原因,亦不得解除契约。"比较来看,单一时间立法例着眼于合同的稳定性,不管投保人主观状态如何,只要过了可抗辩期间,保险合同即为不可抗辩;双重时间立法例则秉承最大诚信原则,如果投保人有欺诈意图,即使过了可抗辩期间,保险人仍可以主张解除保险合同。

我国《保险法》在不可抗辩条款的立法实践中亦采用了双重时间的立法模式。《保险法》第16条第3款规定:"前款规定的合同解除权,自保险人知道有解除事由之日起,超过三十日不行使而消灭。自合同成立之日起超过二年的,保险人不得解除合同;发生保险事故的,保险人应当承担赔偿或者给付保险金的责任。"

4. 不可抗辩条款的例外情形

不可抗辩条款一般仅限于保单有效性的争议,旨在禁止因投保人欺诈、隐匿或重大误述而对保单的有效性提出争议。该规则也有例外情况,在欺诈性冒名顶替、缺乏可保利益、蓄意谋杀被保险人等情况下,即使可争议期已经结束,保险人也可以对保单的有效性提出抗辩。一般来说,保险人基于以下几种事由所提出的抗辩不受不可抗辩条款的拘束:

(1)当投保人故意欺诈并企图骗保时,应当允许保险公司行使解除权并保护自身的合法权益。例如,被保险人已发现或确诊了白血病,投保人却故意隐瞒不如实告知,与保险公司订立合同;此外,篡改年龄以达到保险人规定的承保年龄要求,故意隐瞒病史,或体检时找人代替而与保险公司订立合同等欺诈意图明显的情形下,不可抗辩条款不予适用。

---

〔39〕 参见王林清:《保险法理论与司法适用》,法律出版社2013年版,第148~149页。

〔40〕 参见王林清:《保险法理论与司法适用》,法律出版社2013年版,第149页。

(2)当投保人或被保险人在与保险人订立合同时未告知之事项属于保险合同除外条款规定之事由时,则无论保险合同成立之日起是否经过两年,投保人或被保险人都不能借助不可抗辩条款进行抗辩并要求保险人承担保险责任。

(3)保险合同未成立时,保险合同中的不可抗辩条款也并非有效条款,被保险人也就无法借助不可抗辩条款请求保险公司承担保险责任。

(4)未缴纳保险费的情形,不受不可抗辩条款的约束。《保险法》第36条规定:"合同约定分期支付保险费,投保人支付首期保险费后,除合同另有约定外,投保人自保险人催告之日起超过30日未支付当期保险费,或者超过约定的期限60日未支付当期保险费的,合同效力中止,或者由保险人按照合同约定的条件减少保险金额。"由此可见,欠缴保费会导致合同效力中止,而在合同中止期间,保险标的发生保险事故时,保险人不承担保险责任。若要求保险人在未收取任何保费的前提下仍然承担保险责任,显然违反了对价平衡与公平原则。因此,欠缴保费也不适用不可抗辩条款。

典型案例 是保险诈骗还是不可抗辩?[41]

2011年1月26日,何某向A保险公司四川分公司投保"如意相伴两全保险(分红型)"和"附加额外给付重大疾病保险"。何某在投保单"询问事项"部分第6条"您是否曾经有过医学检查结果异常(包括健康体检)"和第9条"您是否曾经患有以下疾病?例如:高血压、冠心病、心绞痛、心律失常、心脏瓣膜病等心血管介入治疗……"选项处都勾画了"否"。2011年1月27日,保险公司出具了《保险单》,载明合同成立、生效日为2011年1月27日,保险期限5年。

2013年4月24日,何某因心脏病到医院治疗并进行了手术。2013年5月4日何某出院并向保险公司提出理赔申请。A保险公司四川分公司于2013年6月21日作出《理赔决定通知书》以"事故发生时间在投保之前"为由,作出了"解除保险合同"的决定。何某将A保险公司四川分公司告上法院。法院认为,根据《中华人民共和国保险法》第16条"订立保险合同,保险人就保险标的或者被保险人有关情况提出询问的,投保人应当如实告知。投保人因故意或者重大过失未履行前款规定的如实告知义务,足以影响保险人决定是否同意承保或者提高保险费率的,保险人有权解除保险合同。前款规定的合同解除权,自保险人知道之日起超过两年的,保险人不得解除保险合同"的规定,虽然何某确实未履行如实告知义务,但保险公司已经丧失合同解除权,不得解除合同,并应给付保险金。

宣判后,A保险公司不服一审判决,向上级法院提起上诉。A保险公司向法院提供了何某2010年12月30日的彩色多普勒超声诊断报告及治疗申请、门诊收费

[41] 参见石岩、王月慈:"是保险诈骗还是不可抗辩?",载《中国保险报》2014年4月3日。

系统界面、彩超报告单等文件，这些文件都明确记载了作为患者的何某的姓名、性别和年龄等信息，但是何某却否认该患者是自己，因为这些材料没有身份证号和照片，所以无法排除相同姓名、性别和年龄的患者就医的可能性。因此，法院按照《中华人民共和国民事诉讼法》第64条“当事人对自己提出的主张，有责任提供证据”之规定，保险公司承担举证不能的法律后果，故对A保险公司认为何某构成欺诈的主张，法院不予支持。

【评析】

在本案中，法院之所以判定A保险公司负赔偿责任，是因为A保险公司不能举证证明患者何某和被保险人何某是同一个人，即被保险人何某在投保时已患病的事实。根据《民事诉讼法》第64条的规定，A保险公司需承担举证不足的法律后果。假设A保险公司能够举证证明此“何某”即彼“何某”，何某在投保时就已经患病，则应当以何某系欺诈行为作为不可抗辩之例外情形，允许A保险公司行使解除权并保护自身的合法权益。

第二节　保险利益原则

一、保险利益原则的概念

（一）保险利益原则的含义和特征

“保险利益”一词源于英文“insurable interest”，为英国海商法学者首创。我国学者译为保险利益，亦称可保利益。[42] 英国是世界上最早确定保险利益的国家。英国1746年《海上保险法》(Marine Insurance Act)规定，被保险人对保险财产具有保险利益是成立具有法律约束力的海上保险合同的前提条件。随后，1774年《人寿保险法案》(The Life Assurance Act)对人身保险的保险利益作了规定。

根据我国《保险法》第12条第6款的规定，保险利益是指投保人或者被保险人对保险标的具有的法律上承认的利益。保险利益既可为投保人对其保险标的所具有的某种经济上的利益，也可为投保人依法或依合同所承担的责任、义务而产生的利害关系。若保险事故发生，投保人或被保险人的经济利益受到损害，则表明投保人对保险标的有保险利益；否则即无保险利益。保险利益具有以下特征。

1. 合法性

所谓合法性，即指保险利益必须符合法律的规定，并被法律所确认和保护。具体而言，投保人对保险标的的所有权、占有权、使用权、收益权、维护标的安全责任等

〔42〕 我国台湾地区学者汤俊湘认为，保险利益易使人误以为保险有何利益可图，如译为可保权利或保险权益较妥当。参见汤俊湘：《保险学》，台北三民书局1984年版，第65页。

必须是依法或依有法律效力的合同而合法取得、合法享有、合法承担的，凡是违法或损害社会公共利益而产生的利益都是非法利益，不能作为保险利益。若投保人或被保险人以非法利益投保，就不构成保险利益，保险合同也因此无效。

在人身保险中，保险利益要具有合法性，投保人就必须对被保险人的身体健康和生命具有法律上认可的利益。如果投保人对被保险人并不具有合法的保险利益，特别是在以被保险人的生命或身体健康为保险标的投保，而被保险人不知情或反对的情况下签订的保险合同，该合同为无效合同。

在财产保险中，保险利益的合法性是指保险标的的经济利益为投保人或被保险人所享有，且这种权利为法律所支持。对于不符合法律规定而取得的利益和违反善良风俗而取得的利益，不能成为保险标的，投保人或被保险人对其没有保险利益。例如，小偷以赃物投保、毒贩以毒品投保，因其利益不具有合法性，不能构成财产保险的保险利益。但是，对于购买赃车或走私车的善意购买者，只要其具备善意取得的四要件，应具有保险利益。也就是说，如果赃物的所有人并不是通过非法的途径获得财物，且其并不知情，则所有人对财物享有的占有、使用、支配等权利就应为法律所保护，在签订保险合同时就具有所需的保险利益。

2. 确定性

所谓确定性，是指投保人或被保险人对保险标的所具有的利害关系，必须是已经确定或者可以确定的，才能构成具有保险利益。确定的利益是客观存在的、可实现的利益，而不是凭主观臆测、推断可能获得的利益，包括现有利益和期待利益。现有利益是指已经拥有的利益或者利害关系，如投保人或者被保险人对已经拥有的财产的所有权、占有权、使用权等而享有的利益。期待利益是指尚未拥有但可以确定的利益或利害关系，如预期的营业利润、预期的租金等。总之，只有存在现实的或具有可期待性的保险利益，并为法律所承认，在投保人或被保险人与保险公司签订合同后，该合同才能生效且使保险公司履行保险责任。

3. 经济性

所谓经济性，即投保人或被保险人对保险标的的利益必须是可通过货币计量、估价的利益。保险利益的可计算性，是判断财产保险合同是否构成超额保险以及限定保险合同适用的标准。保险不能补偿被保险人遭受的非经济上的损失，如精神损失。经济上的利益比较广泛，所有权、债权和担保物权都有可能产生经济上的利益。这些利益，可以基于法律的规定而产生，也可以基于合同的约定而产生。

（二）保险利益原则的历史演进

在保险制度发展的最初阶段，并无保险利益的概念。后来法律之所以严格要求保险利益，是基于区别和防止赌博行为，以及避免道德危险发生的目的。就保险利益而言，基于社会历史条件与法制传统的相异，英美法系国家与大陆法系国家有不同的发展轨迹。

1. 大陆法系保险利益原则的历史演进

大陆法系的保险利益学说的形成和发展，经历了一般性保险利益学说、技术性保险利益学说和经济性保险利益学说三个阶段。

(1)一般性保险利益学说

保险利益起源于14世纪末北意大利的海上保险。当时的保险是变相的买卖或借贷，其价款或贷款数额相当于今天的保险金额，且依当时学者的观念，只有损害才可以获得赔偿，可获得赔偿的"损害"仅指标的物本身的毁损或灭失。

直到16世纪，两位学者的一场争论才为保险利益学说的产生提供了理论背景。引发这场争论的是一个假想案例：某商人为某物投保，其对该物并无所有权或仅有部分所有权，在保险事故发生后，保险人能否以该商人不是所有权人或只有部分所有权为由抗辩其提出的按保险约定金额赔偿的请求？

在这场争论中，学者首次区分了保险行为和赌博行为，认为：如果前述例子属于保险行为，则保险人可抗辩被保险人无所有权而拒绝理赔；如果为赌博行为，则保险人在保险事故发生后应按约定金额负赔付责任，从而明确了确立赔偿金额的标准是保险利益，而且只有在被保险人能证明他对保险标的具有保险利益的情况下，才具有请求权。但对何谓保险利益，当时学者采取了简单的认定方法，将保险利益等同于所有权，即凡是对保险标的具有所有权者必然具备保险利益，反之则无。至此，保险利益学说初步创立，学者称为一般性保险利益学说，其主要功能在于防止保险上的不当得利。

(2)技术性保险利益学说

随着保险事业的发展，保险类型日趋复杂。面对运费保险、信用保险、第三人利益保险、责任保险等新型保险，一般性保险利益学说难以解释其中的保险利益。在此背景下，德国学者提出了并非只有物的所有权人在物发生损害或丧失时遭受损失，除此之外，不动产抵押权人、动产质权人等对于物也有相当的保险利益，因此他们应与所有权人一样，可以为防止其利益受侵害而进行保险。

这一阐释的目的是针对在一物之上，以法的技术性创造出各种不同的保险利益。认为保险标的不是物的本身，而是投保人对该物存在的利益，一物因其和投保人的关系不同，可具有多种不同的可保险利益。这个就物和被保险人之间的法律关系加以分析提出的保险利益学说，称为"技术性保险利益学说"。这一学说突破了一般性保险利益学说一物之上唯可有一个保险利益的局限，解释了为什么就一物可多重保险而无复保险等问题的存在。例如，投保人将一批货物投保，如果根据一般性保险利益学说，则只有所有权人能投保，他人无此资格；而根据技术性保险利益学说，则除了所有权人具有保险利益外，抵押权人、保管人、承运人等均可就该货物以所具有的利益进行投保，且无须得到所有权人的许可。

(3)经济性保险利益学说

在技术性保险利益学说看来，保险利益的连接对象除了所有权之外，另有请求权、期待利益等,而这几种权利都是民法、海商法或其他实定法上的权利,保险利益学说将它们视为保险标的。如果保险利益的范围果真只限于实定法上的权利,则保险的补偿范围则会以他法所定的赔偿范围为限,保险制度也就成为他法损害赔偿的代替品。但是保险法是一门独立的法律,保险法上的用语应就保险的本质而论,不可以其他法律为依据;且设立保险主要是为了减少损失、分担危险,只要投保人对某一关系的存在具有经济利益,即可以支付保险费为对价,以该关系为保险标的,订立保险合同,通过保险制度分散损失于危险共同体内的人。因此,有学者指出,保险法上的保险利益概念,并不是以其他法律为依据而产生的法的概念,而是一种经济性的概念。基于经济上的本质,如果对某一客体具有事实上的关系,虽无法律上的依据,在不违反公序良俗的前提下,假设这种关系持有人会因该关系受损而遭损,则视为他对该客体具有保险利益,可予投保。

19 世纪诞生了经济性保险利益学说。但其被承认则经历了一个漫长的过程,在下述案件之后经济性保险利益学说才得到认可。原告以自己所有的建筑物向保险公司投保火灾保险,1921 年 1 月 4 日将该建筑物出卖给第三人,同年 4 月 1 日完成移转占有,但未进行登记,于当年 8 月 30 日该建筑物遭火灾焚毁,原告提起诉讼,请求保险人支付赔偿。保险人则提出抗辩,认为该建筑物已经出卖且移转占有,因而原告对于建筑物之保险利益已经消灭,故欲将赔偿支付给受让人而拒绝原告之请求。德国帝国法院认为,保险标的物所有权于未登记之前,其物权行为之法定方式并未完成,即该物之所有权仍留存于原告,故原告对保险人有赔偿请求权。〔43〕这一案例凸显出当时德国保险法上著名形式学说判决的弊端所在。于是经济性保险利益学说受到青睐。经济性保险利益学说认为,保险是分担危险、对损失进行补偿的一种制度,只要投保人对某一物存在经济上的利益,即可以该物为保险标的订立保险合同,于保险事故发生时,借保险制度分担损失于危险共同团体内之人。〔44〕依经济性保险利益学说,有法律上的权利而无经济上利益者,因无损失而不能得到补偿,然虽无法律上的权利但有经济上利益者,因有损失也可以投保以得到保险保障。〔45〕

2. 英美法系保险利益原则的历史演进

1746 年之前,英国普通法规定保险合同即使不具备保险利益也为有效,因此许多人以船舶能否完成其航程作为赌博对象,致使海事欺诈大量存在。1746 年《海上保险法》颁布,以海上船舶为标的的保险合同被宣布为非法。该法案规定:"任何个人或公司均不能对英国船舶及装载货物以有或没有利益,或者保单即证明利益,或者以赌博的方式,或者对保险人无任何残值的方式进行保险。这种保险无效并对

〔43〕 参见江朝国:《保险法基础理论》,中国政法大学出版社 2002 年版,第 61 ~ 62 页。

〔44〕 参见江朝国:《保险法基础理论》,中国政法大学出版社 2002 年版,第 60 页。

〔45〕 参见孙积禄:"保险利益原则及其应用",载《法律科学》(西北政法学院学报)2005 年第 1 期。

各方不具有法律约束力。”1788 年重新修订海上保险法时,将不在船上的任何陆上货物保险也包括在内。1774 年《人寿保险法案》将此种限制由海上船舶扩展到了生命保险:“在人身保险的情形,如果投保人可以对被保险人没有任何利益,会导致一种有害的行为……因此禁止任何此种保险合同的订立……如果一个人在为其利益所订立的保险合同中对被保险人没有任何利益的话……”1845 年《赌博法案》更为明确地阐明任何契约包括保险契约在内,以赌博方式进行的无效。此时法案规定的重点在于禁止赌博,至于何种利益为可保利益,并无明确约定,亦缺乏统一性认知,而是主要以判例确定。直到 1906 年《海上保险法》中特设“保险利益”一节,才对保险利益内涵作了概括性规,且该规定毫无争议地适用于陆上保险。

美国法早期对保险利益的认定,以英国的《海上保险法》和《人寿保险法》法案作出的判决先例为依据,近代以来美国各州将判例中形成的保险利益的通用规则在保险法典中成文化。如美国威斯康星州保险法 § 631.07 规定,“保险人不得向投保人签发投保人在保险标的中没有保险利益的保单。”自此,保险利益原则逐渐成为每一部保险立法所必备的条款,保险利益原则的相关理论也在此基础上蓬勃地发展起来。

(三)保险利益原则的意义

保险利益原则起源于 18 世纪英国海上保险实务。[46] 保险利益原则的确定是为了防止某些人利用保险活动牟取非法利益,并防止道德危险的发生,[47] 从而确保保险活动有效发挥分散风险、分担损失的作用。一般认为,保险利益原则主要有三方面的重要意义:

1. 防止赌博。保险与赌博行为最根本的区别在于保险合同中的当事人和关系人对保险标的具有保险利益。保险合同就有可能使投保行为变成一种赌博。如果不规定保险利益原则,就意味着投保人可以任意地以他人财产和人身为保险标的进行投保。其结果是,一旦发生保险事故,投保人就可以在不受损失的情况下得到赔偿。这种结果既违反了公平原则,又使保险失去了给付意义,而使保险成为纯粹的赌博行为。而保险利益原则可以防止保险变成赌博和博彩的工具。

2. 防止道德危险。道德危险是指投保人、被保险人或受益人为诈取保险赔偿而违反法律或合同,故意引起或扩大保险事故的危险。确立保险利益原则,可以防止道德危险,维护社会的安定和善良风俗。如果在保险法中不规定保险利益原则,一些投保人就可能为了谋取不法利益而人为地造成财产损失,甚至谋害他人的性命。

3. 限制赔偿范围。保险利益原则使得投保人或被保险人向保险人所主张的赔偿金额以被保险人的实际损失为限,不得超过其保险利益的金额或价值,即投保人

---

〔46〕 参见[美]小罗伯特·H. 杰瑞、道格拉斯·R. 里士满:《美国保险法精解》(第四版),李之彦译,北京大学出版社 2009 年版,第 101 页。

〔47〕 道德危险是保险理论中的固有名词,是指被保险人或受益人为诈取保险金而故意以作为或不作为方式促使保险事故的发生或在保险事故发生时放任损失扩大的危险。

或被保险人不能通过订立保险合同获得大于保险标的价值的利益，从而使被保险人在保险事故发生后不会额外获利，消除投保人通过获赔保险金而取得净利的诱惑。

二、人身保险的保险利益

人身保险的保险利益是指投保人对于被保险人的生命或身体所具有的法律上所承认的利害关系，即投保人和被保险人之间的人身依附关系或者信赖关系，如亲属关系、抚养关系、信赖关系等。基于这种利害关系，投保人将因保险事故的发生而遭受损失，因保险事故的不发生而受有利益。根据我国《保险法》第 31 条的规定，投保人对下列人员具有保险利益：(1)本人；(2)配偶、子女、父母；(3)前项以外与投保人有抚养、赡养或者扶养关系的家庭其他成员、近亲属；(4)与投保人有劳动关系的劳动者。此外，被保险人同意投保人为其订立合同的，视为投保人对被保险人具有保险利益。

(一)人身保险中保险利益的确定

保险利益构成人身保险合同的效力要件，目的在于防范投保人利用保险谋财害命或者以赌博获取不当利益，从而维护被保险人的人身安全利益。至于依据何种关系能够取得人身保险的保险利益，各国保险法的规定大致有三种模式。

1. 利益主义

利益主义原则把投保人与被保险人之间是否存在经济上的利益关系作为保险利益存在的依据，而不要求必须经过被保险人的同意。自英国 1774 年《人寿保险法》公布实施以后，保险利益开始出现于人身保险领域，投保人或保险契约受益人对被保险人的生命是否具有保险利益，便被看作人身保险契约能否有效成立的要件之一。英国人身保险的保险利益分为两种情况：(1)投保人以自己的生命、丈夫以妻子的生命或妻子以丈夫的生命投保的生命保险，无须就是否存在保险利益举证；(2)投保人必须证明自己对被保险人的生存具有金钱上的利益，否则不得就被保险人的生命投保，例如雇主和雇员、共同债务人、合伙人、债权人对债务人、地方政府对于该政府的工作人员等。[48] 另外，在父母子女之间，若无金钱利益关系(如就扶养及教育订立了契约)，法院认为其相互之间并不具有保险利益。[49] 美国的保险利益确认规则比英国宽松，《纽约州保险法》第 146 条规定："下列两种情形下，具有人寿保险的保险利益：(1)以感情为基础有切实利益的血亲或姻亲；(2)上列人员以外对被保险人的生命、健康或者安全具有合法及实际的经济利益的人。但是，如果

---

〔48〕 参见[英]Malcolm A. Clarke:《保险合同法》，何美欢、吴志攀等译，北京大学出版社 2002 年版，第 89 ~ 92 页。

〔49〕 Worthington v. Curtis(1875)1 Ch D 419,423，Mellish 大法官(上诉院 - 寿险)，参见[英]Malcolm A. Clarke:《保险合同法》，何美欢、吴志攀等译，北京大学出版社 2002 年版，第 90 页。

以被保险人的死亡、伤残或伤害而得到保险金为其唯一利益的,没有保险利益。"

利益主义规则将投保人的范围限制在一定利益范围内,避免了无利益损失的人员利用保险进行赌博,在一定程度上起到了防范道德风险的作用。但是,利益主义规则使得以被保险人的人身或寿命作为保险标的的人身保险无须其意见而成立,从而剥夺了被保险人的自主权,且血缘或亲缘关系并不能绝对阻隔道德危险的发生。

2. 同意主义

同意主义原则认为,不论投保人与被保险人之间是否存在利害关系,只要经过被保险人的同意,就认为投保人对被保险人具有保险利益。德国《保险契约法》第159条第2款规定:"以他人之死亡为保险事故的保险契约,其约定的保险金额超过一般丧葬费用时,须经该第三者的书面同意方能生效。该第三者为无行为能力者、限制行为能力者,或者已为其选定监护人的,投保人就有关其人身事项具有代理权时,在授予同意之际投保人不得代理该第三者。"[50]法国法与德国法同样规定未经被保险人书面同意,保险合同无效,其《保险法典》第L132-2条(原《保险契约法》第57条)也规定:"由第三者订立以被保险人之死亡为保险事故的保险契约时,被保险人如不以载有一次性给付保险金额或养老金额之书面表示同意,则该契约无效。由第三者订立的他人之生命保险契约的利益之转让、抵押或受益人之变更,须征得被保险人的书面同意,未经同意者无效。"日本《商法典》第674条规定:"因他人的死亡而支付保险金额的保险契约,须依该人同意。但被保险人为保险金额的受领人时,不在此限。"《韩国商法典》第731条规定,"订立以他人死亡为保险事故的保险合同时,应当征得被保险者的同意。"可见,在同意主义原则下,被保险人的同意是保险利益产生的唯一根据。

同意主义原则体现了对被保险人人格权以及被保险人对道德危险判断的尊重,但是在投保人与被保险人之间不存在任何利害关系的情况下,仅仅经过被保险人的同意就取得保险利益,投保人就可能以任何人为被保险人,从被保险人的死亡中获取额外的暴利,使保险等同于赌博。

3. 利益与同意兼顾

利益与同意兼顾原则将利益主义和同意主义相结合,典型如我国《保险法》第31条的规定。该条款既列举了具有血缘或亲缘关系的投保人对被保险人有保险利益的情况,又强调了在血缘和亲缘之外的利害关系中,以投保人和被保险人之间的利害关系为基础,经过被保险人的同意,投保人才能够取得对被保险人的保险利益,既具有灵活性,又能够更有效地防范道德风险。另外,《保险法》第34条第1款又规定:"以死亡为给付保险金条件的合同,未经被保险人书面同意并认可保险金

---

〔50〕 Begrundung zu den Entwurf eines Gesetxzes uber den Versicherungsvertrag, Berlin 1906. S. 147f. 转引自李贵连、潘阿宪:"人身保险中的保险利益问题之探讨",载《中国法学》1997年第4期。

额的,合同无效。”这也是对同意主义的借鉴。

(二)人身保险中保险利益的主体范围

1. 本人

本人是指投保人自己。任何人都可以为自己投保任何保险责任的人身保险合同。投保人履行如实告知义务与保险人就人身保险合同的主要条款达成一致,保险利益即宣告成立,并可以约定保险金额。我国台湾地区“保险法”第16条第1项就规定了本人有保险利益。澳大利亚1984年《保险合同法》第19条第1款也规定投保人对其自身生命有保险利益。

2. 配偶、子女、父母

投保人与配偶、子女、父母之间因法律规定的扶养、抚养或赡养义务而具有利益关系。这种利益关系的产生不仅基于被保险人的死亡或伤残会造成投保人的经济损失,更是因为亲缘、血缘关系的存在。投保人可以其配偶、子女、父母的身体或寿命为保险标的订立保险合同。同时,除父母为其未成年子女投保的人身保险外,以死亡为给付保险金条件的合同,还须被保险人书面同意并认可保险金额,否则保险合同无效。其中,父母,包括生父母、养父母和有扶养关系的继父母;子女,包括婚生子女、非婚生子女、养子女和有扶养关系的继子女。

3. 与投保人具有抚养、赡养或者扶养关系的家庭其他成员、近亲属

家庭其他成员、近亲属,主要有投保人的祖父母、外祖父母、孙子女以及外孙子女等直系血亲,投保人的同父母的兄弟姐妹、同父异母或者同母异父的兄弟姐妹、养兄弟姐妹、有扶养关系的继兄弟姐妹等旁系血亲。此外,对公婆、岳父母尽了主要赡养义务的丧偶儿媳、丧偶女婿与公婆、岳父母之间,也具有保险利益。可见,投保人对家庭其他成员、近亲属具有保险利益,必须以投保人与家庭其他成员、近亲属之间存在抚养、赡养和扶养关系为前提,否则就不具有保险利益。

4. 与投保人有劳动关系的劳动者

虽然有工伤保险为工伤劳动者提供保障,但工伤保险赔付的范围和限额都有限,不能完全补偿工伤劳动者的损失,作为用人单位对工伤保险不能赔付的部分仍应承担赔偿责任,故很多用人单位为那些经常出差或风险较大岗位的职工另行购买了意外险,当然有的企业把为员工购买商业保险作为企业的福利形式,以激励员工为企业创造更多价值。

在规定与投保人有劳动关系的劳动者具有保险利益的同时,又予以一定限制。我国《保险法》第39条第2款规定:“投保人指定受益人时须经被保险人同意。投保人为与其有劳动关系的劳动者投保人身保险,不得指定被保险人及其近亲属以外的人为受益人。”

5. 同意投保人为其订立合同的其他人

投保人为被保险人投保时原则上必须具有利益关系,如无利益关系,需得到被保险人同意,保险合同才能成立和生效。换言之,被保险人同意投保人为其订立人

身保险合同的，即可认为被保险人承认了投保人对自己具有保险利益。这就将对道德风险的判断交由被保险人自己，即由被保险人来根据其与投保人的关系来衡量是否同意其为自己投保，既扩大了保险利益的主体范围，又可以满足被保险人的保障需求，还可以在相当程度上避免道德风险的发生。[51]

"被保险人同意"的形式既可以采取书面形式，也可以采取口头形式或者其他形式；既可以事前作出，也可以事后追认。《保险法司法解释（三）》细化了认定标准，对"同意"也采取了更宽泛的认定，使其在实务中更具有可操作性："有下列情形之一的，应认定为被保险人同意投保人为其订立保险合同并认可保险金额：(1)被保险人明知他人代其签名同意而未表示异议的；(2)被保险人同意投保人指定的受益人的；(3)有证据足以认定被保险人同意投保人为其投保的其他情形。"

在以死亡为给付保险金条件的人身保险中，《保险法》对被保险人的法律资格、同意之意思表示的方式和保险金额等作了限制性规定。其主要体现在：(1)不得为无民事行为能力人投保以死亡为给付条件的人身保险（但父母为其未成年子女投保的除外）。(2)为第三人订立的死亡保险须经被保险人书面同意并认可保险金额。为第三人订立死亡保险合同，除第三人具有民事行为能力外，还须同时具备以下两个要件：须经被保险人以书面形式表示同意；须经被保险人认可保险金额。否则，死亡保险合同自始无效。

在上述范围之外，不存在人身保险中的保险利益。例如，2014 年 10 月，眼见女友陆小姐生日将至，段先生悄悄为她购买一份人寿险，打算作为礼物相赠。岂料，生日未过，陆小姐因交通事故离世。悲痛之余，段先生向保险公司申请支付死亡保险金。后者核保时，得知保单是段先生在陆小姐不知情的情况下购买，遂以他对被保险人没有保险利益为由，拒绝赔付。段先生诉诸法庭，法院最终支持了保险公司的主张。

理论拓展 人身保险中保险利益的主体扩展[52]

1. 债权人对于债务人

债务人对债权人有给付义务，但债权人对债务人的财产，除设有担保物权外，不得主张任何权利。因此，无抵押、质押或担保的情况下，一旦债务人死亡，债权人的债权很可能无法实现。故不少国家的保险法均规定债权人对债务人的生命有保险利益，以使债权人能借保险措施于债务人未清偿前死亡而保全其债权。但如何决定此种保险利益的范围及其保险金额与债权额间的比例极为困难。如认为保险金额应与债权额相等，而债务人于生前又未清偿其债务的，则保险金由于其为债权

---

[51] 参见王隆全：《保险利益原则在人身保险合同中的适用研究》，西南政法大学 2008 年硕士学位论文，第 31 页。

[52] 参见王林清：《保险法理论与司法适用》，法律出版社 2013 年版，第 44～45 页。

人所缴保费及利息的总和,自不足以补偿债权人的损失。反之,如容许债权人超额投保,又可能导致债权人为获取额外利益而谋害债务人。因此,通常的做法是,当债权人就债务人投保人寿保险时,如出于善意,则其投保金额不受债权额限制,保险合同不因投保金额高于债权额而无效。我国《保险法》就债权人对债务人的生命有无保险利益,没有明确规定。但从保险法的其他规定来看,应认为债权人对债务人的生命无保险利益,除非债务人同意。在目前我国商业信用和个人信用体系尚未建立、债权人利益屡受损害的情况下,更应注重保护债权人的利益,应明确规定债权人对债务人的生命有保险利益。因此建议在《保险法》中将债权人和债务人纳入保险利益的主体范围。

2. 合伙人

合伙是两人以上共同出资、共同经营、共担风险的协议。合伙人之间经济上的利害关系至为密切,合伙人的生老病死都会对合伙事业产生巨大变化。因此,应认为合伙人相互间互有保险利益,任何一个合伙人均可以其他合伙人为被保险人而投保人身保险。在英美两国,法院均认为:"两人以上经签订合伙合同的,合伙人的一方对于他方的生命即取得保险利益,而且合伙人之间出于善意约定合伙人各方应签订寿险合同的,可由合伙财产支付保险费,合伙人中一人死亡时,其他合伙人可用保险金额来收购该已故合伙人的合伙利益。"

3. 其他情形

凡当事人之间有合同或商务关系,一方的生死足可影响他方基于此种关系所可获得法律上及经济上的利益或期待利益的,也被认为有保险利益,可能受损失的一方可以他方为被保险人而订立保险合同。在英美法上,还承认下列各种人之间有保险利益:未婚妻对于未婚夫;继承人或利害关系人对于遗嘱执行人或遗产管理人;破产债权人对于破产管理人或破产监护人;保证人对于主债务人;在以第三人生存为期的租赁合同中,承租人对于该第三人。

(三)人身保险的保险利益存在时间

投保人对被保险人是否具有保险利益,是关系到人身保险合同是否生效的重大问题。对此,英国判例形成了下述规则:在订立合同时可投保利益必须存在〔53〕,当被保险人死亡时,却不必有可投保利益的存在。我国《保险法》第12条第1款规定:"人身保险的投保人在保险合同订立时,对被保险人应当具有保险利益。"人身保险的保险利益必须在保险合同订立时存在,而保险事故发生时是否具有保险利益并不重要。索赔时,即使投保人对被保险人失去保险利益,也不影响保险合同的效力。

---

〔53〕 See Barnes v. London, Edinburgh & Glasgow Life Ins Co. [1891] 1 QB 864, 865, Coleridge 勋爵(寿险);Connecticut Mutual Life Ins Co. v. Schaefer, 94 US 457(1877—寿险)。

其理由有二:(1)这一规则可以避免在订立保险合同时,投保人对被保险人因无密切的利害关系而引发道德危险,危及被保险人的生命安全;“假如在取得保险单时存在……合理的、适当的可投保利益,并真诚地取得保单,就可以充分实现这一规则摒弃赌博性保单的目的;这时就没有理由不按约定履行合同。提前一次性支付保险费以清偿代价的情况比在被保险人的生命生存期间按年支付保费的情况,更容易看出来。”〔54〕(2)这一规则反映了人身保险合同的性质。它是一个以每年支付特定费用为代价,由保险公司在未来某个时间支付一笔固定金额的合同,这一金额由即将支付的保险费的价值累积而成,保险费的支付是为了换取延期的报偿。〔55〕因此,只要被保险人在订立保险合同时有可保利益,就足够了,没有必要要求他在意外事件发生时也存在可投保利益。〔56〕也就是说,如果保险利益消失后,即认为保险责任终止,对保单持有人有失公平。因为投保人将来所应得的保险金,是投保人过去已缴保险费及其利息的积存,具有一定的储蓄性质。领取保险金的受益人是由被保险人指定的,如果合同订立之后,因保险利益的消失,而使受益人丧失了在保险事故发生时所应获得的保险金,将会使其权益处于不确定的状态。

因此,人身保险的保险利益的存在是订立合同的必要前提条件,而不是给付保险金的前提条件。即使投保人对被保险人因离异、雇佣合同解除或其他原因而丧失保险利益,也不影响保险合同的效力,保险人仍担负给付被保险人保险金的责任。由于人身保险利益的存在时间所具有的这种特点,使得人寿保险单具有一定的有价证券的性质,可以进行转让或抵押。

三、财产保险的保险利益

财产保险的保险利益,是指投保人或者被保险人对保险标的因保险事故的发生以致保险标的的不安全而受到损害或者因保险事故的不发生而免受损害所具有的利害关系。财产保险利益与人身保险利益存在的区别主要有:

1. 能否以金钱计算不同。财产保险的保险利益必须是可以用金钱计算的利益,因为财产保险的主要目的在于补偿被保险人所受的损失。人身保险的保险利益不能用金钱加以计算,因为人身保险的目的并不在于补偿被保险人的损失。

2. 对保险利益的时间要求不同。在财产保险合同订立时,不要求投保人对保险标的具有保险利益;在保险事故发生时,被保险人对保险标的则必须具有保险利益。在人身保险合同订立时,投保人必须具有保险利益;而在保险事故发生时,投保人无须具有保险利益。

3. 对保险利益的认定标准不同。在财产保险中,只要投保人对于保险标的有保

---

〔54〕 See Connecticut Mutual Life Ins Co. v. Schaefer, 94 US 457(1877—寿险), Bradley 法官。

〔55〕 See Law v. London Indisputable Life Policy Co. (1855) 1 K & J 223, 228 – 229, W Page Wood 爵士(寿险)。

〔56〕 See Dalby v. India & London Life Assurance Co. (1854) 15 CB 365(再保险)。

险利益存在，即可进行投保。在人身保险中，许多国家的法律规定，凡就第三人的生命投保人寿保险或意外伤害保险的，投保人不仅须对该第三人有保险利益，而且还须获得该第三人的同意。

（一）财产保险中保险利益的确定

我国《保险法》未对财产保险的保险利益作明确规定，但依该法第12条第6款之规定，财产保险的保险利益是指投保人或被保险人对保险标的所具有的一种法律上认可的经济利益。财产保险利益应当为合法利益，实务上一般被抽象概括为财产权利、合同权利和法律责任三类。[57] 财产权利包括基于财产权利而享有的财产利益，其中最为显著的为所有权利益、占有利益、股权利益、担保利益等；合同权利为依照合同产生的债权请求权；法律责任则是因为侵权行为、合同或者法律规定而发生的责任。[58] 有学者依照保险利益的直观形式，将财产保险利益归结为所有利益、支付利益、使用利益、受益利益、责任利益、费用利益、抵押利益七类。[59] 本书将其归类为基于投保人或者被保险人对保险标的的现有权利而产生的现有利益、基于对保险标的的现有利益而产生的期待利益、责任利益三类。

1. 基于对保险标的的现有权利而产生的现有利益

现有利益，是指投保人或者被保险人对保险标的所享有的现存利益，包括但不限于投保人或者被保险人对保险标的的所有权利益、占有利益、用益物权利益以及担保物权利益等。

（1）财产所有人对其所有的财产具有保险利益。任何人对依法取得所有权的财产都具有保险利益。在所有权情境下的保险利益表现为当事人对于某一特定积极财产或者积极肯定有利的经济地位的关系。财产的所有权人，由于其所拥有的财产一旦遭受损失就会给自己带来经济损失，因此其对该财产具有保险利益，可以为该项财产进行投保。例如，房屋所有权人可以为其房屋投保家庭财产险，货物所有人可以为其货物投保运输保险等。

（2）抵押权人、质押权人对抵押、出质的财产具有保险利益。抵押与出质都是债权的一种担保，当债权不能获得清偿时，抵押权人或质押权人具有从抵押或出质的财产价值中优先受偿的权利，因而对抵押、出质的财产具有保险利益，可以作为被保险人存在。就银行抵押贷款的抵押物而言，在贷款未还清之前，抵押物如果遭受损失会使银行蒙受经济上的损失，因而银行对抵押物具有保险利益；在借款人还清款项之后，银行对抵押物的抵押权消失，其保险利益也随之消失。

（3）经营管理人对其经营管理的财产具有保险利益。财产的经营管理人，因其经营管理的财产一旦遭受损失就会给自己带来经济损失而对该财产具有保险利

---

〔57〕 See John F. Dobby, Insurance Law, West Publishing Co. ,1981, p. 50.

〔58〕 参见孙积禄等：《保险法原理》，中国政法大学出版社1993年版，第97页；覃有土主编：《保险法概论》，北京大学出版社1993年版，第109页。

〔59〕 参见吴荣清：《财产保险概要》，台北三民书局1992年版，第48～50、30页。

益,可以为该项财产投保。即企业的经营者,可以为其经营的财产投保企业财产险。

(4)股东。股东对公司的财产是否有保险利益,颇有争议。我国台湾地区有学者认为,股东对公司的财产有无保险利益,应视其对公司责任的性质而定。无限责任股东与公司的关系极为密切,应认为对公司的财产有保险利益;有限责任股东及股份有限责任股东,其实际利益的估计极为困难,应认为无保险利益;至于公司的董事对于公司的财产有保险利益,乃属当然的事理。笔者赞成这一观点:股东对公司的财产拥有保险利益,在理论上应属当然,但在实践中似不宜运用。[60]

(5)财产的保管人对其保管的财产具有保险利益。财产的保管人对其所保管的财产只要负有经济责任,就具有保险利益。换言之,保管人对于其所保管的财产,也有保险利益,但以其所负的责任为限;因此,仓库所有人就其所保管的货物、运送人就其所运送的货物,均可就标的物毁损灭失所蒙受的损失及因此所负的责任投保相关保险。保管人就所保管的财产,既可为自己的利益,也可为委托人的利益投保。但如为委托人的利益而投保,保险事故发生时,应由委托人受领赔款。我国台湾地区"保险法"第15条规定:"运送人或保管人对于所运送或保管之货物,以其所负之责任为限,有保险利益。"

2. 基于对保险标的的现有利益而产生的期待利益

期待利益是一种合法的、预期的利益,是指投保人或被保险人在订立保险合同时对保险标的的利益尚未存在,但基于现有利益产生的将来可以获得的利益。期待利益基于现有利益而产生,无现有利益,亦不可能存在期待利益。例如,出租房屋而预期可以获得的租金收入、维修设备而预期可以得到的修理费收入、企业因经营而可能获得的利润等,均可构成期待利益。

(1)承运人对到付的运费收入具有保险利益。在海上保险中,一旦船舶在运输途中遭遇海难,承运人由于没有把货物运到目的地,因此就收不到运费,就会遭受运费收入的损失,即承运人对到付的运费收入具有保险利益。

(2)投保人对保险财产因发生保险事故导致停产、减产或停业所造成的利润损失和营业中断期间所需支付的必要费用等间接经济损失具有保险利益。但是,只有当投保人投保了财产保险的情况下,才能投保利润损失保险。

3. 基于依法所承担的法律责任而产生的责任利益

投保人或被保险人对其法律上应承担的责任具有保险利益。投保人或被保险人对其法律上应承担的责任,包括合同上的责任、侵权损害赔偿责任以及其他依法应当承担的责任。因此,可以称为保险利益的法律责任,应当以被保险人的行为和损害事故之间的法律上的联系为基础,可因侵权行为而发生,亦可因合同行为而发生,还可以因为法律的规定而发生。[61] 例如,第三者责任、公众责任、产品责任等,与此相对应

---

〔60〕 参见李玉泉:《保险法》(第二版),法律出版社2003年版,第80页。

〔61〕 See Edwin W. Patterson, Essentials of Insurance Law, pp. 118 - 119.

的险种是第三者责任保险、公众责任保险、产品责任保险等。

(二)财产保险中保险利益的存在时间

我国《保险法》第48条规定:“保险事故发生时,被保险人对保险标的不具有保险利益的,不得向保险人请求赔偿保险金。”据此,财产保险中保险利益的存在时间为保险事故发生时。由于财产保险的主要目的在于填补被保险人所遭受的损害,因此,保险利益原则要求被保险人在发生保险事故时对保险标的具有保险利益就足够了;在订立保险合同时,投保人或被保险人对保险标的是否具有保险利益并无实际意义。所以,一般来说,在财产保险合同订立时,不要求投保人对保险标的具有保险利益;在保险事故发生时,被保险人对保险标的则必须具有保险利益。如果保险利益在保险合同订立时存在,但在保险事故发生时已经丧失,则投保人或被保险人对保险标的已无利害关系,保险合同即应失效。例如,2014年3月,李某名下的工厂因资金周转困难,向张某借款200万元。后者答应了,条件是李先生将三台大型机器抵押给他,并为机器投保。很快,保险手续办妥,双方约定,若机器发生意外毁损灭失,张某为保险受益人。然而,李某隐瞒了一事——此前他已将机器抵押给银行用以贷款。2015年5月,债务缠身的李某突然跑路,厂房被银行查封,三台机器也因火灾毁损。张某向保险公司索赔遭拒,原因是他对保险标的不具有保险利益。虽诉诸法庭,但张某的诉请最终被法院驳回。上例中,当投保的机器毁损灭失时,张某既非机器的所有人(应是李某),也不是机器的抵押权人(应是银行)。即使机器不毁损灭失,经过法定拍卖程序,银行对机器拍卖款有优先受偿权,张某实际上对机器也没有可期待的利益。因此,他对三台机器确无保险利益,保险公司作出拒赔决定,有法律依据。

理论拓展 抵押权等担保物权与财产所有权共同主张保险金时,其顺序如何确定?〔62〕

第一种情况,财产所有人也就是债务人以自己为被保险人。这种情况下,无论抵押物是否发生保险事故导致抵押物受损或灭失,抵押权人都与抵押物没有经济利益关系,都不会使抵押权人受到损失,因而对抵押物就没有保险利益。2000年最高人民法院《关于适用〈中华人民共和国担保法〉若干问题的解释》第80条规定:“在抵押物灭失、毁损或者被征用的情况下,抵押权人可以就该抵押物的保险金、赔偿金或者补偿金优先受偿。抵押物灭失、毁损或者被征用的情况下,抵押权所担保的债权未届清偿期的,抵押权人可以请求人民法院对保险金、赔偿金或补偿金等采取保全措施。”由此可见,抵押权人对抵押物没有保险利益,也就不能再对该抵押物进行投保。

---

〔62〕 参见王林清:《保险法理论与司法适用》,法律出版社2013年版,第63页。

第二种情况，抵押人没有对抵押物投保或者对于超过抵押范围的部分进行了投保，但对于抵押范围内的部分未进行投保。这种情况下，如果抵押物发生事故，抵押权人就要受到经济损失，也就是说，抵押权人对于抵押物具有经济性利益，抵押权人就可以对抵押物基于抵押关系而进行投保，选择自己是被保险人。如果在抵押期间发生保险事故导致抵押物毁损或者灭失，抵押权人可以主张保险赔偿金，对于偿还债权后的余额归抵押人所有。

第三种情况，抵押人对抵押物进行投保且以抵押权人为被保险人。这种情况下，抵押权人不能再对该抵押物进行投保，但抵押权人基于保险利益主体身份优先受偿保险赔偿金。

四、保险利益的转移和灭失

(一)保险利益的转移

保险利益的移转是指在保险合同有效期限内，投保人或被保险人将保险利益转移给第三人，保险合同仍然有效。引起保险利益转移的情况可分为继承、转让及破产三种情况。

1. 继承

国外大多数保险立法规定，财产保险的投保人或被保险人死亡，其继承人自动获得继承财产的保险利益，不影响保险合同的效力，保险合同继续有效。例如，法国《保险法典》规定：被保险人死亡时，保险合同应当为继承人的利益继续下去。我国台湾地区“保险法”规定：被保险人死亡时，保险契约除另有订立外，仍为继承人……之利益而存在。美国加利福尼亚州《保险法》规定：被保险人死亡时，保险利益根据遗嘱或法定继承移转于被保险人的继承人，仍为继承人利益而存在。

人身保险中被保险人死亡，如果属于死亡保险，即为约定的保险事故发生，保险合同终止。如果是以他人为被保险人的保险合同，投保人死亡的情况下，对于其保险利益是否移转给继承人的问题，一般认为，如果对被保险人的利益属于投保人专有，则该保险利益不能转移；若不具有专有性，则该保险利益由其继承人继承并因此而继续存在。

2. 转让

在财产保险中，保险标的的转让是经常发生的。财产保险的被保险人将保险标的转让给第三人的，保险利益是否因之而转移，各国立法上并不完全相同。英美法系采用对人主义说，认为保险合同所承保的是被保险人，而非保险标的本身，故保单的转让须经保险公司书面同意，因而，除另有规定外，保险合同不因保险利益移转而转移。该说强调保险合同的个人性质以及对保险人利益的保护。大陆法系采用从物主义说，认为除另有规定或约定外，保险利益转移后的财产保险合同仍然为受让人的利益而存在。该说强调节约交易成本以及对受让人利益的保护。例如，日本《商法典》第650条第1款规定：“被保险人将保险标的转让他人时，推定其同时转让保险契约权利。”

我国《保险法》第49条第1、2款规定：“保险标的转让的，保险标的的受让人承继被保险人的权利和义务。保险标的转让的，被保险人或者受让人应当及时通知保险人，但货物运输保险合同和另有约定的合同除外。”依上述规定，只有货物运输保险以及合同另有约定的保险，保险利益随保险标的的转让而自动转移，其他财产保险标的的转让，保险利益并不随之自动转移。

人身保险合同的保险标的是自然人的生命或身体，因此其保险利益一般不能转让。但基于债权而产生的保险利益可以随着债权的转让而转移，且原保险合同对受让人发生效力。

3. 破产

在财产保险中，投保人破产，其保险利益转移给破产财产的管理人和债权人。保险合同仍为破产债权人而存在。但各国法律一般规定一个期限，在此期限内保险合同继续有效，超过这一期限，破产财产的管理人或债权人应与保险人解除保险合同。投保人的破产对人身保险合同没有影响。被保险人破产，对人身保险也不产生保险利益的转移问题。

（二）保险利益的灭失

保险利益的灭失，是指投保人或被保险人失去保险利益。即在保险合同成立后，因为发生某种法律事实而引起投保人或被保险人丧失对保险标的所具有的利害关系。保险利益的消灭对于财产保险有相当的影响，而对人身保险来说，只有在投保人与被保险人非同一人的情形下，才会发生人身保险的保险利益消灭的问题。易言之，投保人对保险标的所具有的利益，因为投保人的死亡、破产或者投保人的法律行为，有可能转移由第三人继承。

第三节 损失补偿原则

一、损失补偿原则的内涵和功能

（一）损失补偿原则的内涵

损失补偿原则是民商法上的一项重要原则。英国学者约翰·T. 斯蒂尔认为，“可以将补偿视为一种机制，通过这种机制，在被保险人遭受损失后，保险人对其进行补偿，以使其恢复到损失前的经济状态。”[63] 保险法上的损失补偿原则是指被保险人在保险合同约定的保险事故发生致使被保险人遭受损失时，保险人必须在保

---

〔63〕 参见[英]约翰·T. 斯蒂尔：《保险的原则与实务》，孟兴国等译，中国金融出版社1992年版，第57～58页。

险责任范围内对被保险人所遭受的损失进行补偿。损失补偿原则是保险合同法上诸多制度的基石，保险法上许多规则，如代位求偿权、复保险之排除、超额保险之禁止、不足额保险之分摊等，都是由它派生出来的。[64]

理解损失补偿原则的法律内涵，应当把握以下三个要点：

1. 保险人的保险赔偿以被保险人的实际损失为前提。只有保险事故发生造成保险标的毁损致使被保险人遭受经济损失时，保险人才承担损失补偿的责任，否则，即使在保险期限内发生了保险事故，但被保险人没有遭受损失，就无权要求保险人赔偿。

2. 保险人的保险赔偿以保险合同约定的责任范围为根据。无保险责任的情况下，即使有损失，也无权要求保险人赔偿。

3. 保险人的保险赔偿以保险金额为限度。保险事故发生后，被保险人所获保险金的总和以及保险金与第三者赔偿的总和，原则上不能超过被保险人的实际损失，避免被保险人通过保险获得额外的收益。

（二）保险法的损失补偿与民法的损害赔偿之区别

保险法的损失补偿原则与民法上的损害赔偿形式上有相似之处，但是存在实质差别。

1. 依据不同。民法上之损害赔偿，可能是基于双方契约当事人之债务不履行，或是侵权行为而来；而保险法上之损失补偿，则是基于保险人与被保险人之双方合意所订定之保险契约而来，保险法上损害补偿请求权之发生，需以有保险契约之订立且保险事故发生为要件，两者之依据并不相同。

2. 对象不同。民法上之损害赔偿，一般是由受损害之人向加害人而为请求；而保险法上之损失补偿，则是被保险人（或受益人）向保险人基于保险契约而为请求，并非向加害人请求之（向加害人请求的部分，牵涉保险人代位）。

3. 目的不同。民法上之损害赔偿制度，主要是为了使当事人之一方因侵权行为或债务不履行而对他方之权利造成损害时，使其对于他方应负有赔偿责任，以符合公平正义，对于赔偿义务人隐含有加以非难及制裁之意味；而保险法上之损失补偿，并非保险人对于被保险人造成损害，而是被保险人因其他因素造成损害时，借由保险来补偿其损失。由此可见，损害赔偿是债务发生后的救济方法；损害补偿是保险事故发生前的预防措施。

4. 有无射幸性不同。民法上之损害赔偿并无射幸性，因侵权行为或债务不履行即生具体的损害赔偿责任；但保险契约有射幸性，损失补偿在保险事故未发生前，仅属抽象的期待权，若保险事故不发生，则无损害，即无补偿可言。

5. 给付范围不同。民法上之损害赔偿应对被害人的一切损害，恢复至损害发生前之原状；而保险损失补偿并非补偿被保险人的一切损害，仅在保险契约所约定的

---

〔64〕 参见樊启荣：《保险法诸问题与新展望》，北京大学出版社2015年版，第144页。

保险金额与保险价值的范围内，对于保险事故所生之损害，给付保险金。

6. 机能不同。民法上之损害赔偿重在调整债权的衡平正义，其机能是私人间内在的作用；而保险法上之损失补偿是危险共同体共同防灾措施的实践，使个人损害经由保险得以消弭于无形，其影响所及除保险当事人外，更扩及社会层面，故有外在的作用。

（三）损害补偿原则的功能

损失补偿原则之所以能够成为保险理论的核心范畴，是因为它使保险制度具有了积极的社会意义，其制度功能维系着保险业的存在与健康发展。

1. 遏制赌博，防范道德风险的发生。在英国，损失补偿原则来自禁止赌博的公共政策。在早期保险实务中，由于保险人并不要求投保人或被保险人证明他们对投保的标的具有利益关系，结果是，当与自己毫无利害关系的他人财产、身体、生命或健康发生危险时，投保人可以在没有遭受损失的情况下得到补偿。所以，那时的保险是赌博的一种形式。保险法理认为，只有当“损失额”与“补偿额”相等时，才能遏制赌博。另外，在没有损失补偿原则约束的情况下，投保人为早日实现其不当利益，极有可能以诈骗保险金为目的进行恶意超额投保，或者在承保危险自然发生之前，以自己的行为故意诱发保险事故发生，如暗中毁损财产、恶意伤害他人身体及生命等，从而引发道德风险。损失补偿原则中关于有损失则赔偿、无损失无赔偿的规定，以及被保险人所获得的补偿总额不能超过其损失总额的规定，都可以防止被保险人通过保险赔偿得到额外利益，从而防止被保险人故意购买高额保险，以获得赔款为目的而故意制造事故。因此，坚持损失补偿原则避免了通过保险来谋利的现象，有利于防止道德风险的发生。

2. 限制补偿限度，禁止不当得利。任何被保险人不能通过保险而获得超过其实际损失的收益。限制了补偿额度，也就防止了不当得利的产生。从这个方面讲，有学者直接将损失补偿原则称为“不当得利禁止原则”。保险制度的最终目标在于确保经济生活的安定，而不是为了营利。如果保险合同使被保险人有可能因蒙受损失而获利，被保险人就会时时盼望发生保险事故，以便得到保险赔偿。这样的保险完全违背了公众的利益。

3. 维护保险当事人的利益，保障保险制度的健康发展。坚持损失补偿原则能真正发挥保险的损失补偿功能，同时也维护了保险双方的正当权益。对被保险人而言，保险事故造成的经济损失能得到保险公司及时的补偿，生产生活能及时得到恢复；对保险公司而言，其权益也通过损失补偿的限额得到了保护。从社会角度看，保险是一种经济互助制度，保险人所支付的保险金来自投保人所支付的保险费。如果参与保险的当事人都考虑从中获利，结果将导致保险人支付不能而倒闭；或者保险人为继续经营的需要，很有可能增加投保人的保险费负担。在这种恶性循环之下，没有人愿意支付高额保险费而投保，终将使整个保险制度崩溃。

二、损失补偿原则的适用范围

对于损失补偿原则的适用范围，理论界有三种观点。第一种观点认为，损失补偿原则只适用于财产保险合同而不适用于人身保险合同。例如，有学者以人身无价以及是否具有给付性为由否定该原则在人身保险中的应用："由于人身保险是以被保险人的身体和寿命为保险标的的，而人的身体和寿命是无价的，保险金额必须由当事人在订立合同约定，所以人身保险采用的是定额给付方式，具有给付性，不适用补偿原则。"〔65〕有学者以人身保险不适用于超额保险为由来否认该原则在人身保险合同中的应用："人身保险不存在保险金是否超过被保险人实际经济损失问题，所以人身险不应受损失补偿原则的限制。"

第二种观点认为，损失补偿原则是保险法的基本原则，不仅适用于财产保险合同，也适用于人身保险合同。例如，有学者认为，"固然人的生命、身体是无法用金钱来衡量的，但人身保险的补偿机能与财产保险并不相同，保险人补偿的并不是被保险人的生命或身体，而是其因保险事故所失去的经济利益，这种经济利益虽很难正确估计，但无疑是可以补偿的"。〔66〕 这一表述虽未直接承认人身保险可以适用损失补偿原则，但指出了人身保险亦有补偿之性质。

第三种观点认为，损失补偿原则不仅适用于财产保险，还适用于人身保险中的某些险种。这一观点主张，损失补偿原则在财产保险中的适用已无争议，而对于在人身保险中的适用，应辩证看待。对此，学者有如下观点："一般而言，损失补偿原则适用于财产保险，但人身保险中的健康保险和意外伤害保险，也有类似问题"；〔67〕"在人身保险中区分其是否为定额保险或损害保险之关键，在于确定其保险契约之目的是否为'费用之补偿'。若是，则为损害保险，有关损害填补原则之规定应适用之"；〔68〕"健康保险和意外保险中之医疗费用保险，其目的在于补偿被保险人因治疗疾病、伤害所生之费用，学说上称为'中间性保险'，也属于损害补偿，故有复保险及代位保险规定之适用。"〔69〕

本书认为，财产保险大体上属于损害补偿性保险，人身保险中亦有补偿性质的保险，如疾病、伤害保险等，即以医疗及住院等实际费用补偿为限，故损害补偿原则应适用于财产保险和部分人身保险。

财产保险，有广义和狭义之分。广义的财产保险是指以财产及其有关的经济利益和损害赔偿责任为保险标的的保险；狭义的财产保险则是指以物质财产为保险标的的保险，实务中一般称为财产损失保险。并非所有的财产及其相关利益都可以作为财产保险的保险标的。只有根据法律规定，符合财产保险合同要求的财

---

〔65〕 参见彭虹、豆景俊主编：《保险法》，中山大学出版社 2003 年版，第 60 页。

〔66〕 参见李栗燕：《保险法——学理指南及疑难案件解析》，国防工业出版社 2007 年版，第 96 页。

〔67〕 参见方乐华：《保险法论》（第二版），立信会计出版社 2006 年版，第 56 页。

〔68〕 参见覃有土、樊启荣：《保险法学》，高等教育出版社 2003 年版，第 223 页。

〔69〕 参见梁宇贤：《保险法新论》，中国人民大学出版社 2004 年版，第 21 页。

产及其相关利益,才能成为财产保险的保险标的。

人身保险,是以人的寿命和身体为保险标的的保险。当人们遭受不幸事故或因疾病、年老以致丧失工作能力、伤残、死亡或年老退休时,根据保险合同的约定,保险人对被保险人或受益人给付保险金,以解决其因病、残、老、死所造成的经济困难。一般来说,人身保险中的人寿保险作为给付性质的保险不适用损失补偿原则自无疑义,但对于健康保险、意外伤害保险等短期人身险,因具有明显的补偿性质,故同样应适用损失补偿原则。实际上,区分损害补偿原则适用与否的关键,在于确定保险合同的目的是否为"费用之补偿"。若是,则为损害保险,有关损害补偿原则的规定应适用之;若否,则不予适用损害补偿原则。

对此,北京市高级人民法院于2007年3月12日通过的《审理民商事案件若干问题的解答之五(试行)》第34条规定:人身保险所属的健康保险、意外伤害保险中关于医疗费用的保险,不适用补偿原则;保险合同另有约定的除外。不过,《保险法》未对此作出回应,故在相关立法或司法解释作明确规定之前,人身保险仍不能适用损失补偿原则。

三、损失补偿原则的派生制度

(一)保险代位求偿制度

1. 保险代位求偿的概念

因第三人对保险标的的损害造成保险事故时,被保险人通常拥有两种请求权:一是对第三人的赔偿请求权;二是对保险公司的保险金给付请求权。如果被保险人被允许同时行使这两项请求权,则会因标的物的损害而获得双倍利益,这明显违反了保险法的损害补偿原则。代位的主要目的是防止被保险人超额受偿,从而遵守补偿的原则。[70] 因此,当保险事故是由于第三者的原因而发生时,在保险公司向被保险人支付赔款后,被保险人应当将向第三者的赔偿请求权转让给保险公司,由保险公司代位行使被保险人向第三者行使赔偿请求的权利。此即为保险代位求偿。

保险代位求偿是普通法代位权制度和保险理赔制度相结合的产物,是指因第三人对保险标的的损害造成保险事故时,保险人向被保险人赔偿保险金以后,在赔偿金额范围内取代被保险人的地位向第三者直接索赔或提起索赔诉讼。保险人的这种行为,就称为代位求偿;其所享有的权利,称为"代位求偿权"。保险代位求偿最早见于英国法官 Lord Hardwicker 在 Randal v. Cackan 一案中的阐释:"如果补偿人已经支付了补偿金,有关减少损失的收益落入被补偿人手中,衡平法的要求是,已经履行全部补偿义务的补偿人有权收回相应的款项,或权利可得赔偿的限度内,

---

〔70〕 参见[英]Malcolm A. Clarke:《保险合同法》,何美欢、吴志攀等译,北京大学出版社2002年版,第842页。

免除其自己补偿的义务。”[71] 1906 年英国《海上保险法》最早以成文法的形式将保险代位求偿制度确定下来，该法第 79 条第 1 款规定：“保险人赔付保险标的全损之后，不论赔付的是整体全损还是货物的可以分割的全损，便有权接管被保险人在该已获赔付的保险标的上可能留下的任何利益，并从造成保险标的损失事故发生之日起，取得被保险人在该保险标的方面的一切权利和救济。”我国《保险法》也规定了保险代位求偿制度，第 60 条第 1 款规定：“因第三者对保险标的的损害而造成保险事故的，保险人自向被保险人赔偿保险金之日起，在赔偿金额范围内代位行使被保险人对第三者请求赔偿的权利。”

2. 保险代位求偿的构成要件

(1) 保险标的的损害发生必须是由于第三人的原因所致。导致保险事故发生的原因多种多样，只有在因第三人对保险标的的损害而造成保险事故的情形下，才会存在保险代位求偿的适用空间。

(2) 由第三人所造成的保险标的的损害必须在合同约定的保险责任范围之内。只有保险标的的损失属于保险责任范围，保险人才负有赔偿义务。如果损失发生原因属于除外责任，保险人则无赔偿义务，也就不会产生代位求偿权。

(3) 被保险人必须对第三人享有赔偿请求权。被保险人必须对第三人享有赔偿请求权是保险人代位求偿权行使的先决要件。根据《保险法》第 60 条第 1 款的规定，保险公司的代位求偿权行使的对象不以侵权行为的第三人为限。通常认为，第三人的侵权行为、违约行为、不当得利和共同海损行为都可产生代位求偿权。此处所称“第三人”，是指被保险人以外一切的人，且不以自然人为限，也可以包括法人。

(4) 保险人已支付保险金。保险事故发生时，被保险人对第三人有赔偿请求权。为避免被保险人因赔偿请求权已移转而无法向第三人求偿或者将来因故未获赔偿而处于未得先失、两俱落空的处境，只有在保险人依据保险合同支付保险金之后，对第三人的赔偿请求权才移转于保险人，保险人取得代位求偿权。根据我国《保险法》的规定，保险人自向被保险人支付保险金之日起，自动取得代位求偿权而无须被保险人或第三人同意。

3. 保险代位求偿权行使的限制

(1) 行使对象的限制

《意大利民法典》第 1916 条第 2 款规定：“损害是由子女、养子女、尊亲属、与被保险人共同生活的其他血亲或姻亲或者佣人所导致的，不发生代位权，但是有诈欺的除外。”我国澳门特别行政区《商法典》第 1009 条第 2 款规定：“如损害系由被保险人之卑亲属、尊亲属、养子女、直系姻亲、家庭佣人或其他以共同经济方式与其一

---

〔71〕 参见［英］约翰 · T. 斯蒂尔：《保险的原则与实务》，孟兴国等译，中国金融出版社 1992 年版，第 79 页。

起生活之人造成,则不发生代位权,但属故意者除外。”我国台湾地区“保险法”第53条第2款规定:“前项第三人为被保险人之家属或受雇人时,保险人无代位请求权。但损失系由其故意所致者,不在此限。”

我国《保险法》第62条规定:“除被保险人的家庭成员或者其组成人员故意造成本法第六十条第一款规定的保险事故外,保险人不得对被保险人的家庭成员或者其组成人员行使代位请求赔偿的权利。”换言之,在因第三人对保险标的的损害造成保险事故时,如果该第三人为被保险人的家庭成员或者其组成人员,保险公司在向被保险人赔偿保险金之后,无法向第三人行使赔偿请求权。之所以如此,其原因在于被保险人的家庭成员或者其组成人员与被保险人共同生活,关系密切,利害一致,如果允许保险人对其行使代位求偿权,实与被保险人本人赔偿无异,故予以禁止。然而,若保险事故的发生是由于被保险人的家庭成员或者其组成人员的故意行为所致,则不在此限。

(2)行使金额的限制

我国《保险法》规定,保险人在赔偿金额范围内代位行使被保险人对第三者请求赔偿的权利。这里存在三种情形:第一,在第三人已完全赔付的情形下,被保险人的全部损失已得到补偿,保险人可不再支付保险金,也就不产生代位求偿权;第二,在第三人已部分赔偿的情形下,保险人支付保险金时,应扣减被保险人已从第三人处获得的赔偿金额,保险人以其实际赔付的金额为限取得对第三人的代位求偿权;第三,在第三人所造成的损失大于保险金时,保险人在其赔偿范围内取得对第三人的代位权,被保险人就其未受补偿部分的损失,享有向第三人请求赔偿的权利。

4. 保险人行使代位求偿权时被保险人的义务

(1)被保险人的协助义务

保险公司行使代位求偿权时,需要被保险人的协助。得到先行赔偿的被保险人将向第三人追偿的权利转让给保险人后,不等于被保险人的合同义务已经全部履行。相反,被保险人应认真履行因得到保险人先行赔偿而产生的协助保险人向第三人追偿的义务,向保险人提供其掌握和了解的与保险人向第三人追偿有关的一切情况和资料,如第三人的侵害事实、赔偿能力以及必要时出庭作证或为保险人向第三人追偿提供一切可能的方便条件。我国《保险法》第63条规定:“保险人向第三者行使代位请求赔偿权利时,被保险人应当向保险人提供必要的文件和所知道的有关情况。”被保险人提供的必要文件包括:一是保险单或者保险凭证;二是账册、收据、发票、提单等,这是保险标的的原始单据;三是出险调查报告、出险证明书以及损失鉴定证明等,这些是损失原因及其程度的材料;四是受损财产清单和施救费用的原始单证;五是权益转让书。

(2)被保险人不得损害保险人的代位求偿权

被保险人不得损害保险人的代位求偿权是保险人享有代位求偿权的前提。《意大利民法典》第1916条第3款规定:“被保险人就代位权给保险人所造成的损害,向保险人承担责任。”俄罗斯联邦《民法典》第 965 条第 4 款规定:“如果投保人(受益人)放弃自己对造成保险赔付损失的责任人之请求权,或者因为投保人(受益人)的过错已不可能实现该权利时,免除保险人全部给付保险赔偿的责任,保险人并有权请求返还多给付的赔偿数额。”

根据我国《保险法》第 61 条的规定,被保险人不得为下列行为:

第一,保险事故发生后,保险人未赔偿保险金之前,被保险人放弃对第三者请求赔偿的权利的,保险人不承担赔偿保险金的责任。在保险人向被保险人支付保险金之前,保险人并不具有代位求偿权。此时如果被保险人放弃向第三者请求赔偿的权利,并不违背法律规定,只是必将损害保险人的利益。故在保险事故发生后,保险人支付赔款之前,若被保险人放弃向第三人请求赔偿的权利,则保险人对被保险人不负赔偿责任。

第二,保险人向被保险人赔偿保险金后,被保险人未经保险人同意不得放弃对第三者请求赔偿的权利。在保险人向被保险人支付保险金之后,保险人即已取得代位求偿权,在保险人赔款金额限度内的请求权应归属于保险人,被保险人无权处分。故保险公司向被保险人支付赔款之后,若被保险人未经保险公司同意放弃向第三者请求赔偿的权利,那么这种行为无效。

第三,被保险人不得违反相应的注意义务。被保险人对于保险人代位求偿权的实现,负有一定的注意义务。在某些情况下,被保险人虽未明确作出放弃向第三者请求赔偿的权利,但其行为(包括作为和不作为)妨碍了保险公司行使代位权。依据《保险法》第 61 条第 3 款的规定,如果由于被保险人的故意或重大过失致使保险人不能行使代位求偿权利,那么保险人可以相应扣减赔款,即从应支付的赔款中减去其正常行使代位求偿权可获得的金额;保险金已经支付的情形下,保险人可以要求返还相应的保险金。

5. 代位求偿权的适用范围

保险代位求偿权是损害填补原则的派生制度,各国(地区)立法都规定保险人对于财产保险享有法定的代位求偿权,但人身保险是否能够适用代位权,各国(地区)的立法规定不同。我国台湾地区“保险法”仅对人寿保险不能使用代位求偿权作了明确规定,第 103 条规定:“人寿保险之保险人,不得代位行使要保人或受益人因保险事故所生对于第三人之请求权。”但同时我国台湾地区“全民健康保险法”第 82 条规定:“保险对象因汽车交通事故,经本保险提供医疗费用给付者,本保险之保险人,得向强制汽车责任保险之保险人代位请求该项给付。”韩国则承认在人身伤害保险合同中可行使代位求偿权。《韩国商法典》第 729 条规定:“保险人不得代位行使因保险事故所致的保险合同人或者保险受益人对第三人的权利。但是,在签订伤害保险合同的情形下,若当事人之间另有约定,保险人可以在不损害被保险人的权利的范围之内代位行使该项权利。”

在财产保险中,保险人在赔偿被保险人的损失后,可以在其赔付金额的限度内要求被保险人转让其对造成损失的第三人要求赔偿的权利。对此，我国《保险法》第60条等条文作了详细的规定。但关于代位求偿权在人身保险中的适用，则只在《保险法》第46条作了模糊的规定："被保险人因第三者的行为发生死亡、伤残或者疾病等保险事故的，保险人向被保险人或者受益人给付保险金后，不得享有向第三者追偿的权利。"尽管如此，学术界普遍认为，只要是具有补偿性的保险合同都可以适用保险代位求偿权，而不论其是财产保险合同还是人身保险合同。在人身保险中，人寿保险合同大都为定额给付型的保险合同。由于人的寿命和身体无法以金钱衡量，且人身保险的某些险种只能以定额方式承保，当保险合同约定的保险事故发生时，保险人支付的保险金并不具有财产保险合同中的补偿性质，因此当某些保险事故是由第三者的行为发生时，被保险人或其受益人仍享有向第三人请求赔偿的权利，且保险人不得代位行使追偿权。不管被保险人或受益人从第三人处获取多少赔偿金，也不必向保险人退还保险金。但是对于具有补偿性质的人身保险，如健康、意外伤害保险合同的保险金的给付具有补偿性质，故保险代位求偿权可适用于健康和意外伤害保险。

6. 保险代位求偿权的时效

被保险人对第三人享有的损害赔偿请求权，或基于侵权责任产生，或基于违约责任产生，都属于债权请求权的范畴，当然遵从法律规定的诉讼时效的限制。保险人的代位求偿权基于被保险人的赔偿请求权而产生，亦有时效期间的限制。在《保险法》没有明确规定的情况下，应适用《民法通则》关于二年的普通诉讼时效规定，以及关于时效中断、中止和延长的规定。对于保险代位求偿权的起算时间，《保险法司法解释(二)》第16条规定："根据保险法第六十条第一款的规定，保险人代位求偿权的诉讼时效期间应自其取得代位求偿权之日起算。"

典型案例 中国太平洋财产保险股份有限公司泉州中心支公司与山东白鹤(集团)有限公司保险人代位求偿权纠纷案[72]

鸿荣公司向泉州保险支公司投保财产综合险，约定承保范围为装修费；装置、家具及办公用品；成品。保险事故发生后，宁翰公估公司将存放于仓库内的汽车也列为赔付范围。鸿荣公司其将其所有的需要在山东省境内销售的货品存放在宝威公司向白鹤公司租赁的仓库内，白鹤公司据以认为保险公司在行使代位求偿权时，应向负有保管责任的宝威公司追偿，而不是白鹤公司。另外，白鹤公司认为投保人鸿荣公司未向保险公司履行仓库没有办理土地规划和消防验收等手续的如实告知义务，因此，保险公司不应当承担保险责任。

---

〔72〕 转引自最高人民法院发布的"与财产保险合同纠纷案件有关的10个典型案例裁判要旨汇总"(2016年新版)。

本案的争议焦点在于:(1)在不影响保险赔偿金额前提下,《公估报告》将不属于保险理赔范围的损失列为保险理赔范围,该事由是否能成为“认定事实错误”的再审事由?(2)泉州保险支公司是否有权直接向白鹤公司行使代位求偿权?(3)本案是否存在拒赔情形?

裁判要旨如下:

1. 根据保险合同约定,案涉汽车不应属于保险公司理赔范围,《公估报告》将其列入损失清单,确有瑕疵。但是,因案涉汽车在固定资产损失项下的份额比例较低,即使扣除其损失也不影响赔偿总额的确认,故该瑕疵并未导致赔付总数额错误。白鹤公司的再审事由不成立。

2. 鸿荣公司将需要在山东省境内销售的货品存放在宝威公司租赁的仓库内,宝威公司仅负责山东省境内的销售市场开拓和营销管理及监督,仓库内货品所有权仍属于鸿荣公司。根据消防部门的认定,火灾事故是仓库内电气线路及设施原因引起的,白鹤公司对火灾发生具有过错。根据《保险法》第60条的规定,保险公司有权向保险标的侵权人白鹤公司主张权利。

3. 白鹤公司主张鸿荣公司未履行如实告知义务,但一方面白鹤公司没有证据证明鸿荣公司知道仓库没有办理土地规划和消防验收等手续,另一方面鸿荣公司是否履行白鹤公司仓库没有相关手续的告知义务并不属于对保险标的造成损失的故意或重大过失行为。而保险公司是否履行了风险勘查义务仅涉及保险合同订立中投保人和保险人之间的法律关系,与保险事故的发生之间没有因果关系,不能作为火灾事故责任者免责的抗辩理由。

【评析】

《保险法》第60条第1款规定:“因第三者对保险标的的损害而造成保险事故的,保险人自向被保险人赔偿保险金之日起,在赔偿金额范围内代位行使被保险人对第三者请求赔偿的权利。”本案宝威公司租赁白鹤公司仓库,鸿荣公司将其货物存放在宝威公司租赁的仓库内,因白鹤公司所出租的仓库发生火灾,造成鸿荣公司保险标的重大损失。而火灾事故发生后,太平洋保险公司泉州支公司已依据保险合同对鸿荣公司进行了实际赔付,所以太平洋保险公司泉州支公司依法取得了代位求偿权,其有权向白鹤公司追偿。

(二)重复保险制度

1. 重复保险的概念

重复保险,也称复保险,有广义和狭义之分。广义的重复保险,是指同一投保人就同一保险标的、同一保险利益和同一保险事故,在同一期间,分别与数个保险人订立数份保险合同。狭义的重复保险,是指投保人就同一保险标的,同一保险利益和同一保险事故,在同一期间,分别与数个保险人订立数份保险合同,且其保险金额的总和超过保险价值的范围。两者的差异在于狭义的重复保险除具备广义的重复保险的要件之外，还须具备其保险金额的总和超过该同一保险标的保险价值这一要件。目前，大多国家和地区的保险立法常采用狭义的重复保险论，如《韩国商法》第627条规定："1.就同一保险合同的标的及同一事故，同时或依次签订数个保险合同时，若其保险金额的总额超过保险价值，保险人应以各自的保险金额为限承担连带责任。在此情形下，各保险人应按各自的保险金额的比例承担补偿责任。"仅极少数采用广义论，如意大利、我国澳门特别行政区和台湾地区。我国保险法采用狭义的重复保险论。《保险法》第56条第4款规定："重复保险是指投保人对同一保险标的、同一保险利益、同一保险事故分别与两个以上保险人订立保险合同，且保险金额总和超过保险价值的保险。"根据这一定义，要构成重复保险，须符合以下构成要件：

(1)必须是同一投保人向数个保险人订立数个保险合同。投保人与一个保险人无论是订立一个还是数个保险合同，都是单保险而非复保险。如果一个投保人与数个保险人订立一个保险合同，是共同保险而非重复保险。

(2)必须是同一保险标的的同一保险利益。若投保人就不同的保险标的与数个保险人订立数个保险合同，则不构成重复保险。若投保人就同一保险标的投保，但是就不同保险利益订立的数个保险合同，也非重复保险。

(3)必须是同一保险标的的同一保险事故。若投保人就同一保险利益向数个保险人投保，但所投保的保险事故各不相同，则也不构成重复保险。只有在所投保的是同一保险事故的情况下，才构成重复保险。

(4)必须是同一保险期间内。若数个保险合同的保险期间完全不同，保险人负担的是不同期间的保险风险，则不构成重复保险。在重复保险的情形下，数个保险合同的保险期间或者完全重合，或者互相交叉。易言之，投保人就同一保险标的、同一保险事故和保险利益，向不同保险人订立的数个保险合同，其保险的起讫时间均相同或者有部分相同。在保险的起讫时间均相同的情形下，重复保险得以构成。不过保险期间之始期和终期，并不以绝对相同为必要，只要一段期间重复，则仍为重复保险。

2.重复保险的适用范围

对于重复保险的适用范围，主要指向重复保险能否适用于人身保险合同。对此，通说认为，我国《保险法》将重复保险明确规定于第2章第3节财产保险合同而非总则或者人身保险合同中，因此，从体系上看，重复保险制度仅适用于财产保险合同，至于人身保险则并无适用的可能。保险活动应当遵循损失补偿的原则，其目的在于让被保险人的经济状况恢复到保险事故发生前的状态，但不允许其获得额外利益。以损失补偿为目的的财产保险的保险标的是可以用金钱衡量其价值的，为避免诱发道德风险，应当适用重复保险制度。人身保险虽然也有损失补偿的目的和功能，但是，由于其保险标的并非都可以用金钱衡量，人身是无价的，原则上采用定额给付的方式，不适用重复保险制度。

但同时,有学者认为,重复保险制度不适用于并非以损害补偿为目的的定额给付保险,但并非所有的人身保险都属于定额给付保险,也有部分险种属于损失填补保险,而这一部分险种应当适用重复保险制度。[73] 本书亦赞成这一观点。我国台湾地区理论和实务界将属于损失填补保险类型的人身保险主要概括为三种类型:(1)投保人基于对被保险人的经济上保险利益投保的死亡给付保险,如信用寿险;(2)限额型医疗费用保险,也被称为实支实付型医疗费用保险;(3)限额型失能给付保险。我国保险法可予以吸收借鉴,将重复保险的适用范围从单纯的财产保险,有限度地扩展至部分人身保险。

3. 重复保险的法律后果

多数国家和地区的保险立法均区分了善意重复保险与恶意重复保险,进而规定恶意重复保险无效。例如,我国台湾地区"保险法"第37条规定:"要保人故意不为前条之通知,或意图不当得利而为复保险者,其契约无效。"《澳门商法典》第1002条规定:如被保险人恶意不作出通知,所有保险人均不承担支付赔偿责任。《意大利民法典》第1910条第1、2款规定:"就同一个风险分别与数个保险人缔结契约的,被保险人应当将所有的保险通知每一个保险人。被保险人对发出通知有故意懈怠的,诸保险人不承担支付保险金的责任。"《德国保险契约法》第59条第3款规定:"要保人意图藉由复保险之订立而获取财产上之不法利益者,以该意图而订立之保险契约无效……"可见,国外立法评价重复保险有效与否的主要依据是视善意或恶意而定,而对恶意和善意的判断主要结合投保人投保时是否履行了通知义务或者投保人的主观心理进行认定。易言之,如果投保人履行了通知义务,该重复保险被认定为善意重复保险,反之,被认定为恶意重复保险;如果投保人投保的目的旨在增加安全度、减少损失而进行的重复保险则为善意重复保险;若投保人旨在攫取超额保险赔偿金而进行的重复保险,则为恶意重复保险。

我国《保险法》未明确区分善意和恶意重复保险,尽管在第56条第1款规定投保人与数个保险人订立重复保险合同时,应当将订立重复保险合同的有关情况通知对方,以避免投保人利用重复保险合同,故意使其保险金额的总额超过保险价值,而从中渔利的情形,但对通知的内容和不履行重复保险通知义务的法律后果都未作明确规定。因此,对于恶意重复保险合同的效力,可依据《民法通则》和《合同法》的相关规定加以判断。根据合同效力的合法性要件规定,恶意重复保险合同内容虽不违法,但因其目的具有非法性,故显然属于无效合同。

4. 重复保险的责任分担

重复保险合同存在多个保险人承担保险责任的情况。对于各保险人之间具体的责任承担,各国立法规定不同,通常有以下三种模式:

(1)比例分担模式。在这种模式下,不同重复保险的各保险合同,无论其期间

---

[73] 参见王林清:《保险法理论与司法适用》,法律出版社2013年版,第428页。

是完全重叠还是互有交叉,各保险人各就其保险金额与保险金额总和之比例,负分担赔偿的责任。《意大利民法典》、法国《保险合同法》以及瑞士《保险契约法》作此规定。该模式的不足在于被保险人须分别向各保险人请求给付保险金,其索赔成本增加,其利益难以得到保障。我国采取比例分担模式,《保险法》第56条第2款规定:"重复保险的各保险人赔偿保险金的总和不得超过保险价值。除合同另有约定外,各保险人按照其保险金额与保险金额总和的比例承担赔偿保险金的责任"。

(2)比例分担与优先承保模式。这种模式下,重复保险区分为同时重复保险与异时重复保险。在同时重复保险情形下,各保险人依其承保金额与保额总和之比承担赔偿责任,彼此不承担连带责任;在异时重复保险情形下,按保险合同成立的顺序依次负担保险金,即由先订立保险合同的保险人负担保险金后,若仍不足以弥补损害金额,则依次由后订立保险合同的保险人负担。例如,《日本商法典》第633条规定:"相继成立数个保险合同时,前一个保险人先负担损害,如果其负担数额不足填补全部损害时,由后一个保险人负担。"该规定使得在后保险人的责任将因在先保险人的赔偿而减轻,故各保险人之间的责任分担有失公平。

(3)连带承担模式。在这一模式下,不论重复保险各合同成立之先后,均属有效,各保险人在其保额限度内承担连带责任;保险人给付保险金后,可对超出其应负担部分向其他保险人追偿。例如,澳门《商法典》第1002条规定:"发生保险事故时,被保险人得请求任一保险人在保险金额范围内作出应付之全部赔偿。支付赔偿之保险人按保险金额之比例对其他保险人享有求偿权;如其中一名保险人破产或其中一份保险合同无效或不产生效力,有关份额由其他保险人分摊。"韩国《商法》第672条规定:"就同一保险合同的标的及同一事故,同时或者依次签订数个保险合同时,若其保险金的总额超过保险价值,保险人应以各自的保险金额为限承担连带责任。"此外,英国、加拿大及德国均采此模式。相比之下,连带承担模式符合优先保护被保险人(投保人)的立法趋势,且不存在优先赔偿主义及比例分担主义的弊端,可资借鉴。

典型案例 如何理解重复保险?〔74〕

2006年11月13日,邱某向施某购得二手蒙迪欧轿车一辆,交付后,施某按约于2007年1月19日以邱某的名义向保险公司投保,总计支付保险费4007.30元。2007年1月20日凌晨2时20分,邱某在瓯北镇发生车祸,车辆严重损毁。交警部门认定邱某负事故全部责任。保险公司接报后,经核定车辆各零部件损失经济价值计47386元,工时损失3400元,合计损失为50786元。2007年4月17日,保险公司的一位经办人员对邱某要求理赔一事提出异议,以车辆的第二任车主(邱某是第

〔74〕 参见林振将:"保险公司只肯赔一半车损,双保险反倒不保险?",载《温州晚报》2007年9月28日。

四任）马某和该车第三任车主施某在车辆转让时，没有办理保险合同变更手续，根据《保险法》第41条的规定按重复保险处理，进行比例赔付。2007年4月26日，保险公司仅赔付邱某车辆损失险25000余元，余下25000余元车辆损失拒绝赔付。

轿车的第二任车主马某于2006年8月31日向另一家保险公司投保机动车三责险，期限为2006年8月31日至2007年8月31日；邱某与该保险公司签订的保险合同约定保险期限为2007年1月20日至2008年1月19日。

浙江省永嘉县人民法院查明，在出事故的时候，这辆车确实拥有了两份保险。但是，对于邱某来说，他确实是按照一份完整的保险为车辆投了保，事先的情况他并不知情，他并不是为了保险利益的加倍返还而重复投保，第二任车主马某投保的利益，邱某也没法享受到。邱某实际上仅进行一次投保，不存在就同一保险利益进行两次投保的情况，不属于重复保险，不应按比例赔偿。据此，法院判决邱某投保的保险公司对邱某的损失全额赔偿，支付邱某剩余的理赔款2.5万元及利息损失。

【评析】

重复保险须具备同一投保人、同一保险标的、同一保险利益、同一保险事故以及同一保险期间等要件，本案中邱某的行为显然不构成重复保险。

（三）委付制度

1.委付的概念

“保险委付”一词，来源于海上货物运输保险。根据英国《海上保险法》第61条，被保险人有效委付后，保险人接受委付财产前，保险财产仍归被保险人所有，而非无主财产。但在保险人赔偿全损后，保险人就有权主张对保险标的的权利义务。目前学术界一般认为，委付是指被保险人在发生保险事故造成保险标的推定全损时，将保险标的物的一切权利连同义务移转给保险人，而保险人在赔偿被保险人全部损失的同时，获得该受损标的物的所有权。委付通常适用于海险。委付与代位求偿权在以下方面存在差异：

（1）性质不同。代位求偿权是债权的法定转移；而委付所要转移的是保险标的上的权利和义务，具有物权的特点。

（2）代位的条件不同。保险人的代位求偿权以向被保险人实际支付赔款为前提；而保险人承受保险标的的权利和义务仅需保险人接受委付即可，而不以支付赔款为前提。

（3）适用范围不同。保险人无论是对部分损失的赔偿还是对全部损失的赔偿均取得代位求偿权，而委付仅适用于推定全损。

（4）结果不同。保险人取得代位求偿权时，无须承担其他义务，且所获赔偿不得超过其对被保险人的赔偿；而在委付的情形下，保险人不仅取得标的物的权利，还承担该标的物的义务。此时保险人支付了全损费用后，取得两项权利，即保险标的的所有权和代位求偿权。

(5)被保险人的义务不同。《保险法》规定,被保险人负有不得损害保险人代位求偿权并协助保险人行使代位求偿权的法定义务,且被保险人不履行上述义务,其赔偿金将被相应扣减;而对于保险人接受委付后被保险人的义务,保险法并未作出规定。

2. 委付的条件

委付必须具备一定条件才能成立,其条件是:

(1)委付必须由被保险人向保险人提出。被保险人应在约定或者法定时间内,向保险人作出委付的意思表示,即委付通知。如果被保险人没有按时发出委付通知,除运费推定全损外,就丧失了向保险人请求全损赔偿的权利,而只能向保险人索赔部分损失。

(2)委付不得附带条件。若允许委付附带条件,则不利于迅速解决当事人之间的不确定的法律关系,也必然使本已复杂的委付程序更为复杂,有违委付制度设立的初衷。故多数国家的立法也明确规定委付不得附带条件。例如,我国《海商法》第 249 条第 2 款明确规定:“委付不得附带任何条件。”

(3)委付应及于保险标的的全部。委付必须以保险标的推定全损为条件。为防止将保险人和被保险人的关系复杂化,防范被保险人仅委付对其不利的保险标的而导致显失公平的后果,委付应及于保险标的物的全部。换言之,在推定全损发生后,被保险人如果决定委付,就应将保险标的的全部予以委付,不能部分委付,而部分不委付。当然,如果同一保险单上载有若干种保险标的,其中之一产生委付原因时,则该种保险标的适用委付。

(4)委付必须经过保险人的同意。委付非单独行为,被保险人发出委付通知后,并不当即成立生效,须经保险人书面承诺接受才能生效。我国《海商法》第 249 条规定:“保险标的发生推定全损,被保险人要求保险人按照全部损失赔偿的,应当向保险人委付保险标的。保险人可以接受委付,也可以不接受委付,但是应当在合理的时间内将接受委付或者不接受委付的决定通知被保险人。委付不得附带任何条件。委付一经保险人接受,不得撤回。”

3. 委付的法律后果

委付成立后,可委付的标的物的权利自委付的条件出现之日起开始转移,保险人对保险标的物所有权、利益和义务必须同时接受。由于标的物的产权已转移,保险人处理标的物如果得到的利益超过所赔偿的保险金额,应当归保险人所有;同时,如对第三人有损害赔偿请求权,所得赔偿金额无论超过其保险金额与否,都应归保险人所有。

第四节 近因原则

近因原则(Principle of Proximate Cause),是各国在处理保险理赔时的一项重要的基本原则,虽然起源于海上保险,但现在已经广泛地适用于所有保险业务的理赔中。在处理保险理赔案件时,判断赔偿与给付保险金的重要条件就是造成保险标的损失的近因是否属于承保的范围,即是否属于保险责任。

一、近因原则的概念、演变与功能

(一)近因原则的概念

"近因"来源于拉丁文法谚"Cause proximate non Remote Specular",即"只看近因,不看远因"。〔75〕 近因,并非指时间上或空间上最接近的原因,而是指在风险和损失之间,导致损失的最直接、最有效的起主导作用或支配性作用的原因。

近因原则是保险法的基本原则之一,是判断风险事故与保险标的损失之间的因果关系、确定保险赔偿责任的一项基本原则,也是保险当事人处理保险案件或法院审理有关保险赔偿案件时,调查事件发生起因和确定事件责任归属所应遵循的原则。依据近因原则,只有在导致保险事故的近因属于保险责任范围内时,保险人才应承担保险责任。

(二)近因原则的演变

近因原则源自英美法系海上保险。英美法系国家丰富而复杂的海上实践,为因果关系理论的发展与成熟提供了有利条件。最初,海上保险法学界产生过许多学说,如自然过程说、适当条件说、近因说、最后条件说等。各派学说都从自身的角度展现了不同的价值,但经过长期的探索与实践,各国普遍选择了近因原则作为判断保险法因果关系的主导学说。

基于海上风险复杂无常的特性,海上商人往往区分不同性质的风险,分别向几个保险公司投保,签发不同的保险单。出现海上事故之后,保险公司依据近因原则对各个保险单中承保风险和除外责任的划分确定该项风险或该几项风险分别由哪家或哪几家保险公司来赔偿,这更明确地分配了各自的保险责任,更有效地解决了赔偿问题,更合理地平衡了保险双方的利益。

海上保险的长期实践和法院判例的大量积累为近因原则惯例化提供了宝贵经验和理论基石。1906 年,Chalmer 爵士归纳总结了两千多件判例,起草并完成《英国海上保险法》(Marine Insurance Act,1906)。该法第 55 条"承保风险及除外风险"第

---

〔75〕 参见林宝清:《保险法原理与案例》,清华大学出版社 2005 年版,第 89 页。

1 款中对近因原则进行了规定:“除本法规定及保险单另有约定外,保险人对承保危险作为近因而导致的任何损失承担保险责任,但是,如前所述,保险人将不对承保风险并非近因而导致的任何损失承担保险责任。”[76] 这一法案第一次将近因原则纳入立法体系。随后,这一原则历经长期的实践运用和考验,逐步发展并成熟。近因原则也逐渐被英美法系学者及法官引入到陆上保险乃至整个侵权行为法领域。

海上保险初期,人们往往单一地把引起事故发起的原因看作有一定时空顺序的,通常从时空观念的角度对近因原则进行理解和运用。当时的法官对“近因”一词的认定采用“时空说”,即否定时间过长的原因、否定关系过远的原因。1906 年《英国海上保险法》即沿用了时空说。但随着保险实践的发展,人们发现引起保险事故发生的原因并不必然都从时间上构成一个完整的原因链条。1918 年英国上议院在 Leyland Shipping Co. Ltd. v. Norwich Union Fire Insurance Society Ltd. 一案的判决中,详细阐述了近因原则的认定,否定了以时间先后及空间远近来判定近因的“时空说”,提出了从效果上判断近因的“效果说”。自此,“效果说”成为近因原则认定的主流学说。依“效果说”,近因是指对于保险合同所约定的保险事故的发生具有直接、支配的决定性作用的因素。[77] 如英国学者所阐释的:“近因是指引起一系列事故发生,由此出现某种后果的能动的、能起决定性作用的因素,在这一因素的作用过程中,没有来自新的独立渠道的能动力量的介入。”[78]

我国《保险法》未直接规定近因原则,但这一概念在法院判决书中也有出现,如重庆市第四中级人民法院作出的“中国平安财产保险股份有限公司等与福建省闽清县第二建筑工程公司宜昌分公司财产保险合同纠纷上诉案”判决[(2008)渝四中法民二终字第 13 号]明确指出:“近因,通常理解是指对造成承保损失起决定性、有效性的原因,且这一原因作用的过程中并未介入影响结果发生、造成因果关系中断的其他因素”。此外,还有以“主要原因”“根本原因”“决定性因素”等表述来替代近因原则。

(三)近因原则的功能

近因原则旨在确立一种公平合理的保险人归责机制,并过滤保险领域的道德风险以保护保险当事人双方。其价值主要体现在三方面:

1. 平衡当事人利益。近因原则是确定保险事故损失原因与损失结果之间因果关系的重要方式。当受到数个原因影响的保险事故发生时,保险人将造成事故实际的、具有实质性的有效原因作为近因并据此明确保险责任,从而解决理赔困境,保护被保险人的利益;同时,根据近因原则,保险人只对承保危险作为近因而导致

---

〔76〕 其原文为:“Subject to the provisions of this Act, and unless the policy otherwise provides, the insurer is liable for any loss proximately caused by a peril insured against, but, subject as aforesaid, he is not liable for any loss which is not proximately caused by a peril insured agains.” see Marine Insurance Act, 1906。

〔77〕 参见王林清:《保险法理论与司法适用》,法律出版社 2013 年版,第 95 页。

〔78〕 参见[英]约翰·T. 斯蒂尔:《保险的原则与实务》(中译本),中国金融出版社 1992 年版,第 40 页。

的直接的、合理的损失予以赔偿，而如“间接损失、机会成本损失”等在承保风险外的损失则不予以赔偿，从而防止被保险人向保险人滥用保险权利，保护保险人的利益。保险法的宗旨在于保护所有参与保险关系的当事人，实现当事人之间的利益平衡，最终促进保险业的发展及其功能的实现。近因原则以其平衡当事人利益这一价值体现了保险法的宗旨。

2. 防止道德风险。近因原则强调法律后果和风险分摊的公平性、合理性。依据近因原则，在保险理赔时务必查明保险事故的近因，一旦发现事故因道德风险而引起，被保险人不仅无法得到保险金，而且将承担相应的法律责任。这无疑有助于有效遏制道德风险的发生。故近因原则的运用，可以有效阻止被保险人谋求不当利益，防范其道德风险的发生，保证了保险业的健康、持续发展。

3. 发挥保险功能。保险金是由被保险人缴纳的保险费组成。每一个特定险种都对应一种费率，费率是根据某一类特定危险的发生依统计经验或数学之概率计算确定的。亦即，每一个险种与其保费都是直接的对应的关系，保险金赔付的额度与保险费的金额密切相关。近因原则的贯彻能够推动保险险种的细分化、专业化，使得费率的计算更加准确，从而促进保险业朝着更加专业、公平、合理的趋势发展。

经典判例

1918 年英国上议院对 Leyland Shipping Co. Ltd. v. Norwich Union Fire Insurance Society Ltd. 一案的判决，是近因原则发展史上里程碑意义的事件。该判例首次将认定标准从时空标准规则转向效力标准规则，即对损失的发生起着直接的、具有支配力的、积极的和有效的作用的因素是近因，否定了以时间先后来判定近因的“时空标准”，进而提出了效力上占主导地位的判断近因的“效力标准”。

1915 年 1 月 30 日，敌人用潜艇的鱼雷击中了在行驶过程中的艾卡里亚号商船(Ikaria)。虽然在事故发生前该船就已经在海上危险事故保单之列，但是由于该事故是属于保单的除外责任部分，即“一切敌对行为或者类似战争行为的后果”列为除外责任。当时船的一舱已经注满了水，如果停在原地不动可以获救的，可是船当时却停在一个正在进行繁忙运输的法国军事码头边上，法国军方考虑到船的沉没可能会影响到码头的正常运营，因此命令其离开。船长在没有办法的情况下把船开到了防波堤外停泊。由于此处海床不平在低潮时船首处于搁浅的状态，再加上船被鱼雷击中后头重脚轻，使得船壳损毁严重，船的部分被淹没在水中，最终全部沉没的时间是在 2 月 2 日涨潮时。

就此问题被保险人和保险人产生了争执，即对造成事故近因的判断持有不同观点，前者认为该事件应该属于海上风险范畴，应该在被保险范围内，其理由是船的沉没是因为搁浅所造成的，这才是在时间上最后造成损失的原因也就是近因。后者则认为该事件属于“一切敌对行为或者类似战争行为的后果”的范畴，是保单的除外责任部分,因此不予赔偿,其理由是有敌对行为的潜艇发射鱼雷是船沉没的近因。在围绕近因是按时间来判定还是以产生的效力来判定上,最后法院以保险人胜诉的判定结果给出了答案,从而使以时间标准作为衡量近因原则的方法被推翻。后来,法院判定保险人胜诉并拒绝以时间标准作为衡量近因原则的方法。

上述案件中,大法官 Lord Shaw 对近因作了精辟的论述。他认为,“真正并有决定意义的原则是将保险合同视为一个整体,并确定合同双方当事人的真正意图。是什么造成的损失、事件、灾害和意外事故?这不能凭空想象,而只能是合同当事人在谈及损失原因时应该在他们头脑之中的。把近因看成是时间上最接近的原因是不正确的。把原因说成是像一片接一片的面包片,互不连接或者像锁链一环扣一环,也不完全如此。因果关系链只是一种便捷的表达方式,但它的形象却不准确。因果关系不是链状,而是网状的。在每一点上,影响、力量、事件已经并正在交织在一起,并从每一交汇点呈放射状无限延伸出去。在各种影响力的汇集处,就需要法官根据事实宣布哪一个汇集点在这一点上的原因是近因,哪一个是远因……近因的含义是什么?近因不是指时间上的接近,真正的近因是指效果上的接近,是导致承保损失的真正有效的原因。近因所表示的是对结果产生作用最有效的因素。如果各种因素或原因同时存在,要选择一个作为近因,必须选择可以将损失归因于那个具有现实性、决定性和有效性的原因”。

二、近因的认定

在实务操作中,认定损害结果发生的近因需要用到顺推法和逆推法两种方法。

(一)顺推法

在原因和结果之间,必然存在时间上的顺序性,凡是原因现象必然先于结果现象出现。该方法就是从最初事件出发,按逻辑推理,判断下一个事件可能是什么;再从可能发生的第二个事件,按照逻辑推理判断最终事件即损失是什么。如果推理判断与实际发生的事实相符,那么,最初事件就是损失的近因。如果最初事件是属于保险责任范围内的事件,则保险人应当为此承担赔偿责任。例如,雷击折断大树,大树压坏房屋,房屋倒塌致使家用电器损毁,家用电器损毁的近因就是雷击。

(二)逆推法

该方法是从结果推原因。从损失开始,从后往前推,即从分析损失开始,分析引起损失的原因是否是前一件事件,如果是,则继续再分析导致前一件事发生的原因,直至最初事件为止。假如最初事件由保险风险所致且此事件属于保险责任范围,则保险人应承担赔偿责任。追溯到最初事件,如没有中断,则最初事件就是近因。比如,第三者被两车相撞致死,导致两车相撞的原因是其中一位驾驶员酒后开车,酒后开车就是第三者死亡的近因。暴风吹倒了电线杆,电线短路引起火花,火花引燃房屋,导致财产损失。对此,无论运用上述哪一种方法,都会发现此案例中的暴风、电线杆被刮倒、电线短路、火花、起火之间具有必然的因果关系，因而，财产受损的近因——暴风，也就随之确定了。

三、近因原则的适用

(一)损失由单一原因所致

若保险标的损失由单一原因所致，那么该原因就是近因。若这个近因属于保险风险，保险人应承担损失赔偿责任；若该项近因属未保风险或除外责任，则保险人不承担损失赔偿责任。例如，某人投保了企业财产险，地震引起房屋倒塌，使机器设备受损。若此险种列明地震列为不保风险，则保险人不予赔偿；若地震列为保险风险，则保险人承担赔偿责任。

(二)损失由同时发生的多种原因所致

在多种原因同时导致损失，即各原因的发生无先后之分，且对损害结果的形成都有直接和实质影响的情况下，原则上，这些原因都是损失的近因。此时，保险责任的承担可分为三种情况：

1. 若多种原因均属保险风险，则保险人负责赔偿全部损失。例如，暴雨和洪水均属保险责任，暴雨和洪水同时造成家庭财产损失，保险人负责赔偿全部损失。

2. 多种原因中，若既有被保风险，又有除外风险，则保险人的责任视损害的可分性如何而定。对能区分保险责任和责任免除的，保险人只负保险责任范围所致损失的赔偿责任；如果无法区分的，保险人可与投保人协商赔付。

3. 若同时发生导致损失的多种原因均属于责任免除，则保险人不负任何损失赔偿责任。例如，某企业运输两批货物，第一批投保了水渍险，第二批投保了水渍险并加保了淡水雨淋险，两批货物在运输中均遭海水浸泡和雨淋而受损。显然，两批货物损失的近因都是海水浸泡和雨淋，但对第一批货物而言，由于损失结果难以分别计算，而其只投保了水渍险，因而得不到保险人的赔偿；而对第二批货物而言，虽然损失的结果也难以划分，但由于损失的原因都属于保险风险，所以保险人应予以赔偿。

(三)损失由连续发生的多种原因所致

在多种原因连续发生，即各原因依次发生且具有前因后果的关系的情况下，若损失由两个以上的原因所造成，且各原因之间的因果关系并未中断，那么最先发生并造成一连串事故的原因为近因。此时，保险责任的承担可分为三种情况：

1. 如果该近因属于保险责任，保险人应负责赔偿损失。例如，财产险中，火灾、爆炸都属于保险责任，如爆炸引起火灾，火灾导致财产损失这样一个因果关系过程，保险人应赔偿损失。

2. 如果连续发生的原因中，既有被保风险，又有未保风险或除外风险，则保险责任的承担又可分为两种情况：

(1)若前因是被保风险，后因是未保风险或除外风险，且后因是前因的必然结果，保险人赔偿全部损失。例如，有一艘装载皮革和烟叶的船舶遭遇海难，大量海水浸入船舱，皮革腐烂。海水虽未直接接触烟叶，但由于腐烂皮革的恶臭，使烟叶完全变质。当时被保险人以海难为近因要求保险人全部赔付，但保险人却以烟叶包装没有水渍的痕迹为由而拒赔。最后法院判决，本案海难对皮革和烟叶损失均是近因，海水渗入与皮革腐烂和烟叶完全变质的近因关系并未中断，保险人应负赔偿责任。

（2）前因是未保风险或除外风险，后因是承保风险，后因是前因的必然结果，保险人不承担损失赔偿责任。例如，第一次世界大战期间，莱兰船舶公司的一艘轮船被敌潜艇用鱼雷击中，但仍拼力驶向哈佛港。由于情况危急，又遇到大风，港务当局担心该船会沉在码头泊位上堵塞港口，拒绝它靠港，在航行途中船底触礁，终于沉没。该船只投保了海上一般风险，没有保战争险，保险公司拒赔。法庭判决损失的近因是战争，保险公司胜诉。虽然在时间上导致损失的最近原因是触礁，但船在被鱼雷击中了以后，始终没有脱离险情，触礁是被鱼雷击中引起的，被鱼雷击中（战争）属未保风险。

3. 若连续发生导致损失的多种原因均属于责任免除范围，则保险人不负赔偿责任。

（四）损失由间断发生的多种原因所致

在损失是由间断发生的多个原因所致的情况下，若在一连串连续发生的原因中，有一项新的独立的原因介入，使原有的因果关系链断裂，并导致损失，则新介入的独立原因就是近因。若新介入的独立原因为被保风险，则保险人应负赔偿责任；反之，保险人不承担损失赔偿或给付责任。例如，我国某企业集体投保团体人身意外伤害保险，被保险人王某骑车被卡车撞倒，造成伤残并住院治疗，在治疗过程中王某因急性心肌梗塞而死亡。由于意外伤害与心肌梗塞没有内在的必然联系，心肌梗塞并非意外伤害的结果，故属于新介入的独立原因。心肌梗塞是被保险人死亡的近因，它属于疾病范围，不包括在意外伤害保险的责任范围，故保险人对被保险人的死亡不负责任，只对其意外伤残按规定支付了保险金。

四、近因原则的理论新发展

为了更加合理地解决类似原因力在保险事故中的责任问题，比例因果关系应运而生，以便更灵活、更公正地处理一些较为复杂的保险纠纷案件。这一理论认为，引起损失结果的数个原因中根据比例来确定导致事件发生的直接原因或主要原因。因果关系是客观规律，不能采用“有”还是“没有”的做法去判断，而应以事实关系为依据，判断因果关系在具体事件中占有多大比例，从而根据比例来定性。[79] 日本一被保险人在生前患有严重的肝脏疾病，偶然遭遇交通事故使得各项指标迅速

---

〔79〕 参见沙银华：《日本经典保险判例评释》，法律出版社2002年版，第101页。

上升。再加上在事故中腿部受伤严重，腰肌也受到损伤，导致了急性肾功能衰竭，腿部肌肉大范围坏死且难以控制，最终不得不截肢以保性命。在这种车祸伤导致并发症再加上原病复发的状态下，被保险人在一年半的病痛折磨下最终死亡。事后保险的受益人以交通事故为由，向保险公司索赔，可保险人却以被保险人死因源于肝脏病为由拒绝理赔，并辩解称与保单中所指的交通事故之间没有必然的因果关系。法院从主要病因着手，借助比例因果关系的理论，分析多种原因（或诱因或近因等）在保险事故中的共同作用，以及所发挥作用力的大小而找出主要原因和次要原因，并依据事实主观对其量化。最终认定被保险人80%死因与交通事故造成的伤害有因果关系。另外20%的死因则是非交通事故的其他因素的介入而造成的，因此根据比例因果关系判决保险公司负责赔付80%的保险金。

比例因果关系理论主张对因果关系不能采用“有”还是“没有”的做法，而应根据事实关系判断在具体的事件中，因果关系占有多大的比例，从而按比例分配保险人的赔付责任，因而能够最大限度地平衡保险人和被保险人的利益，体现公正、公平的理念。

典型案例　近因原则的适用〔80〕

2011年1月31日，投保人永发公司为该公司所有的一辆型号为奔驰S65AMG轿车向人保锡山支公司投保。保险期间自2011年1月31日12时起至2012年1月31日12时止。2011年8月26日15时，永发公司法定代表人耿荣法驾驶牌号为苏BQ8688的涉保车辆行驶至无锡市阳山镇阳山大道锡宜高速高架下隧道时，因隧道中有积水，导致车辆被淹熄火。嗣后，永发公司委托德星公司修理事故车辆并产生修理费1304500元，其中更换受损发动机产生费用1256506.52元。2011年9月27日，永发公司与人保锡山支公司共同委托南车戚墅堰机车车辆工艺研究所有限公司司法鉴定所对事故车辆发动机受损的原因进行鉴定，2011年10月20日，该所出具司法鉴定意见书一份，认定事故车辆发动机受损的原因是由于发动机进水或活塞表面积碳严重。永发公司与人保锡山支公司对造成涉保车辆发动机进水后受损的原因存在争议，永发公司认为是事故前日无锡地区的暴雨导致了涉保车辆发动机进水后受损，即导致涉保车辆受损的“近因”是暴雨；人保锡山支公司认为导致涉保车辆发动机进水受损的“近因”是耿荣法于事故当日在事故路段驾车涉水行驶的行为，而非暴雨。

本案的争议焦点为：(1)本案中涉保车辆发动机进水受损是否因暴雨造成？(2)本案中涉保车辆因发动机进水损坏所产生的损失，人保锡山支公司是否应承担保险赔偿责任？

---

〔80〕　转引自江苏省无锡市锡山区人民法院民事判决书(2012)锡法商初字第0595号。

关于争议焦点一，法院认为，本案中涉保车辆发动机进水受损并非因暴雨造成，而是因耿荣法驾驶涉保车辆涉水行驶的行为所造成，具体理由如下：(1)本案中，涉保车辆在隧道积水中被淹、发动机进水受损并非是由于暴雨发生当时隧道内形成的积水所导致，而是由于耿荣法于事故当日在积水的隧道中驾驶涉保车辆涉水行驶的行为所导致；(2)本案中，事故隧道中的积水虽然是事故前日无锡地区的降雨所致，但该降雨导致隧道中积水的事实与事故当日耿荣法驾驶涉保车辆在积水隧道中涉水行驶的事实间并无必然的、直接的因果关系，而耿荣法驾驶涉保车辆涉水行驶的行为与涉保车辆被淹、发动机进水受损之间存在必然的、直接的因果关系，故本案中，导致涉保车辆发动机进水受损的近因是耿荣法的涉水行驶行为而并非是暴雨。

关于争议焦点二，法院认为，本案涉保车辆发动机进水损坏所产生的损失，人保锡山支公司无须承担保险赔偿责任，具体理由如下：(1)如上所述，本案中导致涉保车辆发动机进水受损的最直接、最主要的原因是耿荣法的涉水行驶行为，而涉水行驶导致的被保险机动车辆损坏并不属于保险条款中约定的保险责任范围，故本案诉争事故本身不属于保险事故，保险人人保锡山支公司无须承担保险赔付责任；(2)退一步讲，即使本案涉保车辆发动机进水受损的事故系暴雨造成，人保锡山支公司也无须赔偿，理由是：保险条款第四条第(五)项中虽然约定保险期间内，被保险人或其允许的合法驾驶人在使用被保险机动车过程中，因雷击、雹灾、暴雨、洪水、海啸造成被保险机动车的损失，保险人依照本保险合同的约定负责赔偿，但保险条款第七条第(十)项中载明：发动机进水后导致的发动机损坏带来的损失和费用，保险人不负责赔偿。上述第四条第(五)项属于约定保险责任范围的条款，而第七条第(十)项属于约定责任免除范围的条款。保险责任条款与责任免除条款间的逻辑关系是保险人与投保人对本属于保险责任范围内的部分责任所作的特别约定，使其被排除在保险责任范围之外，故上述条款间并不存在矛盾之处。具体来说，因暴雨造成被保险机动车的损失属于保险责任范围，但因上述保险条款第七条第(十)项责任免除条款的存在，故暴雨造成的被保险机动车损失中，因发动机进水而造成的发动机损失被排除在外。保险人人保锡山支公司已就该责任免除条款向投保人永发公司履行了明确说明义务，故该责任免除条款对被保险人永发公司产生法律效力。本案中，即使涉保车辆发动机进水受损系暴雨造成，人保锡山支公司也可依据上述责任免除条款不承担保险赔付责任。

综上所述，依据《中华人民共和国保险法》第二条、第十七条之规定，判决驳回永发公司全部诉讼请求。

【评析】

本案属于近因原则适用规则中“损失由间断发生的多种原因所致”之情形。事故发生路段的积水与事故前日无锡地区的降雨有直接的因果关系，但该降雨导致隧道中积水的事实与事故当日耿荣法驾驶涉保车辆在积水隧道中涉水行驶的事实间并无必然的、直接的因果关系。耿荣法在事故当日驾驶涉保车辆涉水行驶的行为成了一项新介入原因,该新介入原因导致了原有因果链的中断,且该原因是导致涉保车辆发动机进水受损的决定性、有效性的原因。因此耿荣法驾驶涉保车辆的涉水行驶行为才是本案车损发生的近因。近因原则是保险法的基本原则之一,在判断保险人是否应当承担保险责任方面,尤其具有重要意义。

思考题

1. 如何理解最大诚信原则的内涵?
2. 保险利益原则的适用意义是什么?
3. 如何理解损失补偿原则?
4. 近因原则的适用标准是什么?

第四章 保险合同概述

导 读

- 保险合同，即为投保人依约定向保险人支付费，保险人对保险标的因保险事故而导致的损失承担赔偿责任，或者当被保险人死亡、伤残、疾病或者在合同约定的年龄、期限等条件达致时，承担给付责任的协议。
- 保险合同是各种保险商品交换活动的法律表现形式，具有诸多法律特点。
- 依据不同的标准，保险合同可以作出不同的分类。

第一节 保险合同的概念和特征

一、保险合同的概念

合同，又称契约、协议，是平等主体的自然人、法人、其他组织之间设立、变更、终止民事权利义务关系的协议。作为一种民事法律行为，合同是经两个以上当事人协商，意思表示一致而达成的协议。只有当事人所作出的意思表示合法，合同才具有法律约束力。依法成立的合同从成立之日起生效，具有法律约束力。合同有众多类型，保险合同是其中之一。

美国法院认为，保险是“一种合同，根据该合同，一方当事人为换取约定的保险费承诺，当约定危险对约定标的造成损失时，对另一方当事人承担补偿的责任”。[1] 英国法院则不愿意定义保险合同，而是将保险合同描述为一种合同，根据这种合同，一个通常但并非总是从事这种业务的人（承保人）同意在某一不特定并且是负面的事件发生时支付金钱（或提供相应利益），以此作为通常被称为保险费的金钱代价的交换。[2] 加拿大的统一立法[3]将保险定义为“一个人对另一个人承担的义务，即赔偿某些标的物可能遭受的某些风险或危险所造成的损失或弥补损失责

〔1〕 See Newark Fire Ins Co. v. Turk, 6 F 2d 533, 534.

〔2〕 See Medical Defence Union Ltd. v. Dept of Trade [1979] 1 Lloyd's Rep 499, 505, Megarry 副院长。

〔3〕 如 1980 年安大略法律汇编，第 218 章，第 1(30) 条。

任,或在某一事件发生时支付一笔金钱或有价值的东西”。《加利福尼亚保险法法典》第 22 条对保险的定义是:“一个人对另一个人承担义务的合同,即赔偿产生于偶然或未知事件的损失、损害或责任。”这些定义主要涉及补偿而非偶然事件保险,它们要求广义的定义“损失”,因而可能过于含糊以致无法适用。[4] 我国《保险法》第 10 条规定:“保险合同是投保人与保险人约定保险权利义务关系的协议。”但这只是采用一般合同的定义模式予以定义,并未凸显保险合同与其他类型合同之间的区别,亦有重复定义之嫌。

保险是风险管理的社会化制度安排,即用社会化的风险管理方法,最大限度地集中尽可能多的风险单位,运用概率统计原理进行准确预测,将单个风险单位面临风险的不确定性转化为总体上损失的相对确定性,从而实现风险损失的均摊。在这个过程中,一方(被保险人)支付小额的固定保险费,另一方当事人(保险人)则承担赔偿因保险标的物可能遭受的某些风险或危险所造成的损失或弥补损失的责任。相较其他交易而言,保险双方交易的是具有不确定性的风险,是风险的转移和分散,这是保险活动以及保险合同的本质所在。详述之,保险合同是由一方(被保险人)将风险转移给另一方(承保人)的协议,双方当事人就所转移的风险类型、条件以及最终承担多大损失等基本内容形成合意。因此,可结合保险行为的特殊性对保险合同作如下定义:所谓保险合同,即为投保人依约定向保险人支付费,保险人对保险标的因保险事故而导致的损失承担赔偿责任,或者当被保险人死亡、伤残、疾病或者在合同约定的年龄、期限等条件达致时,承担给付责任的协议。

二、保险合同的特征

(一)保险合同是双务合同

当事人双方互负履行一定义务的合同,谓之双务合同。保险合同的投保人,对于保险人负有支付保险费之义务,而保险人据此承担保险期间所发生之危险,于保险事故发生时,有给付保险金额之义务,因此当事人双方互负债务,故为双务合同。其中,对于投保人给付保险费的对价,有两种不同观点:一种为“给付保险金说”,该说认为保险人所负之对待给付,为保险事故发生后之给付保险金的金钱赔偿,且该义务始于保险事故发生之时;另一种为“危险承担说”,该说认为保险人之对价义务,自保险开始所承担危险时起,担保整个保险期间若有保险事故发生时,保险人给付保险金。对此,我国台湾地区学者梁宇贤教授认为,“危险承担说”较为合理。[5] 保险人于保险期间负有危险担保责任。如果保险期间届满,未发生保险事故,则保险人无须给付保险金,亦无须返还保险费。因此投保人之给付保险费之对

---

〔4〕 参见[英]Malcolm A. Clarke:《保险合同法》,何美欢、吴志攀等译,北京大学出版社 2002 年版,第 1 页。

〔5〕 参见梁宇贤:《保险法新论》,中国人民大学出版社 2004 年版,第 26 页。

价关系,并非保险人之给付保险金,而是保险人之危险承担,即保险人担保保险期间,若保险之危险事故发生,保险人给付保险金之义务。

我国《保险法》第14条规定:“保险合同成立后,投保人按照约定交付保险费,保险人按照约定的时间开始承担保险责任。”据此,保险合同的一方在发生保险事故造成损害时,或者在约定的给付保险金的其他条件具备时,有义务按照合同约定向他方给付保险金,而他方则负有支付保险费的义务。

尽管保险合同属于双务合同,但与一般意义上的双务合同有所不同。例如,保险合同当事人的权利义务能否实现是不确定的。一般的双务合同中,双方当事人各自所承担的义务是必须履行的,否则将构成违约。在保险合同中,投保人有交付保险费的义务,但保险合同的保险人仅于保险期间且在特定偶然事故发生的条件下才履行给付保险金的义务。又如,保险合同不适用对待履行原则。一般的双务合同中,当事人应依约在履行期限内履行各自的义务,若未规定履行期限和履行顺序,则适用对待履行规则,即一方当事人要求对方当事人履行义务时,应当同时履行自己承担的义务,否则对方当事人得以行使拒绝单方面履行义务的同时履行抗辩权。在保险合同中,由于保险人承担的保险责任是以保险事故发生造成保险标的的损失,并经被保险人或受益人依法索赔为条件的,因此,投保人有先为给付保险费的义务,但不能依合同法规定主张同时履行抗辩权。

(二)保险合同是有偿合同

凡当事人互为对价关系之给付的合同,谓之有偿合同。保险合同是投保人与保险人约定,因投保人支付保险费于保险人,而取得保险人承担危险责任之对价,故为有偿合同。由于保险是多数人分摊少数人损失之互助行为,保险费即为参与保险所分摊之负担额,若无保险费之征收,则保险人将无资金对危险事故所致损失予以赔偿,故保险为最标准的有偿合同。因此,保险人和投保人依保险合同享受的权利或者利益,均不是无偿的:投保人请求订立保险合同以转移风险,应当按约定向保险人支付保险费,否则保险人将不负担保险责任的义务;保险人向投保人收取保险费,则负担承受保险风险的责任。

保险合同的有偿性与一般意义上的有偿合同有所不同。例如,保险合同的有偿性是不可转化的。就一般的有偿合同而言,其可以根据当事人的意愿而转变为无偿合同,如买卖合同或租赁合同可以因卖方或者出租房放弃价金或租金的真实意思表示转变为赠与合同、借用合同。对于保险合同而言,为确保保险基金的规模以及维持保险业的正常偿付能力,保险合同的有偿性不能依当事人的意思发生改变。又如,保险合同的有偿性并非必然实现。各个保险合同的投保人必须履行交付保险费的义务从而使合同生效,但保险人是否履行承担保险责任的义务则以保险事故的发生为必要。只有在保险责任有效期内发生保险事故造成保险标的损失的,保险人的义务才得以履行。

(三)保险合同是最大诚信合同

诚实信用是社会成员在市场经济活动中签订各种合同均应遵守的民商法的基

本原则。由于保险合同具有的提供保险保障的不确定性，保险立法对于诚实信用原则在保险合同制度中的适用更为强调。（1）由于保险的宗旨在于互助共济，当事人于订立保险合同时，保险标的通常为投保人掌握中，保险人对于保险标的的状况，往往难以详细调查而依赖于投保人的告知确定自身负担的责任。（2）保险事故是否发生，关系着投保人对保险标的的保管，是否已尽到注意义务，故保险合同具有诚信性。因此各国和地区保险立法均强调最大诚信原则的适用。例如，《英国海上保险法》第 17 条规定："海上保险契约，是基于最大善意之契约，若一方非基于善意，他方得宣告是项契约无效。"[6]此外，保险合同的诚信性，不仅及于保险合同的当事人，还适用于被保险人和受益人。例如，我国台湾地区"保险法"第 59 条第 2 项规定："危险增加，由于……被保险人之行为所致，其危险达于应增加保险费或终止契约之程度者，要保人或被保险人应先通知保险人。"该条第 3 项规定："危险增加，不由于……被保险人之行为所致者……被保险人应于知悉后十日内通知保险人。"该法第 121 条规定："受益人故意致被保险人于死者，无请求保险金额之权，保险费付足二年以上者，保险人应将其责任准备金给付与其他应得之人。"

我国保险立法亦体现了保险合同的诚信性这一特征：（1）规定了保险合同订立时投保人的如实告知义务和保险人的弃权与禁止反言义务。《保险法》第 16 条第 1 项规定："订立保险合同，保险人就保险标的或者被保险人的有关情况提出询问的，投保人应当如实告知。"该条第 2 项规定："投保人故意或者因重大过失未履行前款规定的如实告知义务，足以影响保险人决定是否同意承保或者提高保险费率的，保险人有权解除合同。"该条第 6 项规定："保险人在合同订立时已经知道投保人未如实告知的情况的，保险人不得解除合同；发生保险事故的，保险人应当承担赔偿或者给付保险金的责任。"（2）规定了合同履行过程中投保人、被保险人和受益人的危险增加通知等义务。《保险法》第 21 条规定："投保人、被保险人或者受益人知道保险事故发生后，应当及时通知保险人。"第 22 条规定："保险事故发生后，按照保险合同请求保险人赔偿或者给付保险金时，投保人、被保险人或者受益人应当向保险人提供其所能提供的与确认保险事故的性质、原因、损失程度等有关的证明和资料。"此外，《保险法》第 27 条规定，如果未发生保险事故，而被保险人或者受益人谎称发生了保险事故，或者投保人、被保险人故意制造保险事故的，保险人有权解除合同，不承担赔偿或者给付保险金的责任，并不退还保险费。同时在保险事故发生后，投保人、被保险人或者受益人以伪造、变造的有关证明、资料或者其他证据，编造虚假的事故原因或者夸大损失程度的，保险人对其虚报的部分不承担赔偿或者给付保险金的责任。

（四）保险合同是格式合同或附和合同

格式合同，在法国称为附合合同，德国称为一般契约条款或者普通契约条款，

---

[6] 原文为：A contract of insurance is a contract based upon utmost good faith and if the utmost good faith he not observed by either part the contract may be avoided by the other party.

葡萄牙、澳门称为加入合同，英美称为标准合同，我国台湾地区称为定性化契约，我国《消费者权益保护法》将其称为格式合同。其基本含义为一方当事人对于另一方当事人为重复使用而预先拟定并在订立合同时并未与其协商的合同条款只能表示同意或者不同意的合同，亦即，一方当事人纯粹被动地接受另一方所提出的合同条件，要么从整体上接受合同条件，要么不订立合同。可从以下方面予以理解：

1. 保险合同的条款或部分条款由保险人一方预先拟订。与一般合同不同的是，格式合同的有关条款全部或部分的由当事人一方预先拟订，具有预先制定性和单方决定性。实践中，格式合同的拟订通常有三种情形：(1)由当事人一方(一般是经济实力上占有明显优势的企业或企业集团)单方面制定；(2)由作为一方当事人的企业或企业集团与作为交易对象的顾客共同参与制定；(3)由合同当事人以外的具有专门知识第三人拟订。因此，保险合同条款的拟定并不限于由保险人事先拟定保险合同条款，尽管这是保险条款最普遍的形成方式。此外，还可以由不属于保险合同当事人任何一方的公正中立第三人，如保险协会，就特定交易拟定格式条款，这种方式产生的保险条款在我国国内尚不多见。但无论何种方式，保险合同条款的相对人都没有直接参与拟订格式条款。

2. 保险合同的条款或部分条款具有规范性、完备性和定型化的特征。所谓规范性和完备性，是指保险合同的条款一般都是在经过长期的反复运用和实践后总结出来的，具有一定的科学性，较能反映保险行业的客观规律和特殊要求。所谓定型化，是指保险合同的条款具有稳定性和不变性，并普遍适用于所有与保险人订立合同的不特定的相对人，且不因相对人的不同而有所区别。

3. 保险合同的条款或部分条款具有不可协商性的特征。一般情况下，预先拟订保险合同条款的一方多为具有垄断性的、资本雄厚的保险公司，由于投保人与保险人之间经济力量悬殊、信息不对称以及投保人专业知识的欠缺，因此，尽管缔结保险合同的双方当事人的法律地位平等，但是在实际缔约过程中，投保人往往受制于保险公司，对于保险人预先拟定的条款只有整体接受或者拒绝的权利，而无法要求进行协商。从这个意义上说，保险合同的条款或部分条款具有不可协商性，投保人只能附和保险人的意思而不能对合同条款自由表达意志。《德国民法典》第 305 条规定，对于格式条款的内容，合同相对方没有发表任何意见的权利，仅剩下接受或者拒绝的选择。如果他选择了拒绝，则他并没有受格式条款的约束，故不在我们的讨论范围之内。一旦他选择接受格式条款，则意味着它必须接受条款拟订方单方面的意思。我们不能据此认为，在一个条款订约时，相对方不存在任何的合同自由。但是，此时，合同自由的核心价值——决定合同内容的自由已经消失。合同条款由拟定方即保险人一方单独决定，如果投保人要订立合同，就必须接受这些合同条款。因此，投保人在订立保险合同时对保险条款的不可协商性是非常明显的。

4. 保险合同的条款或部分条款是保险人与不特定的第三人订立多数合同时使用。保险合同的订立针对的不是特定人，而是欲与预先拟订合同方定约的不特定的所有人。由于使用格式条款的保险人在经济上处于优势地位,并且在其领域存在众多消费者,保险合同的要约是向不特定的多数人发出的而非针对某一特定对象,为节约成本,预先拟订的保险条款将会重复使用。我国《合同法》第39条第2项对格式条款定义如下:“格式条款是当事人为了重复使用而预先拟定,并在订立合同时未与对方协商的条款。”《德国民法典》第305条的规定与此类似,认为格式条款指为多数合同预先拟订的合同条款,也强调“重复使用”是作为格式条款的重要特点。对此,王利明教授认为,不能将“重复使用”作为格式条款的特征,因为它并不是格式条款的本质特征,有的格式条款仅使用一次,并没有重复使用。虽然格式条款大多是为了重复使用而不是一次性使用而制定的,但“重复使用”只是其经济功能,而不是其法律特征。[7] 本书认为,“保险合同的条款或部分条款是保险人与不特定的第三人订立多数合同时使用”这一特征并不能推导出保险合同的条款或部分条款的“重复使用”这一特征。如果强调保险条款的重复使用的特征,则投保人一方在确定某一条款是否为格式条款时应当证明该条款已被重复适用的事实,这显然不合理且对举证人过于苛刻。

(五)保险合同是射幸合同

合同的法律效果在缔约时不能确定,而是取决于偶然事件的合同,谓之射幸合同。《法国民法典》第1104条第2款对射幸合同的定义如下:“在契约等价是指各方当事人依据某种不确定的事件,均有获得利益或损失之可能时,此种契约为射幸契约。”美国《路易斯安那州民法典》第1776条规定:“若作为合同目的之一的履行取决于不确定事件,合同是射幸的或冒险的。”第2982条规定:“射幸合同是当事人全体或其中一人或数人由此获得利益或遭受损失的效果取决于不确定事件的相互协商一致。”美国《合同法重述》第291条规定:“本重述中的‘射幸允诺’是指以偶然事件的发生或由当事人假定的偶然事件的发生为条件的允诺。”

保险合同订立时,投保人支付保险费的义务虽已经确定,但未来保险风险或事故是否发生尚不能确定。在保险期限内,若发生保险事故,被保险人或者受益人可以取得成千上万倍于保险费的保险金,保险人则丧失成千上万倍于已收取的保险费的利益;若不发生保险事故,保险人不负担给付保险金的义务,却取得投保人支付的保险费所带来的利益,投保人失去已支付保险费的利益。因保险合同中保险人是否给付保险金额系于将来不确定之偶然事故是否发生,具有侥幸性,故一般认为保险合同是射幸合同。当然,保险的目的在于以危险分担的方式,“藉谋损害之填补,俾求生活之安定”,[8] 属于合法行为,因而与以投机取巧谋取不正当利益的赌博这一违法行为有本质不同。

(六)保险合同是不要式合同

根据合同的成立是否需要特定的形式,可将合同分为要式合同与不要式合同。

---

〔7〕 参见王利明:“对《合同法》格式条款规定的评析”,载《政法论坛》1999年第6期。

〔8〕 参见梁宇贤:《保险法新论》,中国人民大学出版社2004年版,第29页。

要式合同，是指法律要求必须具备一定的形式和手续的合同。不要式合同，是指法律不要求必须具备一定形式和手续的合同。保险合同是否为要式合同，抑或为不要式合同，保险法理论上存在不同认识。有学者认为保险合同是要式合同，[9]其理由是《保险法》第13条强调保险合同应当采用书面形式订立，相应地则否定了除书面形式以外的口头等形式的适用。而相反的观点认为保险合同属于不要式合同，其依据同样是《保险法》第13条的规定，理由是保险人在保险实务中的通常做法是签发保险单或者其他保险凭证等书面形式，不过，其作用只是对于双方达成的保险合同内容的记载，而非保险合同本身；且《保险法》第13条仅仅是强调了用保险单、其他保险凭证或者约定的其他书面形式载明保险合同的内容，但这并不意味着排除口头等其他形式的适用。有学者对此观点加以详述并列举了三点理由：[10]（1）由于不要式合同已经成为当代合同制度的普遍类型，将保险合同认定为不要式合同符合合同制度的发展趋势。（2）符合《合同法》第10条“以不要式为主，以要式为辅”的立法精神，即“当事人订立合同，有书面形式、口头形式和其他形式。法律、行政法规规定采用书面形式的，应当采用书面形式”。（3）有利于保护投保人、被保险人的合法利益，确保保险保障功能的实现。

本书亦赞成保险合同是不要式合同的观点。保险合同保障的是因未来所发生的不可预料之风险而造成的生命或财产的损失。而在投保人与保险人达成协议至保险人签发保险单或暂保单的期间，风险亦是存在的。如果将保险合同认定为要式合同，即保险合同必须在保险人签发保险单或其他相关凭证后才得以成立或生效，那么，对投保人而言，将会产生保险之空窗期，则不利于投保人、被保险人利益的维护，如此实非投保保险之本意。因此就保险合同之特质言，应以非要式合同定位为宜。从我国《保险法》的规定来看，依《保险法》第13条第1款前段所述，“投保人提出保险要求，经保险人同意承保，保险合同成立”，保险合同成立之时间，为被保险人同意承保并就条款内容达成协议之时，与保险单之作成与否无关，应属诺成合同而非要式合同。《保险法》第13条第1款后段规定，合同成立后，保险人应当及时向投保人签发保险单或其他保险凭证，并在保险单或其他保险凭证中载明当事人双方约定的合同内容。据此规定，保险单或凭证之制作，与契约之效力无关，只是契约内容之证明而已。

（七）保险合同是诺成合同

以合同成立条件为标准可将合同分为诺成合同和实践合同。所谓诺成合同，是指以缔约当事人意思表示一致为充分成立条件的合同，即一旦缔约当事人的意思表示达成一致即告成立的合同。所谓实践合同，是指除当事人意思表示一致以

---

〔9〕 参见魏华林主编：《保险法学》，中国金融出版社1998年版，第165页；徐卫东：《保险法论》，吉林大学出版社2000年版，第195页。

〔10〕 参见贾林青：《保险法》，中国人民大学出版社2014年版，第95页。

外尚需交付标的物才能成立的合同。在这种合同中仅有当事人的合意,合同尚不能成立,还必须有一方实际交付标的物的行为或其他给付,才能成立合同关系。

我国《保险法》第13条规定,“投保人提出保险要求,经保险人同意承保,并就合同的条款达成协议,保险合同成立。保险人应当及时向投保人签发保险单或者其他保险凭证,并在保险单或者其他保险凭证中载明当事人双方约定的合同内容”。按照该规定,只要投保人与保险人在平等自愿的基础上达成合意,即投保人提出保险要求,保险人审核投保人填写的投保单,认为符合投保要求的,向投保人表示同意接受其投保的意思表示,双方当事人意思表示一致,其间的保险法律关系形成,保险合同成立。由此可见,我国《保险法》确认保险合同为诺成性合同。至于投保人缴纳保险费,以及保险人向投保人签发保险单或者其他保险凭证等行为,是双方当事人在保险合同成立后履行约定的义务,而并不是保险合同的成立条件。

第二节　保险合同的分类

依据不同的标准,可以对保险合同作不同的分类。

一、财产保险合同和人身保险合同

依据保险标的的不同性质,保险合同分为财产保险合同和人身保险合同。这是保险合同的基本分类,我国《保险法》也予以明确规定。根据《保险法》第11条的规定,人身保险是以人的寿命和身体为保险标的的保险;财产保险是以财产及其有关利益为保险标的的保险。

(一)财产保险合同

财产保险合同以财产及其有关利益为保险标的,其适用目的在于补偿被保险人因保险事故而遭受的所保财产或利益的实际损失,被保险人只能从财产保险中获取保险补偿而不能谋取额外利益,故财产保险合同是补偿性合同,适用损失补偿原则。

我国《保险法》第95条规定了保险公司的业务范围,其中将财产保险业务分为财产损失保险、责任保险、信用保险、保证保险等。据此,财产保险合同包括财产损害保险合同、交通运输工具保险合同、货物运输保险合同、海上保险合同、农业保险合同、工程保险合同、责任保险合同、信用保险合同和保证保险合同。

(二)人身保险合同

人身保险合同以人的寿命或身体为保险标的,当被保险人发生死亡、伤残、疾病或生存到约定的年龄、期限时,保险人根据约定承担给付保险金责任。由于人的寿命或身体不能以货币价值来衡量,也难以用金钱评价其损失后果,故人身保险合同是给付性合同。这一特征主要体现在人寿保险合同中,保险人按照合同中约定的金额履行给付保险金的责任。

我国《保险法》第95条规定了保险公司的业务范围,其中将人身保险业务分为人寿保险、健康保险、意外伤害保险等。据此,人身保险合同包括:(1)人寿保险合同,即以被保险人的死亡或生存为保险事故的人身保险合同;(2)人身意外伤害保险合同,即以被保险人因遭受意外伤害造成死亡或残疾为保险事故的人身保险合同;(3)健康保险合同,即以被保险人因疾病需要医疗或造成残疾或收入损失等为保险责任的人身保险合同。

理论拓展 财产保险合同与人身保险合同之二分法,是坚守还是扬弃?[11]

我国《保险法》于1995年制定之初,之所以采纳了财产保险合同与人身保险合同的"二分法",实际上是受我国台湾地区保险立法及学说的影响。而以保险合同所承保的标的之性质为区分标准,将保险合同类型化为财产保险合同与人身保险合同,这种"二分法"仅仅是对近代保险业发展水平的一种朴素认知,因而不能不说是一种带有深刻历史烙印的传统分类。但伴随着保险业的不断发展,新型保险险种也日新月异,财产保险合同与人身保险合同之"二分法",除在形式上"仅具有认识论上的意义"之外,不仅对保险合同的权利义务规范并无任何实益,而且徒增法律理解和适用上的困扰。其中,典型的疑难问题是,意外伤害保险与健康保险中的"医疗费用性保险",到底是归入"寿险"还是归入"财险"?诸如此类问题,就成为困扰各国保险经营和法律适用的"悬案"。

保险合同法学说的现代发展,已经扬弃了对财产保险合同与人身保险合同之传统"二分法",进而演进为"损失填补(补偿)保险合同"与"定额给付保险合同"之现代"二分法"。现代"二分法"不再固守"以保险契约所承保标的之性质为区分标准"的传统观念,而改为"以保险契约之给付基础是否为经济上可得估计之损失为区分标准"的现代观念。从保险契约之给付基础来看,财产保险合同的保险人之给付基础与被保险人所遭受之"实际损失"密切相关:有损失,才补偿,无损失,不补偿;损失多少,补偿多少。也就是说,财产保险合同本质上是填补被保险人实际所遭受的损失——"损失补偿(填补)保险"。但是,从保险契约之给付基础的标准来衡量与"损失补偿保险"相对应的术语,就不应当是"人身保险",而应当是"定额给付保险"——缔约时约定多少保险金额,事故发生时就给付多少保险金,而不问被保险人实际所遭受多少损失。

"损失补偿保险合同"与"定额给付保险合同"之现代"二分法",并非是对"财产保险合同"与"人身保险合同"之传统"二分法"的彻底抛弃,而是在"对物的保

---

〔11〕 参见樊启荣:《保险法诸问题与新展望》,北京大学出版社2015年版,第5~9页。

险"与"对人的保险"这一传统认知框架下,为因应保险险种的多样化发展之需,在关于保险合同分类之认识论上所作的进一步抽象和升华。因为从保险合同之给付基础而论,财产保险合同之给付固然均为损失补偿性质;但人身保险合同之给付并非均为定额给付性质,而是既有定额给付性质又有损失补偿性质。由此可见,从概念的逻辑分类须满足"不相容性"的要求出发,"财产保险"与"人身保险"之"二分"区隔并非相互排斥,而是有所相容,逻辑上并不严谨。相反,"损失补偿保险"与"定额给付保险"之"二分"区隔则"非此即彼"、互不相容,逻辑上相当严谨。总之,"按因保险契约之特性有属共通性者,亦有属差异性者,就其差异性而言,以损失填补与定额给付最为明显,其亦直接导致保险契约之权利义务之差异,以此作为保险契约法上保险分类之标准,方能有效规范保险契约所生法律问题"。

二、定值保险合同和不定值保险合同

依据保险标的的价值确定与否,保险合同分为定值保险合同和不定值保险合同。由于人身保险合同的保险标的无法用金钱计算而不存在保险价值问题,故该种分类只适用于财产保险合同。

(一)定值保险合同

所谓定值保险合同,是指由双方当事人事先确定保险标的的实际价值,并将其载明于合同中,以此作为保险人确认保险责任依据的保险合同。我国《保险法》第55条第1款规定:"投保人和保险人约定保险标的的保险价值并在合同中载明的,保险标的发生损失时,以约定的保险价值为赔偿计算标准。"定值保险合同中,保险标的的保险价值事先已由双方确定,发生保险事故时无须再对保险标的的价值进行估价,赔偿金额以事先确定的保险价值为计算依据,如此,则使得赔偿金额的确定简单方便,同时也简化了理赔手续。

定值保险合同成立后,当保险事故造成保险标的损失时,会存在双方约定的保险价值高于或低于保险标的实际价值的情形,对此,除非保险人有证据证明投保人在约定保险价值时存在欺诈而解除保险合同或不负保险责任,否则保险人不得以保险标的的实际价值与双方约定的保险价值不相符为由拒绝承担保险责任。[12] 如果发生保险事故造成保险标的的全部损失,则无论保险标的实际损失如何,保险人均应支付合同所约定的保险金额的全部,而不必对保险标的重新估价;如果保险标的仅遭受部分损失,则只需按损失比例支付保险赔偿金额,同样也无须对保险标的重新估价。保险实务中,定值保险合同多适用于以某些不易确定价值的财产,如古玩、字画、船舶等,作为保险标的的财产保险合同。

(二)不定值保险合同

所谓不定值保险合同,是指双方当事人在订立合同时不预先确定保险标的的

---

〔12〕 参见贾林青:《保险法》,中国人民大学出版社2014年版,第105页。

保险价值,仅在保险事故发生后再行估计其价值而确定其损失的保险合同。我国《保险法》第55条第2款规定:“投保人和保险人未约定保险标的的保险价值的,保险标的发生损失时,以保险事故发生时保险标的的实际价值为赔偿计算标准。”

与定值保险合同预先确定保险价值不同,不定值保险合同并不预先确定保险标的的保险价值,而是仅约定保险金额,待保险事故发生时再估算保险价值。这就意味着,在保险事故发生后、确定赔偿金额时,不定值保险合同的保险人不仅要确定损失比例,还要确定保险事故发生时保险标的的实际价值,以实际价值作为保险赔偿金额的计算依据。对于实际价值的估算,通常以保险事故发生时保险标的的市场价格为标准来确定保险价值;在不易用市场价格确定保险价值的场合,也可用重置成本减折旧或其他估价方法。保险实务中,大多数财产保险均采用不定值保险合同的形式。

典型案例 陈永梁与中国人民保险公司阿荣旗支公司财产保险合同纠纷案〔13〕

陈永梁向人保阿荣旗支公司投保固定资产保险,被保险人为阿荣旗森利达木制品有限责任公司,保险金额为18万元。另外,陈永梁又以阿荣旗森利达木制品厂为被保险人与人保阿荣旗支公司签订保险单,约定保险金额为128万元。后位于同一地址的两家公司发生火灾。陈永梁起诉后,保险公司要求其补充提交受损机械设备的技术参数、型号等数据,但陈永梁认为保险公司没有在法定合理期限内对单证完整性进行审查,且陈永梁在诉前没有接到保险公司要求补充提交单证的通知。

本案的争议焦点为:(1)本案的保险合同性质是定值保险还是不定值保险?(2)保险公司是否存在延时理赔的问题?

裁判要旨如下:

1. 从本案所涉两份保险单约定来看,《个体工商业财产保险单》仅载明保险金额18万元。《财产保险基本险保险单》在“以何种价值投保”栏目写明“估价”“保险金额”128万元,并对附加险保险标的、费率、保险费作了约定。保险单中“以何种价值投保”中的“估价”并未对保险价值作出明确约定,因此本案应定性为不定值保险。本案保险合同条款文字按其文义不应引起争议或异议,也不存在两种以上解释从而适用有利于被保险人解释的前提。本案保险合同保险标的保险价值只能按照保险事故发生时保险标的实际价值确定。

2. 保险公司收到索赔申请后即委托公估公司进行现场查勘、损失鉴定等,并向陈永梁收集确认事故损失程度必需的各项资料,为客观所需。陈永梁未按保险公司要求提供受损机器设备技术参数、型号等资料导致损失程度无法确定。本案没

---

〔13〕 转引自最高人民法院发布的“与财产保险合同纠纷案件有关的10个典型案例裁判要旨汇总”(2016年新版)。

有得到及时赔偿原因在于本案保险标的损失价值无法确定，不适用保险人延迟理赔的规定。

【评析】

保险合同对保险价值有事先确定的为定值保险；否则为不定值保险。二者区别在于保险合同约定的保险事故发生后确定赔偿金额时，定值保险只需确定损失比例，而不定值保险不仅需确定损失比例，且必须确定事故发生时保险标的实际价值，以实际价值作为保险赔偿金额的计算依据。基于本案保险单中“以何种价值投保”中的“估价”并未对保险价值作出明确约定的事实，本案应定性为不定值保险。

三、单保险合同和复保险合同

依据投保人对于同一保险标的、同一保险利益、同一保险事故订立保险合同的数量，保险合同区分为单保险合同和复保险合同。单保险合同是指投保人对于同一保险标的、同一保险利益、同一保险事故，与一个保险人订立保险合同。复保险合同是指投保人对同一保险标的、同一保险利益、同一保险事故分别与两个以上保险人订立保险合同，且保险金额总和超过保险价值的保险合同。

（一）单保险合同

一般情况下，投保人与一个保险人订立单个保险合同即可满足其寻求保险保障的需求，故多数保险合同属于单保险合同。实务中，下列情形存在时，视为单保险合同：(1)投保人以同一保险标的、同一保险利益和同一保险事故，与一个保险人订立数个保险合同，各保险合同为单保险；(2)投保人以同一保险标的、同一保险利益和同一保险事故，与数个保险人订立一个保险合同，该保险合同为单保险；(3)投保人以不同的保险利益、同一保险事故，或者以同一保险利益、不同的保险事故，或者以不相重合的保险期间，与数个保险人分别订立保险合同，各保险合同为单保险。

（二）复保险合同

对复保险的界定，学理和立法例上有广义论和狭义论之争。广义论认为，复保险是指投保人对同一保险标的、同一保险利益、同一保险事故分别向两个以上保险人订立数份保险合同的保险，而不论该数份保险金额总和是否超出该保险标的的保险价值。《意大利民法典》、我国《澳门商法典》均采此立法例。狭义论认为，复保险是指投保人就同一保险标的、同一保险利益、同一保险事故向两个以上保险人订立数份保险合同，且该数份保险合同约定的保险金额总和超过保险标的的保险价值的保险。日本《商法》第 632 条第 1 款、德国《商法》第 787 条第 1 款、法国《保险合同法》第 30 条第 1 款及第 2 款、英国《海上保险法》第 32 条第 1 款，以及美国通说均采狭义说。

我国 2002 年《保险法》第 41 条规定了重复保险，采用广义说，即重复保险是指投保人对于同一保险标的、同一保险利益、同一保险事故分别向两个以上的保险人订立数个保险的合同行为。然而，法律之所以规范重复保险，原因在于防止被保险人在保险事故发生时，虽只受一个损害，却可以通过重复缔约而获得超过实际损失额的额外利益，从而避免违背保险法的损害补偿之原理。在投保人对同一保险标的、同一保险利益、同一保险事故分别向两个以上保险人订立数份保险合同的情形下，如果各保险合同的保险金额总和并未超过保险标的价值，则各个保险合同的保险人只就其承保部分在保险事故发生时按比例负保险赔偿的责任，此时被保险人不存在因获得重复的保险赔偿而不当得利的可能性，因此这一情形下的保险合同不应属于重复保险。

2009 年《保险法》对重复保险的概念加以修正，第 56 条第 4 款规定："重复保险是指投保人对同一保险标的、同一保险利益、同一保险事故分别与两个以上保险人订立保险合同，且保险金额总和超过保险价值的保险。"据此，复保险合同的构成应当符合以下条件：(1)保险标的同一，即复保险合同所涉及的各个保险合同的保险标的是相同的；(2)保险利益同一，即复保险合同的投保人对于同一保险标的具有相同的保险利益；(3)保险事故同一，即复保险合同所涉及的各个保险合同所承保的保险事故是同一的；(4)保险期间同一，即复保险合同所涉及的各个保险合同的保险期间完全重合；(5)存在两个以上保险人，即复保险合同的投保人分别与数个保险人签订保险合同，且数个保险人之间事先无约定；(6)保险金额总和超过保险标的价值，即复保险合同所涉及的各个保险合同的保险金额总和超过保险标的的价值。

关于复保险合同的法律效力，各国立法例有连带责任主义(如德国《保险合同法》第 59 条第 3 款)、比例分担主义(如法国《保险合同法》第 30 条及《海上保险法》第 13 条，瑞士《保险合同法》第 51 条、第 71 条)以及优先赔偿主义(如日本《商法》第 632 条、第 633 条，法国《商法》第 334 条第 3 款、第 359 条)三种模式。我国《保险法》第 56 条第 2 款规定："重复保险的各保险人赔偿保险金的总和不得超过保险价值。除合同另有约定外，各保险人按照其保险金额与保险金额总和的比例承担赔偿保险金的责任。"由此看来，我国采取比例分担主义原则，即复保险合同所涉及的各保险合同，不论为同时或异时，各保险人依照其保险金额与保险金额总和的比例，负分担赔偿的责任。如此可以防止投保人利用重复保险获得超额赔款，但其缺陷在于可能导致被保险人无法获得充分补偿。例如，当其中一个保险人破产或丧失清偿能力时，被保险人则可能无法获得这一保险人所应给付的保险赔偿金。对此，依据瑞士《保险合同法》第 53 条与第 70 条的规定，各保险人中有一保险人给付不能时，其分担额由其他保险人依上述比例分担。如此可避免比例分担主义立法例下部分保险人给付不能的缺陷。

关于复保险合同的适用范围，因其源自损失填补原则，故属于损失填补性质的财产保险可适用复保险合同的相关规范，此无争议。至于是否可适用于人身保险，则尚有争议。目前多数学者主张，部分人身保险也应当适用复保险规范。本书亦持此观点。就健康保险及伤害保险中限额型医疗费用给付之性质而言，其属于损失填补保险，因此也应有不当得利禁止原则的适用。就人寿保险、年金保险以及健康保险与伤害保险之死亡、伤残给付，属于“定额给付保险”的性质，被保险人因保险事故所受损害无法用金钱加以估算，因此不应有不当得利禁止原则的适用，也不应有复保险制度的适用。[14]

四、原保险合同和再保险合同

依据承担责任次序的不同，保险合同区分为原保险合同和再保险合同。

（一）原保险合同

原保险合同又称第一次保险合同，指保险人对被保险人因保险事故所致损害承担直接原始的赔付责任的保险合同。财政部《企业会计准则第25号——原保险合同》第2条第2款对原保险合同作了界定：“原保险合同，是指保险人向投保人收取保费，对约定的可能发生的事故因其发生所造成的财产损失承担赔偿保险金责任，或者当被保险人死亡、伤残、疾病或者达到约定的年龄、期限时承担给付保险金责任的保险合同。”判断保险人与投保人签订的合同是否属于原保险合同，应当在单项合同的基础上，根据合同条款判断保险人是否承担了保险风险。发生保险事故可能导致保险人承担赔付保险金责任的，应当确定保险人承担了保险风险。

（二）再保险合同

再保险合同也称分保合同，是指原保险合同的保险人，为了避免或者减轻其在原保险合同中承担的保险责任，将其承保危险的全部或者一部分再转移给其他保险人所订立的保险合同。[15] 亦即，保险人将其承担的风险和责任以分保形式部分转移给其他保险人。我国《保险法》第28条第1款规定：“保险人将其承担的保险业务，以分保形式部分转移给其他保险人的，为再保险。”财政部《企业会计准则第26号——再保险合同》第2条规定：“再保险合同，是指一个保险人（再保险分出人）分出一定的保费给另一个保险人（再保险接受人），再保险接受人对再保险分出人由原保险合同所引起的赔付成本及其他相关费用进行补偿的保险合同。”与原保险合同比较，再保险合同的特点有：

1. 再保险合同的主体双方均是保险人，即再保险分出人和再保险接受人。根据其经营的再保险业务和直接保险业务的比重不同，可以将再保险人分为专业的再保险人、再保险和直接保险业务共同经营的再保险人。再保险分出人以向再保险接受人交纳再保险费为代价，分出其承保危险的全部或部分，同时有权利就其由原保险合同所引起的赔付成本及其他相关费用从再保险接受人获得补偿的保险人。再保险合同订立之后，原保险人和再保险人应按照合同约定履行义务：一方面，原保险人应履行的义务包括通知义务、交付再保险费的义务、分保义务、防灾防损义

---

〔14〕 参见樊启荣：《保险法诸问题与新展望》，北京大学出版社2015年版，第307页。

〔15〕 参见贾林青：《保险法》，中国人民大学出版社2014年版，第104页。

务、不得对抗被保险人和再保险人、保密义务等;另一方面,再保险接受人则对其接受的再次转移的危险向再保险分出人承担相应的保险责任,其应履行的义务包括接受分保的义务、损失赔偿义务、保险费准备金提存的义务、再保险佣金支付义务、费用分摊和现金摊赔义务等。

2. 再保险合同是补偿性合同。再保险合同的保险标的是原保险保险人所承担的保险责任之部分或全部,不具有直接对原保险合同标的进行赔偿或给付的性质,而是以补偿再保险分出人就其由原保险合同所引起的赔付成本及其他相关费用为目的,因而属于补偿性合同。

3. 再保险合同独立于原保险合同。作为两种不同的危险转移方式,再保险合同与原保险合同是相互独立的两个合同,两者在法律上没有任何承继关系。对此,《保险法》第 29 条明确规定:"再保险接受人不得向原保险的投保人要求支付保险费",再保险合同的再保险接受人与原保险合同的投保人和保险受益人之间不发生任何法律或业务关系。同时,"原保险的被保险人或者受益人不得向再保险接受人提出赔偿或者给付保险金的请求","再保险分出人不得以再保险接受人未履行再保险责任为由,拒绝履行或者迟延履行其原保险责任。"

五、特定危险保险合同和一切危险保险合同

依照保险人承保危险的范围不同,保险合同区分为特定危险保险合同和一切危险保险合同。

(一)特定危险保险合同

特定危险保险合同是指保险人承保一种或数种特定危险的保险合同。此类保险合同中,保险人列举其所承保的危险,如战争险、盗窃险、地震险、火灾险等,保险人的保险责任范围限于所列举的自然灾害和意外事故,而列举之外的自然灾害和意外事故保险人均不负赔偿责任。其中,只列明承保一种危险的保险合同为单一危险保险合同;列明承保多种危险的保险合同,则为多种危险保险合同。保险实践中,特定危险保险合同在保险合同中居多,但保险人只承保一种危险的保险合同已日趋减少,多种危险保险合同日益增加。例如,保险人在签订火灾保险合同时,其承保范围已不再是局限于单一的火灾危险,而是不断扩大,基本上已发展成为承保多种自然灾害和意外事故,如雷电、地震、洪水、暴风雨、爆炸、自燃等危险的保险。

(二)一切危险保险合同

一切危险保险合同是指保险人承保合同列举的除外责任之外的一切危险的保险合同。此类合同中,保险人并不列举其所承保的具体危险,而是以除外责任条款或者责任免除条款确定其不承保的危险,凡未列入除外责任条款中的危险均属于保险人承保的危险范围。例如,中国太平洋财产保险股份有限公司的《建筑工程一切险条款》第 5 条规定:"在保险期间内,本保险合同分项列明的保险财产在列明的工地范围内,因本保险合同责任免除以外的任何自然灾害或意外事故造成的物质

损坏或灭失（以下简称‘损失’），保险人按本保险合同的约定负责赔偿。”一切危险保险合同为被保险人提供了较为广泛的保险保障，且在发生保险事故时，更便于判明责任，易于理赔。

六、自愿保险合同和强制保险合同

依据保险合同的订立是否出于当事人的自愿为标准，保险合同区分为自愿保险合同和强制保险合同。

（一）自愿保险合同

自愿保险合同是指经投保人和保险人自愿协商而订立的保险合同。自愿保险合同中的保险关系，是投保人和保险人自由决定、彼此合意后所成立的合同关系。投保人有权自行决定是否投保、向谁投保等，保险人相应地有权决定是否承保，换言之，当事人是否投保和承保，参加什么保险，保险合同的具体内容，完全由双方自愿自主决定，他人不得干涉。《保险法》也明确了平等自愿是保险合同订立的基本原则，其第 11 条规定，“订立保险合同，应当协商一致，遵循公平原则确定各方的权利和义务”，同时，“除法律、行政法规规定必须保险的外，保险合同自愿订立”。

（二）强制保险合同

强制保险合同又称法定保险合同，是指在法律规定一定范围内的社会成员必须投保而订立的保险合同。强制保险合同可分为两种情形：（1）确定特定范围内的保险人与被保险人的保险关系，即只要符合法律规定的条件，不论投保人是否履行了投保手续，或者交纳保险费或者履行续保手续，保险合同的效力在投保人和保险人之间依法当然发生法律效力。例如，《铁路旅客意外伤害强制保险条例》第 1 条规定：“凡持票搭乘国营、或专用铁路火车之旅客，均应依照本条例之规定，向中国人民保险公司投保铁路旅客意外伤害保险，其手续由铁路管理局办理，不另签发保险凭证。”（2）规定一定范围内的社会成员或财产都必须参加保险，并以此作为许可从事某项业务活动的前提条件。《道路交通安全法》第 17 条规定的国家实行机动车第三者责任强制保险制度就属于这一情形。

由于强制保险合同的订立不取决于当事人的意志而是为法律所强制，因此各国一般予以严格限制。我国《保险法》第 11 条明确规定，强制保险在法律、行政法规规定的范围内实施；法律、行政法规未作规定的，保险合同不得强制订立。

七、足额保险合同、不足额保险合同和超额保险合同

依据保险金额与出险时的保险价值对比关系，保险合同区分为足额保险合同、不足额保险合同和超额保险合同。保险金额是投保人和保险人约定的保险人于保险事故发生后应给付保险金的限额。由于人身保险合同的保险标的无价性，这一分类仅适用于财产保险合同。

（一）足额保险合同

足额保险合同是指保险金额与保险价值相等的保险合同。在足额保险合同的场合，保险事故发生造成保险标的全部损失时，保险人应依保险价值全部赔偿。

（二）不足额保险合同

不足额保险合同是指保险金额小于保险价值的保险合同。在不足额保险合同的场合，保险事故发生造成保险标的损失时，根据《保险法》第55条第4款的规定，除合同另有约定外，保险人按照保险金额与保险价值的比例承担赔偿保险金的责任。

（三）超额保险合同

超额保险合同是指保险金额超过保险价值的保险合同。由于超额保险极易诱发道德危险，所以各国的保险立法对超额保险合同均加以严格限制。我国《保险法》就明确规定保险金额不得超过保险价值。在超额保险合同的场合，保险事故发生造成保险标的损失时，根据《保险法》第55条第3款的规定，超过保险价值的，超过部分无效，保险人应当退还相应的保险费。

思考题

1. 保险合同具有哪些法律特点？
2. 保险合同有哪些分类？
3. 阐述人身保险合同的特点及险种。
4. 阐述财产保险合同的特点及险种。

第五章 保险合同的主体

导读

- 保险合同的主体是与保险合同发生直接或间接关系的人,包括保险合同的当事人、保险合同的关系人以及保险合同的辅助人。
- 保险合同当事人是与保险合同的订立和履行有直接关系的人。其中,保险合同的投保人是与保险人订立保险合同,并按照合同约定负有支付保险费义务的人;保险合同的保险人是经营保险事业的各种组织,在保险契约成立时,有保险费的请求权,在承保危险事故发生时,依其承保之责任,负赔偿义务之人。
- 保险合同的关系人是指出现在合同当中,与合同有经济利益关系,受合同的影响但没有参与合同订立的主体,包括被保险人和受益人。
- 保险合同的辅助人是在合同订立和履行过程中起着媒介、辅助作用的人,是协助保险合同的当事人签署、履行合同,并办理有关保险事项的人,包括保险代理人、保险经纪人和保险公估人。

第一节 保险合同的当事人

一、投保人

投保人,又称要保人,是指与保险人订立保险合同,并按照合同约定负有支付保险费义务的人。投保人可以是自然人、法人或其他组织。《保险法》第 7 条规定,在中华人民共和国境内的法人和其他组织需要办理境内保险的,应当向中华人民共和国境内的保险公司投保。

(一)投保人的资格

投保人作为保险合同的当事人之一,既可以是自然人,也可以是法人。投保人应当具备两个条件,即须有行为能力和保险利益。[1]

1. 投保人应具备相应的民事行为能力。投保人是保险合同的直接当事人,而订立保险合同是一种民事法律行为,故法律要求投保人必须具有民事行为能力,从而正确分析判断投保行为的性质和后果。而对投保人民事行为能力的衡量,则适用《民法通则》中关于公民/法人的民事行为能力的规定。因此,就自然人而言,投保人须为年满18周岁或16周岁以上,不满18周岁并以自己的劳动收入作为主要生活来源的公民,即须具有完全民事行为能力;10周岁以上的未成年人和不能完全辨认自己行为后果的精神病人是限制民事行为能力或无民事行为能力的人,不能成为投保人。就社会组织和团体而言,投保人须具有法人资格或法律认可的独立法律地位,方得为之。

2. 投保人对保险标的应具有保险利益。作为投保人的自然人或法人组织在投保时,应当对保险标的具有一定的经济利害关系。在人身保险合同中,为保护被保险人的利益,防范道德风险的发生,我国《保险法》第12条第1款规定,人身保险的投保人在保险合同订立时,对被保险人应当具有保险利益。《保险法》第31条第1、2款则明确列举了人身保险的保险利益之具体情形,即投保人对下列人员具有保险利益:本人;配偶、子女、父母;前项以外与投保人有抚养、赡养或者扶养关系的家庭其他成员、近亲属;与投保人有劳动关系的劳动者。此外,被保险人同意投保人为其订立合同的,视为投保人对被保险人具有保险利益。如果不具有上述保险利益,则订立合同时,投保人对被保险人不具有保险利益的,合同无效。在财产保险合同中,投保人对保险标的应当具有经济利益,且这一经济利益具有合法性、经济性和可确定性。如果保险事故发生时,被保险人对保险标的不具有保险利益的,不得向保险人请求赔偿保险金。

(二)投保人的权利和义务

1. 投保人的权利

(1)指定和变更受益人

人身保险合同中,投保人享有指定受益人的权利。德国《保险合同法》第159条规定:"在有疑问的情形下,投保人有权不经保险人同意指定第三人作为受益人或指定他人作为受益人"。我国《保险法》第39条第1款规定:"人身保险的受益人由被保险人或者投保人指定。"投保人可以指定一人或者数人为受益人。同时,投保人指定受益人时须经被保险人同意,未经被保险人同意的,根据《保险法司法解释(三)》第9条的规定,人民法院应认定指定行为无效。

---

[1] 对此,有我国台湾地区学者认为,要保人的资格须具备权利能力和保险利益两个条件。凡具有权利能力者,不论为法人或自然人;其为法人者,不论其为财团法人或是社团法人,均可以作为保险契约的要保人。至于民事行为能力是否作为条件,在所不同,原因在于无行为能力者可以由其法定代理人代理订立,限制行为能力人经法定代理人事先允许或事后承认,就可以自行订立保险契约。参见刘宗荣:《新保险法:保险契约法的理论与实务》,中国人民大学出版社2009年版,第54页。

对于人身保险的投保人指定受益人是否有权变更受益人，主要有两种立法例，即保留主义和直接主义。保留主义，即投保人或被保险人指定受益人时，必须同时声明保留其处分权，否则，一旦指定了受益人，投保人或被保险人就再无权变更受益人。采此立法例的国家主要有美国、法国、德国等。直接主义，即投保人或被保险人指定受益人后，除非明确声明放弃处分权，否则仍可以通过合同或遗嘱对已经指定的受益人直接进行变更。例如，我国台湾地区"保险法"第111条规定："受益人经指定后，要保人对其保险权益除声明放弃处分权者外，仍得以契约或遗嘱处分。"我国保险法采取的是直接主义，《保险法》第41条规定："被保险人或者投保人可以变更受益人并书面通知保险人。保险人收到变更受益人的书面通知后，应当在保险单或者其他保险凭证上批注或者附贴批单。"投保人或者被保险人变更受益人未通知保险人，保险人主张变更对其不发生效力的，人民法院应予支持。同时，为防范道德风险，保护被保险人的合法权益，投保人变更受益人时须经被保险人同意。未经被保险人同意的，人民法院应认定变更行为无效。如果投保人或者被保险人在保险事故发生后变更受益人，变更后的受益人请求保险人给付保险金的，人民法院也不予支持。

(2)请求复效

对于分期支付保险费的人身保险合同，投保人支付首期保险费后，除合同另有约定外，投保人自保险人催告之日起超过30日未支付当期保险费，或者超过约定的期限60日未支付当期保险费的，合同效力中止，或者由保险人按照合同约定的条件减少保险金额。同时，由于人身保险合同存续期间较长，为防止保险人仅因投保人未及时支付某期保险费而解除保险合同，《保险法》第37条确立了复效制度，即自合同效力中止之日起两年内，经保险人与投保人协商并达成协议，在投保人补交保险费后，合同效力恢复。如果这一中止期限届满，投保人仍未能就复效问题与保险人达成一致意见并补交保险费，保险人就有权解除保险合同。

根据《保险法》第37条的规定，复效需要"保险人与投保人协商并达成协议"，把能否复效的决定权交予保险人，剥夺了投保人申请复效的权利，使保险合同复效制度丧失了应有的功能。有鉴于此，《保险法司法解释(三)》第8条规定，投保人提出恢复效力申请并同意补交保险费的，保险人原则上应予恢复效力，除非被保险人的危险程度在中止期间显著增加。为防止保险人收到复效申请后长时间不作答复，《保险法司法解释(三)》第8条规定了保险人的答复时限，即保险人在收到恢复效力申请后，30日内未明确拒绝的，应认定为同意恢复效力。

(3)变更和解除合同

在保险合同有效期内，投保人和保险人可以协商变更合同内容。变更保险合同的，应当由保险人在保险单或者其他保险凭证上批注或者附贴批单，或者由投保人和保险人订立变更的书面协议。

为保护被保险人的利益，保险法禁止保险人随意解除保险合同，同时赋予投保人任意解除合同的权利，即投保人在保险合同成立后，可以随时要求解除合同，只要通知保险人即可，保险合同自通知到达时解除。《保险法》第15条规定："除本法另有规定或者保险合同另有约定外，保险合同成立后，投保人可以解除合同，保险人不得解除合同。"但是，如果对投保人的合同解除权不做任何限制，可能会损害保险人的利益，因此，我国《保险法》规定了投保人不得解除合同的情形主要有两种：一是货物运输保险合同和运输工具航程保险合同中，保险责任开始后，投保人和保险人均不得解除合同；二是海上保险合同的保险责任开始后，除合同另有约定外，保险责任开始后，被保险人和保险人均不得解除合同(《海商法》第227条)。

2. 投保人的义务

(1)给付保险费

作为保险人承担风险的代价，投保人应当依照保险合同约定支付保险费。我国《保险法》第14条规定，保险合同成立后，投保人按照约定交付保险费，保险人按约定的期间承担保险责任。保险费的作用在于把充当保险给付和经营费用的金额分摊给被保险人。从这个意义上说，保险费是关系到保险性质的重要因素，无保险费则无保险可言。[2] 通常情况下，保险费包括两个部分，即纯保费和附加保费。前者是备作保险事故发生给付保险金之用，根据危险率计算；后者则为各种营业费用、资本利息或预计的利润等；二者相加，即为保险费。

对于保险费的支付方式，保险法没有明确规定。一般认为，投保人应当按照保险合同约定的支付方式将保险费交付保险人。[3] 具体到保险费的交付方式，有一次支付和分期支付两种。一次支付是指一次性付清全部保费，分期支付是指将保险合同的期间划分为几个交费期间，每一个期间交付一定的金额。

财产保险的保险费，大多一次支付。经双方特别约定，也可以分期支付。保险合同成立后，投保人对于一次交付或第一期保险费迟延给付时，保险人可以诉讼方式请求交付或解除合同，而不影响合同的效力。保险合同不以保险费的交付为生效要件，但保险合同当事人在订立保险合同时，约定以一次交付或第一期保险费的交付为合同生效要件的例外。在约定以分期方式交付保险费的财产保险中，陆续到期的保费即为确定的债务，投保人对之有履行的义务。陆续到期的保险费未交付的，保险人可以诉讼方式请求交付，且投保人须负迟延支付的责任，但不影响合同的效力。

人身保险的保险费，大多都以分期方式交付。第一期保险费未付的效果应和财产保险第一期或一次交付保险费未付的效果相同，不再赘述。至于第二次以后分期保险费到期未交付的效果，由于人寿保险保险费兼具有储蓄的性质，为保护投

---

〔2〕 参见[日]园乾治：《保险总论》，李进之译，中国金融出版社1983年版，第87页。

〔3〕 See Mac Gillivray, on Insurance Law, 9th ed. London Sweet and Maxwell, 1997, pp. 155－156.

保人或被保险人，避免因一期保费未付而丧失以前所缴保费所产生的利益，《保险法》第36条规定："合同约定分期支付保险费，投保人支付首期保险费后，除合同另有约定外，投保人自保险人催告之日起超过三十日未支付当期保险费，或者超过约定的期限六十日未支付当期保险费的，合同效力中止，或者由保险人按照合同约定的条件减少保险金额"；同时第37条规定："合同效力依照本法第三十六条规定中止的，经保险人与投保人协商并达成协议，在投保人补交保险费后，合同效力恢复。但是，自合同效力中止之日起满二年双方未达成协议的，保险人有权解除合同。"

典型案例　云南福运物流有限公司诉中国人寿财产保险股份有限公司曲靖中心支公司财产损失保险合同纠纷案〔4〕

2011年8月16日下午5时36分，福运公司人员采用手机电话投保汽车公路运输货物，人寿财保曲靖公司的业务员用笔记录了口述投保内容，后又作了补录。当天22时35分案涉车辆发生保险事故。第二天，福运公司填写投保单。投保单特别约定："投保人应当在保险合同成立时交付保险费。保险费未交清前发生的保险事故，保险公司不承担保险责任"，并在投保单中明确保险人已履行格式条款说明义务。福运公司在这一天交付第一笔涉案保险费。2011年8月18日，人寿财保曲靖公司向福运公司出具保险单。2011年8月30日，福运公司与人寿财保曲靖公司签订《赔偿协议书》，保险公司同意赔付498800元。

本案的争议焦点为：(1)保险公司是否违反应及时签发保险单的义务？(2)投保单上的关于"投保人应当在保险合同成立时交付保险费。保险费未交清前发生的保险事故，保险公司不承担保险责任"是否为保险合同中附生效条件的约定？(3)依约保险公司不应承担保险责任，但却以《赔偿协议书》确认赔偿金额，保险公司是否还可主张因合同存在欺诈、显失公平等情形而要求撤销合同？

裁判要旨如下：

1. 本案电话投保时，因接近下班时间，没有出单。虽然依据法律规定，保险公司应及时向投保人签发保险单或者其他保险凭证，但没有明确限定具体的时间，而双方当事人对此也没有相应的约定。所以不能由此认定人寿财保曲靖公司违反了法定或约定义务而要承担没有及时签发保险单的责任。

2. 保险费是被保险人获得保险保障的对价，根据《保险法》第13条第3款的规定，本案福运公司向保险公司投保所提交的投保单上关于"投保人应当在保险合同成立时交付保险费。保险费未交清前发生的保险事故，保险公司不承担责任"的约

---

〔4〕 转引自最高人民法院发布的"与财产保险合同纠纷案件有关的10个典型案例裁判要旨汇总"(2016年新版)。

定属于附生效要件的合同。故保险人对投保人保险费交纳前所发生的损失不承担赔偿责任。

3. 本案双方当事人达成的《赔偿协议书》是双方对财产损害赔偿金额的自认,是真实意思表示,是有效的民事法律行为。虽然双方当事人均提出撤销《赔偿协议书》,但均未对可撤销的理由提出相关证据。根据《民法通则》第57条的规定,双方当事人应受该协议的约束。

【评析】

本案中,福运公司人员采用手机电话投保汽车公路运输货物,人寿财保曲靖公司的业务员用笔记录了口述投保内容,后又作了补录,此行为即是保险人的同意承保。其后,保险人向投保人出具了保单,且开具了收取保险费的发票。因此,双方当事人签订的保险合同是成立的。同时,基于投保单上的特别约定,本案中的保险合同属于附生效要件的合同。

(2)如实告知的义务

订立保险合同时,保险人可以就保险标的或被保险人的有关情况提出询问,投保人应当如实告知。德国《保险合同法》第19条规定:“在订立保险合同之前,对于保险人以书面方式询问的对其决定订立保险合同有重要影响的事实,投保人应当向保险人如实告知。”我国《保险法》第16条规定,投保人故意隐瞒事实,不履行如实告知义务的,或者因过失未履行如实告知义务,足以影响保险人决定是否同意承保或者提高保险费率的,保险人可以解除保险合同。投保人故意不履行如实告知义务的,保险人对于合同解除前发生的保险事故,不承担赔偿或者给付保险金的责任,并不退还保险费。投保人因重大过失未履行如实告知义务,对保险事故的发生有严重影响的,保险人对于合同解除前发生的保险事故,不承担赔偿或者给付保险金的责任,但应当退还保险费。所谓严重影响,即投保人未告知的事项与保险事故的发生有必然的因果关系,或者虽然没有必然因果关系,但有间接的因果关系、密切的联系等,也应属于“对保险事故的发生有严重影响”之列。此外,保险人在合同订立时已经知道投保人未如实告知的情况的,保险人不得解除合同;发生保险事故的,保险人应当承担赔偿或者给付保险金的责任。

(3)危险增加的通知义务

保险标的多处于投保人或被保险人的控制之下,投保人或被保险人往往能够知悉风险变动情况或者在一定程度上控制风险。由于保险人并不对保险标的进行及时的控制和管理,在保险标的的风险发生变动时,往往很难知悉。保险标的的风险发生变动,主要是指保险标的危险程度增加,即保险责任范围内的灾害事故发生的可能性增加,且这种危险程度增加的情形是合同当事人订立合同时没有预料到的。而危险程度的增加,须具备重要性、持续性以及不可预见性三项要素:其一,重要性。保险标的的危险状况发生变动的情况必须对保险人是否增加保险费率或者是否解除保险合同产生重大影响，否则不构成重要性特征。其二，持续性。危险增加时，危险状况的改变必须不间断地持续一段期间。如果危险状况改变后立即促使保险事故发生，就属“保险事故发生的促成”，而非危险增加；如果危险状况只是一时的改变，继而又恢复原状的，亦非危险增加。其三，不可预见性。当事人在订立保险合同时并未预见到危险的变动状况，也未将危险的增加计入保险费，否则，由于危险状况的改变并不影响其对价平衡，故不属于“危险增加”的情形。

危险增加的通知义务是指在保险合同的有效期内，保险标的危险程度增加的，投保人或被保险人应依照合同规定及时通知保险人，保险人有权要求增加保险费或者解除合同。投保人或被保险人未履行该通知义务的，保险标的因危险程度增加而发生的保险事故，保险人不承担赔偿责任。对此，日本《合同法》第29条规定：“在损害保险契约缔结后发生危险增加的情形下，即使将保险费变更为增加后的危险相对应之金额从而该损害保险契约得以存续，保险人在满足下列所有要件的情形下依然可以解除该损害保险契约：一、该损害保险契约规定，涉及该危险增加的告知事项的内容发生变更时投保人或被保险人应及时通知保险人；二、投保人或被保险人由于故意或重大过失未能履行前项之通知的。”《意大利民法典》第1898条规定：“保险人如果在缔约时知道情况变化就不会同意保险或在提高保险费的条件下同意保险的，投保人有义务将风险增大的变化立即通知保险人。”我国澳门地区《商法典》第979条规定：“一、投保人应于知悉风险增大后八日内或约定之其他期限内，以完整及明确方式将一切于合同生效期间发生或知悉之风险增加之情况通知保险人……”我国台湾地区“保险法”第59条也规定了危险增加之通知义务：“要保人对于保险契约内所载增加危险之情形应通知者，应于知悉后通知保险人。危险增加，由于要保人或被保险人之行为所致，其危险达于应增加保险费或终止契约之程度者，要保人或被保险人应先通知保险人。危险增加，不由于要保人或被保险人之行为所致者，要保人或被保险人应于知悉后十日内通知保险人。危险减少时，被保险人得请求保险人重新核定保费。”

我国《保险法》第52条第1款规定：“在合同有效期内，保险标的的危险程度显著增加的，被保险人应当按照合同约定及时通知保险人，保险人可以按照合同约定增加保险费或者解除合同。保险人解除合同的，应当将已收取的保险费，按照合同约定扣除自保险责任开始之日起至合同解除之日止应收的部分后，退还投保人。”对于违反危险增加通知义务的后果，《保险法》第52条第2款规定：“被保险人未履行前款规定的通知义务的，因保险标的的危险程度显著增加而发生的保险事故，保险人不承担赔偿保险金的责任。”

典型案例 上海腾发建筑工程有限公司与中国太平洋保险股份有限公司上海分公司保险合同纠纷上诉案[5]

上诉人(原审原告):上海腾发建筑工程有限公司(以下简称腾发建筑公司)。

被上诉人(原审被告):中国太平洋财产保险股份有限公司上海分公司(以下简称太平洋保险公司)。

腾发建筑公司为其名下的一辆起重吊车向太平洋保险公司投保了车辆损失险、第三者责任险和无过失责任险,保险期限为2003年8月7日至2004年8月7日。其中有关被保险人的义务规定:在保险合同有效期内,保险车辆变更用途或增加危险程度,被保险人应当事先书面通知保险人并申请办理批改,被保险人不履行此项规定的义务,保险人有权拒绝赔偿或自书面通知之日起解除保险合同。2003年9月,案外人某弹跳设备有限公司租用腾发建筑公司的起重吊车,用于某次大型游艺娱乐活动中的高空弹跳娱乐项目,即"蹦极"。同月27日,因腾发建筑公司工作人员操作不慎,造成案外人沈某在蹦极中快速下落而致残。法院判决腾发建筑公司向沈某承担医疗、伤残及抚慰金等各项费用54万元。嗣后,腾发建筑公司就上述款项向太平洋保险公司索赔遭拒,遂提起诉讼。

一审法院认为:根据保险合同约定,保险车辆用途变更或危险程度增加,被保险人应当事先书面通知保险人,并申请办理批改。被保险人如不履行此项义务,保险人有权拒赔。腾发建筑公司改变保险车辆用途,致使保险标的危险程度增加,并因此发生了人员伤亡事故。太平洋保险公司根据合同约定及《保险法》的规定拒绝为腾发建筑公司作出赔偿,并无不当。据此判决:驳回腾发建筑公司的诉讼请求。

腾发建筑公司不服原审判决,上诉称:保险合同中未明确约定系争吊车的使用范围,系争吊车租赁给他人用于"蹦极"活动,未增加危险程度。请求撤销原审判决,改判支持其原审诉请。

二审法院经审理后认为:

1. 关于腾发建筑公司将系争吊车用于"蹦极"活动是否属于变更用途的问题。鉴于保险合同中未对系争吊车的用途作特别约定,故应按通常理解予以解释。(1)根据《现代汉语词典》的解释,吊车是指提起或移动重物用的机器。同时,根据我国《特种设备安全监察条例》的规定,起重机械是指用于垂直升降或者垂直升降并水平移动重物的机电设备。从上述定义分析,在我国吊车的用途显然不包括"蹦极"活动。(2)根据我国国家质量监督检验检疫总局颁布的《特种设备目录》规定,系争吊车属于该目录中的起重机械类,而高空蹦极设施属于该目录中的大型游乐设施类(大型游乐设施是指用于经营目的,承载乘客游乐的设施)。由此可见,将系争吊车用于"蹦极"活动,应属于用途的变更。

---

[5] 转引自上海市第二中级人民法院(2006)沪二中民三(商)终字第146号判决书。

2. 关于腾发建筑公司将系争吊车用于“蹦极”活动是否属于危险程度增加的问题。本案系争的吊车和高空蹦极设施都属于特种设备，现腾发建筑公司将用于移动重物的吊车变更用途为人员蹦极等娱乐活动，其危险程度和危险范围均明显增加。

3. 保险合同关系中要求当事人的行为符合最大诚信原则，即当事人要向对方充分、准确地告知有关保险的所有重要事实。

腾发建筑公司作为特种设备的使用者，具有较高的专业知识和注意义务，其未履行通知义务，故保险公司根据保险合同约定及保险法规定，拒绝承担赔偿责任，符合最大诚信原则。

综上所述，上诉人腾发建筑工程有限公司的上诉理由均不成立，本院不予支持。原判认定事实清楚，适用法律正确，审判程序合法，应予维持。依据《中华人民共和国民事诉讼法》第 153 条第 1 款第 1 项之规定，判决如下：驳回上诉，维持原判。

【评析】

本案焦点在于对危险增加通知义务的理解。法律课以被保险人危险增加通知义务之法理基础，在于民法上的公平原则以及合同法上的情事变更原则与对价平衡原则。

(4) 保险事故发生时的通知义务

为使保险人得以迅速展开对损失的调查，不致因调查迟延、丧失证据而影响责任的确定，也便于保险人及时协助被保险人抢救被保险财产，不至于扩大损失，且可使保险人有准备赔偿或给付保险金的时间，投保人、被保险人或者受益人知道保险事故发生后，应当通知保险人。《意大利民法典》第 1913 条规定，被保险人应当自保险事故发生或被保险人知道保险事故发生的 3 日内，向保险人或有缔约权限的保险代理人发出保险事故发生的通知；而有关牲畜死亡的保险，通知应当在 24 小时内发出。我国台湾地区“保险法”第 58 条规定，要保人、被保险人或受益人，遇有保险人应负保险责任之事故发生，除本法另有规定，或契约另有订立外，应于知悉后 5 日内通知保险人。我国《保险法》第 21 条规定了保险事故发生后及时通知的义务及其后果：“投保人、被保险人或者受益人知道保险事故发生后，应当及时通知保险人。”

履行通知义务时，一方面，通知的内容应当是保险人承担保险责任范围内的保险事故，而不是保险责任范围之外的其他事故，也就是保险事故发生和造成损失的情况，具体包括出险时间、地点、原因、受损标的的种类、范围及损失程度等；另一方面，通知应当及时，为有利于保险人及时勘查现场、核定损失和确定责任，法律应对投保人、被保险人或者受益人履行通知义务的时间提出基本要求，即要求及时通知。

如果投保人、被保险人或受益人因故意或重大过失未及时通知，应承担相应后果。《意大利民法典》第1915条规定:“被保险人恶意不履行通知义务或施救义务,丧失赔款请求权。如果被保险人因其过错而未履行上述义务,保险人有权根据因此所受损失的情况减少损害赔偿金。”我国《保险法》第21条则规定:“故意或者因重大过失未及时通知,致使保险事故的性质、原因、损失程度等难以确定的,保险人对无法确定的部分,不承担赔偿或者给付保险金的责任,但保险人通过其他途径已经及时知道或者应当及时知道保险事故发生的除外。”

(5)提供证明、资料的义务

保险事故发生之后,保险人为确定保险事故是否发生以及发生的原因及赔偿范围或保全其代位权等所需的资料,应由投保人、被保险人或受益人负责提供或举证。保险的最终目的是受损时能得到补偿,因此索赔成功有赖于及时地把保险事故发生的时间、地点和原因以及有关的保险单证的号码、保险标的、保险期限等事项一并告知保险人,特别是应当向保险人提供其所能提供的与确认保险事故的性质、原因、损失程度等有关的证明和资料;而且这些证明和资料应当是真实、准确和完整的,如果保险人依照保险合同的约定,认为投保人、被保险人或者受益人提供的有关证明和资料是不完整的,应当通知其补充提供,以便保险人迅速调整核实确认保险事故,做好理赔工作。德国《保险合同法》第31条第1款规定:“保险事故发生之后,保险人可以要求投保人或被保险人提供确定保险事故发生或者保险人责任范围的全部必要资料。”我国《保险法》第22条第1款规定:“保险事故发生后,按照保险合同请求保险人赔偿或者给付保险金时,投保人、被保险人或者受益人应当向保险人提供其所能提供的与确认保险事故的性质、原因、损失程度等有关的证明和资料。”保险人按照保险合同的约定,认为有关的证明和资料不完整的,应当及时一次性通知投保人、被保险人或者受益人补充提供有关的证明和资料。

(6)维护保险标的安全的义务

尽管被保险人可以在财产遭受损失时,获得保险人给付的保险金从而得到经济补偿,但是,保险不能完全避免和挽回由保险事故造成的生产停顿和生活干扰,且社会财富终究会由于保险事故的发生而减少。因此维护保险标的的安全,防止灾害事故的发生,对于被保险人和保险人双方的利益,具有重要意义。

根据《保险法》第51条的规定,第一,被保险人维护保险标的安全的义务,即被保险人应当遵守国家有关消防、安全、生产操作、劳动保护等方面的规定,维护保险标的的安全。第二,保险人有检查权和建议权,即保险人可以按照合同约定对保险标的的安全状况进行检查,及时向投保人、被保险人提出消除不安全因素和隐患的书面建议。第三,保险人有要求增加保险费的权利和解约权,即投保人、被保险人未按照约定履行其对保险标的安全应尽的责任的,保险人有权要求增加保险费或者解除合同。第四,保险人采取安全预防措施的权利,即保险人为维护保险标的的安全,经被保险人同意,可以采取安全预防措施。

典型案例 **中国人民财产保险股份有限公司天津经济技术开发区支公司与上海未来岛投资置业有限公司等保险人代位求偿权纠纷上诉案**〔6〕

施耐德电气公司与未来岛投资公司签订租赁合同,与未来岛管理公司签订物业管理合同。另外,施耐德电气公司向人保投保一切险、利润损失险等。后案涉物流仓库发生火灾,人保赔付后代位施耐德电气公司向未来岛投资公司、未来岛管理公司行使侵权赔偿请求权。

本案的争议焦点为:(1)火灾的起因和责任?(2)租赁的厂房发生火灾的,保险公司赔付后认为业主对其管理人未尽到监督提醒义务致事故发生的,保险公司可否向其要求赔偿?

裁判要旨如下:

1. 未来岛管理公司的行为通常足以导致起火并蔓延成灾,所以其行为与此次火灾之间存在相当的因果关系,应承担侵权赔偿责任。起火系由施耐德电气公司自制灯具改变照明电路、在灯具下方堆放易燃物以及吉汇公司电工违规关启电源总闸共同导致。虽然缺少其中任一行为,均不会导致起火,但当三行为共同存在并相互结合后,就成为此次起火充分且必要的条件。按常理和一般知识经验,仓库是危险物、易燃物高度集中的场所,未来岛管理公司未依约将消防喷淋设施设置于自动挡、派遣不具备消防资质的人员值班的行为虽不会单独导致火灾的发生,但有了上述行为通常足以导致起火并蔓延成灾,所以可以认定上述行为与此次火灾之间存在相当的因果关系。未来岛管理公司应对火灾所生损失承担侵权赔偿责任。

2. 施耐德电气公司改变照明电路并在照明灯具下方堆放易燃物等行为,遇到上方电气故障坠落的火种,引起燃烧蔓延扩大,对损害的发生负间接责任,依法应减轻侵权人的赔偿责任。业主未来岛投资公司对物业所有设施负有安全、维护、保养、维修、管理责任,应当是全面的。其对承租人造成的安全隐患,未能及时检查到或者放任,也是存在过错的。

因此,未来岛投资公司为诉争仓库电气、消防设施设备维修保养的法定义务人,其未尽注意、提醒和督促等管理、监督义务,对火灾发生负有直接责任和领导责任,应当承担连带责任。

【评析】

本案中,施耐德电气公司改变照明电路并在照明灯具下方堆放易燃物等行为,增加了火灾发生的可能,对损害的发生也有过错,其未尽到维护保险标的安全的义务。

---

〔6〕 转引自最高人民法院发布的"与财产保险合同纠纷案件有关的10个典型案例裁判要旨汇总"(2016年新版)。

二、保险人

保险人，又称为承保人，是指经营保险事业的各种组织，在保险合同成立时，有保险费的请求权，而在保险事故发生时负赔偿义务之人。我国《保险法》第10条规定："保险人是指与投保人订立保险合同，并按照合同约定承担赔偿或者给付保险金责任的保险公司。"

（一）保险人应具备的条件

1. 必须是依法成立的保险经营组织

保险业具有风险性、负债性、广泛性和保障性等特征，"责任繁重，影响国民经济较大"，[7]因此立法对保险人的资格加以限制。我国《保险法》第6条规定，保险业务由依照本法设立的保险公司以及法律、行政法规定的其他保险组织经营。其他单位和个人不得经营商业保险业务。也就是说，只有依照《保险法》的有关规定被批准设立的保险公司以及其他依法设立的保险组织，才有资格从事保险业务经营活动；依照《保险法》设立的保险公司以及其他依法设立的保险组织以外的任何自然人、法人和其他组织都不准经营保险业务；除法律另有规定外，保险公司以及其他依法设立的保险组织不准经营商业保险以外的其他业务。

2. 必须在核准的经营范围内经营业务

我国《保险法》第95条第3款规定，保险公司应当在国务院保险监督管理机构依法批准的业务范围内从事保险经营活动。其中，保险公司的业务范围包括人身保险业务、财产保险业务以及国务院保险监督管理机构批准的与保险有关的其他业务。保险人不得兼营人身保险业务和财产保险业务。但是，经营财产保险业务的保险公司经国务院保险监督管理机构批准，可以经营短期健康保险业务和意外伤害保险业务。

（二）保险人的权利

1. 收取保险费

保险合同中，被保险人提供的代价通常是金钱，一般称为保险费。[8] 保险费（insurance premium）是指被保险人参加保险时，根据保险人确定的保险费率（premium rate），按合同约定向保险人支付的费用。投保人按约定方式缴纳保险费是保险合同生效的条件。当保险财产遭受灾害和意外事故造成全部或部分损失，或人身保险中人身发生意外时，保险人给付保险金。

计算保险费的影响因素有保险金额、保险费率及保险期限。保险费的数额同保险金额的大小、保险费率的高低和保险期限的长短呈正比关系，即保险金额越大，保险费率越高，或保险期限越长，则应缴纳的保险费就越多。其中任何一个因素

---

〔7〕 参见梁宇贤：《保险法新论》，中国人民大学出版社2004年版，第38页。

〔8〕 参见[英]Malcolm A. Clarke：《保险合同法》，何美欢、吴志攀等译，北京大学出版社2002年版，第303页。

的变化，都会引起保险费的增减变动。

2. 变更和解除合同

保险合同依法成立后，具有法律约束力。当事人双方都应当遵守并全面履行合同所规定的义务。任何一方非依法律、未经对方当事人同意，不得变更保险合同。但投保人和保险人可以协商变更合同内容。变更保险合同的，应当由保险人在保险单或者其他保险凭证上批注或者附贴批单，或者由投保人和保险人订立变更的书面协议。

保险合同成立后，保险人承担着保险合同所规定的风险，也承担着出险时的赔付责任。保险人原则上不能解除保险合同。只有在法律规定的原因出现时或者合同约定的条款成就时，保险人方可依法行使解除权，使既存的保险合同关系终止。所谓"法律规定"，主要是指在保险法中规定的，因投保人的违约或违法行为，保险人享有保险合同解除权的情形。例如，投保人违反如实告知义务、投保人（被保险人）违反特约条款、违反危险增加通知义务、投保人（被保险人）违反维护标的安全的义务、骗取保险金给付、故意制造保险事故、误报年龄超过限制、效力中止的保险合同逾法定期间、保险标的发生部分损失的等。"另有约定"，则是指当事人在不违反法律强制规定或公序良俗的前提下，可以在合同中任意约定，基于一定事由的发生，一方或双方可以解除合同。

（三）保险人的义务

1. 保险人的赔付义务

保险人的首要义务是赔付义务，即在保险事故发生后，保险人应当依照保险合同的规定对被保险人的损失予以赔偿，或向受益人支付保险金。在接到保险事故发生的通知后，保险人为履行其保险合同的赔偿义务，有调查及确定理赔范围的必要，以确定赔偿金额。否则在赔偿金额不确定的情况下，保险人无从履行保险赔偿金给付的义务。故根据我国《保险法》第 23 条的规定，保险人收到被保险人或者受益人的赔偿或者给付保险金的请求后，应当及时作出核定；情形复杂的，应当在 30 日内作出核定，但合同另有约定的除外。30 日系保险赔偿金额确定的期限。核定后，保险人应当将核定结果通知被保险人或者受益人。

在保险金额确定之后，基于避免保险人拖延给付，保护被保险人利益，同时兼顾保险人需要一定时间筹集保险金额的考虑，在与被保险人或者受益人达成赔偿或者给付保险金的协议后 10 日内，保险人应履行赔偿或者给付保险金义务。同时，如果保险合同对赔偿或者给付保险金的期限有约定的，保险人应当按照约定履行赔偿或者给付保险金义务。保险人的给付义务是保险人的基本义务。保险人未及时履行前款规定义务的，应当承担合同违约的责任。除支付保险金外，应当赔偿被保险人或者受益人因此受到的损失。

此外，保险法还规定了"先予给付"制度。在赔款未决，即保险人难以确定赔偿或者给付保险金数额的情形下，保险人自收到赔偿或者给付保险金的请求和有关证明、资料之日起60日内,应当根据已有证明和资料可以确定的数额先予支付。先予给付的数额一般只是应当给付被保险人或者受益人的一部分。保险人最终确定赔偿或者给付保险金的数额后,应当支付相应的差额。

2. 承担必要的合理费用

保险事故发生后,其造成的损失大小通常与事故的发展有密切关系。因此,各国保险法均规定被保险人应当承担必要的合理费用。

(1)施救费用。保险事故发生时,善意的投保人或被保险人会设法防止或减轻损失。这种行为表现,就其主观意识而言应受保险制度的鼓励及保护,且客观上不仅对被保险人有利,保险人也同时受益。因此,保险法规定,此种行为所产生的费用应当由保险人负责偿还,且独立于保险赔偿之外。我国《保险法》第57条第2款就规定,保险事故发生后,被保险人为防止或者减少保险标的的损失所支付的必要的、合理的费用,由保险人承担;保险人所承担的费用数额在保险标的损失赔偿金额以外另行计算,最高不超过保险金额的数额。

(2)损失勘查的费用。保险标的发生保险事故时,为确定保险人应当承担的保险责任和赔偿金额,必须对保险事故的原因、性质及保险标的损失程度、损失数量及价值进行调查和认定。一般由保险人与被保险人直接协商处理,或者在双方不能就上述内容达成一致意见时,可以聘请有关的技术专家或评估鉴定机构的技术人员进行专业调查和评估。上述费用均应由保险人承担。我国《保险法》第64条规定,保险人、被保险人为查明和确定保险事故的性质、原因和保险标的的损失程度所支付的必要的、合理的费用,由保险人承担。

(3)责任保险的仲裁或诉讼费用。责任保险中,被保险人就有关赔偿责任开始的任何诉讼或者仲裁,应当及时书面通知保险人,并提供必要的材料、资料;保险公司从其自身利益考虑,应当积极参加有关被保险人的赔偿责任的仲裁或者诉讼。保险人以被保险人的名义参与诉讼的,取得被保险人享有的一切抗辩权,被保险人应将其一切权利移转保险人并提供一切协助。如有第三人应当对被保险人的损害负赔偿责任的,被保险人还应当将请求损害赔偿的权利转让给保险人,并协助保险人向第三人追偿。

对于责任保险中争议处理费用的承担,由于被保险人的责任诉讼或者仲裁关系保险人的切身利益,保险人控制着被保险人的赔偿责任的承担,其应当承担有关被保险人的赔偿责任的诉讼或者仲裁费用以及其他必要费用。《保险法》第66条规定,责任保险的被保险人因给第三者造成损害的保险事故而被提起仲裁或者诉讼的,被保险人支付的仲裁或者诉讼费用以及其他必要的、合理的费用,由保险人承担。但是,如果责任保险合同中已约定该费用由被保险人自行承担,则保险人承担此项诉讼费用的义务可以免除。

3. 保密义务

在办理保险业务过程中,保险人、再保险接受人能够知悉大量的有关投保人、被保险人和再保险人分出人的业务、财产状况、收入水平、身体健康状况、生理特征等情况。这些情况都可能涉及投保人、被保险人、再保险分出人的商业秘密、个人隐私以及其他不愿公开的事项等。因此,为了保护投保人、被保险人或再保险分出人的合法权益,同时促进良好的保险业职业道德的形成,《保险法》第116条规定,保险公司及其工作人员在保险业务活动中不得泄露在业务活动中知悉的投保人、被保险人的商业秘密。

4. 返还解约金

(1)投保人解除合同时返还保险费。保险合同解除时,保险人负有退还保险费或保险单现金价值的义务。保险责任开始前,除法律明文规定不能解除合同的之外,投保人可以要求解除合同,保险人不得拒绝。此时,投保人应当按照合同约定向保险人支付手续费,保险人应当退还保险费。保险责任开始后,如果保险事故发生,双方应当依据合同办理保险索赔和理赔事宜,不涉及保险费的退还问题。如果保险事故尚未发生的,投保人要求解除合同的,保险人应当将已收取的保险费,按照合同约定扣除自保险责任开始之日起至合同解除之日止应收的部分后,退还投保人。对于人身保险合同解除后的退费处理,我国《保险法》规定,投保人解除合同的,保险人应当自收到解除合同通知之日起30日内,按照合同约定退还保险单的现金价值。

(2)保险人在风险不存在时返还保险费。在投保人善意并无重大过失的情况下,如果保险人于订立保险合同已知悉无发生保险事故的可能性时,无权请求给付保险费,已收取的保险费应当返还。

(3)保险人知道投保人无保险利益而承保应退还保险费。如果保险人明知投保人无保险利益仍然承保,则保险人应在风险发生之前返还保险费。但如果投保人明知其无保险利益而投保,则保险人无须返还保险费。

(4)保险人应返还超值保险部分的保险费。如果投保人因善意保险或者超值保险致保险金额超过保险标的的价值,投保人在危险发生前应就超过部分返还保险金。

(5)保险人应返还保险合同因不合法而无效的保险费。当保险合同不符合法律规定而无效后,保险人应当返还保险费。

(6)保险人超越经营范围致合同无效应返还保险费。当保险人超越经营范围而导致保险合同无效时,保险人应返还已经收取的保险费。

(7)保险合同终止后应返还保险费。当投保人在保险合同存续期间破产,或者保险人在保险合同存续期间破产,或者保险合同存续期间风险增加且风险增加非投保人所为的情形下,保险人应返还保险费。

第二节 保险合同的关系人

保险人的关系人是指出现在合同当中,受合同的影响但没有参与合同订立的主体,包括被保险人、受益人。

一、被保险人

(一)被保险人的概念

被保险人,是指其财产或者人身受保险合同保障,享有保险金请求权的人。投保人可以为被保险人。我国澳门特别行政区《商法典》第965条规定:“被保险人系指为其利益而订立合同的自然人或法人,或以其生命、健康或身体之完整作为保险标的之人。”我国台湾地区“保险法”第4条规定:“本法所称被保险人,指于保险事故发生时,遭受损害,享有赔偿请求权之人;要保人亦得为被保险人。”可见,在保险法律关系中,被保险人是其人身、财产或者其他相关利益将因保险事故的发生而遭受实际损失的人。或者说,被保险人是其损失能触发保险人给付义务的人。[9] 在人身保险中,被保险人只能是自然人,被保险人可以是投保人本人。在财产保险中,被保险人既可以是自然人、法人,还可以是其他组织,投保人与被保险人可以是同一人。

被保险人的确定方式,应当符合法律规定或者保险合同的要求。

1. 被保险人应当在保险合同中作出明确规定且符合具体险种险别规定的特别要求。被保险人可以是一人,也可以是多人,每个被保险人的姓名或名称应当在保险合同中载明。在不同的险种险别中,保险人承包的范围不同,因此只有符合保险合同的具体要求,才能成为相应险种险别的被保险人。例如,企业财产综合保险适用于有工商营业执照的全民所有制企业、集体所有制企业、各类联营企业、个人独资企业以及国家机关、事业单位和社会团体、独立核算的法人单位。家庭财产险的被保险人是城乡居民。

2. 被保险人不得违反《保险法》或者保险合同条款的禁止性规定。例如,澳门《商法典》第1032条“得订立保险合同之人”第4款规定:“不得订立以十四岁以下之未成年人或确定判决宣告为无行为能力人为被保险人之死亡保险合同。”我国台湾地区“保险法”第107条规定,未满十四岁之未成年人或心神丧失或精神耗弱之人不得为人寿保险契约的被保险人。我国《保险法》第33条规定,无民事行为能力

---

〔9〕 参见[美]小罗伯特·H.杰瑞、道格拉斯·R.里士满:《美国保险法精解》,李之彦译,北京大学出版社2009年版,第145页。

人不得为以死亡为给付保险金条件的人身保险的被保险人,保险人也不得承保,但投保人的未成年子女除外。

(二)被保险人的权利

被保险人在保险合同中享有广泛的权利:对保险合同签订的同意权;指定、变更受益人的权利;请求保险金的权利;同意投保人指定或变更受益人的权利。

1. 同意权

人身保险是以被保险人的身体和寿命为标的的保险,尽管投保人是从被保险人的利益出发而投保,但由于是以被保险人的死亡为条件,如果未经被保险人的同意就对其人身权进行处分,显然是没有尊重被保险人的自主决定权,侵犯了被保险人的人身权。同时,由于死亡保险合同的保险金数额通常较大,不排除道德风险的发生,即投保人恶意为他人投保,在被保险人不知情的情况下将受益人指定为自己,而后人为制造保险事故以获取保险金的情况。故基于对被保险人之生命的安全性和完整性考虑,各国和地区保险立法规定,以被保险人的死亡为给付保险金条件的人身保险合同,被保险人的书面同意及对保险金额的认可是人身保险合同生效的特别要件。例如,我国台湾地区"保险法"第 105 条规定,由第三人订立之死亡保险契约,未经被保险人书面同意,并约定保险金额,其契约无效;并进一步规定健康保险准用此条规定。德国《保险合同法》第 150 条规定:"以他人生命权投保死亡保险,若保险金额超过一般丧葬费用,不论该他人为成年人、无行为能力人、限制行为能力人或有监护人之人,均须经被保险人同意,即使父母以未成年人为被保险人亦同。"

我国《保险法》第 34 条第 1 款规定:"以死亡为给付保险金条件的合同,未经被保险人同意并认可保险金额的,合同无效。"同时,第 2 款进一步规定,按照以死亡为给付保险金条件的合同所签发的保险单,未经被保险人书面同意,不得转让或者质押。其中,需要注意如下问题:

(1)需要被保险人同意的保险种类。我国《保险法》将人身保险合同分为人寿保险合同、健康保险合同以及意外伤害保险合同,是否所有人身保险合同均适用本条的规定?对此,各国规定有所不同。韩国《商法典》第 731 条规定生命保险适用关于死亡保险须经被保险人同意的规定;同时,第 739 条则规定:"关于伤害保险,准用有关生命保险的规定。"也就是说,在韩国,需要被保险人同意的保险种类包括人寿保险和意外伤害保险。日本《保险法》第 38 条明确规定生命保险适用死亡保险的规定;同时,第 67 条规定:"以伤害疾病定额保险契约当事人以外之人为被保险人的伤害疾病定额保险契约,未经被保险人的同意不发生效力,但被保险人为保险金受领人的,不在此限。"可见,在日本,需要被保险人同意的保险种类包括人寿保险、健康保险以及意外伤害保险。我国台湾地区"保险法"在第 130 条关于健康保险的规定中,规定健康保险准用第 105 条的规定;在第 135 条关于伤害保险的规定中,亦规定伤害保险准用第 105 条的规定。因此,我国台湾地区,需要被保险人同意的保险种类包括人寿保险、健康保险以及意外伤害保险。

对此,我国保监会在 1999 年 8 月 18 日《关于对保险法有关条款含义请示的批复》中规定:“依第 55 条(现第 34 条)的立法精神,单纯以死亡为给付保险金条件的人身保险合同,如果未经被保险人书面同意并认可保险金额,该合同无效;含有死亡、疾病、伤残以及医疗费用等保险责任的综合性人身保险合同,如果未经被保险人书面同意并认可死亡责任保险金额,该合同死亡给付部分无效。”本书认为,鉴于防范道德风险的考虑,将死亡保险须经被保险人同意的规定适用于所有包含死亡责任的人身保险合同的做法,具有合理性。

(2)同意的内容和形式。被保险人同意的内容包括两个方面,即同意为被保险人,以及同意保险金额的数额。[10] 根据《保险法司法解释(三)》的相关规定,“被保险人同意并认可保险金额”,可以采取书面形式、口头形式或者其他形式;可以在合同订立时作出,也可以在合同订立后追认。

(3)同意的认定。除去直接同意外,有下列情形之一的,应认定为被保险人同意投保人为其订立保险合同并认可保险金额:一是被保险人明知他人代其签名同意而未表示异议的;二是被保险人同意投保人指定的受益人的;三是有证据足以认定被保险人同意投保人为其投保的其他情形。

此外,我国保险法规定投保人对下列人员具有保险利益:本人;配偶、子女、父母;前项以外与投保人有抚养、赡养或者扶养关系的家庭其他成员、近亲属;与投保人有劳动关系的劳动者。在这些法定的保险利益关系之外,被保险人同意投保人为其订立合同的,视为投保人对被保险人具有保险利益,投保人方能为其订立保险合同。

在赋予被保险人同意权的同时,各国和地区保险法也对其作了限制。日本《商法典》第 674 条第 1 项后半段规定:“但是,被保险人为保险金额受领人时不在此限。”即如果被保险人是受益人,就无须被保险人的同意。我国保险法规定,父母为其未成年子女投保的人身保险,不受被保险人同意权的规定限制。

2. 赔偿和保险金请求权

我国《保险法》第 12 条规定,被保险人享有保险金请求权。在财产保险合同中,虽然投保人订立保险合同,缴纳保险费,但由于被保险人是财产保险利益的归属主体,而只有享有保险利益的人才有可能在事故发生后受到损害,从而保险金的请求权归属于被保险人。

在人身保险合同中,最终享有保险金请求权的保险金受领人,与被保险人并非始终统一。在不以被保险人死亡为给付保险金条件的情况下,保险金的请求权应归属于被保险人,否则易于引发危及被保险人生命和身体的道德危险。在以被保险人死亡为给付保险金条件的情况下,法律直接规定保险金的请求权属于受益人。

---

〔10〕 参见刘宗荣:《新保险法:保险契约法的理论与实务》,中国人民大学出版社 2009 年版,第 380 页。

而受益人的确定往往直接或者间接源于被保险人的指定或同意。且在无适格受益人的场合,保险金归属于被保险人的财产。因此,对于人身保险合同保险金请求权的归属主体,无论最终获得保险金主体是被保险人、受益人或者被保险人的继承人,保险金请求权应归属于被保险人所有。

3. 指定或变更受益人

受益人是人身保险合同中特有的一类主体,是基于投保人或者被保险人的指定享有保险金请求权的人。德国2008年《保险合同法》(Insurance Contract Act)第159条"Appointment of beneficiary"第1款规定:"在有疑问的情形下,投保人有权不经保险人同意指定第三人作为受益人或者指定他人替换受益人。"〔11〕我国《保险法》规定,人身保险的受益人由被保险人或者投保人指定;投保人指定受益人时须经被保险人同意。被保险人或者投保人可以变更受益人并书面通知保险人,其中,投保人指定受益人未经被保险人同意的,人民法院应认定指定行为无效。

投保人或者被保险人指定受益人后,还可以变更受益人。对于受益人的变更,实践中有观点认为,受益人变更应当征得保险人同意,并且在保险人办理批注后才产生效力。这种观点不符合变更行为属于单方法律行为的特征,不利于投保人和被保险人自主决定权的实现。有鉴于此,《保险法司法解释(三)》第10条借鉴域外相关做法,规定投保人或被保险人变更受益人,自变更受益人的意思表示作出时生效。同时,为了保护保险人的合理信赖,变更受益人没有通知保险人的,不得对抗保险人。投保人或者被保险人在保险事故发生后变更受益人,变更后的受益人请求保险人给付保险金的,人民法院不予支持。

(三)被保险人的义务

被保险人在保险合同中同样须履行广泛的义务,主要包括:如实告知义务;减灾防损义务;危险增加通知义务;危险发生通知义务。

1. 维护保险标的安全的义务

《保险法》第51条规定了被保险人负有维护标的安全的义务。在财产保险合同中,被保险人在生产和生活中,应当遵守国家有关消防、安全、生产操作、劳动保护等方面的规定,维护保险标的的安全,最大限度地减少财产损失。保险人可以按照合同约定对保险标的的安全状况进行检查,及时向投保人、被保险人提出消除不安全因素和隐患的书面建议。投保人、被保险人未按照约定履行其对保险标的的安全应尽责任的,保险人有权要求增加保险费或者解除合同。保险人为维护保险标的的安全,经被保险人同意,可以采取安全预防措施。

2. 危险增加的通知义务

保险合同为继续性合同,即保险合同订立之后至合同内所约定的保险事故发生仍

---

〔11〕 In cases of doubt, the policyholder shall be entitled, without the consent of the insurer, to appoint a third party as beneficiary and to replace the thus appointed third party with the name of another.

有一段期间，在此期间内如果有任何情况发生足以影响原对价关系的平衡时，必须调整其合同内容以符合公平正义，这也是“情势变更原则”的真谛所在。因此在危险增加，即作为保险合同基础的原危险状况改变为对保险人严重不利状况的情形下，我国《保险法》第52条第1款规定：“在合同有效期内，保险标的的危险程度显著增加的，被保险人应当按照合同约定及时通知保险人……”当然这并不意味着只要一有危险增加的情形发生，义务人即须告知保险人。危险程度的增加，必须是达到显著性程度，即具有重要性、持续性、不可预见性三方面特征才能成立。其中，重要性是指危险状况的改变必须对保险人产生重要性的影响，足以影响保险人决定是否同意承保或者提高保险费率。持续性是指危险状况的改变必须具有持续性，即保险合同订立后，原危险状况因为特定情况发生而变换至另一种新的状况，且此新发生的状况必须继续不断地持续一段期间。不可预见性是指危险增加必须具有危险状况改变的不可预见性，危险状况的改变须在订约当时未曾预料、未予估计，如果其危险状况已经计算在内，那么不影响其对价平衡，就不属于“危险增加”。《保险法》第52条第2款规定，如果被保险人未履行危险增加的通知义务，因保险标的危险程度增加而发生的保险事故，保险人不承担赔偿责任。

3. 出险通知和施救的义务

保险事故发生后，其造成的损失大小通常与事故的发展有密切关系。因此，各国保险法均规定被保险人应当承担出险通知和施救义务：(1)保险事故发生时，投保人或被保险人应依规定将之通知保险人，使其可以采取必要的措施防止损失扩大，减轻损失；(2)被保险人在此时应当尽力采取必要的措施，防止或者减少损失。

当被保险人违反出险施救义务而导致损害扩大时，此扩大的损害不应由保险人赔偿。但被保险人对于这一法律后果的承担，必须满足如下要件：(1)被保险人已经知道或者应当知道保险事故已经发生；(2)被保险人故意或重大过失没有采取防止或减少损失的必要措施，由于被保险人或投保人不是救助行为的专家，其施救措施是否适当，应以一般人的立场来加以判断，因此违反此义务应只限于被保险人故意或重大过失的情形。

二、受益人

(一)受益人的概念

受益人是指人身保险合同中由被保险人或者投保人指定的享有保险金请求权的人，投保人、被保险人可以为受益人。成为受益人须具备以下两项条件：

1. 必须是享有保险金请求权的人。在受益人与投保人为同一人时，受益人是合同当事人，否则即为合同关系人。因此受益人不负交付保险费的义务，保险人不得要求其支付保险费。在保险事故发生时，受益人可以根据保险合同向保险人请求给付。如没有出现受益人丧失请求权的法定情形，保险人不得拒绝给付。

2. 必须是由投保人或被保险人在保险合同中指定的人。根据我国《保险法》，受益人实际上是基于被保险人或投保人的指定而产生,并非基于投保人与保险人或被保险人与保险人的约定而产生。指定是受益人产生的唯一先决条件。投保人指定受益人时须经被保险人同意;如果投保人指定受益人未经被保险人同意的,则该指定行为无效。投保人为与其有劳动关系的劳动者投保人身保险,不得指定被保险人及其近亲属以外的人为受益人。当指定人为被保险人时,如果被保险人为无民事行为能力人或者限制民事行为能力人的,可以由其监护人指定受益人。如果投保人或被保险人未指定受益人,则他的法定继承人即为受益人。受益人约定为"法定"或者"法定继承人"的,以继承法规定的法定继承人为受益人。

投保人或者被保险人可以变更受益人。投保人、被保险人变更受益人的行为属于单方法律行为,只要投保人或被保险人作出变更的意思表示,变更行为即完成,是否通知保险人不影响变更行为的效力。但为了保护保险人的信赖利益,为防止保险人因不知道投保人、被保险人的变更行为而将保险金支付给原受益人,投保人与被保险人变更受益人后应通知保险人,否则对保险人不产生效力。

对于受益人的指定,如何在保险合同中记载,各国保险立法的规定不尽相同。我国保险法规定记载受益人的名称和住所。保险实务中出现的情形大致有以下两种:(1)明确指定受益人的名字、性别、与被保险人的社会关系及证件号码等;(2)仅抽象指明受益人与被保险人的身份关系,如丈夫、妻子、配偶、父母等。对于第一种情形具体地指定了受益人,一般不会引发纠纷。对于第二种情形,则往往由于受益人指定不明造成大量争议。根据《保险法司法解释(三)》,除投保人、被保险人在保险合同之外另有约定外,受益人仅约定为身份关系的,投保人与被保险人为同一主体时,根据保险事故发生时与被保险人的身份关系确定受益人;投保人与被保险人为不同主体时,根据保险合同成立时与被保险人的身份关系确定受益人;约定的受益人包括姓名和身份关系,保险事故发生时身份关系发生变化的,认定为未指定受益人。

(二)受益人的权利

受益人的权利主要是获得保险金,即受益权。关于受益权的性质,保险法没有明确规定。对此,学者有不同观点。有观点认为,在保险事故发生前受益权是一种期待权,在保险事故发生后,因为受益权不能继承而认为它属于一种身份权。[12] 也有观点认为,在保险事故发生前受益人所享有的仅仅是一种期待的地位而非期待权,而当保险事故发生后,受益人原始的取得保险金给付请求权,此时的受益权已经是一种既得的财产权。[13] 还有的学者认为,受益人在保险事故发生前享有的是

---

〔12〕 参见秦道夫主编:《保险法论》,机械工业出版社2000年版,第262页。

〔13〕 参见江朝国:"被保险人可否撤销保险法第一百零五条之同意权——兼论台湾寿险工会解释函",载中国民商法律网(www.civillaw.com.cn)。

一种期待权,在保险事故发生后,这种权利才转化为现实的财产权,即债权。[14] 可以看出,以上观点的共性是学者们均考虑到保险合同的射幸性而对受益权进行了阶段性的分析,分别对保险事故发生前后的受益权进行定性,只是他们对于受益权在不同阶段的性质有不同的认识。依据学者们分阶段考察的思路,在保险事故发生前,受益人享有的受益权是一种期待权,是否能够实现尚不确定,故投保人、被保险人可以随时变更受益人;但在保险事故发生后,受益人的受益权转化为保险金给付请求权,该权利不再是期待权,而是确定性的权利。基于此,投保人或者被保险人在保险事故发生后变更受益人,变更后的受益人请求保险人给付保险金的,法院不予支持。

受益人可以为一人或者数人。受益人为数人的,被保险人或者投保人可以确定受益顺序和受益份额;针对实践当中可能出现被保险人或者投保人对指定的受益人未确定受益份额的情况,为了减少由此可能产生的纠纷,各国保险法均采用了公平的解决办法,即所有受益人按照相等的份额享有受益权,这实际上使受益人处于同一受益顺序而等额享有受益权。德国《保险合同法》第 160 条第 1 款规定:"如果多个人被确定为受益人并且未确定受益份额,则他们应当享有相等的受益份额。某个受益人未能获取的保险金应累积给其他受益人共同享有。"澳门《商法典》第 1037 条第 3 款规定:"如指定多人为受益人,保险人之给付应平均分配,但投保人有意思表示者除外。"我国《保险法》第 40 条第 2 款规定,受益人为数人的,被保险人或者投保人可以确定受益顺序和受益份额;未确定受益份额的,受益人按照相等份额享有受益权。

保险实务中,对于保险事故发生前部分受益人死亡或放弃、丧失受益权的情形下其应得份额如何分配的问题有较大争议,《保险法司法解释(三)》第 12 条明确规定:投保人或者被保险人指定数人为受益人,部分受益人在保险事故发生前死亡、放弃受益权或者依法丧失受益权的,该受益人应得的受益份额按照保险合同的约定处理;保险合同没有约定或者约定不明的,该受益人应得的受益份额按照以下情形分别处理:(1)未约定受益顺序及受益份额的,由其他受益人平均享有。(2)未约定受益顺序但约定受益份额的,由其他受益人按照相应比例享有。(3)约定受益顺序但未约定受益份额的,由同顺序的其他受益人平均享有;同一顺序没有其他受益人的,由后一顺序的受益人平均享有。(4)约定受益顺序及受益份额的,由同顺序的其他受益人按照相应比例享有;同一顺序没有其他受益人的,由后一顺序的受益人按照相应比例享有。对此,可简要将其归纳为:有约定从约定,无约定按受益顺序和受益份额约定处理,无受益顺序和受益份额约定,由其他受益人平均享有。

由于受益人的保险金请求权直接来自保险合同的规定,当被保险人死亡后,受

---

〔14〕 参见李玉泉主编:《保险法》,法律出版社 1997 年版,第 206 页;羊焕发、吴兆祥:《保险法》,人民法院出版社 2000 年版,第 134 页。

益人获得的保险金是根据合同取得的,不属于被保险人的遗产,不得纳入遗产分配,也不用于清偿被保险人生前债务。但是在下列情形下,被保险人生前没有指定受益人,或者受益人指定不明无法确定的,保险金将被作为被保险人的遗产处理,由保险人依照《继承法》规定履行给付保险金的义务:(1)受益人先于被保险人死亡,没有其他受益人的;(2)受益人依法丧失受益权或者放弃受益权,没有其他受益人的。同时,对于受益人与被保险人在同一事件中死亡,且不能确定死亡先后顺序的情况,推定受益人死亡在先。

(三)受益人的义务

受益人的义务主要有两项。

1. 不得加害被保险人。各国保险法均对受益人加害被保险人的行为予以规制,以消除道德风险。德国《保险合同法》第 160 条第 2 款规定:"如果第三人被指定为受益人,则当其通过实施非法行为故意造成被保险人死亡时,该第三人即丧失受益权。"我国澳门《商法典》第 1039 条第 1 款规定:"如受益人谋害被保险人之生命,即使受益人之指定不可撤回,该指定之效力亦终止。"我国《保险法》第 43 条也规定了,当受益人故意造成被保险人死亡、伤残、疾病的,或者故意杀害被保险人未遂的,该受益人丧失受益权。但保险人不因此免除保险责任,仍然应当向其他受益人、被保险人或其继承人赔偿,从而最大限度地保护了被保险人的利益,避免了"株连"。

2. 通知义务。受益人知道保险事故发生后,应当及时通知保险人,向保险人提供其所能提供的与确认保险事故的性质、原因、损失程度等有关的证明和资料。德国《保险合同法》第 171 条第 1 款规定:"受益人遇有承保的死亡事故发生,应通知保险人。通知应于保险事故发生时起 3 日内进行。"

此外,作为保险合同主体的一个重要组成部分,保险合同的辅助人是在保险合同的订立、履行过程中起辅助作用的人。在保险合同订立及履行的每一个环节,都需要掌握专门知识和技术的专业人士来辅助,从而可以避免保险人在机构设置及人员安排上的过于庞杂,降低经营成本。保险合同辅助人包括保险代理人、保险经纪人和保险公估人,这将在后文予以详细阐释。

思考题

1. 保险合同包括哪些主体?
2. 如何理解投保人的如实告知义务?
3. 被保险人有哪些权利和义务?

第六章　保险合同的结构

导 读

- 保险合同的形式和条款是保险合同的具体化，保险合同的形式是体现保险合同的法律文件，保险合同的条款则将投保人和保险人协商约定的权利和义务加以固定。
- 保险合同的形式在实务中多表现为保险单或其他保险凭证。保险合同的条款由保险人单方面制定，除了行业标准化条款，保险人一般都会根据不同的险种拟定不同的保险条款。
- 保险合同的解释遵循异议解释原则，并采用文义解释、目的解释和疑义利益解释方法。

第一节　保险合同的形式

保险合同的形式，是指保险合同当事人之间合意的外在表现形式，是保险合同约定的全部权利义务的载体，在实务中多表现为保险单或其他保险凭证。

一、保险单

（一）保险单的概念

保险单，简称保单，是投保人与保险人订立保险合同后，由保险人向投保人签发的保险合同的正式书面证明。13 世纪中期，经济繁荣的意大利出现了类似于现代形式的海上保险活动。最初的海上保险仅由口头约定，后来发展到书面合同形式。1347 年 10 月 23 日，一名叫乔治 · 勒克维伦的热那亚商人签发了世界上第一张保险单，承保的从热那亚到马乔卡的船舶航程。由于保单没有说明承担的风险，因此还不具有现代保险单的基本形式。具有现代意义的保单出现于 1393 年左右，1393 年在佛罗伦萨出现了载有“海上灾害、天灾、火灾、抛弃”字样的保险单。1424 年，热那亚出现了第一家海上保险公司。此后，随着保险业的发展，保险单在保险业务中被普遍适用。大多数国家的法律规定，保险合同的主要表现形式是保险单。保险双方当事人在保险单上记载双方约定的保险条款,用以明确各自的权利和义务。

保险单是投保人与保险人签订保险合同的书面证明。根据我国《保险法》,投保人提出保险要求,经保险人同意承保,保险合同成立。此时双方的权利和义务已具有法律约束力。此后,保险人应当依据已经成立和生效的保险合同,及时向投保人签发保险单或者其他保险凭证,并载明当事人双方约定的合同内容。因此,保险单本身在法律上并非保险合同。保险人签发保险单,并非保险合同的成立要件,而仅仅是用书面形式记载双方当事人的权利义务关系,用以证明保险的有效存在。亦即,保险单是保险合同的书面证明文件。

保险单是保险合同双方当事人履行合同的依据。保险单明确、完整地记载了保险合同双方当事人所享有的权利和承担的义务,因而成为认定双方当事人是否履约的书面依据。当保险事故发生造成保险标的损害或者保险期限届满时,被保险人或受益人可以依据保险单的记载,向保险人请求给予保险赔偿金或者给付人身保险金。同时,保险单也是保险人收取保险费的依据。

保险单在特定的情况下具有有价证券的效用。作为保险合同的书面证明,除法律另有规定外,保险单也代表着其持有者享有的某种保险权益,因而具有一定的经济内容,可因特定条件的存在而成为一种特殊的"有价证券"。例如,长期人身保险合同尤其是寿险合同,具有明显的储蓄性质,在投保人交足两年保费后,保单即产生一定的有价证券属性和确定的现金价值,使保单可根据持有人的需要而流转。

(二)保险单的签发

保险合同为诺成合同,当事人就保险条件(标的、费率、危险)互相意思表示一致,合同即成立。保险单的制作与交付,仅为完成保险合同的最后手续。保险合同在法律上的效力,并不是自始系于保险单。换言之,保险单的制作与交付,是合同成立后保险公司应履行的义务,其作用虽可作为保险合同的证明,但并不说明保险合同的成立以保单的制作与交付为要件。当然,根据合同自由原则,合同当事人可以约定合同生效的限制条件,保险合同当事人可以约定保险单的交付作为合同生效的条件,保单不交付合同不生效。但是,除了当事人有特别约定外,保险合同自成立时生效,而不以保单的签发或交付为生效要件。

保险实务中,一般是投保人交纳保费后,保险公司才签发保险单,但在特殊情况下,保险公司也愿意事先签发保险单,允许投保人在事后一段时间内交纳保险费(如保险公司为了挽留住大客户,允许其在保险单签发之日起多少天内交纳保险费),其在保险单中对投保人的交费情况与保险单的效力也作了相应的说明。

从各国立法和实践中的习惯做法来看,多要求保险人在达成保险协议后向投保人出具保险单,并要求保险单应载明合同的主要内容。如日本《商法》第 649 条规定,保险人须依保险合同人(投保人)的请求,交付保险证券。德国《保险契约法》第 3 条规定,保险人应交付投保人一份由其签署之有关保险契约之文书。意大利《民法典》第 1888 条规定,保险人有义务给投保人保险单或由他签名的其他文件。

我国《保险法》第 13 条规定,保险人应当及时向投保人签发保险单或者其他保险凭证。保险单的签发,是保险人的合同义务。

(三)保险单的转让

保险单的转让,是指投保人或被保险人将保险合同中的权利和义务转让给他人的法律行为,其实质是合同主体的变更,即保险单的受让人成为保险合同的投保人。由于保险合同内容的变更会影响到保险合同当事人的权益及保险风险的大小,因此保险合同的变更应当采用法定形式,经过一定的法律程序方可实施。从各国保险立法来看,一般有两种情况:一是允许保险单随保险标的的转移而自动转移;二是规定保险单的转让须征得保险人的同意。

按照我国现行保险立法的规定,在财产保险中,一般来说,除了货物运输保险保单可随货物所有权的转移而背书转让,不需要征得保险人的同意以外,其他财产保险保单转让必须经保险人同意,并在原保险单上批改或者附贴批单。在人身保险中,人寿保险单持有人在不侵犯受益人既得权利的情况下,可以将其转让。人寿保险单的转让仅仅是一种民事权利义务关系的转让,并不改变保险人,故无须征求保险人同意。但保单转让时,投保人或保单的持有人必须书面通知保险人,否则不产生法律效力。同时,在以死亡为给付条件的人身保险合同中,为促使被保险人慎重考虑做出决定,以更有效地保护其利益,对于依据该类合同签发的保单,未经被保险人书面同意,不得转让或质押。

二、暂保单

暂保单,又称“临时保单”“临时保险书”。暂保单是保险人在正式保险单或保险凭证之前,向投保人出具的临时性保险凭证。作为一种临时性证明文件,暂保单的内容比较简单,仅表明投保人已经办理了保险手续,并等待保险人出立正式保险单。暂保单一般只记载被保险人姓名、保险标的、保险责任范围、保险金额、保险责任的起讫时间等主要事项。如果有保险单以外的特别保险条件,必须在暂保单上注明,以作为将来的依据。双方当事人的权利义务以此后签发的正式保险单为准。

暂保单与正式保险单具有同样的效力,有效期一般最长为 30 天。在暂保单有效期内,保险标的遭受保险事故损失,除非有特别约定外,保险人应当按正式保险单所记载的条件承担赔偿责任。当正式保单出立后,暂保单就自动失效。如果保险人最后考虑不出具保险单时,也可以终止暂保单的效力,但必须提前通知投保人。

暂保单一般在以下几种情形中使用:(1)保险代理人接受投保人的投保业务,保险人在未办妥保险单之前,可以向投保人签发暂保单作为临时性保险凭证;(2)保险公司的分支机构在接受因其经营权限或程序的限制而需要总公司批准的保险业务后,在未获得批准之前,可以向投保人签发暂保单;(3)投保人与保险人就保险合同的主要条款达成协议,但某些具体条款仍需进一步协商或者保险人还需要对保险标的和承保风险进一步查证的,保险人可以向投保人签发暂保单;(4)在办理出口贸易结汇时，签发保险单之前，保险人所出具的保险证明文件作为结汇的文件之一，以证明出口货物已经办理保险。

典型案例 **南通市申海工业技术科技有限公司与天安财产保险股份有限公司财产损失保险合同纠纷案**〔1〕

申海公司向天安保险公司投保财产保险综合险。投保单载明保险财产地址位于海门市海门港、青龙港；固定资产、流动资产、代保管财产、在建工程等的保险价值确定方式及保险金额等。后天安保险公司向申海公司签发保险单，载明保险财产坐落地址为海门市青龙港等内容。其中，投保单和保险单对保险标的、保险价值和保险金额的确定方式约定不一致。

本案的争议焦点为：(1)投保单和保险单对保险标的等内容约定不一致时，应如何处理？(2)保险合同签订后新增的资产是否属于保险标的？

裁判要旨如下：

1. 因保险单签发时间在投保单之后，在二者内容冲突的情况下，应以保险单所载内容为准。

2. 在财产保险中，保险标的在投保时是确定的，系指投保人与保险人就保险标的达成一致意思表示，而非保险标的实物形态在投保时确定并在保险合同生效后一成不变。就本案而言，作为案涉保险标的申海公司流动资产即可能处于不断变化之中，如果在投保之后取得的流动资产不能作为保险标的，则该保险对投保人毫无价值。故一审法院以保险标的在投保时必须确定为由认定之后进场的财产不属于保险标的不妥。

【评析】

投保单是投保人填写的表示愿意同保险人订立保险合同的书面申请。投保单本身并不是正式的合同文本，但一经保险人接受，即成为保险合同的一部分。保险单作为投保人与保险人订立保险合同的正式书面凭证。除非存在欺诈或者其他非法情形，投保单和保险单对保险标的等内容约定不一致时，均以保险单所载明的条件为准。

三、保险凭证

保险凭证，又称“小保单”，是保险单以外的保险合同书面凭证。保险凭证是一种简化的保险单，其内容仅包括保险金额、保险费率、保险类别、投保人、被保险人、保险期限等。但保险凭证与保险单有同等的法律效力。保险凭证中未列入的内容，

---

〔1〕 转引自最高人民法院发布的“与财产保险合同纠纷案件有关的10个典型案例裁判要旨汇总”(2016年新版)。

以同类正式保险单为准,如果正式保险单与保险凭证的内容有抵触或者保险凭证另有特定条款,则应以保险凭证为准。

保险凭证一般在以下几种情形中使用:(1)预约保险合同。预约保险合同是用于货物运输保险和再保险中的一种不定期总括保险合同。在预约保险合同规定的期限内,就每一批具体货物的保险仍需订立独立的分合同或由保险人分别签发保险单证。由于分合同的基本保险条款已在总合同中作出了统一约定,因此分合同无须重新约定,而是以保险人向被保险人出具保险凭证的形式简化订立。(2)团体保险合同。团体保险是由保险公司用一份保险合同为团体内的许多成员提供保险保障的一种保险业务。在团体保险中,"团体"为投保人,团体内的成员为被保险人,保险公司签发一张总保单给投保人,同时向每一个参加保险的人签发一张单独的保险凭证,以作为其参加相应保险的证明文件。(3)联合保险凭证。这是将发票与保险单相结合的形式简单的保险单据。保险公司不另出保险单,而是在商业发票空白处的位置注明保险编号、承保险制、金额、装载船名、开船日期等,即以此作为保险凭证。(4)为简化保险单证的手续,使用保险凭证代替保险单。例如,对于机动车辆第三者责任险,为便于被保险人随身携带以供有关部门检查,保险人通常出具保险凭证。

四、批单

批单是保险合同双方当事人协商修改和变更保险单内容的一种书面证明文件。在保险合同有效期间,合同双方均可通过协议变更保险合同的内容。批单实际上是对已签订的保险合同进行修改、补充或增减内容的批注,一般由保险人出具,附贴在原保险单或保险凭证上。批单的法律效力优于原保险单的同类条款:凡经批改过的内容,均以批单为准;多次批改,应以最后批改的为准。

我国保险法规定,投保人和保险人变更保险合同的,应当由保险人在保险单或者其他保险凭证上批注或者附贴批单,或者由投保人和保险人订立变更的书面协议。被保险人或者投保人可以变更受益人并书面通知保险人,保险人收到变更受益人的书面通知后,应当在保险单或者其他保险凭证上批注或者附贴批单。

五、其他书面协议形式

我国《保险法》第13条第2款规定:"当事人也可以约定采用其他书面形式载明合同内容。"除上述四种形式外,保险合同还可以采用其他的书面协议形式。

近年来,互联网的发展给保险业带来了前所未有的契机和挑战,例如,互联网商务化程度迅速提高,预示着网络保险市场存在巨大的潜力;网上支付系统的不断完善,为网络保险业务的发展创造了重要条件。在这一背景下,很多保险公司纷纷推出电子保单业务。电子保单是随着信息时代的到来而产生的一种新的保险合同形式。电子保单主要有两种形式:(1)网上电子签名保单,这是指保险公司借助遵循PKI体系的数字签名软件和企业数字证书为客户签发的具有保险公司电子签名的电子化保单。(2)卡式网上激活保单,这是保险公司以传统的与客户面对面的形式,销售在网上激活的卡式保险凭证,客户用现金购买卡式保险产品后上网输入卡号和密码,填写投保人、被保险人等相关投保信息,激活保险卡后保险合同即时生效。整个投保过程完全自助。相对于传统的纸质保单来说,电子保单既节省成本,又方便快捷。因此得到迅速发展,与之相关的纠纷也日益增多,如电子保单中合同的成立和生效时间、投保人如何认定、保险人何时承担保险责任、保险代理人是否有代激活义务、保险人是否履行了明确说明义务、保险利益及适用范围以及是否构成保险事故等问题,常常在保险实践中产生争议。

典型案例 刘某、张小某诉某养老保险公司人身意外险纠纷案〔2〕

2010年,张某(男)购买了平安养老保险公司的"乐享平安意外救援垫付卡"A款一张,意外伤害保险金额为5万元,持卡人需按保险卡背面载明的保险生效流程登录互联网或发送手机短信进行投保。保险公司在网站上设置了乐享平安意外救援垫付卡A款的投保流程,电子投保单中包含了被保险人职业在内的各种投保信息的选填项目。张某选填职业类别为"工厂负责人",保险单未指定受益人。填写完毕,形成电子保单。

登录乐享平安意外救援垫付卡A款投保界面后,投保须知中第9条载明:一类至五类职业为投保范围,六类至六类以上职业不属于投保范畴。在保险有效期内,若被保险人从事四类及四类以上职业,则在工作期间发生的意外伤害事故造成的意外身故、残疾和医疗费用为除外责任。职业类别的确定以被告承保当时所使用《团体职业分类表》为准,可通过"点击下载"查询,如注册时所填选的被保险人职业类别与实际不符,且实际从事职业不在该卡可保范围之内,则被告不承担保险责任。该投保须知中免除保险人责任的条款未加粗、加黑,亦没有其他足以引起投保人注意的提示。《团体职业分类表》载明,客运车司机及服务员(中长途、高速路段)属于四类职业。

保险期间内,张某乘坐的鲁BG3231号大型卧铺客车行驶至吉林省长平高速公路时发生交通事故,张某当场死亡。交警大队出具事故认定书,认定张某系该大型客车另一驾驶人员,事故发生时为该车的乘车人。被保险人张某的法定继承人为其父亲、母亲、妻子刘某、儿子张小某。张某的父亲和母亲出具放弃继承声明书(经公证处公证),表明其自愿放弃继承张某在平安保险公司意外险的保险金。

处理如下:刘某、张小某诉至青岛市市南区人民法院,一审判决某养老保险公司给付刘某、张小某保险金5万元。二审,经保险调解中心调解,某养老保险公司给

---

〔2〕 转引自2015年3月12日青岛市中级人民法院公布的保险纠纷典型七件案例。

付刘某、张小某人民币45000元。

【评析】

电子保单纠纷案件最普遍的法律适用争议焦点就是如何认定保险人是否履行免除保险人责任条款的明确说明义务。根据保险法的相关规定,对于免除保险人责任条款,保险人要履行提示和明确说明义务。在纸质保单中,保险人可将条款印制在投保单或单独的投保人声明书上,同时让投保人在投保单或投保人声明书的签章确认保险人已经履行了明确说明义务。但在电子保单中,缺少了纸质载体,保险人应如何举证证明其履行了明确说明义务呢?《保险法司法解释(二)》第12条规定,通过网络、电话等方式订立的保险合同,保险人以网页、音频、视频等形式对免除保险人责任条款予以提示和明确说明的,人民法院可以认定其履行了提示和明确说明义务。但是,目前对于电子保单责任免除条款提示和明确说明义务的具体履行标准仍有一定争议。有鉴于此,消费者以"卡式网上激活保单"等电子保单方式投保的,应如实选择被保险人的职业类别,并认真阅读责任条款内容,以确保理赔过程更加顺畅。

第二节 保险合同的内容

一、保险合同条款的概念和分类

保险合同是投保人与保险人约定保险权利义务关系的协议,其内容是通过保险合同条款来表现的。保险条款是保险合同的重要组成部分,对投保人和保险人的权利义务作出具体规定。由于保险合同是格式合同,条款由保险人单方面制定,除了行业标准化条款,保险人一般都会根据不同的险种拟定不同的保险条款。投保人一旦决定投保,只需要填写姓名、保险标的、保险金额、保险期限,经保险人同意承保,保险合同就成立并产生法律效力。依照不同标准,保险条款可分为以下几类:

1. 按照保险合同条款内容的不同,分为基本条款与附加条款。

基本条款,指保险人根据不同险种规定的关于保险合同当事人权利和义务基本事项的条款。此类条款一般由保险人事先拟定并印制在保险单上,构成保险合同的基本内容。保险实务中,一般把基本条款规定的保险人承担的责任称为基本险。

附加条款,指在基本条款的基础上,保险合同双方当事人根据需要另行约定或附加的、用以扩大或限制基本条款中所规定的权利和义务的补充条款,又称特约保险条款。它通常是在不违反保险法强制性规定的前提下对基本条款的内容加以扩大或者限制,以满足投保人的需要,如扩大承保责任、减少基本条款规定的除外责任或者承保范围等。此类条款一般由保险人事先印制附加条款的相应格式,在与投保人就特别约定的事项达成一致并填写完毕后，将其粘贴在保险单上。保险实务中，附加条款所规定的保险人所承担的责任称为附加险。投保人不能单独投保附加险，而必须在投保基本险的基础上才能投保附加险。

2. 按照保险合同条款产生依据的不同，分为法定条款与任意条款。

法定条款，指法律规定必须明确规定的条款。我国《保险法》第 18 条规定，保险合同应当包括下列事项：(1)保险人的名称和住所；(2)投保人、被保险人的姓名或者名称、住所，以及人身保险的受益人的姓名或者名称、住所；(3)保险标的；(4)保险责任和责任免除；(5)保险期间和保险责任开始时间；(6)保险金额；(7)保险费以及支付办法；(8)保险金赔偿或者给付办法；(9)违约责任和争议处理；(10)订立合同的年、月、日。

任意条款，指保险合同当事人根据其意愿和实际情况而自由约定的条款。投保人和保险人在基本条款规定的保险合同事项外，可以约定与保险有关的其他事项。通常任意条款也由保险人根据实际需要订入保险单条款，如保险金额限制条款、免赔额条款等。

二、保险合同的法定条款

依据我国《保险法》第 18 条的规定，保险合同的法定条款如下。

(一)保险人的名称和住所

保险合同当事人的名称和住所，是确定权利义务归属和保险合同履行主体的依据。保险人作为合同当事人之一，其名称和住所必须明确完整。其中，保险人的名称是指保险公司的全称，保险人的住所是指保险公司所在的地址。保险人的名称和住所，一般事先印就于格式保险合同上。

(二)投保人、被保险人、受益人的姓名或者名称和住所

投保人、被保险人和受益人可以为自然人、法人或者其他组织，可以为一人或者数人。投保人、被保险人、受益人作为保险合同的另一方当事人，其姓名或名称和住所应当明确予以填写。当事人如果是法人或其他组织的，应填写登记注册的名称和住所；如果是个人的，则应填写身份证或户口本上记载的姓名和住址。在投保人、被保险人的名称或住址发生变更时，有关当事人应当及时通知保险人，并由保险人在保险合同中予以批注。保险合同中记载投保人、被保险人、受益人的姓名或者名称和住所的意义在于：有利于识别当事人的资格是否符合法律规定的条件；便于合同履行；便于发生保险纠纷后诉讼的管辖、法律的适用、文书的送达以及进行破产清算的地点的确定。

(三)保险标的

保险标的是指保险合同所指向的保险对象，表现为财产及其有关利益或者被保险人的寿命或者身体。不同的险种，保险人承保的保险标的的内容和范围各不相同，投保人投保的保险标的也各有差别。在人身保险合同中，保险标的是被保险

人的生命、身体及健康。在财产保险中,保险标的表现为财产及相关利益;可以是有形财产,也可以是无形财产。保险合同中应当具体、准确地填写保险标的的内容和范围,并如实陈述与保险标的相关的问题,如被保险人的身体健康状况、年龄、职业,标的物的名称、数量、种类、坐落地点等。

保险合同中记载保险标的的意义在于:(1)确定保险合同的种类;(2)明确保险人承保责任的范围及判断投保人是否具有保险利益;(3)根据保险标的的实际价值或者存在状况确定保险金额和保险费率;(4)根据保险标的的损失程度确定赔偿数额;(5)根据保险标的所在确定诉讼管辖范围等。

(四)保险责任和责任免除

保险责任和责任免除是保险合同格式条款的核心内容。保险合同中记载保险责任和责任免除条款的意义在于明确保险人的责任范围,避免发生争讼。

保险责任条款是指规定保险人按照合同的约定承担的保险赔偿金或人身保险金给付责任的条款。按照险种的不同,保险责任分为人身保险的保险责任和财产保险的保险责任。人身保险的保险责任是指当人身保险单上载明的危险发生造成保险标的损害或约定的人身保险事件发生(或约定期满时),保险人应负的经济赔偿或给付保险金的责任。财产保险的保险责任是指保险人根据保险合同规定的保险危险一旦发生时,对被保险人的保险标的所造成的经济损失应负的赔偿责任。按照责任范围和承担责任的条件,保险责任分为基本责任和附加责任。基本责任是指保险人按保险合同中载明的保险危险范围所承担的保险责任。附加责任是指保险合同载明的基本责任以外的,经保险双方协商同意后特约附加承保的一种责任,属于约定扩大的保险责任,亦称为"特约责任"。

保险责任免除又称为除外责任,是指保险人依法或依据合同约定,不承担保险金赔偿或给付责任的风险范围或种类。保险实务中,责任免除条款大多采用列举的方式,在保险条款中明文列出保险人不负赔偿责任的范围。我国《保险法》第17条第2款规定:"对保险合同中免除保险人责任的条款,保险人在订立合同时应当在投保单、保险单或者其他保险凭证上作出足以引起投保人注意的提示,并对该条款的内容以书面或者口头形式向投保人作出明确说明;未作提示或者明确说明的,该条款不产生效力。"其中,免除保险人责任的条款是指保险人提供的格式合同文本中的责任免除条款、免赔额、免赔率、比例赔付或者给付等免除或者减轻保险人责任的条款。

典型案例 交通肇事逃逸,拒赔败诉〔3〕

2013年2月11日,在河北邢临公路上,一微型轿车与一电动车发生交通事故,

〔3〕 参见"法律对保险拒赔说不的理由",载《工人日报》2014年5月3日。

造成电动车驾驶人和乘车人受伤，王某某驾驶微型轿车肇事逃逸。交警部门认定，微型轿车一方负事故全部责任。微型轿车的车主为李某，王某某系雇用司机。李某在平安保险邢台支公司威县营销部（以下简称保险公司）为该车电话投保了“交强险”和保险金额达30万元的“商业三者险”。电动车受害人诉至平乡县法院，提出赔偿要求。保险公司称，交通肇事逃逸属保险免责条款，且已经进行了告知。李某称，保险公司没有提示和明确说明保险免责条款。

一审法院认为，通过网络、电话方式订立的保险合同，保险人以网页、音频、视频等形式对免除保险人责任条款予以提示和明确说明的，人民法院可以认定其履行了提示和明确说明的义务。但是保险人应对其履行了明确说明义务负有举证责任。本案，保险公司没有提交证据，庭后也未提交事故车辆保险合同。该免责条款不产生效力。判令保险公司在“商业三者险”范围内赔偿受害人。

保险公司不服提出上诉称，肇事逃逸属于法律明确规定的禁止性规定，将该情形作为免责条款无须保险公司履行“明确告知义务”。保险公司已履行“提示义务”，免责条款有效。

二审法院认为，保险公司在一审中提交的保险条款名称为《机动车辆保险条款(2009)》，而在本案诉讼中，没有提交与李某约定的《中国平安财产保险股份有限公司电话营销专用机动车辆保险条款(2009)》，故保险公司不能有效证实其双方在保险合同中约定有“如被保险人或驾驶人在事故发生后驾车逃逸，保险公司不负责赔偿”的内容，应承担举证不能的后果。二审判决，驳回上诉，维持原判。

【评析】

保险经办人员引导投保人在免责条款处或其他相关位置签字，实际上并未履行对免责条款的明确说明义务，这在保险实务中比较常见。因此，我国保险法规定，保险人负有对“明确说明义务”的举证责任。

（五）保险期间和保险责任的开始时间

保险期间是指保险合同的有效期限，即保险合同双方当事人履行权利和义务的起讫时间。由于保险期间是计算保险费的依据，也是保险人和被保险人履行权利和义务的责任期限，因而保险期间条款是保险合同的主要内容之一。

保险责任的开始时间是指保险人开始承担保险赔偿责任的时间。一般来说，保险期间是保险责任的起讫期间。保险人仅对保险期间内保险事故发生所造成的损害承担保险责任，而在保险期间以外发生的保险事故，即使属于保险责任条款范围，保险人亦不承担保险责任。然而，《保险法》第13条第3款规定：“依法成立的保险合同，自成立时生效。投保人和保险人可以对合同的效力约定附条件或者附期限。”第14条规定：“保险合同成立后，投保人按照约定交付保险费，保险人按照约定的时间开始承担保险责任。”由此可知，保险责任开始的时间为合同成立时或由双方在保险合同中约定，因此保险责任的开始时间必与保险期间的开始时间完全一致。

保险合同的保险期间通常有两种计算方法：一是用年、月计算，如财产保险一般为1年，从起保日的零时开始到期满日24小时止；二是以某一事件的存续期为保险期间，如货物运输保险、运输工具保险以一个航程为保险期间，建筑安装工程则以工程期为保险期间。

（六）保险金额

保险金额是指保险合同双方当事人约定的，并且在保险合同中载明的保险人应当赔偿的货币额，也是保险人承担赔偿或者给付保险金责任的最高限额。由于保险金额是计算保险费的标准，直接关系到双方当事人的责任和义务，因此必须在保险合同中明确规定。

不同的保险合同中，保险金额的确定方法和原则不同。财产保险合同中，对保险价值的估价和确定直接影响保险金额的大小，保险金额的约定不得超出保险标的保险价值或者保险标的的实际价值。所谓保险价值，是指投保人与保险人订立保险合同时，投保人对保险标的所享有的保险利益在经济上用货币估计的价值额，是作为确定保险金额和损失赔偿计算基础的保险标的的价值。当保险价值等于保险金额时，该财产保险是足额保险；当保险金额低于保险价值时，则为不足额保险；当保险金额超过保险价值时则为超额保险；超过保险价值的保险金额无效，且恶意超额保险可能使保险合同无效。人身保险合同中，由于人的生命、身体是不能以金钱来衡量的，投保人和被保险人一般依据被保险人或者受益人的实际需要和投保人交付保险费的能力等因素，协商确定保险金额。

典型案例 不定值不足额货物运输保险中的保险赔偿金计算[4]

2010年10月12日，原告赣州恒运交通有限公司作为赣B0541号大货车的车主向被告中国人民财产保险股份有限公司仙游支公司分别投保了公路货物运输门市定期定额保险，保险期间自2010年4月13日起至2011年4月12日止。2011年3月10日11时50分许，原告的投保车辆行驶至成都市三环路主道龙漂立交桥上，为避让前方车辆，紧急刹车而致车上货物的捆绑绳断裂，造成车载货物即两台CD－34B半自动内圆端面磨床散落地面致损，该批货物经被告委托上海恒量保险公估有限公司评估损失为205493.74元，原告为此支付鉴定费8248元，并依此赔付给货主210000元，故此次货物损失原告共计支付218248元，因原告只投保200000元，之后，原告于2012年2月20日向被告索赔无果，故诉至法院，请求判令：（1）被告财保仙游支公司立即赔偿保险金人民币200000元并支付从2012年2月20日起至赔偿

〔4〕 参见国家法官学院案例开发研究中心编：《中国法院2014年度案例·保险纠纷》，中国法制出版社2014年版，第228～231页。

之日止按中国人民银行同期贷款利率计付的利息;(2)本案诉讼费由被告负担。

被告财保仙游支公司辩称:(1)原告投保车辆出险原因属发货方包装的问题造成,故保险公司依约不承担赔偿责任。(2)原告投保车辆运输货物的价值超出保险金额,即使赔偿,保险人对其损失金额按保险金额与保险价值的比例计算赔偿,最高不超过保险金额,且扣除货物的30%残值。(3)原告主张的逾期赔付利息,于法无据。

本案的争议焦点为:被告财保仙游支公司应否向原告恒运交通公司承担保险赔偿责任?若应赔偿,则是否按比例赔偿?

裁判要旨如下:

1. 保险价值如何确定。本案合同系不定值保险合同。采用不定值保险,保险金额的确定是在投保环节,而保险价值的确定是在出险环节,当发生保险责任范围内的损失时,是以保险事故发生时保险标的实际价值为赔偿计算标准。实践中,不定值保险中保险标的的保险价值既可以按照保险事故发生时保险标的的市场价值确定,也可以通过委托资产评估机构进行评估确定,还可以由当事人协商。本案中,保险事故发生后,货物经上海恒量保险公估有限公司评估:扣除残值85750元,实际损失为205493.74元,故该货物的实际价值即是保险价值=残值85750元+实际损失为205493.74元=291243.74元。

2. 是否足额投保,赔偿金如何计算。因该货物的实际价值高于保险金额,故讼争保险属于不足额保险。不足额保险损失按比例计算赔偿金额,即赔偿金额=保险金额200000元÷保险价值291243.74元×(实际损失为205493.74元+必要合理费用即公估费8248元)=143005.99元,故被告应在保险范围内支付给原告保险金143005.99元。

3. 残值如何计算,应否扣除。根据财产保险的损失补偿原则,在被保险人获得保险人支付的保险赔偿金后,被保险人的损失已经得到全部或部分弥补,不应再拥有受损保险标的的残值的所有权,否则被保险人就会获得部分残值财产的双重利益,有违损失补偿原则,而保险人因其赔偿了保险金,应有权取得受损保险标的残值相应部分的所有权。在足额保险的情况下,保险人支付了全部保险金额的,受损保险标的的全部价值归保险人;在不足额保险的情况下,保险人应按保险金额与保险价值的比例取得受损保险标的的部分权利。故本案被告有权按比例取得货物的残值为85750元-85750元×保险金额200000元÷保险价值291243.74元=26864.62元。因货物残值被原告取走,故在被告应赔付的保险金中理应扣除其该得的部分残值,即143005.99元-26864.62元=116141.37元。

【评析】

本案主要是关于不定值不足额货物运输保险中的保险价值和残值如何确定的问题。

(七)保险费及其支付办法

保险费是投保人为取得保险保障而依保险合同约定向保险人支付的费用,又称“保费”。保险费是投保人转移风险,使保险人在保险事故发生时给付保险赔偿金或人身保险金的代价。同时,保险费也是保险基金的来源。保险合同应对保险费的数额、交付保险费的方式、交付保险费的时间和次数作出明确规定。

保险费的具体数额是依据保险金额、保险费率、保险期限等因素确定的。一般来说,保险费的数额同保险金额的大小、保险费率的高低和保险期限的长短成正比,即保险金额越大,保险费率越高,保险期限越长,则保险费也就越多。当事人也可以另行约定保险费数额,但不得违反法律、行政法规或者保险监管机构的强制性规定。其中,关系社会公众利益的保险险种、依法实行强制保险的险种和新开发的人寿保险险种等的保险条款和保险费率,应当报国务院保险监督管理机构批准。

保险合同成立后,投保人按照约定交付保险费,可以在合同订立时一次交付,也可以按年、季或者按月分期支付。

(八)保险金赔偿或者给付办法

保险金赔偿或者给付,是指在保险事故发生导致保险标的损害或者在保险合同期限届满时,保险人依约定的方法和标准向被保险人或者受益人支付保险赔偿或保险金的行为。由于保险金的赔偿或给付直接关系到被保险人和受益人权利的实现,关系到保险人应履行的保险责任,因此保险合同当事人应当明确约定赔偿或给付的方法和标准。

保险金的赔偿或给付方式原则上以现金形式履行赔偿给付责任。但对于财产保险,也可以采取修复、重置等办法补偿损失。

(九)违约责任和争议处理

违约责任,是指保险合同当事人一方不履行保险合同义务或履行合同义务不符合合同约定所应承担的民事责任。保险合同的违约行为,包括违反保险合同的法定义务、约定义务以及其他附随义务。承担违约责任的形式主要有实际履行、支付违约金和赔偿损失。

保险合同的争议处理,主要有协商、仲裁、诉讼三种形式。当保险合同发生争议时,投保人和保险人可以通过协商解决争议;如果通过协商不能解决争议或者不愿通过协商解决争议的,可以通过仲裁或者诉讼方式解决争议。

(十)订立合同的年、月、日

订立合同的年、月、日是判定保险利益是否存在的时间标准,是判断保险危险是否已经发生,关系到保险合同双方当事人的权利义务,因此订立保险合同的年、月、日是保险合同必不可少的条款之一,注明保险合同的订立时间在法律上具有相当重要的意义。

三、保险合同的特约条款

保险合同的特约条款,是指保险合同当事人于基本条款之外,另行约定的履行某种特定义务的条款。亦即,除基本条款以外,保险合同双方当事人还可以就与保险有关的其他事项作出约定。至于何谓"与保险有关的其他事项作出约定",我国台湾地区多数学者认为,系指与保险契约有关之一切事项,不问过去、现在或将来,均得在订约时,约定为特约条款。[5] 其中,"过去事项",是指保险合同成立前的事项,例如人寿保险合同中,特约被保险人过去未曾患有某种疾病。"现在事项",是指保险合同成立时的事项,例如火灾保险合同中,特约屋内并未储存危险物品。"未来事项",是指保险合同成立后的事项,例如意外伤害保险合同中,特约被保险人不得前往危险地区旅行。保险合同的特约条款的实质是对保险合同基本条款的补充或更改,但这种约定不得与保险法及其他法律、法规相抵触,不得违背公序良俗。保险实务中,保险合同的特约条款具体包括:附加条款、共保条款、保证条款、协会条款。

(一)保险合同特约条款的形式

1. 附加条款

保险合同当事人,在保险合同订立时或订立后,为适应特殊情形的需要,经过当事人双方同意,对原有的基本条款加以补充或变更,在保险单基本条款的基础上,附加一些补充条文,用以扩大或者限制原基本条款中所规定的权利和义务。这些补充就是附加条款,或者称为补充条款或追加条款,用来扩大或限制原基本条款中所规定的权利和义务。

通常情况下,附加条款加注于保险单空白处,或者以印就之纸条粘贴于保险单上,从而成为保险合同的一部分,因而又称为批注或批改背书。附加条款的效力高于保险单的基本条款、协会条款与保证条款的效力,同时前补充条款的效力受到后补充条款的拘束。

2. 保证条款

保证条款是指基于双方当事人在合同中的约定,投保人或被保险人承诺某一事实状态存在或不存在、持续存在或不存在,以及承担履行某种行为或不行为的条款。保证条款源于海上保险,通常可分为明示保证与默示保证两种类型。

保证条款明示保证是指就个别特殊事项,经当事人协商而在保险合同中明确记载的、成为合同组成部分的保证条款和其他保证事项。保证条款默示保证是指依据习惯,虽然没有明示记载于保险合同但亦必须遵守的保证事项。例如,在海上保险中,被保险人应当有下列默示保证:船舶具有适航和适货能力的保证;不改变约定航道和航程的保证;航海之合法保证等。

---

[5] 参见梁宇贤:《保险法新论》,中国人民大学出版社2004年版,第103页。

3. 协会条款

协会条款又称附带条款或会定条款，是由保险业各同业者因实际需要而共同商定。在国际保险市场上，特指由伦敦保险人协会（Institute of London under writers）根据实际需要而拟定发布的有关船舶和货运保险条款的总称。协会条款仅见于海上保险合同中，种类较多，如船舶航行中之碰撞条款、货物保险之仓库条款、战争危险担保条款等。

4. 共保条款

共保条款是指保险人与投保人约定就保险标的的一部分，由投保人自行负担因保险事故发生所造成的损失，也称为“合力保险”或“共保条款保险”。

共保条款的目的在于通过保险人与被保险人共同分担保险事故所致保险标的的损失，使被保险人对于保险标的的保管尽最大善意，提高被保险人对于风险防范的谨慎程度。实践中，共保条款仅针对财产保险而言，人身保险则无此条款之适用。

（二）保险合同特约条款的法律效力

保险合同特约条款的法律效力可以分为积极效力和消极效力。具体分述如下：

1. 积极效力。我国台湾地区“保险法”第 68 条第 1 款规定：保险契约当事人之一方，违背特约条款时，他方得解除契约；其危险发生后亦同。由此可见，当事人一方违背特约条款时，另一方可以解除保险合同。同时，为保护相对人的利益，避免保险合同因解除权的长期不行使而处于不稳定状态，我国台湾地区“保险法”还规定保险合同解除权的除斥期间：保险合同的解除权，解除权人自知道有解除原因后，经过一个月不行使即归于消灭；或者保险合同自订立起经过两年，即使有可以解除之原因，当事人亦不得解除契约。

2. 消极效力。如前文所述，与保险合同有关的过去、现在或未来之事项都可以由特约条款加以规定，也同样适用于特约条款的积极效力。但对于未来事项的特约条款，我国台湾地区“保险法”第 69 条规定：关于未来事项之特约条款，于未届履行期前危险已发生，[6]或其履行行为不可能，[7]或在订约地为不合法而未履行[8]者，保险契约不因之而失效。此即为特约条款的消极效力。

---

〔6〕 例如，投保企业财产综合保险，当事人双方约定在合同成立后 3 天内将厂房内的易燃物转移到安全的场所，但在订约的第二天，火灾发生将厂房烧毁。在这种情况下，保险人不能解除合同。

〔7〕 例如，在火灾保险合同中，当事人特别约定于保险合同成立 10 日内，拆卸相邻的茅屋。但在订约后未及 10 日，因诉讼遭法院查封并禁止处分，在这种情形下，保险合同不能因投保人或被保险人未履行特约条款而丧失效力，所以不能解除。

〔8〕 例如，投保人与保险人订立盗窃保险合同，经当事人特约，应将部分黄金出售。但在保险合同生效后，黄金买卖突然为法律所禁止。在这种场合下，保险合同并不因此而失去效力，保险人也不能解除保险合同。

第三节 保险合同条款的解释

一、保险合同条款解释的概念

英国著名法官丹宁曾经说过:“在法律的日常实践中,最重要的问题是对文件的解释。”正确理解保险合同条款是正确地运用保险法、公正地处理问题的前提。因此,保险合同条款的解释也就成了保险合同法律制度中一个非常重要的问题。

保险合同条款的解释,是指当事人对于保险合同条款的解释和说明。如果保险合同的条款内容明确、具体、清晰,当事人双方的理解就会趋于一致。如果保险合同的条款用语不准确,内容模糊不清,则当事人双方就会对此产生不同的理解,从而涉及保险合同条款的解释问题。保险合同当事人对合同条款理解不一致的原因主要源自三个方面:

1. 保险合同的抽象性。由于保险合同要反复适用于不同的投保人、被保险人和保险标的,因而其内容往往是对保险现象的一般概括,不可避免地呈现出抽象性的特点。而具体保险合同则要考虑个体的投保人、被保险人或特定的保险标的,因而其内容具有具体性的特征。要完成保险合同从抽象到具体的适用,就必然涉及保险合同的解释。

2. 保险合同的专业性。一般而言,保险合同条款由保险公司单方面拟定,内容复杂,专业技术性较强,而这一特点显然会增加非保险专业的投保人和被保险人对保险合同条款的理解难度。

3. 保险合同所使用的语言文字具有不确定性。当事人对保险合同条款使用的语言文字认识不一,往往会引起保险合同的争议。在这里,一种情况是意思模糊。如果一个词有边际用法,〔9〕则其语义是模糊的。以机动车险保单为例,假设其对保险人的赔付责任限制为“每宗事故(occurrence)2 万美元”,而被保险人某天驾车在多车道的州际公路上行驶时越过了分隔线,撞上了超车道的一辆车,然后擦地拖行了一百米,又滑回行车道,撞上了第二辆车。这种情况下,到底是发生了一宗事故还是两宗呢?〔10〕如果只有一次撞击,“事故”这个词的含义就不难确定;然而发生了多起撞击时,由于“事故”在这里是边际用法,其含义就模糊不清了。

另一种情况是词语本身有歧义。一个词语如果具有多重含义,但每一重含义

---

〔9〕 即其本义以外的用法,类似经济学术语中“边际效用”中“边际”的含义。参见[美]小罗伯特·H. 杰瑞、道格拉斯·R. 里士满:《美国保险法精解》(第四版),李之彦译,北京大学出版社 2009 年版,第 5 页。

〔10〕 参见[美]小罗伯特·H. 杰瑞、道格拉斯·R. 里士满:《美国保险法精解》(第四版),李之彦译,北京大学出版社 2009 年版,第 5 页。

放在上下文都能说得通，此时这个词语就产生了歧义。例如，有一起经典的合同双方当事人存在相互的错误认识之案例。在 Raffles v. Wichelhaus 案中，买卖合同中约定用"无敌号"船舶运送标的物，但同年同航线名为"无敌号"的船舶有两艘，一艘10月起航，另一艘12月起航，合同未明确用哪一艘来运送，卖方用12月起航的无敌号船舶将货物运达时，买方拒收。〔11〕

还有一种情况是语法结构造成的歧义。例如，保险代理人处理好了一宗续保交易，他本应拿到一笔佣金，只是在保险公司支付之前，他的代理合同就终止了。按照合同规定，此时保险公司可以"扣除5%以作为服务和手续费用"。此时保险公司有权扣除的到底是5%的"保费"，还是5%的"续保佣金"呢?〔12〕此歧义显然是合同条款的语法有问题所致。

保险合同条款的解释有利于明确保险合同的内容，使保险合同内容更符合法律对当事人的要求；有利于使不完整的合同内容得到补充；有利于不统一或互相矛盾的合同内容得以统一，因此，保险合同条款的解释关系到各方当事人的切身利益，有必要明确保险合同条款解释的原则和规则。

二、保险合同条款解释的适用

(一)保险合同条款解释的原则

纵观合同解释制度的历史轨迹，合同解释经历了从意思主义到表示主义的发展过程。19世纪资本主义进入自由竞争时期以后，当事人意思自治受到尊重，随之产生的以探求当事人内心意思为宗旨的意思主义合同解释规则。大陆法系国家的立法多采取意思主义。意思主义的弊端在于若以表意人对其真意的解释为准，对受意人则显失公平。19世纪后期，随着资本主义及社会的发展，法律思想由个人本位开始转向社会本位，法律追求的价值也从强调绝对的公平、自由转向了交易安全和效益，随之产生的以执行当事人的外在表示为宗旨的表示主义合同解释规则。英美法系国家的立法多采取表示主义。表示主义的弊端之一在于过于注重保护交易安全，否认了当事人的意志对其行为效果的绝对支配。随着契约社会化趋势的加强，意思主义和表示主义相互借鉴和吸收，出现了介于二者之间的一种新的理论，即折中主义的观点。折中主义主张以意思主义为原则，以表示主义为例外；或者以表示主义为原则，以意思主义为例外。折中主义既能对表意人及相对人的利益统筹兼顾，又不会损害交易的安全。我国学者多持此种观点。

我国《保险法》第30条第1款规定："采用保险人提供的格式条款订立的保险

---

〔11〕 See P. S. Atiyah and Stephen A. Smith, An Introduction to the Law of Contract, 6th ed., Clarendon Press, Oxford, 2005, p. 43.

〔12〕 参见[美]小罗伯特·H. 杰瑞、道格拉斯·R. 里士满:《美国保险法精解》(第四版)，李之彦译，北京大学出版社2009年版，第5页。

合同,保险人与投保人、被保险人或者受益人对合同条款有争议的,应当按照通常理解予以解释。”该条第2款规定:“对合同条款有两种以上解释的,人民法院或者仲裁机构应当作出有利于被保险人和受益人的解释。”据此,保险合同条款的异议解释原则〔13〕得以确定,且其适用应遵循下列三项法定条件:(1)采用保险人提供的格式条款订立的保险合同;(2)保险合同当事人对合同条款的理解有争议的;(3)按照通常理解予以解释仍对合同条款有两种以上解释的。

保险合同条款异议解释原则的内容包括三方面:(1)保险合同条款的解释应尊重双方在保险合同中的真实意图,亦即,在保险合同的条款发生争议时,通过判断合同当事人订约时的真实共同意图,以阐明保险合同条款的内容;(2)保险合同条款的解释应当运用保险市场所要求的特定的科学含义,符合相关学科的科学解释,同时要兼顾保险市场的行业习惯和经营特点,而不局限于保险合同用语的哲学或者科学上的语义;(3)保险合同条款的解释应当有利于被保险人,亦即,对于保险合同的条款,保险人与投保人、被保险人或者受益人有争议时,人民法院或者仲裁机关应当作有利于被保险人和受益人的解释。

(二)保险合同条款解释的方法

1. 文义解释。文义解释又称为语义解释,是指如果保险合同条款的用语与合同目的没有明显的冲突或违背,通常情况下应按照保险合同条款的用语的文义及其唯一、特定或者通常使用方式进行解释,以阐明保险合同条款的内容。保险合同的条款是由语言文字构成并表达出当事人的真实意思,因此,解释保险合同,必须首先按照保险合同条款的含义进行文义解释。应注意三点:(1)保险合同所使用的文字,应当按其所具有的通俗语义进行解释,不应局限于保险合同用语的哲学或者科学上的语义;(2)除非有强有力的理由作其他解释,保险合同用语应当按其表面语义或者自然语义进行解释;(3)如果某一文字具有专门的法律含义或其他特定的专业性含义,则应当按照该等术语所特有的意义进行解释。

2. 目的解释。目的解释是指在解释保险合同时,如果合同所使用的文字或某个条款可能作两种解释时,应采取最适合于合同目的的解释。当事人订立保险合同时具有特定的缔约目的,而承载当事人缔约目的的正是保险合同中所使用的语言文字,其含义即当事人真实意图之所在。因此,若当事人意思表示之内容模糊不明或者前后矛盾时,应使之明了调和,符合当事人之目的。若当事人所适用之文字,与其所欲达成之目的相反时,亦应以真意为主,不得拘泥于所用词句,当事人另有约定除外。

3. 疑义利益解释。疑义利益解释又称反作者解释、有利解释,是指保险合同当

---

〔13〕 对于保险合同条款的解释原则,有的学者从不利于提供格式条款的保险人角度出发,称为不利解释原则;有的学者从有利于被保险人、受益人的角度出发,称为有利解释原则;也有学者基于中立角度,称其为异议解释原则。

事人在对保险合同条款的理解有争议时,应当对模糊不清或者产生歧义的文字或条款作出有利于被保险人而不利于保险人的解释。由于保险合同是格式合同,其条款是由保险人事先拟订的,充分考虑了保险人的自身利益,而极少反映投保人、被保险人或受益人的意思,且保险合同内容复杂,其中使用非专业人士不易理解的专业术语,因此,为了保护被保险人或者受益人的利益,各国在长期的保险法研究与实务中积累发展了疑义利益解释原则,对格式条款的理解发生争议或者有多种以上解释的,作出不利于保险人的解释,以示对被保险人或者受益人给予救济。法国《民法典》第1162条规定,契约有疑义之情形,应作不利于订立此种约定的人而有利于债务人的解释。此条正是疑义利益原则的反映。我国台湾地区"保险法"第54条第2款规定:"保险契约之解释,应探求契约当事人之真意,不得拘泥于所用之文字;如有疑义时,以作有利于被保险人之解释为原则。"英国保险法上的疑义利益解释原则来源于一个经典案例。[14] 美国的理论界与实务界也都十分重视疑义利益解释原则,有学者甚至认为,疑义利益解释原则在美国的保险诉讼中已经处于中心地位。[15]

但需要注意的是,疑义利益解释的适用是有限制的:

(1)疑义利益解释仅适用于保险合同条款所用文字语义不清或有歧义而致使当事人意图不明的情况。当保险合同的语义明晰时,即使当事人对合同内容有争议,也不得适用不利解释原则而曲解合同内容。当保险合同的语言文字语义清晰、当事人订立保险合同的意图明确以及法律对保险合同的内容已有规定时,尽管当事人对保险合同的内容存在争议,也不能运用不利解释原则。正如有学者指出的,疑义利益解释只是可以借助的排在第二顺位的解释原则,只有在采用其他解释原则无法确定保险合同含义的情形下才可以采用该原则。[16]

(2)疑义利益解释是为了保护处于弱势的普通被保险人的利益而设立的,它只能适用于普通被保险人。例如,如果被保险人不是一个自然人,而是一个规模庞大、且由经验丰富的商人经营、并委托有如同保险公司的顾问水准那样的专业顾问公司,则不能适用不利解释原则。又如,再保险合同的条款发生争议时,因其当事人均为专营保险业务的保险公司,对再保险合同的内容应当具有充分的判断能力,不能适用不利解释原则。

---

〔14〕 公历1536年6月18日,一个承保海上保险的保险公司保险人查理·马丁,将保险业务扩大到人身保险。其朋友威廉·吉鹏投保。保险金2000英镑,保险期限12个月,保险费80英镑。吉鹏于1537年5月29日死亡。受益人索赔却遭拒,只因双方对保险合同中的"月"的含义产生争议。受益人认为应当按公历每月30日计算,而保险人认为按农历每月28日来计算。法院最后判决按照公历30日计算,即该保险事故未超过保险期间。其判决的依据即是利用了罗马法"不利于契约起草人"的解释规则。

〔15〕 See Jeffrey W. Stempel, Interpretation of Insurance Contract, Boston: Little, Brown and Company, 1994, p. 518.

〔16〕 See Malcolm A. Clarke, The Law of Insurance Contracts (6th edition), Informa UK Led, 2009, pp. 457 – 458.

(3)疑义利益解释的适用不是孤立的,它应当考虑保险合同成立时当事人所使用的合同语言环境、意图、行为等因素,并同时对保险合同的内容作全面的整体评价。

典型案例 保险合同条款有争议时的解释原则〔17〕

2011年12月18日,原告吴某为其私有的苏FLS×××号轿车在被告处投保了机动车交强险、机动车损失保险、机动车第三者责任保险,保险责任期间自2011年12月18日0时至2012年12月17日24时。原告于2011年12月16日向被告交纳了保险费2858.72元。2012年5月2日,原告吴某驾驶苏FLS×××号小客车与骆某驾驶的电动三轮车发生碰撞,致骆某及电动三轮车乘员吕兰(系骆某之妻)受伤,骆某经抢救无效死亡,两车不同程度损坏。2012年8月,保险公司在交强险责任限额内赔偿吕兰关于骆某事故损失11万元。原告吴某与吕兰就交强险以外的损失达成调解协议:原告吴某赔偿吕兰交强险限额外损失89000元,原告吴某在事故后为抢救骆某所垫支的医疗费用6974.58元及吴某的车辆损失由原告向保险公司主张。另查,事故发生时,原告吴某所持的驾驶证有效期限至2012年4月17日,驾驶证已逾期。事故发生后,吴某换取了新证。

原告向保险公司索款无果,于2013年向法院起诉,请求判令被告立即给付原告垫付的医疗费6974.58元,赔偿给吕兰的损失89000元,车辆损失24000元,合计119974.58元。被告辩称,原告在事故发生时,所持有的驾驶证有效期已届满,原告持逾期驾驶证驾驶,其行为属于约定的责任免除范围,保险公司不负赔偿责任。

分歧:本案中事故刚好发生在超过被保险人持有的驾驶证上注明的有效期间,但尚在换取新证的宽展期内。双方的争议涉及对"驾驶证有效期已届满"的理解。一种意见认为,保险条款中明确约定驾驶证有效期已届满保险人免责。"驾驶证有效期已届满"应解释为事故发生时,驾驶员所持驾驶证上载明的有效期届满,故该免责条款适用于本案。另一种意见认为,"驾驶证有效期已届满"应解释为事故发生时,驾驶证本身效力期限届满,也即是否有驾驶机动车的资格问题。本案中事故发生时驾驶证尚在换取新证的宽展期内,并未丧失驾驶机动车的资格,故该免责条款不适用于本案。

【评析】

本案中,"驾驶证有效期已届满"存在驾驶证本身效力期限届满和驾驶证上载明的有效期限届满两种理解。驾驶证本身效力期限届满属于驾驶证效力的丧失,包括但不限于驾驶人在宽展期内未换取新证或未被许可换取新证的后果。而超过驾驶证上

〔17〕 参见王华:"保险合同条款有争议时的解释原则",载中国法院网:http://www.chinacourt.org/article/detail/2015/08/id/1688434.shtml,2015年8月13日访问。

载明的有效期限的驾驶证,驾驶人可以在宽展期内换取新证,在宽展期内该驾驶证仍合法有效。同时,从投保人的合理期待看,投保人希望通过订立保险合同在保险事故发生时得到理赔。虽然其在事故发生时持有的驾驶证超过驾驶证上注明的有效期限,但在合理的换证宽展期限内,投保人要求保险人理赔事故损失,属于合理期待[18]。因此,在对保险合同条款有两种以上解释的情况下,应当作出有利于被保险人和受益人的解释。"驾驶证有效期已届满"应理解为驾驶证本身效力期限届满,不仅符合该条款的本意,亦符合公平、诚实信用原则,有利于保护非提供格式条款一方的利益,更有利于平衡双方利益。原告的诉讼请求应予支持。

思考题

1. 如何理解保险单的性质和作用?
2. 保险合同有哪些主要的法定条款?
3. 阐述保险合同异议解释原则的内涵。

〔18〕 保险合同解释中的"合理期待原则"最早由英国大法官 Stoumon Darling 勋爵在 1896 年提出,他主张"保险单应根据被保险人的合理期待进行解释"。1970 年,美国罗伯特·基顿(Robert Keeton)法官撰文指出"许多保险判例的判决名义上分别以疑义条款解释法则、显失公平、公共政策、禁止反言等法理作为裁决的理由,但它们实际上体现了一种共同的理念和判断,这就是以满足被保险人的合理期待为导向。"自此,合理期待原则逐渐为美国各州法院所接受。保险合同的理赔应以被保险人的合理期待为导向,而不能以合同条款强加被保险人的非合同义务。我国保险法中没有确立合理期待原则。由于合理期待原则本身具有很强的主观性,因此在保险实务中对"合理期待"予以判定时,应将合理期待视为一般合同解释原则(《合同法》第 125 条)和异议解释原则(《保险法》第 30 条)的补充,综合考虑被保险人的身份、保险营销方式、保单标题、广告用语、保险代理人是否误导等因素。

第七章　保险合同的订立和履行

导 读

- 作为民商事合同的具体类型，保险合同的订立同样遵循要约和承诺程序，并在长期保险实务中形成了专有用语，即投保和承保。
- 保险合同成立后还须进一步判断其是否具备生效要件，包括《民法通则》《合同法》规定的一般生效要件和《保险法》规定的特别生效要件。
- 履行保险合同的核心内容是享有保险金请求权的被保险人或者受益人向保险人行使该请求权的行为和保险人依约履行保险责任，向被保险人或者受益人支付保险赔偿金或者人身保险金的行为。

第一节　保险合同的订立

我国《合同法》规定了合同订立的程序，该程序同样适用于保险合同。保险合同的订立是指投保人与保险人之间就双方权利义务进行协商并达成意思表示一致的法律行为。其订立过程往往是一个反复协商的过程，最终达成协议，即保险人作出承诺，保险合同成立。我国《保险法》第13条规定："投保人提出保险要求，经保险人同意承保，保险合同成立。"因此，保险合同的成立，也须经过要约和承诺，即要保和承保阶段。

一、投保

（一）投保的概念

我国《合同法》第14条规定："要约是希望和他人订立合同的意思表示，该意思表示应当符合下列规定：（一）内容具体确定；（二）表明经受要约人承诺，要约人即受该意思表示约束。"该规定也适用于保险合同。投保人的要约，即投保，是指投保人向保险人提出保险要求的行为。理论上投保行为可以是口头形式也可以是书面形式，但通常是由投保人填写保险人印刷的投保单，这在法律上被视为投保人提出要约的意思表示。投保的一般做法是：投保人与保险人或保险代理人初步接触。在认为符合自己投保需求的情况下，向保险人提出保险要求，并如实填写格式化的投保单和风险问询表。因此，投保人向保险人索取并如实填具投保单，如实回答保险人所需了解的重要事项，认可保险人规定的保险费率等保险条款后，将投保单交付于保险人，即构成投保。投保是订立保险合同的前提条件，构成订立保险合同的要约。

应当将保险人的"要约邀请"和投保人的要约加以区别。要约邀请是希望他人向自己发出要约的意思表示。由于保险合同属于格式合同，因此投保单通常由保险人根据各个险种的设立需要和科学计算，事先设计和印制。投保单的内容除投保人或被保险人的基本情况，如投保人、被保险人的名称（或姓名）、住址、保险标的（对象）及坐落地点等以外，还包括了投保人要求保险人保障的范围等内容。保险人制作保险单证的行为是为订立保险合同所做的必需的准备工作，也并未表明自己受此行为的约束，因此并非要约，仅仅是"希望他人向自己发出要约的意思表示"，属于要约邀请。例如，保险人散发的票券等文件都是邀请顾客投保的，不会有人把这些文件解释为要约，因为在对一个特定的风险进行评估之前，保险人不会去接受承保的。[1]

投保属于订立保险合同的要约，因而具有《合同法》认可的要约的法律效力。具体表现为：投保人的要约到达受要约人时生效；投保人发出要约但未到达受要约人之前，投保人可以撤回要约；投保人在要约有效期间内受要约的拘束，不得随意撤销或变更；保险人在要约有效期间内享有承诺权，一旦受要约人作出承诺的意思表示，合同即告成立，在要约人和承诺人之间形成合同权利义务关系。

投保是投保人的自愿行为，除法律规定投保人必须投保的保险以外，任何人或者单位不得强迫投保人提出保险请求以订立保险合同。投保可以由投保人本人向保险人提出，也可以由投保人的代理人向保险人提出。但是，投保行为并不一定产生保险合同。在收到投保单及其他单据后，保险人负责审核的机构会对投保申请进行调查审核，且可以委托专门调查机构对特定疑点问题进行调查。在调查审核的基础上，保险人对投保人的风险进行评估，以确定是否承保或者以何种保险费率承保。只有保险人与投保人对于保险合同条款达成合意，保险合同才成立。也就是说，投保是投保人单方的意思表示，非经保险人接受，投保行为不产生保险的效力。

在保险市场上，各个保险人为适应日趋激烈的竞争局面，不断扩大其保险业务的范围，并运用各种手段进行保险宣传，投保人向保险人进行投保的途径也随之逐渐增多。概括来看，投保人可以通过以下四种途径进行投保：(1)直接向保险人投保，即投保人可以根据自己的需求选择所信赖的保险人，到其营业场所或办事处索

---

〔1〕 参见［英］Malcolm A. Clarke：《保险合同法》，何美欢、吴志攀等译，北京大学出版社 2002 年版，第 266 ~ 267 页。其也有例外，英国保险法中有票券保险，保险人散发的票券是要约，被保险人把票券寄回给保险人或者履行票券上的行为就是接受。美国机器自动分发的保险券和邮寄方式传递的保险券也是如此。

取投保单,如实填写后进行投保;(2)通过保险代理人投保,即保险代理人为保险人代为办理保险业务,代为接受投保人的投保;(3)通过保险经纪人投保,即投保人委托保险经纪人为其选择最适合的保险类别,向保险人办理投保手续;(4)其他投保的途径,即随着保险市场的发展,投保人可以通过电话投保、E-mail 网络投保等方式进行投保。

(二)投保的生效要件

投保的生效是指投保符合生效要件而发生受法律强制力保障的拘束力。投保的生效要件是投保人实现投保目的的前提,也是保险人承保时审核的主要内容。

1. 投保应当是具有订约能力的特定的人作出的意思表示。投保的提出旨在与保险人订立合同,并且换取保险人的承诺,所以投保人必须是订立保险合同一方的当事人。由于投保人欲以订立保险合同为目的而发出保险要约,因此他应当具有订立合同的行为能力。我国《合同法》第 9 条规定:"当事人订立合同,应当具有相应的民事权利能力和民事行为能力。"无民事能力人或依法不能独立实施某种行为的限制行为能力人发出欲订立合同的要约,不应产生行为人预期的效果。因此,投保人应为完全民事行为能力人。限制行为能力人订立合同,必须经其法定代理人同意或追认方为有效。

2. 投保人的投保意愿应当是投保人的真实意思表示,并表明经承诺即受此意思表示的拘束。真实意思表示是指意思表示的行为人的表示行为与内心的效果意思相一致。与其他合同的要约生效要件相同,投保人意思表示真实是投保行为的另一个生效要件。如果投保人因欺诈、胁迫或乘人之危而作出违背自己意愿的意思表示,则构成意思表示不真实。在这里,欺诈是指投保人不履行如实告知的义务,故意隐瞒真实情况或者故意告知虚假情况,诱使对方作出错误意思表示的行为,如投保人在订立保险合同时,明知不存在风险却谎称有风险,明知风险已经发生而谎称没有发生,等等。胁迫是指一方当事人以给对方或与对方有关的人的人身、财产、名誉、荣誉造成损害为要挟,迫使对方同自己订立保险合同的行为。要挟是确定可能实现的行为,而且足以使对方违背自己的意志与其订立保险合同。

3. 投保的内容应当合法。投保内容的合法性是保险合同有效的前提。现行《民法通则》《合同法》《保险法》是认定投保内容是否合法的基本法律依据。例如,《民法通则》规定,投保内容不得损害国家、集体或第三人的利益,不得有以合法形式掩盖非法目的的情形,不得损害社会公共利益,不得违反法律、行政法规的强制性规定。又如,《保险法》规定,投保人不得为无民事行为能力人投保以死亡为给付保险金条件的人身保险,保险人也不得承保。

4. 投保人应当对保险标的具有保险利益。保险利益是指投保人或者被保险人对保险标的具有的法律上承认的利益。投保人只能以其具有保险利益的财产或者生命、身体、健康作为保险标的予以投保,才能有效防止保险领域出现赌博行为和道德危险。首先,投保人对保险标的的各项权利和责任必须是依法或依有法律效力的合同而合法取得的，否则不能作为保险利益。若投保人或被保险人以非法利益投保，则投保无效。其次，投保人对保险标的所具有的利害关系，必须是已经确定或者可以确定的，即只有存在现实的或具有可期待性的保险利益，并为法律所承认，才能构成具有保险利益。再次，投保人对保险标的的利益必须是可通过货币计量、估价的利益，而不是保险不能补偿被保险人遭受的非经济上的损失，如精神损失。最后，投保人对保险标的具有的保险利益应当符合《保险法》规定的时间条件。《保险法》第 12 条规定，人身保险的投保人在保险合同订立时，对被保险人应当具有保险利益；财产保险的被保险人在保险事故发生时，对保险标的应当具有保险利益。

5. 投保具体险种险别时应当符合具体条件。由于各类保险承保对象的不同和保险责任范围的区别，保险人对具体的承保条件往往有不同规定。例如，投保机动车辆保险必须领有正式牌照并配备持有正式执照的驾驶人员；投保人寿保险时，被保险人应当符合相应的身体条件，等等。因此，投保人在投保具体的险种险别时，应当根据保险人在具体险种中的具体要求和特定条件来投保。

（三）投保的相关实务问题

1. 代签名

《保险法》第 13 条规定，投保人提出保险要求，经保险人同意承保，保险合同成立。在保险实务中，投保人或者投保人的代理人在投保单上亲笔签名或盖章是其投保意愿的最直接体现。那么，如果投保人或者投保人的代理人没有亲笔签名或者盖章，而是由保险人或者保险人的代理人代为签字或者盖章的情况下，保险合同是否对投保人生效？代签章行为导致保险人与投保人签订的保险合同的效力处于一种不确定的状态。根据《合同法》相关规定，代签章行为本质上属于无权代理行为，保险合同效力待定。基于此，《保险法司法解释（二）》第 3 条规定，投保人或者投保人的代理人订立保险合同时没有亲自签字或者盖章，而由保险人或者保险人的代理人代为签字或者盖章的，对投保人不生效。但投保人已经交纳保险费的，视为其对代签字或者盖章行为的追认。在代签章的情况下，如果投保人在交纳保费后以否认代签章效力为由主张解除保险合同的，人民法院不予支持。但需要注意的是，以交纳保费形式对代签章行为效力的追认只及于合同效力，并不能推定保险人向其履行了免责条款的明确说明义务。

典型案例 王某诉某人寿保险股份有限公司人身保险合同纠纷案——保险合同代签名的法律后果[2]

保险公司的业务员张某与投保人王某是同学关系。在张某向王某推销保险产

[2] 转引自“最高人民法院公布三起保险合同纠纷典型案例”，载《最高人民法院公报》2014 年第 2 期（总第 208 期）。

品时，王某在外地出差，于是王某让张某到自己家中找自己的妻子收取保险费。张某遂到王某家中找到王某的妻子取得了保险费，并代替王某在投保书上签字。投保书所记载的投保人与被保险人均为王某，投保的险种为重大疾病保险，保险期限为终生，交纳保险费期限为20年，每年应交纳保险费金额为2000元。王某出差回到北京以后，张某将保险合同及保险费发票交给了王某。此后，王某每年正常交纳保险费，累计交费12000元。直到2006年，王某、张某关系恶化，王某遂起诉保险公司，以投保书不是自己亲笔签字为由要求退还全部保险费。

法院认为：王某在张某代其签署投保书后，取得了张某转交的保险合同文本及保险费发票，应视为其对张某所实施的代签约行为已经明知。在此后长达五年的时间里，王某按照保险合同的约定及时足额交纳各年度保险费的行为，即属于以积极参与合同履行的方式表达了其对于张某代其签约行为的追认。据此，法院认定王某追认了张某代其订立保险合同的行为，判决驳回王某的诉讼请求。

【评析】

投保人签字不真实，意味着投保人对保险合同的订立并非真实意思表示，该合同为效力待定合同。除非投保人事后对保险合同的效力进行追认，否则该保险合同自始无效。如果投保人以实际行动履行合同，则应当视为对代签字的追认，如向保险公司缴纳保险费，签收保险合同回执，等等。

2. 代填保险单证

在保险业务办理中，经常会有保险业务员代投保人填写的情况。保险人或代理人代填保险单证将对投保人是否履行如实告知义务的认定产生影响。《保险法司法解释（二）》第3条第2款规定，保险人或者保险人的代理人代为填写保险单证后经投保人签字或者盖章确认的，代为填写的内容视为投保人的真实意思表示。但是，如果保险人或其代理人存在《保险法》规定的保险误导行为，则不予认可，以防止误导及欺诈行为的产生。

二、承保

根据我国《合同法》，承诺是指受要约人同意要约的意思表示，作出承诺的人称为承诺人或受要约人。承保也就是指保险人审核投保人的投保要求，向投保人表示同意接受其投保的意思表示。也就是说，保险人在投保人提出要保请求后，经审核认为符合承保条件同意接受投保人申请，并承担保险合同规定的保险责任的行为。保险人承保意味着双方已就保险合同条款达成意思表示一致的协议，保险合同即告成立。

根据《合同法》和《保险法》的规定，若保险人的意思表示构成承保，则应当适用以下规则：

1. 承保须未对保险要约内容作实质性变更，即未对保险标的、保险金额、保险期间和保险责任开始时间、保险费以及支付办法、保险责任和责任免除、保险金赔偿或者给付办法以及违约责任和争议处理等内容作出变更。如果承保的意思表示对保险要约的内容作出实质性变更的,均不为承保,而是一个新的要约;如果作出的是非实质性变更的,除投保人及时表示反对或者保险要约表明保险人的承保不得对要约的内容作出任何变更的以外,该承保有效,保险合同的内容以承保的内容为准。

2. 承保须由保险人本人或其保险代理人向投保人或者其委托的保险经纪人作出。在由个人代理人或者保险代理机构从业人员推销人寿保险的情况下,通常认为,投保人递交投保单和首期保费表示投保人作出要约,保险人可以根据投保单的条件签发保单,接受投保人的要约。如果保险人在投保人生存并保持健康期间作出承诺,则该合同即告生效。

3. 承保的意思表示须在保险要约的有效期内作出。如果投保人的保险要约规定了承诺期限,则承诺应在规定的承诺期限内作出;如果没有规定承诺期限,则承诺应当在合理的期限内作出。如果保险要约的承诺期限已过,或者已超过一个合理的时期,则不应再作出承保的意思表示。

保险人的承诺的通知,或者口头、电话,或者书信寄送到达投保人时生效,或者以符合投保人在投保中要求的承诺方式作出的,则保险合同随之成立。保险人在承保过程中的主要工作包括核保和作出承保决策两个环节。(1)核保。即审核投保人、被保险人或者受益人的主体资格是否符合规定,审核投保标的是否符合具体保险险种的承保范围,审核投保内容所涉及的风险和保险责任范围,并进行风险评估。(2)作出承保决策。对于属于标准风险类别的保险标的,按标准费率予以承保即正常承保;对于属于优质风险类别的保险标的,按低于标准费率的优惠费率予以承保即优惠承保;对于低于正常承保标准但又不构成拒保条件的保险标的,以增加限制性条件或加收附加保费的方式予以承保即有条件承保;对于投保条件明显低于承保标准的保险要约,保险人可作出拒保的意思表示。

典型案例 中国太平洋财产保险股份有限公司青岛分公司与青岛霸奇船务工程有限公司船舶保险合同纠纷案[3]

2005年3月23日,霸奇公司在购买船舶之后、进行海船改造之前,为案涉船向青岛太保投保沿海船舶险,青岛太保签发了《沿海、内河船舶保险单》。投保单和保险单均包含"沿海"字样,但涉案保险单上航行范围栏目中填写的是"A(j)"(即航行范围不包括沿海)。2005年10月21日,涉案船舶发生搁浅事故,霸奇公司立即

〔3〕 转引自最高人民法院发布的"与财产保险合同纠纷案件有关的10个典型案例裁判要旨汇总"(2016年新版)。

向青岛太保报案并请求确定救助方案,但青岛太保不予理会。

本案的争议焦点为:本案沿海船舶险保险合同是否成立?

裁判要旨如下:

保险合同签订时,涉案船舶正由内河船改造为沿海船,青岛太保认可霸奇公司投保目的是投沿海船舶险,投保单和保险单均包含"沿海"字样。但涉案保险单上航行范围栏目中填写的是"A(j)",该字母代表的航行范围不包括沿海,青岛太保的业务经办人并未向霸奇公司解释航行范围栏目中所标注字母的区别,作为谨慎的保险人,也没有采用划掉保险单中"沿海"字样引起保险合同相对人的注意。从保险单的记载内容来看,不能认定沿海船舶保险合同成立,导致霸奇公司投保目的未能实现,沿海船舶保险合同未成立的过错在于青岛太保,青岛太保理应承担缔约过失的赔偿责任。

【评析】

本案中,霸奇公司投保,青岛太保同意承保并签发保险单,霸奇公司全额支付保险费;出险后,霸奇公司依据合同要求赔付,青岛太保也进行查勘并依据合同条款拒赔。由此可见涉案船舶保险合同已经成立,当事人仅对保险合同中船舶航行范围的约定存在争议,对其他主要条款并无异议,不影响涉案保险合同的成立与效力。

三、保险合同的成立与生效

(一)保险合同的成立

保险合同的成立与否,是保险合同的履行、变更、转让、解除,以及保险合同是否生效的前提条件。根据《合同法》和《保险法》,保险合同的成立条件包括:(1)投保人提出保险要求;(2)保险人同意承保;(3)保险人与投保人就合同的条款达成协议。这三个要件实质上乃是合同法所规定的要约和承诺过程。因此,保险合同原则上应当在当事人通过要约和承诺的方式达成意思一致时即告成立。

在保险实务中,保险合同成立所涉及的问题较多,主要包括保险合同的成立与签发保险单或其他保险单证的关系,保险合同的成立与交纳保险费的问题,下文将对此予以简要分析。

一方面,关于保险合同的成立与签发保险单或其他保险单证的关系。《保险法》第13条第1款规定:"投保人提出保险要求,经保险人同意承保,保险合同成立。保险人应当及时向投保人签发保险单或者其他保险凭证。"亦即,保险人在保险合同成立和生效后,应当依法及时签发保险单或其他保险单证。签发保险单或其他保险单证是保险合同成立的证明文件,将双方当事人的权利义务加以固定,是当事人履约的依据,因而保险人签发保险单或其他保险单证的行为实际上是保险人承担的缔约义务在保险合同成立之后的延续。

另一方面,关于保险合同的成立与交纳保险费的关系。在保险实务中,投保人往往在投保时趸交或缴付首期保险费,保险人或者其代理人向投保人开具收据。

保险费是否交付不能成为判断保险合同成立与否的标准。如果将交付保险费视为合同成立的判断标准,则事实上给投保人增设了先行交付保险费的法定义务,而这与保险合同是诺成性合同的法律规定明显不符。因此,保险费的交付不是保险合同成立的必然条件,其实质是保险合同成立后投保人作为合同当事人所应承担的义务。

在保险实务中,存在保险人接受投保单并预收保险费,在签发保险凭证之前或是核保期间发生保险事故的情形,此时,保险合同是否成立,以及保险人是否要承担赔偿或给付保险金责任需要予以分析。

1. 对于预收保险费的情形下保险合同是否成立这一问题,大多数学者认为,在投保人、被保险人的信赖利益与保险人的缔约自由之间进行利益衡量时,法律应当倾向于保护投保人、被保险人的利益,限制保险人的缔约自由。投保人的投保申请符合承保条件,在保险事故发生前,保险人没有作出拒绝承保的意思表示的,视为默示的同意,推定合同成立。对此,韩国《商法典》第 638 条之 2 规定:“1. 若无其他约定,保险人应自接到保险合同人填写的保险合同的要约及支付全部或者一部分保险费时,应于 30 日内向对方发送承诺与否的通知。但是,人寿保险合同的被保险人应当接受体检时,该期间应从接受体检之日起计算。2. 保险人在依第 1 款规定的期间内怠于发出承诺与否的通知时,视为已予以承诺。3. 在保险人从保险合同人处接受保险合同的要约及全部或者部分保险费后承诺该要约之前,若发生保险合同所定的保险事故时,除非有理由能够拒绝之外,保险人应当承担保险合同上的责任。但是,人寿保险合同的被保险人应当接受体检而未接受体检时除外。”我国澳门《商法典》第 966 条第 3 款规定:“在投保人为自然人之个人保险中,保险人于收到保险要约十五日后,或于倘有约定之其他期限后,如不向要约人通知拒绝要约或须收集为评估风险所需之说明,包括医疗报告、风险或受保物之实地调查,则合同视为按要约之条件订立。”我国台湾地区“保险法”的判例也支持这样的观点。台湾“高等法院”八十二年度保险上字第一六号判决认为:“人寿保险业于同意承保前,预收相当于第一期之保险费者,乃将保险契约签订时方应交付之保险费,提前收受,自应科人寿保险业者,于相当时间内完成核保程序,为承诺与否之表示,于经过相当期间,未为承保之表示者,应视为已为承诺,始符公平”。

2. 在明确保险合同是否成立之后,保险人是否要承担赔偿或给付保险金责任就随之明确了。《保险法司法解释(二)》第 4 条第 1 款规定:“保险人接受了投保人提交的投保单并收取了保险费,尚未作出是否承保的意思表示,发生保险事故,被保险人或者受益人请求保险人按照保险合同承担赔偿或者给付保险金责任,符合承保条件的,人民法院应予支持;不符合承保条件的,保险人不承担保险责任,但应当退还已经收取的保险费。”也就是说,在保险人已经收取保险费的情形下,对作出是否同意承保意思表示前发生的保险事故,保险人承担保险责任是以保险标的或被保险人是否符合承保条件为前提。被保险人符合承保条件,应认定保险合同成立,保险人应当承担保险责任。

（二）保险合同的生效

1. 保险合同生效的概念

保险合同的生效是指已经成立的保险合同在当事人之间产生一定的法律约束力。这意味着保险合同具有法律效力,保险合同的双方当事人、关系人都应按照保险合同的约定行使各项权利和履行各项义务,否则将承担相应的法律后果。

保险合同的生效与保险合同的成立是两个不同的概念。投保人提出保险要求,经保险公司同意承保,并就合同的条款达成协议,保险合同即告成立。保险合同的生效是指依法成立的保险合同对合同主体产生法律约束力。保险合同的成立与生效的关系有两种:一是合同一经成立即生效,双方便开始享有权利,承担义务;二是合同成立后不立即生效,而是等到保险合同生效的附条件成立或附期限到达后才生效。

保险合同的生效时间与保险责任的开始时间也是相区分的。保险合同的生效时间是指保险合同的法律拘束力产生的时间。保险责任的开始时间是保险人开始承担保险责任的时间。保险实务中,一般情况下,如果没有特别约定,保险合同生效的时间与保险责任开始的时间是一致的,但有两种情形除外:

(1)追溯保险。追溯保险,是指保险合同当事人在保险合同中约定的从保险责任起始日向前追溯的一段时间,保险人对此期间发生且在保险期限内首次提出索赔的保险事故承担保险责任。也就是说,保险责任期间追溯到保险期间开始前的某一个时点,保险人对于合同成立前所发生的保险事故也要承担保险责任。此种情形多适用于海上保险合同。

(2)等待期或观察期的规定。保险合同中规定一个等待期或观察期条款,等待期或观察期结束后,保险责任才正式生效;被保险人在等待期或观察期内因疾病支出医疗费用或收入损失,保险人不负责任。也就是说,保险责任的开始时间在保险合同生效之后,此种情形多适用于健康保险合同。

2. 保险合同生效的要件

保险合同成立后还须进一步判断其是否具备生效要件,包括《民法通则》《合同法》规定的一般生效要件和《保险法》规定的特别生效要件。

(1)当事人须具有法定的缔约资格。根据《民法通则》第55条,为民事法律行为时,行为人应当具有相应的民事行为能力,意思表示真实且不违反法律或者社会公共利益。《合同法》第9条也规定,“当事人订立合同,应当具有相应的民事权利能力和民事行为能力”。因此,保险合同若要有效订立,当事人首先应具备相应的缔约能力。对于保险人而言,必须是依法成立的保险经营组织,且应当在国务院保险监督管理机构依法批准的业务范围内从事保险经营活动。对于投保人而言,其缔约能力主要体现在两个方面:其一,投保人应具备相应的民事行为能力。就自然人而言,投保人须为年满18周岁或16周岁以上不满18周岁并以自己的劳动收入作为主要生活来源的公民,即须具有完全民事行为能力。10周岁以上的未成年人和不能完全辨认自己行为后果的精神病人是限制民事行为能力或无民事行为能力的人,不能成为投保人。就社会组织和团体而言,投保人须具有法人资格或法律认可的独立法律地位,方得为之。其二,投保人对保险标的应具有保险利益。作为投保人的自然人或法人组织在投保时,应当对保险标的具有一定的经济利害关系。在人身保险合同中,投保人在保险合同订立时,对被保险人应当具有保险利益。在财产保险合同中,投保人对保险标的应当具有经济利益。对于保险代理人或者经纪人而言,其必须符合《保险法》规定的职业资格条件,经保险监管机关的批准,在其获准的执业范围内参与订立保险合同。

(2)双方当事人意思表示真实一致。意思表示真实,是指表意人表示于外部的意思与其内心真实意思一致,即双方当事人就是否订立保险合同、与谁订立保险合同、订立哪种保险合同,均须出于当事人的自愿的真实意思并达成协议。任何一方对他方的限制和强迫命令,都会使合同无效。对于投保人而言,其在订立保险合同时,应当履行如实告知义务;对于保险人而言,其不得强制他人订立保险合同;对于保险代理人或者保险经纪人而言,其不得利用行政权力、职务或者职业便利以及其他不正当手段强迫、引诱或者限制投保人订立保险合同。

(3)订立保险合同不得违反法律和社会公共利益。当事人订立的保险合同应当遵守法律和行政法规的规定,符合我国参加的国际公约和认可的国际习惯,同时应当尊重社会公德,不得损害社会公共利益。

首先,订立保险合同的目的不得违反法律和社会公共利益。各国保险法均注重防止当事人假借订立保险合同谋取不正当利益。例如,我国《保险法》规定,投保人不得为无民事行为能力人投保以死亡为给付保险金条件的人身保险,保险人也不得承保,用以杜绝道德危险或赌博行为的发生。

其次,订立保险合同所涉及的保险标的必须不得违反法律和社会公共利益。也就是说,投保人对于投保的标的所具有的保险利益必须符合法律规定,能够为法律所认可和保护,且符合社会公共利益要求;否则,保险合同无效。

最后,订立保险合同所采取的形式应当符合法律的强制性规定和保险业规则。保险合同的订立必须符合法律规定的形式,例如,《保险法》规定,保险合同成立后,保险人应当及时向投保人签发保险单或其他保险凭证,并在保险单或其他保险凭证中载明当事人双方约定的合同内容。此外,长期的保险实践中各国保险业逐渐形成了诸多行业规则,其中,涉及保险合同形式的保险规则也应当为当事人所遵守。

(三)保险合同的无效

1. 保险合同无效的概念

“保险契约之无效者,系指保险契约成立后,因违反法定或约定事项,在法律上自始不生效力之谓。”[4]保险合同的无效是指已经成立的保险合同因欠缺法定或约定的有效要件且不能补救而自始不产生法律效力。依据保险合同无效的范围不同,可将其分为全部无效和部分无效。

保险合同的全部无效是指保险合同的内容全部自始不发生效力,对保险双方当事人没有法律约束力。例如,保险合同的当事人不具备缔约资格,保险合同的内容违反法律、行政法规的强制性规定,等等。保险合同的部分无效则是指保险合同的部分内容不符合法律的规定,则该部分内容无效。例如,保险合同中规定有关于保险人责任免除条款的,保险人在订立保险合同时应当向投保人明确说明,未明确说明的,该条款不产生效力。确认保险合同部分无效的,如果不影响其余部分的效力,其余部分仍然有效,对于保险合同的有效部分,双方当事人应按规定继续履行。

2. 保险合同无效的原因

保险合同无效的原因,各国保险法均有明确规定。韩国《商法典》关于保险合同无效的规定主要有:(1)无保险风险(第 644 条);(2)因欺诈而订立的超额保险(第 669 条);(3)签订未经他人同意的生命保险合同(第 731 条);(4)以法律禁止的人的死亡为保险的(第 732 条)。意大利《民法典》也规定了保险合同无效的情形:(1)恶意或重大过失之不正确申明和不告知下的撤销权(第 1892 条);(2)无保险风险(第 1895 条);(3)无保险利益(第 1904 条);(4)超额保险(第 1909 条);(5)未经第三人同意的死亡保险合同(第 1909 条)。我国台湾地区“保险法”也作了如下情形的规定:(1)无保险利益(第 17 条);(2)违反重复保险中的通知义务(第 37 条);(3)无保险风险(第 51 条);(4)显失公平(第 54 条);(5)无欺诈之情事之超额保险(第 76 条);(6)未经第三人同意的死亡保险合同(第 105 条);(7)年龄不真实且真实年龄超过约定保险年龄的(第 122 条)。

在我国,保险合同无效的法定原因,除适用《民法通则》《合同法》相关规定外,还适用《保险法》对于无效情形的特别规定。由此,可将保险合同无效的原因分为一般原因和特别原因。保险合同无效的一般原因主要有三种情形:

(1)当事人不具备缔约资格。如果投保人和保险人不具备前文所述的缔结保险合同的资格,如投保人为无民事行为能力人订立的保险合同,或者投保人与非依法成立的经营保险业务的组织或个人订立的保险合同,应认定为无效合同。

(2)保险合同的内容不合法。如果保险合同的内容与法律和行政法规的强行规定相抵触,或者当事人滥用法律的授权性或任意性规定以达到规避法律规范的目的,则合同无效。例如,恶意串通,损害国家、集体或者第三者利益的保险合同;以合法形式掩盖非法目的的保险合同;损害社会公共利益的保险合同等。

(3)当事人意思表示不真实。保险合同的订立如果不是出于当事人的自愿,而是受到欺诈或胁迫,则合同无效。例如,投保人与保险公司双方订立保险合同时,任

---

〔4〕　参见梁宇贤:《保险法新论》,中国人民大学出版社 2004 年版,第 143 页。

意一方隐瞒了其订立合同的真实目的或虚构事实,构成欺诈。

保险合同无效的特别原因主要有以下情形:

(1)投保人或被保险人对保险标的不具有保险利益。保险利益使得保险与赌博相区别,减少了道德危险的发生,也为确定保险人履行义务的范围提供了依据。英国1774年《人寿保险法》中首次规定,人寿保险的投保人与被保险人之间必须具有保险利益,否则保险合同无效。我国《保险法》第12条亦作了相应规定,投保人对保险标的不具有保险利益的,保险合同无效。

(2)保险合同订立时,所承保的危险已发生或不可能发生。此种情形下,则保险失去存在的意义,即使保险合同已订立,亦不能发生效力。若保险合同订立时,风险已发生或已消灭,除当事人双方不知情外,保险合同无效。

(3)重复保险。多数国家和地区的保险立法均区分了善意重复保险与恶意重复保险,进而规定恶意重复保险无效。我国《保险法》未明确区分善意和恶意重复保险。对于恶意重复保险合同的效力,可依据《民法通则》和《合同法》的相关规定加以判断。根据合同效力的合法性要件的规定,恶意重复保险合同内容虽不违法,但因其目的具有非法性,故显然属于无效合同。

(4)超额保险。如果是由于投保人善意形成的超额保险,如过高估计财产的价值或者情势变更导致财产价值降低,其超过部分无效。如果是由于投保人恶意形成的超额保险,各国法律一般规定保险合同无效。我国《保险法》未对超额保险的后果进行区分规定,即未区分善意与恶意,而一律规定为超过部分无效。

(5)死亡保险。为保护人身保险被保险人的生命安全及其利益,各国法律一般均对以他人生命为标的而订立的死亡保险合同,以保险合同无效的方式加以限制。我国《保险法》对死亡保险也有着严格的限制性规定:投保人不得为无民事行为能力人投保以死亡为给付保险金条件的人身保险,保险人也不得承保。以死亡为给付保险金条件的保险合同,未经被保险人书面同意并认可保险金额的,保险合同无效。

除以上保险合同无效的法定原因之外,当事人还可以在保险合同中约定无效原因,例如,在国外保险合同中常有“无效及失权的原因”一项内容。保险合同的约定无效原因不得违反法律和社会公共利益,且应记载于保险合同。

典型案例 保险公司对未履行说明义务导致合同无效应承担缔约过失责任[5]

原告:王a、张b。

被告:中国人民财产保险股份有限公司泰州市中心支公司(以下简称财保泰州

〔5〕 参见张德才:“保险公司对未履行说明义务导致合同无效应承担缔约过失责任”,载江苏法院网:http://www.jsfy.gov.cn/alpx/msal/2013/08/27154131257.html,2013年8月27日访问。

支公司)。

张c是李d的雇员。2011年4月12日,投保人李d与被告财保泰州支公司签订人身意外伤害综合保险合同,约定:被保险人为张c,人身意外责任保险金额为80000元、意外医疗保险金额为6000元,保险期间自2011年4月12日至2012年4月10日止。保险期间内,被保险人遭受意外伤害,自意外发生之日起180日内,因同一原因死亡的,保险人按意外伤害保险金额给付死亡保险金,保险人因意外伤害在县级(含县级)以上医院诊疗所支出的医疗费用,保险人在意外医疗保险金额范围内,按实际支出的医药费用的80%给付保险金。合同的免责条款规定因被保险人驾驶无有效行驶证的机动交通工具,造成被保险人死亡、支付医疗费用的,保险人不负给付保险金的责任。当日,投保人李d按合同约定给付了保险费,被告签发了保险单号为27180007138117的人身意外伤害综合保险单,但未经被保险人张c书面同意并认可保险金额。

2011年7月26日21时左右,被保险人张c驾驶苏MPK675二轮摩托车由东向西行驶至328国道姜堰市苏张镇马宁桥西侧意外撞到路边的隔离岛,致张c脑部重伤,在姜堰市中医院诊疗支出医疗费用75193.56元。2011年8月28日,因无力支付每日2000多元的医疗费用,张c在未治愈的情况下出院,2011年12月27日在家中死亡。

原告王a、张b是被保险人张c之妻、女。2012年年初,两原告至财保姜堰市支公司申请理赔,财保姜堰市支公司收取被保险人张c的人身意外伤害综合保险单,但以被保险人张c驾驶无有效行驶证的机动车交通工具,应否理赔需要请示为由,至今未向两原告作出同意理赔或拒绝理赔的通知。

原告王a、张b诉称,张c的雇主李d在被告处为张c投保了人身意外伤害综合保险,保险期限内张c因交通事故致脑部重伤医治无效死亡。按照保险合同的约定,被告应当给付死亡保险金80000元,赔偿意外医疗保险金6000元。被告作为专业的保险机构,在签订合同时,未要求被保险人签名导致合同无效,造成原告损失,被告应负全部责任。请求判令被告赔偿两原告损失86000元。

被告财保泰州支公司辩称,保险合同无效,被告不再承担保险责任;未要求被保险人书面同意致合同无效,被告有责任,投保人李d也有责任;另外,保险合同约定,被保险人驾驶无有效行驶证的机动交通工具造成保险事故的,保险人不承担保险责任。请求依法判决。

裁判要旨如下:

由于投保人李d与被告签订的保险合同以被保险人张c的死亡为给付保险金的条件,根据法律的规定,以死亡为给付保险金条件的保险合同,未经被保险人书面同意并认可保险金额的,保险合同无效。根据《合同法》第58条的规定,合同无效将导致两种后果:一是因该无效合同取得的财产应当予以返还,不能返还或者没有必要返还的应当折价补偿;二是分清谁对合同无效有过错,有过错的一方应当对合同无效负责任,应当赔偿对方因此受到的损失,如果双方都有过错,则根据双方各自过错的大小,负担相应的责任。这种责任是合同法理论上的缔约过失责任的一种表现。

如果投保人明知法律的规定,却不通知被保险人书面同意认可,显然不符合其投保的目的,因此可以推定投保人对法律的规定不了解,投保人不应承担缔约过失责任。被告作为保险公司,应当熟悉法律的规定,在签订保险合同时,应当征得被保险人张 c 的书面同意,由于被告未尽到说明告知义务,未要求被保险人书面同意认可,导致保险合同无效,被告应承担缔约过失责任。缔约过失责任的赔偿范围,应当包括原告的信赖利益损失,不但要返还保险费及其利息,还要赔偿对方有关费用支出(直接损失)和因此而无法得到死亡保险金和意外医疗保险金所造成的损失(间接损失)。基于社会一般的公平观念,被告应赔付二原告死亡保险金 80000 元和意外医疗保险金 6000 元,以杜绝保险公司以保险合同无效来规避责任的现象的出现。

被告认为被保险人驾驶无有效行驶证的摩托车,其不负保险责任,不能成立,理由是由于保险合同无效,保险合同条款包括免责条款均没有法律效力;即使保险合同有效,免责条款还必须由保险人向投保人明确说明后才生效,且保险事故是由于免责情形导致的才免除保险人的保险责任。

综上,原告要求被告赔偿 86000 元损失的诉讼请求,法院予以支持。根据《中华人民共和国合同法》第 42 条第 1 款第(三)项、第 58 条、第 60 条和《中华人民共和国保险法》第 56 条的规定,判决结果如下:(1)投保人李 d 与被告财保泰州支公司签订的保险单号为 27180007138117 的人身意外伤害综合保险合同无效;(2)被告财保泰州市支公司于本判决生效后十日内赔偿原告王 a、张 b 损失 86000 元。

【评析】

本案中,保险人因未履行说明义务导致合同无效,依法应承担缔约过失责任。保险人赔偿原告的 86000 元,不是基于保险合同义务的履行,而是基于缔约过失责任的承担。

3. 保险合同无效的法律后果

保险合同无效的法律后果可类推适用《合同法》的相关规定。《合同法》第 56 条规定:“无效的合同或者被撤销的合同自始没有法律约束力。合同部分无效,不影响其他部分效力的,其他部分仍然有效。”第 58 条规定:“合同无效或者被撤销后,因该合同取得的财产,应当予以返还;不能返还或者没有必要返还的,应当折价补偿。有过错的一方应当赔偿对方因此所受到的损失,双方都有过错的,应当各自承担相应的责任。”第 59 条规定:“当事人恶意串通,损害国家、集体或者第三人利益的,因此取得的财产收归国家所有或者返还集体、第三人。”据此,保险合同的无效导致的法律后果如下:

(1)保险合同无论是基于法定原因而无效,还是基于约定原因而无效,如果是全部无效,则保险合同自始不发生效力。此时,如果投保人已经交付保险费,保险人已经给付保险金,则依据民法之不当得利的规定,受领人均负有返还保险费或保险金的责任。如果当事人有过错,还要负担损害赔偿责任。如果是部分无效,则仅此部分不发生法律效力,其余部分,仍然有效。

(2)保险合同无效的情形下,如果投保人或被保险人存在过错,则保险人可以请求对方偿还费用,如为准备签约或为签约而支出的费用,因准备履行合同或履行合同造成的损失,以及前述支出费用造成的利息损失等;对于已收取的保险费,保险人亦无须返还。如果保险人存在过错,则保险人不得请求投保人或被保险人偿还费用;对于已收取的保险费,保险人应予以返还。

(3)保险合同无效的情形下,如发生保险合同约定的保险事故且保险人不存在任何过错,保险人不承担保险责任。

第二节　保险合同的履行

一、索赔和理赔概述

(一)索赔的概念

索赔,是指被保险人或受益人在发生保险事故造成保险标的损失,或者在保险合同的期限届满之时,要求保险人履行赔偿损失或给付保险金义务的行为。我国《保险法》第22条第1款规定:“保险事故发生后,依保险合同请求保险人赔偿或给付保险金时,投保人、被保人或受益人应当向保险人提供其所能提供的与确认保险事故的性质、原因、损失程度等有关的证明和资料。”保险索赔是投保人、被保险人或受益人获得实际的保险保障、实现其保险权益的必要条件。

保险索赔是保险领域中具体的法律活动,区别于民事损害的损害赔偿请求权。

1. 两者产生的根据不同。投保人、被保人或受益人的索赔权是基于保险合同的约定而产生,是一种债权,体现为向作为债务人的保险人请求赔偿损失或给付保险金。而民事损害的损害赔偿请求权是指因权利人受到侵害而享有的要求加害人承担损害赔偿责任的权利,其是基于法律规定,因加害人的侵权行为而产生的。

2. 两者的权利请求对象和内容不同。保险合同中的索赔权是向保险人提出请求,其内容是要求保险人依据保险合同的约定赔偿损失或给付保险金。而民事损害赔偿请求权则是向加害人提出请求,其内容是要求加害人赔偿因其侵权行为给受害人造成的财产损失和精神损害。

3. 两者行使条件和程序不同。索赔权形式的条件是保险合同约定的保险事故发生造成保险标的损失或者保险合同期限届满,且经保险人赔偿后即实现权利,通常不必通过诉讼程序。而损害赔偿请求权必须具备四个要件,即加害行为、损害事实、因果关系和主观过错，且多数情况下，损害赔偿请求权往往通过诉讼程序而实现。

(二)理赔的概念

理赔，是保险人根据被保险人或受益人的索赔请求，核实损失，审定责任归属，履行赔偿或给付责任的行为。这是因发生保险事故造成保险标的损失，或者因保险合同的期限届满而需要赔偿或给付保险金时，保险人必须实施的工作。理赔体现了保险的职能，使保险目的得以实现。

理赔作为保险人履行保险责任的行为，区别于民事赔偿责任的承担。

1. 两者法律性质不同。保险合同约定了保险人在保险事故发生造成保险标的损失或者保险合同期限届满时应承担赔偿或给付保险金的义务，理赔正是实现这一合同义务的体现，是保险人履行其合同义务的行为。而民事赔偿责任是行为人侵犯他人民事权利所应承担的法律后果，具有制裁性。

2. 两者所要实现的目的不同。理赔的目的在于向被保险人或者受益人提供保险保障，实现保险的功能；而民事赔偿责任的目的，是对已经造成的权利损害和财产损失给予恢复和补救，使之恢复到受损害之前的状态，保护受害人的合法利益。

3. 两者赔付范围和赔付程序不同。在赔付范围方面，理赔的赔付范围取决于保险合同的约定以及保险标的的实际损失；而民事赔偿责任的赔偿范围，则取决于民事违法行为造成的受害人的实际损失。在赔付程序方面，理赔是依据保险法和保险合同规定的程序进行的；而民事赔偿多数是由法院裁决赔偿范围和数额，通过诉讼程序来实现的。

二、当事人在索赔和理赔过程中的权利和义务

保险索赔和理赔是当事人履行保险合同的过程，为了保障索赔和理赔正常有序进行，保险法规定了索赔和理赔过程中当事人享有的权利和承担的义务。

(一)被保险人、受益人的义务

索赔权人一般是被保险人、被保险人指定的受益人，其应当履行以下各项义务。

1. 提供索赔单据

保险事故发生后，按照保险合同请求保险人赔偿或者给付保险金时，投保人、被保险人或者受益人应当向保险人提供其所能提供的与确认保险事故的性质、原因、损失程度等有关的证明和资料。其中，有关的证明和资料是指在“其所能提供”范围内的保险协议、保险单或其他保险凭证、已支付保险费凭证、保险财产证明、被保险人身份的证明、必要的鉴定结论、评估结论和索赔请求书。索赔的成功依赖于真实、准确和完整的证明和资料，如果保险人按照合同的约定，认为有关的证明和资料不完整的，应当及时一次性通知投保人、被保险人或者受益人补充提供，以便保险人迅速调整核实确认保险事故，做好理赔工作。

典型案例 中国平安财产保险股份有限公司莱阳支公司与烟台宏辉食品有限公司财产保险合同纠纷申请案[6]

宏辉公司向平安莱阳支公司投保财产保险,被保险人为宏辉公司,受益人为工商银行莱阳支行。保险期间内,宏辉公司因发生火灾,经公估机构评估,损失包括烧毁钢结构车间西墙体、砖混车间、受损道路工程等。受益人工商银行莱阳支行出具《证明》,确认将其全部权益转让给宏辉公司。根据法院查明事实,投保单上保险财产项目(房屋建筑3栋4463.47平方米)、投保金额、绝对免赔额处的数字内容有改动痕迹。建筑类型、总保险金额、主险保费未见改动痕迹。投保单附有《抵押物清单》载明:案涉三栋房屋的评估价、贷款金额,落款处盖有抵押人宏辉公司及抵押权人工商银行莱阳支行的公章。

本案的争议焦点为:(1)在投保单有明显涂改时,本案的保险标的是三栋房屋还是全部厂房?(2)在被保险人未能举证其施救费用系因保险标的而产生时,施救费用如何认定?

裁判要旨如下:

1.保险标的物范围应当根据当事人交易背景、综合全案证据加以判定。本案载明受益人为工商银行莱阳支行,并附有一份加盖有抵押人宏辉公司及抵押权人工商银行莱阳支行公章的《抵押物清单》,说明宏辉公司为满足工商银行莱阳支行的贷款条件向保险公司购买贷款抵押物保险的交易关系明显。《财产保险综合险保单明细表》、投保单、《抵押物清单》上记载的保险标的物房屋估价相同,且与《工业房地产抵押价值评估报告》的房地产估价接近。以上证据内容之间相互印证,证明本案所涉保险标的物的范围就是上述特定的三栋房屋,而不包括宏辉公司厂区内其他建筑物和道路。

2.平安莱阳支公司主张宏辉公司未能区分施救费用是用于实际施救保险标的物还是其他费用,但宏辉公司已提供了有关器材费发票及工人施救补助费领用单、水费结算单等,已尽举证责任,且费用合理。如果对被保险人的举证责任要求过严,则不利于该立法目的的实现,进而有损于保险法律关系中双方当事人的切身利益。但由于原审法院认定宏辉公司厂区内所有建筑物及设施的施救费用,显然超过了本案所涉保险标的物范围,超出部分不应由平安莱阳公司承担。本案保险事故发生在多年以前,火灾现场早已清理完毕,现再让宏辉公司举证证明针对本案所涉保险标的物范围的施救费用已无可能。依据公平原则,酌定平安莱阳支公司赔付50%的施救费用。

---

〔6〕 转引自最高人民法院发布的"与财产保险合同纠纷案件有关的10个典型案例裁判要旨汇总"(2016年新版)。

【评析】

基于《保险法》鼓励被保险人尽可能降低不必要损失的基础，不宜对被保险人对施救费用的举证责任要求过严，否则有悖立法目的的实现，进而有损保险法律关系中双方当事人的切身利益。

2. 依法转移有关权益

在保险标的因第三人的故意或过失产生损害，且此项损害是在保险合同所承保的范围内，此时被保险人或受益人享有对第三人的损失赔偿请求权和保险赔偿金的请求权。如果被保险人或受益人能够任意行使这两项权利，则使被保险人或受益人因保险标的的损害而获得双倍赔偿，显然违反了保险法的损失补偿原则。因此当保险事故是由于第三者的过错造成的情形下，被保险人或受益人获取保险赔偿金的条件之一，就是有义务将其享有的对第三者的损失赔偿请求权转移给保险人。此外，在委付的情形下，即保险标的出现推定全损，被保险人就保险标的物的全部向保险人求偿的情形下，可委付的标的物的权利自发生委付的原因出现之日起开始转移，保险人享有对保险标的物的产权、利益，并承担相关义务。

3. 遵守索赔时效

基于督促被保险人或受益人及时行使自己的权利、维护社会经济秩序的稳定的考虑，各国保险法均规定了被保险人或受益人向保险人行使索赔权的时效期间。保险合同的被保险人、受益人应当在有效期间内向保险人提出赔偿请求，超过索赔期限提出的索赔无效。我国《保险法》第 26 条规定："人寿保险以外的其他保险的被保险人或者受益人，向保险人请求赔偿或者给付保险金的诉讼时效期间为二年，自其知道或者应当知道保险事故发生之日起计算。人寿保险的被保险人或者受益人向保险人请求给付保险金的诉讼时效期间为五年，自其知道或者应当知道保险事故发生之日起计算。"

（二）保险人的权利

保险人在索赔和理赔过程中需履行赔付义务，即根据被保险人或者受益人的索赔请求，应依据法律规定和保险合同的约定予以赔付的义务。同时，在特定情形下，保险人还需履行先予赔付之义务。在保险事故发生的原因复杂、有关证明和资料不足的情况下，保险人自收到赔偿或者给付保险金的请求和有关证明、资料之日起 60 日内，对其赔偿或者给付保险金的数额不能确定的，应当根据已有证明和资料可以确定的数额先予支付；保险人最终确定赔偿或者给付保险金的数额后，应当支付相应的差额。同时，保险人在索赔和理赔过程中，享有如下权利。

1. 调查权

审核损失并确定责任是保险人理赔的中心工作，因此保险法赋予保险人调查权。基于此权利，保险人在接到出险通知后，应当立即派工作人员进行现场查勘，调查损失情况及原因。同时，保险人对投保人、被保险人或者受益人提供的有关证明和资料进行审核，以确定保险合同是否有效，保险期限是否届满，受损失的是否为保险财产，索赔人是否有权主张赔付，事故发生的地点是否在承保范围内，等等。

2. 代位求偿权

代位求偿权具有两项功能：[7]（1）通过将被保险人对第三人的求偿权授予已经向被保险人实施赔付的保险人，代位权可以防止被保险人获得超过其损失额的赔付。（2）代位权也可以将某些损失的最终责任转移给引发损失的第三人。当因第三人对保险标的的损害造成保险事故时，被保险人通常拥有两种请求权：一是对第三人的赔偿请求权；二是对保险人的保险金给付请求权。如果被保险人被允许同时行使这两项请求权，则会因标的物的损害而获得双倍利益，这明显违反了保险法的损害补偿原则。因此，当保险事故是由于第三者的原因而发生时，在保险人向被保险人支付赔款后，被保险人应当将向第三者的赔偿请求权转让给保险人，由保险人代位行使被保险人向第三者赔偿请求的权利。

在第三人已赔偿全部损失的情形下，被保险人无须再取得损失补偿，此时保险人可不再支付赔款，也就不产生代位求偿的权利。在第三人不能赔偿全部损失的情形下，保险人支付赔款时，应扣减被保险人已从第三者处获得的赔偿金额。此外，由于保险合同的约定或者保险金额低于保险价值等原因，保险人支付的赔款不一定能补偿被保险人的全部损失，此时，即使保险人按全损赔偿，并已取得赔偿金额以内的代位求偿权，被保险人仍有权就保险人赔偿不足部分向第三者请求赔偿。

典型案例　**上诉人中国人民财产保险股份有限公司佳木斯市永红支公司与中国工商银行股份有限公司佳木斯分行保险代位求偿权纠纷案**[8]

佳木斯分行向华联商厦租用房屋，华联商厦向人保永红公司投保综合险。后华联商厦发生特大火灾，直接原因是佳木斯分行不规范用电引起的，但华联商厦在消防管理上存在的严重问题，是造成重大损失的重要原因。人保永红公司赔付后，向佳木斯分行提起代位追偿。

本案的争议焦点为：（1）火灾保险金理赔后至由保险公司行使代位求偿权向责任人追偿时，对理赔款应否计算利息？（2）佳木斯分行上级机关所出具的证明能否造成诉讼时效中断的法律后果？

裁判要旨如下：

1. 由于本案为民事侵权引发的代位求偿权纠纷，而追偿的责任尚处在不确定状

---

〔7〕 参见［美］肯尼斯·S. 亚伯拉罕：《美国保险法原理与实务》，韩长印等译，中国政法大学出版社2012年版，第241页。

〔8〕 转引自最高人民法院发布的“与财产保险合同纠纷案件有关的10个典型案例裁判要旨汇总”（2016年新版）。

态之中,因而由此责任而形成的债权也并非确定。只有在当事人对本案责任和债务没有争议时或者由法院作出裁定后,当事人迟延履行其应当履行的义务才产生迟延债务的责任问题。因此,人保永红公司无权向佳木斯分行主张利息损失。

2. 虽然省保险公司和省工行并非本案诉讼直接当事人,但分别是本案当事人双方的上级主管单位,本案双方当事人上级单位的行为可以视为本案当事人之间的行为,能够引起本案诉讼时效中断的效果。

【评析】

本案涉及保险人代位求偿所及费用问题。第一,保险人在理赔程序中为查明和确定保险事故的性质、原因和损失程度等,可能会产生公估费、鉴定费、检验费等费用,根据《保险法》第 64 条的规定,由保险人承担,不属于保险代位求偿权的范围。第二,由于第三者往往对损害赔偿及保险人的权利存在异议,保险人一般都需要通过诉讼甚至强制执行才能实际取得保险代位求偿金,期间便会涉及保险金利息问题。基于保险代位求偿的特殊性,第三者在保险人向其提出追偿请求前,并不知道其应向保险人履行赔付义务,因此第三者履行赔付义务的行为并非迟延给付的行为,要求其承担利息显失公平。且根据《保险法》第 60 条的规定,保险人行使代位求偿权的范围仅限于所支付的保险赔偿,利息损失不属于保险赔偿范围,不应向第三者主张。

3. 分摊权

分摊权,是指保险人要求其他保险人分摊损失的权利。其存在于重复保险的财产保险合同中,具体而言,如果投保人就同一保险标的分别向两个或两个以上的保险人投保,使得各个保险合同的赔偿总额超过了被保险人的实际损失的,即构成重复保险。这一情形下,若被保险人只向其中一个保险人提出索赔请求,该保险人则有权向其他保险人要求按一定的分摊方法承担各自的赔偿责任。

对于各保险人之间具体的责任承担,我国采取比例分担模式,《保险法》第 56 条第 2 款规定:“重复保险的保险金额总和超过保险价值的,各保险人赔偿金额的总和不得超过保险价值。除合同另有约定外,各保险人按照其保险金额与保险金额总和的比例承担赔偿责任。”

三、索赔的条件和程序

(一)索赔的条件

被保险人或受益人进行索赔时,必须符合下列条件,保险人才会受理并予以赔付。

1. 保险合同应当合法有效。被保险人或受益人向保险人提出索赔请求,应当以合法有效的保险合同为依据。只有合法有效的保险合同才具有法律约束力,被保险人或受益人的索赔权得以确认。

2. 保险事故确已发生并造成保险标的损失或者保险合同期限届满。保险事故，即保险合同约定的保险责任范围内的事故，是保险人依保险合同所负责任之事由，也是保险人应负担之危险。当保险事故确已发生并造成保险标的损害时，被保险人或受益人才能够对保险人提出索赔请求，但同时也要满足以下各项条件：(1)被保险人或受益人必须对保险标的具有保险利益。人身保险的投保人在保险合同订立时，对被保险人应当具有保险利益。财产保险的被保险人在保险事故发生时，对保险标的应当具有保险利益。只有被保险人或受益人对保险标的具有保险利益，才有资格提出索赔请求。(2)所发生的事故应当属于保险责任范围内的事故，保险人仅对其保险责任范围内的保险事故造成的损失予以理赔。(3)保险事故确已造成保险标的的损失。如果所致损害并非本保险合同的保险标的的损害，则保险人不承担保险责任。(4)保险事故发生并造成保险标的损失不是基于投保人、被保险人或受益人的故意，否则保险人有权拒绝承担保险责任。(5)对于保险合同约定以期限届满作为给付保险金条件的，被保险人或受益人索赔时，保险合同期限应当届满。

3. 被保险人或受益人应及时履行通知义务。投保人、被保险人或者受益人知道保险事故发生后，应当及时通知保险人。故意或者因重大过失未及时通知，致使保险事故的性质、原因、损失程度等难以确定的，保险人对无法确定的部分，除非有保险人通过其他途径已经及时知道或者应当及时知道保险事故发生的情形，否则保险人不承担赔偿或者给付保险金的责任。

4. 被保险人或受益人应在法定的索赔时效内提出索赔请求。保险事故发生后，被保险人或受益人应在保险法规定的索赔时效内请求保险人赔偿或者给付保险金，并且应当向保险人提供其所能提供的与确认保险事故的性质、原因、损失程度等有关的证明和资料。

(二)索赔的程序

一般情况下，索赔的程序包括以下步骤。

1. 通知出险及提出索赔请求

保险事故发生后，投保人、被保险人或受益人有通知保险人的义务，且出险通知应当迅速、及时，从而有利于保险人及时调查核实，确认责任，也便于双方共同采取措施以防止损失扩大。我国台湾地区“保险法”规定，要保人、被保险人或受益人，遇有保险人应负保险责任之事故发生，除本法另有规定或契约另有订定外，应于知悉后五日内通知保险人。通知出险时，被保险人或受益人应详细填写出险通知书，告知出险的时间、地点、原因，被保险人姓名、投保险种、保额、投保日期等详情。

同时，被保险人或者受益人应当按照保险条款的规定，向保险人提交保险单以及与确认保险事故的性质、原因以及损失程度有关的索赔单证。提交索赔单证的行为表明被保险人或受益人提出了赔偿或给付保险金的请求，有证明索赔申请的效力。索赔单证应当是客观、真实、完整的，一般包括：(1)保险单；(2)已交纳保险费的凭证；(3)有关证明保险标的或当事人身份的原始文件；(4)证明保险事故及损害后果的文件；(5)包括受损财产清单、各种费用清单在内的索赔清单；(6)其他按规定应当提交的文件。

2. 合理施救并接受保险人的检验

合理施救是被保险人应承担的一项义务。保险事故一旦发生，被保险人应采取一切合理的施救措施，防止或减少损失。如果被保险人已经知道或者应当知道保险事故已经发生，但是在能够采取防止或减少损失的必要措施的情况下，因为故意或过失而没有采取施救措施，则对于由此而扩大的损失，保险人不承担赔偿责任。

保险事故发生后，被保险人或受益人有责任保护事故现场，并接受保险人的检验，积极配合保险人的查勘和定损工作，从而保证保险人及时、准确地查明事故原因，确认损害程度和损失数额，使定损工作据实进行。

3. 向保险人开具权益转让书

在涉及第三人赔偿责任的情形下，被保险人应当向保险人开具转移其向第三人的索赔权给保险人的书面文件，保险人赔付后享有向第三人追偿的权利。那么，被保险人未签发权益转让书是否影响保险人代位求偿权的取得？对此，世界各国保险立法有两种不同主张：一种是当然代位主义，即保险代位权为保险人享有的法定权利，不论保险合同是否有所约定，保险人均可依法行使该项权利；另一种是请求代位主义，即保险人向被保险人赔偿后，并不能取得求偿权，还须有被保险人将其享有的对第三人的损害赔偿请求权让与或转让给保险人这一行为。

我国《保险法》第60条规定："因第三者对保险标的的损害而造成保险事故的，保险人自向被保险人赔偿保险金之日起，在赔偿金额范围内代位行使被保险人对第三者请求赔偿的权利。"可见我国采用的是当然代位主义，即只要保险人支付了保险赔偿金，就相应取得了向第三人请求赔偿的权利，而无须被保险人确认。但在保险实务中，保险人在支付赔款的同时，往往要求被保险人开具赔款收据和权益转让书。权益转让书的作用在于确认赔偿金额、赔付时间、保险人取得代位求偿权的时间以及保险人通过向第三人求偿所能获得的最高赔偿额的作用，因而开具权益转让书有利于明确代位追偿权的取得，减少不必要的纠纷。

此外，在委付的情形下，被保险人也应当出具转移保险标的一切权利给保险人的书面文件。

4. 领取保险赔款或人身保险金

保险人经查勘定损之后，决定给付或不给付保险金。保险金一般以现金支付。对于某些特定的标的或根据事先的约定，也可采用修复、重置方式进行赔偿。享有索赔权的被保险人或受益人接受保险人的赔付，领取保险赔款或人身保险金，是索赔程序的终点。

四、理赔的程序及适用

保险人理赔有两种方式:赔偿和给付。赔偿与财产保险对应,指保险人根据保险财产出险时的受损情况,在保险额的基础上对被保险人的损失进行的赔偿。给付与人身保险对应,指保险公司在保单约定的额度内对被保险人或受益人给付保险金。

(一)财产保险合同的理赔程序

财产保险合同的理赔程序依险种和案情的不同而不同,但一般需经过登记立案、单证审核、现场勘查、审定责任、赔款计算和赔付、归档保存等程序。

1. 登记立案

保险人接到被保险人提交的出险通知后,无论是否属于保险责任,均应及时立案;并根据被保险人的出险通知,及时复印有关投保单、保险单、批单副本等有关索赔单证,以便在现场查勘前先了解承保情况。

2. 单证审核

保险人收到被保险人的赔偿或者给付保险金的请求后,应当及时作出核定;情形复杂的,应当在30日内作出核定,但合同另有约定的除外。单证的审核内容包括:保险单是否有效;索赔单证是否齐全;损失是否属于保险责任范围;索赔人在索赔时对保险标的是否具有保险利益;损失的财产是否为保险财产;损失是否发生在保险期限;被保险人是否违反了合同约定的保证条款;是否存在第三人应当承担赔偿责任的情形等。初步确定赔偿责任后,财险公司根据损失通知编号立案,将保单副本与出险通知单核对,为现场勘查做准备。单证审核的目的在于保险人据此决定是否有必要继续进行理赔工作。

3. 现场勘查

现场勘查是保险人进行损失调查的主要方法,保险人可以直接派人或聘请独立的公估人到出险现场进行勘查检验工作。现场勘查工作的具体内容有:(1)调查保险事故发生的时间、原因,初步判别是否属于该保单的保险责任,保险事故是否由第三者造成;(2)认定损失后果,确认保险标的的损失程度和损失数额;(3)组织施救工作,以减少保险财产损失;(4)如存在第三人应当承担赔偿责任的情形,应收集有关第三人所负赔偿责任的证据并采取必要措施。现场勘查工作结束后,保险人或受托的公估人应制作现场勘查报告或公估报告,其内容包括事故的起因、经过、结果、损失情况、估损金额等。

4. 审定责任

现场勘查结束后,保险人应根据查勘报告和有关单证,进行责任审核。其内容包括:(1)明确赔偿责任和范围,如经审核认为风险事故属于保险事故的,保险人应明确表示予以赔偿,并进一步确认赔偿的范围;(2)核定施救及其他必要、合理的费用,包括审核必要、合理的施救费用,被保险人为查明和确定保险事故的性质、原因和保险标的的损失程度所支付的必要的、合理的费用,以及责任保险的被保险人因给第三者造成损害的保险事故而被提起仲裁或者诉讼的,被保险人支付的仲裁或者诉讼费用。

保险人应当将核定结果通知被保险人;对属于保险责任的,在与被保险人达成赔偿或者给付保险金的协议后十日内,履行赔偿或者给付保险金义务。保险合同对赔偿或者给付保险金的期限有约定的,保险人应当按照约定履行赔偿或者给付保险金义务。

5. 赔款计算和赔付

财产保险的赔款计算要以保险金额为限、以实际损失为限、以保险利益为限。财产保险赔偿方式主要有四种,即比例责任赔偿方式、第一危险责任赔偿方式、限额责任赔偿方式和定值保险赔偿方式。

(1)比例责任赔偿方式。该方式是指当发生保险事故造成损失后,按照保险金额与出险时保险财产的实际价值的比例来计算赔偿金额。比例赔偿方式的应用较为普遍,适用于各类不定值保险品种。

(2)第一危险责任赔偿方式。此种方式将保险财产的价值分为两部分。其中一部分为保险金额,将保险金额限度内的损失作为第一损失,超过保险金额的损失作为第二损失。保险人对第一损失负责全部赔偿。第二损失则由被保险人自负。保险人对于家庭财产保险往往采用此种赔偿方式。

(3)限额责任赔偿方式。该方式是指保险人在保险财产损失超过一定限额时才负赔偿责任或只对不超过一定限额的损失才负赔偿责任的一种计算赔偿方式。此种赔偿方式多用于农业保险、工程保险和责任保险等。

(4)定值保险赔偿方式。保险人与投保人双方约定保险价值作为保险金额,出险时,如全部损失,按保险金额全部赔偿;如部分损失,则按损失程度的比例赔偿,不再估算受损财产的实际价值。此种赔偿方式适用于海洋货物运输保险、船舶保险和无法鉴定价值的高档工艺品、古玩、珠宝等特约保险。

财产保险赔偿一般以现金支付,但有时财险公司与被保险人也可约定采用恢复原状、更换、修理和重置等方式。

6. 归档保存

已经赔付或作拒赔处理结案的赔案卷宗,保险人在核查案件材料是否完整、齐全之后,应当归档保存。

(二)人身保险合同的理赔程序

人身保险合同理赔,是指应被保险人或受益人的索赔请求,保险人依据法律规定和人身保险合同的约定,审核认定保险责任并进行保险金给付的行为。其程序一般包括登记立案、单证审核、现场勘查、责任审核、保险金给付以及归档保存等阶段。

1. 登记立案

发生保险事故时,被保险人或受益人有义务将事故发生的时间、地点、原因、出险人姓名、身份信息、保险合同号、险种类型、联系方式等相关情况及时地通知保险人,并填写“人身保险保险金给付申请书”。保险人收到索赔请求后,应该按照固定的程序对索赔事故进行登记,同时进行初步核查,即出险人是否为人身保险合同承保的被保险人;申请理赔所发生的事故是否为保险人承保范围内的保险事故;索赔申请是否在法定的时限内提出。

2. 单证审核

保险人收到被保险人或受益人的赔偿或者给付保险金的请求后,应当及时作出核定;情形复杂的,应当在30日内作出核定,但合同另有约定的除外。单证的审核内容包括:(1)审核申请人所提交的保险合同、申请书等索赔单证的真实性、有效性和完整性;(2)审核申请人在索赔时与被保险人的关系;(3)审核投保人投保时是否对保险标的具有可保利益,以及被保险人的年龄、身体状况等内容;(4)审核保险事故是否有现场勘查的必要。

3. 现场勘查

现场勘查是保险人掌握保险事故出险情况的重要手段,能够有效地保证理赔工作的真实、准确。现场勘查的主要内容包括:(1)确认保险事故发生的时间和地点;(2)核实保险事故发生的原因;(3)核查被保险人的年龄、姓名、受到伤害的程度以及进行医学治疗的过程,核实被保险人的损害程度和范围以及支出的相关费用情况。

4. 责任审核

保险人在现场勘查后,根据单证审核结果和现场勘查报告,最终审核保险事故的性质,以确定保险赔偿责任。对于确定应当承担保险金给付责任的,保险人应当向申请人出具《人身保险给付通知书》《给付批单》和《给付收据》,填写所审定的给付金额。对于确定不应承担保险金给付责任的案件,保险人应当向申请人出具《人身保险拒付通知书》,并填写《拒付案件登记簿》。

保险人应当将核定结果通知被保险人或者受益人;对属于保险责任的,在与被保险人或者受益人达成赔偿或者给付保险金的协议后10日内,履行赔偿或者给付保险金义务。保险合同对赔偿或者给付保险金的期限有约定的,保险人应当按照约定履行赔偿或者给付保险金义务。

5. 保险金给付

保险人通过责任审定,确定保险赔偿责任和赔偿范围,并根据被保险人的保险金额和保险人的承保条件决定赔偿方式,履行保险金的给付义务。通常情况下,对于保险责任明确的案件,保险人在保险事故发生或者保险期限届满后,应按照合同约定好的保险金额予以给付。但是针对赔偿或者给付保险金的数额不能确定的情况,保险人应当根据已有证明和资料可以确定的最低数额先予支付;保险人最终确定赔偿或者给付保险金的数额后,应当支付相应的差额。

6. 归档保存

已经赔付或作拒赔处理结案的赔案卷宗，保险人在核查案件材料是否完整、齐全之后，应当归档保存。

思考题

1. 谈谈投保和承保的性质及应当具备的条件。
2. 如何理解保险合同成立的时间?
3. 如何理解索赔的法律性质?

第八章　保险合同的变更、中止、解除及终止

导读

- 保险合同的效力表现为其对双方当事人的法律约束力，且以国家强制力为支持。但是，基于保险经营活动的特点，保险合同可能受到各种因素的影响，从而导致效力的变更、解除、中止和恢复甚至终止。
- 保险合同的变更包括合同内容的变更和合同主体的变更，并随着变更类型的不同而产生不同的法律后果。
- 保险合同的中止是在保险合同生效后，由于某种原因的发生而使保险合同暂时失去法律效力的情形。待中止事由消失后，合同可继续履行。
- 保险合同解除是在保险合同关系有效期间内，保险合同当事人依法提前终止保险合同效力的法律行为。
- 保险合同终止的直接原因为合同的期限届满、履行完毕、主体一方死亡或消灭等法定或约定事由的发生。

第一节　保险合同的变更

一、保险合同变更的概念

保险合同的变更，是指在保险合同的有效期限内，当事人根据主观或客观情况的变化，依据法律规定的条件和程序，在协商一致的基础上，对保险合同的某些条款进行的修改或补充。保险合同依法成立后，即具有法律约束力，当事人双方都应当遵守并全面履行合同所规定的义务，不得擅自变更保险合同。各国保险法一般都允许保险合同在必要情况下的变更，我国《保险法》第 20 条规定："投保人和保险人可以协商变更合同内容。"

保险合同的变更有广义和狭义之分。广义的保险合同变更，包括合同内容的变更和合同主体的变更。保险合同内容的变更是指保险合同的当事人不变，保险合同的权利义务发生变化。保险合同主体的变更是指投保人或保险人的变更，即保险合同权利或义务的转让，即由新的投保人或保险人替代原投保人或保险人，而

合同内容并无变化。从这一意义上说，保险合同主体的变更实际上是保险合同的转让。狭义的保险合同变更仅指保险合同内容的变更。本书将从广义的角度予以讲解。

二、保险合同内容的变更

保险合同成立后的有效期间内，如果某些情况发生变化可能会影响到当事人的切身利益，则当事人可以就保险合同的内容予以变更。保险合同内容变更包括被保险人地址变更，保险标的数量的增减，保险标的品种、价值或存放地点的变化，保险期限、保险金额的变更，保险责任范围的变更等。

（一）保险合同内容变更的要件

保险合同的变更，需要具备《合同法》和《保险法》规定的法律要件。

1. 保险合同内容的变更应以合法有效的保险合同关系为基础。保险合同的内容变更，原则上是在原有保险合同的基础上，经当事人双方协商一致，改变原保险合同的内容。若无原保险合同关系的存在，则无变更的对象。保险合同内容的变更离不开原已存在保险合同这一前提条件。同时，原保险合同若非合法有效，即意味着不存在保险合同关系，也就谈不上保险合同内容的变更。

2. 保险合同内容的变更须依当事人双方的约定或者依法律的规定。保险合同内容的变更主要是当事人双方协商一致的结果。例如，关于保险金额的增加：如果保险价值增加，投保人可提出按照或者不按照保险价值的增加比例增加保险金额，当然亦需增加保费；投保人亦可在保险价值并无增加的情况下，在保险价值限度内提出增加保险金额的请求。又如，关于保险金额的减少：如果有保险价值减少的情况或者虽无减少情况，投保人亦可提出减少保险金额的请求。在协商变更保险合同的情况下，变更保险合同的协议必须符合保险法规定的有效要件，任何一方不得采取欺诈、胁迫的方式来欺骗或强制他方当事人变更合同。

此外，保险合同内容的变更还可以依据法律直接规定而发生。(1)关于保险费增加的法定变更。《保险法》第 51 条第 3 款规定："投保人、被保险人未按照约定履行其对保险标的的安全应尽责任的，保险人有权要求增加保险费或者解除合同。"第 52 条规定："在合同有效期内，保险标的的危险程度显著增加的，被保险人应当按照合同约定及时通知保险人，保险人可以按照合同约定增加保险费或者解除合同。"第 32 条第 2 款规定："投保人申报的被保险人年龄不真实，致使投保人支付的保险费少于应付保险费的，保险人有权更正并要求投保人补交保险费，或者在给付保险金时按照实付保险费与应付保险费的比例支付。"(2)关于保险费减少的法定变更。《保险法》第 53 条规定："有下列情形之一的，除合同另有约定外，保险人应当降低保险费，并按日计算退还相应的保险费：(一)据以确定保险费率的有关情况发生变化，保险标的的危险程度明显减少的；(二)保险标的的保险价值明显减少的。"

在变更合同的协议不能成立或不能生效的情形下，当事人仍应按原合同的内容履行。如果当事人对变更的内容约定不明确的，应视为未变更。在双方当事人就保险合同内容的变更达成一致并形成新的协议之前，原保险合同关系仍然存在。任何一方当事人未经对方同意且无正当理由擅自变更保险合同内容的，构成违约行为。

3. 保险合同内容的变更必须是合同内容发生部分变化。保险合同内容发生变化是保险合同变更不可或缺的条件。保险合同内容的变更是对原保险合同的某些条款作出修改或补充，也包括对保险合同主要条款的修改或补充，但不包括保险合同主体的变更。保险合同内容变更的实质在于使变更后的合同代替原合同，当事人应按变更后的保险合同内容履行。

4. 保险合同内容的变更须遵守法定的方式。我国《合同法》第 77 条第 2 款规定："法律、行政法规规定变更合同应当办理批准、登记等手续的，依照其规定。"《保险法》第 20 条第 2 款规定："变更保险合同的，应当由保险人在保险单或者其他保险凭证上批注或者附贴批单，或者由投保人和保险人订立变更的书面协议。"可见，保险合同内容的变更必须采用书面形式，或者采用批单的形式，或者由投保人和保险人订立书面协议。

（二）保险合同内容变更的程序

一般情况下，保险合同内容的变更须遵守《保险法》第 20 条第 2 款的规定，即由保险人在保险单或者其他保险凭证上批注或者附贴批单，或者由投保人和保险人订立变更的书面协议。其程序包括：(1)投保人向保险人及时告知保险合同内容变更的情况；(2)保险人进行审核，表示同意；(3)保险人签发批单或附加条款，或者由投保人和保险人订立变更的书面协议。至此，保险合同内容的变更完成，变更后的保险合同是确立保险当事人双方权利义务关系的依据。

三、保险合同主体的变更

（一）保险合同主体变更的概念

保险合同主体的变更是指保险合同一方当事人或关系人将其在保险合同中的权利或义务全部或部分转让给第三人的情形。其实质是保险合同的转让，即在不改变保险合同关系内容的前提下，使保险合同的权利主体或者义务主体发生变动。保险合同主体的变更，同样必须以合法有效的合同关系存在为前提。如果该保险合同根本不存在或者被宣告无效，或者已经被解除，则在此情形下发生的转让行为无效。

保险合同主体的变更，只是改变履行合同权利和义务的主体，并不改变原定的合同权利和义务。变更后的权利人或义务人所享有的权利或义务仍是原保险合同所约定的，因此，变更后的保险合同与原合同相比，具有内容的一致性。

保险合同主体的变更，使得原保险合同关系的当事人或关系人之间的权利义务消失,取而代之的是变更后的新的权利义务关系人。自保险合同主体的变更成立时起,第三人代替原合同关系的一方或加入原保险合同而成为原保险合同的权利义务主体,形成新的合同关系人。

保险合同主体的变更涉及原保险合同当事人之间的权利义务关系,以及转让人与受让人之间的权利义务关系。尽管保险合同主体的变更是在转让人与受让人之间完成,但是主体变更必然涉及原保险合同当事人的利益,因此,《合同法》第80条规定:"债权人转让权利的,应当通知债务人。"第84条规定:"债务人将合同的义务全部或者部分转移给第三人的,应当经债权人同意。"《保险法》第41条规定:"被保险人或者投保人可以变更受益人并书面通知保险人。"第49条规定:"保险标的转让的,被保险人或者受让人应当及时通知保险人,但货物运输保险合同和另有约定的合同除外。"

(二)财产保险合同主体的变更

财产保险合同主体的变更一般是由保险标的的转让而引起的。保险利益原则要求投保人或被保险人对保险财产具有可保利益。而保险财产的转让或出售将会引起财产所有权的变化,原所有权人即丧失对该财产的保险利益。此种情形下,财产保险合同的保险责任应依法终止,合同面临无效的后果。为防止合同失效,延续原保险合同的效力,就需要变更所有权人。此即为财产保险合同主体的变更。因此,一般来说,财产保险合同主体的变更是指在财产保险合同不失其内容同一性的前提下,因保险标的发生移转而引起的保险合同当事人一方将其权利与义务全部或部分地转让给第三人的情形。财产保险合同主体的变更需注意以下两点:

1. 原则上,保险标的的受让人自动承继被保险人的权利和义务。为促进财产流转,维护保险标的受让人的权益,各国保险法都有"保险权益承继"的规定,例如,《日本商法典》第650条规定:"(1)被保险人将保险标的转让他人时,推定其同时转让保险契约的权利。(2)于前款规定情形,保险标的的转让显著变更或增加危险时,保险契约即丧失效力。"《韩国商法典》第679条规定:"(1)被保险人转让保险标的时,推定为受让人承继保险合同中的权利与义务。(2)在第(1)款之情形下,保险标的的转让人或者受让人应毫不迟延地将事实通知保险人"。对此,我国《保险法》第49条第1款规定,保险标的转让的,保险标的的受让人承继被保险人的权利和义务,从而使得保险合同得以自动变更。

2. 当保险标的的所有权发生变动时,其风险程度往往也随之变化。如果保险标的权利转移使得风险程度大幅度增加,却仍然要求保险人承担保险责任,则显失公平。为平衡保险人、被保险人与受让人之间的利益,《保险法》第49条第2款规定:"保险标的转让的,被保险人或者受让人应当及时通知保险人,但货物运输保险合同和另有约定的合同除外。"也就是说,除货物运输保险合同和另有约定的合同以外,被保险人或者受让人负有及时通知保险人的义务。

如果被保险人或者受让人履行了及时通知义务后,那么因保险标的的转让导致危险程度显著增加的，保险人自收到前款规定的通知之日起三十日内，可以按照合同约定增加保险费或者解除合同。如果被保险人或者受让人未履行及时通知义务，那么因保险标的转让导致危险程度显著增加而发生的保险事故，保险人不承担赔偿保险金的责任。

典型案例 保险标的转让未通知保险人，保险人应否承担赔偿责任？[1]

2013年1月3日12时20分许，王某驾驶苏HB8×××号重型半挂牵引车沿京沪高速由北向南行驶，追尾撞击陈某驾驶的鲁C22×××号重型半挂牵引车，事故造成王某受伤，两车及货物损坏。该事故经交警部门认定，王某负事故的全部责任。事故发生后，经对苏HB8×××号重型半挂牵引车损失进行价值鉴定，本案所涉牵引车事故发生时的价值为153565元，残值32512元。苏HB8×××号重型半挂牵引车车主系王某，该车是王某于2012年年底从淮安市某公司购买。2012年3月12日，淮安市某公司作为投保人在保险公司处投保了机动车损失保险（保险金额为10万元）等险种，但转卖该车辆未通知保险公司。事故发生后，王某多次向保险公司理赔未果，2013年6月，王某向法院提起诉讼，要求保险公司赔付其车辆损失10万元。

本案的争议焦点为：在保险合同有效期内，保险标的转让未通知保险公司，发生保险事故，保险公司是否承担保险责任？

法院经审理认为，淮安市某公司与保险公司签订的保险合同合法有效。在保险合同有效期内，该公司将保险车辆转让给王某，虽然没有通知保险公司，但其将车辆转让并没有导致保险标的危险程度显著增加，依据《保险法》第49条规定，保险公司应承担保险责任。判决保险公司赔付王某保险金10万元。

【评析】

针对保险标的转让时的通知义务，从《保险法》第49条整体来看，被保险人或受让人转让保险标的未履行通知义务，保险公司并不必然不承担保险责任，若转让没有导致保险标的危险程度的显著增加，即使不履行通知义务，保险公司也应承担保险责任，只有在转让行为导致危险程度显著增加而发生保险事故的情况下，保险公司才能免除其责任。实践中，如果保险公司抗辩转让行为导致保险标的危险程度显著增加而发生保险事故，根据民事诉讼"谁主张，谁举证"的原则，保险公司应对此承担举证责任。本案中，淮安市某公司将保险车辆转让给王某，没有通知保险公司属实，保险公司主张转让行为导致保险标的危险程度显著增加而发生保险事故，但并未能提供证据证明，因此，保险公司应承担保险责任。

---

〔1〕参见刘强、李丽："保险标的转让未通知保险人，保险人应否承担赔偿责任"，载《中国保险报》2014年1月28日。

(三)人身保险合同主体的变更

人身保险合同的主体变更,是指人身保险合同主体一方将其合同权利或合同义务,或者合同权利、义务转让给第三人。人身保险合同主体的变更主要包括投保人的变更、受益人的变更和保险人的变更。

1. 投保人的变更

人身保险合同存续期间,有可能存在投保人变更的情形。例如,投保人死亡、失踪或无法联系等情形下,需要变更投保人以继续承担交纳保险费的义务。人身保险单因其积存的责任准备金而具有现金价值所体现的有价证券的性质,因而具有可转让性。保险单转让的实质就是投保人的变更。投保人的变更应具备以下条件:

(1)被保险人同意。《保险法》第34条第2款规定:"按照以死亡为给付保险金条件的合同所签发的保险单,未经被保险人书面同意,不得转让或者质押。"

(2)受让人应对被保险人具有保险利益。保险利益是人身保险合同有效的前提。为防范道德风险,保护被保险人的利益,应当由依法对被保险人具有保险利益的人接替投保人的身份地位。如果被保险人为未成年人的,受让人须为未成年人的父母或者法定监护人。

2. 受益人的变更

人身保险的受益人由被保险人或者投保人指定。在指定受益人之后,被保险人或者投保人也可以改变原来的决定,变更受益人。受益人的变更应注意以下几点:

(1)变更受益人须通知保险人。《保险法》第41条规定,被保险人或者投保人可以变更受益人并书面通知保险人,这里强调变更方式是书面形式。而《保险法司法解释(三)》第10条规定,投保人或者被保险人变更受益人未通知保险人,保险人主张变更对其不发生效力的,人民法院应予支持。可以看出,《保险法司法解释(三)》对通知形式作出了变更,既可以采用书面通知,也可以采用口头通知。

投保人、被保险人变更受益人的行为属于单方法律行为,只要投保人或被保险人作出变更的意思表示,变更行为即完成,是否通过保险人不影响变更行为的效力。但为了保护保险人的信赖利益,为防止保险人因不知道投保人、被保险人的变更行为而将保险金支付给原受益人,投保人与被保险人变更受益人后应通知保险人,否则受益人的变更对保险人不发生效力。也就是说,投保人或者被保险人变更受益人未通知保险人,那么在发生保险事故时,保险人仅向保险单或其他保险凭证上载明的受益人履行给付保险金的义务,不对被保险人以其他方式(如遗嘱或其他合同)指定但没有通知保险人的受益人承担任何义务。

(2)投保人变更受益人时须经被保险人同意。投保人在指定受益人时须经被保险人同意,所以投保人在变更受益人时同样也必须经被保险人同意,否则变更受益人的行为无效。

(3)保险人收到变更受益人的通知后,应当在保险单或者其他保险凭证上批注或者附贴批单。受益人的指定和变更涉及被保险人、投保人和受益人之间的复杂关系和切身利益，因此保险法对受益人的变更作了严格规定，不仅要求被保险人和投保人通知保险人，还要求保险人在保险单上作出批注，这是为了进一步固化变更受益人的意思表示，以便将来给付保险金时有据可查，减少纠纷。批注本身不影响受益人变更的效力。

(4)保险事故发生后，投保人或者被保险人不得变更受益人。保险事故发生前，受益人享有的受益权是一种期待权，是否能够实现尚不确定，故投保人、被保险人可以随时变更受益人，但在保险事故发生后，受益人的受益权转化为保险金给付请求权，该权利不再是期待权，而是确定性的权利，故投保人、被保险人不能再进行变更。

当然，在保险事故发生后，受益人可将与本次保险事故相对应的全部或者部分保险金请求权转让给第三人。保险事故发生后受益人所享有的保险金给付请求权是一种确定性权利，是合同之债，因此在不违背合同性质、当事人约定或者法律规定的情况下可以转让。

典型案例　遗嘱变更保险受益人合法有效〔2〕

案例一：2005年5月，陈先生投保了生死两全人寿保险，投保时，考虑自己大儿子家庭生活困难，便指定其为受益人。2009年年初，陈先生患癌症住院，大儿子只是偶尔去医院看望父亲，而小儿子日夜在医院护理，陈先生知道自己不久于人世，考虑到小儿子对自己很孝顺，且尚未成家，就立下遗嘱指定保险受益人为小儿子。陈先生去世后，两个儿子为10万元的保险金发生争议，大儿子认为保险合同已经明确自己是父亲指定的唯一身故受益人，应当由自己来领取保险金；小儿子则认为父亲临终前已立遗嘱将受益人变更为自己，自己才是合法的受益人。但保险公司却将保险金支付给了大儿子，小儿子不服，将保险公司起诉到法院。法院经审理，驳回了小儿子的诉讼请求。

案例二：2009年，企业家张某为自己投保终身寿险一份，保额300万元，受益人为儿子张丁。2013年9月张某突然生病住院，想到自己来日不多，多年来也没有给父母多少照顾，于是留下遗言一份，其中提到所买的人寿保险，受益人改为儿子、妻子、父母，各三分之一分配。不久张某去世，办完丧事后，张某父亲就拿着张某遗言通知保险公司理赔。就在一家人商量保险金的领取与分配的时候，张某妻子向保险公司也发出说明一份，认为张某的遗言属于遗嘱，不符合变更受益人的要求，认为儿子张丁是唯一受益人。张某父母则认为，张某生病期间对将来的保险金进行了重新分配，且在遗言中对受益人进行了变更，在通知了保险公司后，保险公司就

〔2〕　参见王卫国、赵美颖："遗嘱变更保险受益人合法有效"，载《中国保险报》2016年4月12日。

应按照变更后的受益人支付赔偿金。

本案的争议焦点为:遗嘱变更保险受益人的法律效力。

【评析】

下文讨论的前提为假设上述案例发生于《保险法司法解释(三)》施行之后。案例一属于在遗嘱中直接把保险受益人变更成另一个人,案例二属于在原来受益人的基础上追加受益人。根据《保险法》第 18 条第 3 款、第 41 条,《保险法司法解释(三)》第 10 条的规定,可作下述分析。

首先,变更受益人是否须经保险人同意。从保险合同原理来看,变更受益人是被保险人根据其单方意志通过指定或变更受益人处分其保险合同中保险金权益的个人行为,属于私法自治的范畴,不会对保险人的利益产生不利影响,不需要经过保险人同意。另外,保险受益人在此法律行为中是纯获利之人,不需要承担保险合同的义务,因此变更受益人也不需要原受益人同意。所以变更受益人是被保险人单方个人意思的表示,不需要得到保险人或者原受益人的同意。

其次,受益人变更通知保险人的方式。《保险法司法解释(三)》对通知形式作出了变更,既可以采用书面通知,也可以采用口头通知。由于遗嘱分为自书遗嘱、代书遗嘱、录音遗嘱、口头遗嘱和公证遗嘱五种,既包括书面形式,也包括口头形式,是符合《保险法司法解释(三)》第 10 条规定的。

再次,受益人变更通知保险人的时间。当遗言(遗嘱)变更后的受益人(新受益人)持遗嘱或遗言向保险人申领赔偿金时,是否构成通知保险人呢? 从《保险法司法解释(三)》第 10 条的规定来看,并没有限定为投保人或被保险人,其他人员也可以。只要是根据被保险人的真实意思表示变更受益人,保险人就应该接受,保险人应向变更后的受益人支付保险金。

最后,遗嘱变更受益人的法律效力。遗嘱变更受益人符合私法自治原则,属于单方法律行为,保险人不得干涉。新受益人持遗嘱请求支付保险金的行为,可视为履行通知义务,符合《保险法》以及《保险法司法解释(三)》规定的程序。由于《保险法》并未规定书面通知的具体形式和时间,因此,就形式而言,遗嘱、信件、公证等文件可以视作书面形式,向保险人递交书面遗嘱也应视为书面通知的一种形式;就时间而言,只要受益人在保险人给付保险金之前将书面遗嘱送达,变更受益人之行为就应当生效。

综上所述,被保险人在遗嘱中变更受益人应认定其合法有效,新受益人持遗嘱要求保险人支付保险金的行为视为已通知保险人。

3. 保险人的变更

某些特殊情况下,也会发生保险人变更的情形。例如,保险人在征得投保人同意的情况下,与其他保险公司达成合同转让的协议。又如,根据《保险法》第 92 条的规定,经营有人寿保险业务的保险公司被依法撤销或者被依法宣告破产的,其持有的人寿保险合同及责任准备金，必须转让给其他经营有人寿保险业务的保险公司；不能同其他保险公司达成转让协议的，由国务院保险监督管理机构指定经营有人寿保险业务的保险公司接受转让。

第二节　保险合同的中止

一、保险合同中止的概念

保险合同的中止，是指在保险合同生效后，由于某种原因的发生而使保险合同暂时失去法律效力的情形。待中止事由消失后，合同可继续履行。但是在合同中止期间发生的保险事故，保险人不承担保险责任。保险实务中，保险合同的中止，又称为保险合同的失效。

保险合同的中止，仅适用于人寿保险合同。对于财产保险合同和短期的人身保险合同，一般不适用保险合同的中止。人寿保险合同期限较长，其保险费的交付大都是分期交纳。如果投保人在约定的保险费交付时间内没有按时交纳，且超过宽限期仍未交纳，则导致保险合同中止。已经中止的保险合同在符合法定或约定的条件时，可以恢复其原有法律效力，此即为保险合同的复效。

保险合同的中止和复效制度的目的在于确保保险合同的保障功能不因投保人的一时经济困难而受到影响，是保险合同效力变更特有的法律现象。

二、保险合同中止的适用

（一）保险合同中止的适用条件

我国《保险法》第36条规定："合同约定分期支付保险费，投保人支付首期保险费后，除合同另有约定外，投保人自保险人催告之日起超过三十日未支付当期保险费，或者超过约定的期限六十日未支付当期保险费的，合同效力中止，或者由保险人按照合同约定的条件减少保险金额。"保险合同中止的适用，需具备相应的条件：

1. 在投保人选择分期交纳保险费的履约方式的人寿保险合同中，投保人支付了首期保险费。这是保险合同中止之适用前提。如果是财产保险合同或短期人身保险合同，或者投保人趸交保险费或者在合同订立时已全部履行交纳保险费的人寿保险合同，则保险合同中止已无适用的意义。且在人寿保险合同订立后，投保人应在合同成立时或其他约定的时间，交付了首期保险费。

2. 投保人超过法定或约定的宽限期没有交纳当期保险费。在人寿保险合同中分期支付保险费的情形下，投保人在支付了首期保险费后，对到期没有缴纳续期保险费的投保人给予一定时间的优惠，让其在宽限期内补交续期保险费。我国台湾地区"保险法"第116条规定，人寿保险合同的保险费到期没有交付，除合同另有约定外，经催告到达后经过30日仍不交付时，保险合同的效力中止。根据我国《保险法》，宽限期限的产生有两种方式：一是合同约定的期限；二是法定期限。如果合同没有约定期限的，即宽限期限为30日或60日，即投保人自保险人催告之日起超过30日未支付当期保险费，或者超过约定的期限60日未支付当期保险费的，合同效力中止。

在宽限期内，保险合同继续有效。如果在此期限内发生保险事故，保险人仍要承担给付保险金的责任，但可以从给付的保险金中扣除欠缴的保险费及利息。

3. 保险合同没有约定其他补救办法。对于投保人未交保险费情形的处理，保险合同还可以约定减少保险金额、保险费自动垫交等补救办法。其中，保险费自动垫交是指对分期交付保险费的保单，在超过宽限期仍未交付保险费的，而保单当时已经具有足够的现金价值时，保险人以现金价值自动垫交保险费，从而使保险合同继续有效。保险费自动垫交的时点为宽限期届满的次日。此外，保险实务中，有的投保人为他人订立保险合同后，不愿或不能继续支付保险费，此时如有被保险人或者受益人愿意代投保人继续支付保险费的，应当予以准许，视为投保人对应的交费义务已经履行。一般情况下，投保人未依合同约定交纳保险费，且超过宽限期，又未约定其他补救措施的，宽限期届满时，保险合同中止。

（二）保险合同中止的后果

保险合同的中止期间，即使有保险事故发生，保险人亦不负给付保险金的责任。但保险合同的中止，并非保险合同的终止，仅仅是暂时中止保险合同的效力，当事人仍然可以依一定程序，使其恢复效力。

三、保险合同的复效

（一）保险合同复效的适用条件

发生中止的保险合同，在具备复效条件后即可恢复其法律效力。我国台湾地区“保险法”第116条规定，对于由此中止效力的保险合同，在保险费和其他费用清偿后，保险合同在翌日上午零时开始恢复其效力。我国《保险法》第37条对此也有明确规定，合同效力依法中止的情形下，经保险人与投保人协商并达成协议，在投保人补交保险费后，合同效力恢复。但是，自合同效力中止之日起满2年双方未达成协议的，保险人有权解除合同。因此保险合同复效的适用，同样需具备相应的条件：

1. 投保人向保险人提出复效申请。保险合同效力中止后，投保人愿意恢复合同效力的，必须向保险人提出复效申请，投保人的复效申请一般通过填写复效申请书来完成。如果投保人不提出复效申请的，已中止的保险合同的效力不能自行恢复。

2. 保险人未拒绝投保人的复效申请，并达成复效协议。投保人单方面的复效申请不能产生保险合同复效的效果，必须由保险人同意接受投保人的申请并且双方就复效事宜达成协议，方才表明双方有使合同复效的合意。

需要注意的是,《保险法》第 37 条规定,投保人提出复效申请后,经保险人与投保人协商并达成协议,在投保人补交保险费后,合同效力恢复。此处“经保险人与投保人协商并达成协议”,意味着保险人可以拒绝协商或拒绝达成协议,易使复效制度丧失应有的功能。对此,为促进复效制度发挥应有的功能,《保险法司法解释(三)》作了一定程度的突破,缩小了保险人拒绝恢复合同效力的范围。(1)保险合同效力依照《保险法》第 36 条规定中止,投保人提出恢复效力申请并同意补交保险费的,除被保险人的危险程度在中止期间显著增加外,保险人不得拒绝恢复效力;(2)保险人在收到恢复效力申请后,30 日内未明确拒绝的,应认定为同意恢复效力,即保险人拒绝恢复合同效力意思表示作出的期限为 30 日。

3. 投保人应补缴保险费。投保人不交纳保险费是导致保险合同中止的主要原因。如果要使中止的保险合同复效,就应当消除导致合同中止的因素,即补交保险费。如果投保人不补交保险费,则保险合同不能恢复效力。同时,《保险法司法解释(三)》为了平衡保险人的利益,规定保险人可以要求投保人补交相应利息。

4. 投保人的复效申请及复效协议的达成应在保险合同中止后两年内提出并完成。已中止的保险合同自投保人和保险人达成复效协议,并由投保人补交保险费后恢复效力。但是,保险合同复效的时间并非是无限期的,投保人的复效申请及复效协议达成的期限为自保险合同中止之日起两年内。“两年”的期限规定,有其法律意义:一方面,“两年”并不是指投保人提出复效申请的最终期限,如果自保险合同中止之日起,已超过两年,只要保险人没有依法解除合同,或者合同另有约定,投保人仍然享有申请复效的权利;另一方面,“两年”意味着如果自保险合同中止之日起两年内投保人与保险人没有达成复效协议,保险人享有解除保险合同的权利。因此,如果投保人和保险人未达成复效协议,那么,在保险合同中止未满 2 年,或者虽然已满 2 年但保险人未行使解除权的,合同的效力仍然处于中止状态;如保险合同中止期间已满 2 年,且保险人解除合同,则合同效力终止。保险人依法解除合同的,应当按照合同约定退还保险单的现金价值。

(二)保险合同复效的后果

保险合同自投保人补交保险费之日恢复效力。中止期间仍计入保险期间。复效后的保险合同,是复效前的保险合同的继续,保险合同的效力具有连续性和完整性。但是,并非所有的保险条款的效力都可以连续计算。为控制道德风险,某些特殊条款的效力自复效之日起计算,如自杀条款中的自杀期间的计算。《保险法》第 44 条规定:“以被保险人死亡为给付保险金条件的合同,自合同成立或者合同效力恢复之日起二年内,被保险人自杀的,保险人不承担给付保险金的责任,但被保险人自杀时为无民事行为能力人的除外。”这一规定表明,保险合同复效之日起两年内是保险人的自杀责任除外期;满 2 年之后才是其保险责任期。

第三节 保险合同的解除

一、保险合同解除的概念

保险合同解除,是指在保险合同关系有效期间内,保险合同当事人依法提前终止保险合同效力的法律行为。保险合同的解除显然会对合同效力产生影响,但其不同于其他影响保险合同效力的情况,具有自身的法律性质。

1. 保险合同的解除是以存在合法有效的保险合同为前提。这与保险合同的无效不同,保险合同因缺少有效要件而无效,自始不发生效力,因而不存在解除的问题。

2. 保险合同的解除是消灭当事人之间的保险合同法律关系,使原有的合同归于不存在。这与保险合同的变更不同,保险合同的变更是对合同当事人之间的法律关系予以调整和改变,保险合同的法律效力仍然存在。

3. 保险合同依法成立后,对合同当事人均有法律约束力,任何一方不得擅自解除合同。只有在具备解除条件的情形下,当事人可以行使合同解除权,解除已经依法成立且发生法律效力的保险合同。

二、保险合同解除的条件

合法有效的保险合同对双方当事人均有法律约束力。如果一方当事人要行使解除权以解除保险合同,须具备相应的条件。

(一)保险合同的解除必须符合法律规定或当事人约定的范围

解除保险合同,必须在法律规定或者当事人约定的范围内;超出法定或约定范围的,不产生解除保险合同的效力。保险合同的解除,包括法定解除和约定解除。约定解除是指在不损害国家和社会公共利益的条件下,当事人双方经协商同意解除保险合同或者在合同中约定解除条件的法律行为。法定解除是指在保险合同成立以后,没有履行或没有履行完毕以前,当事人一方行使法定的解除权而使保险合同效力消灭的行为。依据法律规定的条件解除合同时,不同的当事人要受到不同的限制。

我国《保险法》第15条规定:“除本法另有规定或者保险合同另有约定外,保险合同成立后,投保人可以解除合同,保险人不得解除合同。”第50条规定:“货物运输保险合同和运输工具航程保险合同,保险责任开始后,合同当事人不得解除合同。”据此来看,保险合同解除的一般原则是:除非法律另有规定或者保险合同另有约定,投保人可以随时解除保险合同;除非法律另有规定或者保险合同另有约定,保险公司不得解除保险合同;对于货物运输保险合同以及运输工具航程保险合同,在保险责任开始后,投保人(被保险人)和保险公司均不得解除保险合同。

(二)保险合同当事人必须依法行使解除权

保险合同当事人行使解除权,往往有限制性规定。对于投保人,为了保护投保人和被保险人的利益,除非法定或合同另有约定,投保人享有任意解除权,但这一解除权不得损害国家利益和社会公共利益。投保人解除合同的意思表示方式,可以是口头形式,也可以是书面形式。保险实务中,投保人一般是以填写保险合同申请书的形式行使合同解除权。

对于保险人,其解除保险合同的权利行使也有限制。例如,受时间的限制,《保险法》第16条第2款规定:"投保人故意或者因重大过失未履行前款规定的如实告知义务,足以影响保险人决定是否同意承保或者提高保险费率的,保险人有权解除合同。"这一合同解除权,自保险人知道有解除事由之日起,超过30日不行使而消灭;自合同成立之日起超过2年的,保险人不得解除合同。又如,受意思表示形式的限制,保险人解除保险合同,需要向投保人和被保险人交付解除保险合同通知书,通知书到达对方当事人处即产生解除保险合同的效力。《保险法》第58条规定:"保险标的发生部分损失的,自保险人赔偿之日起三十日内,投保人可以解除合同;除合同另有约定外,保险人也可以解除合同,但应当提前十五日通知投保人。"此外,弃权和禁止反言规则对保险人解除保险合同也有限制。《保险法》第16条第6款规定:"保险人在合同订立时已经知道投保人未如实告知的情况的,保险人不得解除合同;发生保险事故的,保险人应当承担赔偿或者给付保险金的责任。"也就是说,保险人在保险合同成立后知道或者应当知道投保人未履行如实告知义务,仍然收取保险费,与投保人订立保险合同的,应视为保险人放弃了相应的权利,不得再以投保人未履行如实告知义务为由主张解除合同。

(三)保险合同的解除必须存在法定或约定的事由

保险合同成立后,保险人不得解除保险合同。只有在法律规定的原因出现时或者合同约定的条款成就时,保险人方可依法行使解除权。对于约定解除,当事人在不违反法律强制规定和公序良俗的前提下,可以在合同中任意约定合同解除的事由以及解除权的行使期间等。对于法定解除,《保险法》有严格限制。根据《保险法》,保险合同成立后,如有下列情形之一发生时,保险人有权解除保险合同:

1. 投保人违反如实告知义务。《保险法》第16条第2款规定:"投保人故意或者因重大过失未履行前款规定的如实告知义务,足以影响保险人决定是否同意承保或者提高保险费率的,保险人有权解除合同。"

2. 被保险人或者受益人意图诈欺保险公司给付保险金,或者采取其他欺骗手段图谋保险金。《保险法》第27条第1款规定:"未发生保险事故,被保险人或者受益人谎称发生了保险事故,向保险人提出赔偿或者给付保险金请求的,保险人有权解除合同,并不退还保险费。"

3. 投保人、被保险人故意制造保险事故。《保险法》第27条第2款规定:"投保人、被保险人故意制造保险事故的，保险人有权解除合同，不承担赔偿或者给付保险金的责任。”如果受益人故意造成被保险人死亡、伤残、疾病的，或故意杀害被保险人未遂的，根据《保险法》第43条第2款的规定，该受益人丧失受益权，但此时保险公司不得解除合同或者拒绝承担保险责任。

4. 投保人误报年龄超过限制，即投保人在订立人身保险合同时，向保险公司申报的被保险人年龄不真实。《保险法》第32条第1款规定：“投保人申报的被保险人年龄不真实，并且其真实年龄不符合合同约定的年龄限制的，保险人可以解除合同，并按照合同约定退还保险单的现金价值。”

5. 投保人、被保险人违反维护标的安全的义务。《保险法》第51条第3款规定：“投保人、被保险人未按照约定履行其对保险标的的安全应尽责任的，保险人有权要求增加保险费或者解除合同。”如果投保人或者被保险人违反被保险人应当遵守国家有关消防、安全、生产操作、劳动保护等方面的规定，疏于维护保险标的的安全，或者对于保险公司有关保险标的的安全防损建议怠于付诸实施，保险人可以要求投保人增加保险费或者解除保险合同。

6. 保险标的转让导致危险程度增加。《保险法》第49条第3款规定：“因保险标的转让导致危险程度显著增加的，保险人自收到前款规定的通知之日起三十日内，可以按照合同约定增加保险费或者解除合同。”

7. 违反危险增加通知义务。《保险法》第52条规定：“在合同有效期内，保险标的的危险程度显著增加的，被保险人应当按照合同约定及时通知保险人，保险人可以按照合同约定增加保险费或者解除合同。”

8. 保险标的发生部分损失。《保险法》第58条规定：“保险标的发生部分损失的，自保险人赔偿之日起三十日内，投保人可以解除合同；除合同另有约定外，保险人也可以解除合同，但应当提前十五日通知投保人。”

9. 效力中止的保险合同逾法定期间。根据《保险法》第37条的规定，保险合同效力中止的情形下，自合同效力中止之日起满2年双方未达成协议的，保险人有权解除合同。

三、保险合同解除的后果

保险合同解除的后果就是指合同的效力提前消灭，即提前终止已有的保险合同当事人之间的权利和义务关系。但合同的效力自何时消灭，则取决于保险合同的解除是否具有溯及力。如果保险合同解除使基于合同发生的权利义务关系溯及既往地消灭，合同视为自始未成立，即为保险合同解除有溯及力。如果保险合同解除使基于合同发生的权利义务关系只向将来消灭，解除之前的权利义务关系仍然有效，即为保险合同解除无溯及力。对于保险合同而言，合同解除的溯及力主要表现为保险人是否退还保险费：如果保险合同的解除有溯及力，则保险人应将收受的保险费返还；如果没有溯及力，则保险人无须退还保险费，被保险人亦无须返还保险金。

我国《合同法》第 97 条规定："合同解除后，尚未履行的，终止履行；已经履行的，根据履行情况和合同性质，当事人可以要求恢复原状、采取其他补救措施，并有权要求赔偿损失。"换言之，合同解除有无溯及力，应视履行情况和合同性质而定。对此，我国《保险法》针对不同的情况作出不同的规定。对于保险合同约定解除的溯及力，依双方当事人在保险合同中的约定处理。对于保险合同法定解除的溯及力，则根据不同情况予以区分。

（一）区分行使法定解除权的主体是投保人还是保险人

在投保人行使法定解除权的情况下，保险合同解除具有溯及力。例如，《保险法》第 47 条规定："投保人解除合同的，保险人应当自收到解除合同通知之日起三十日内，按照合同约定退还保险单的现金价值。"《保险法》第 54 条规定："保险责任开始前，投保人要求解除合同的，应当按照合同约定向保险人支付手续费，保险人应当退还保险费。保险责任开始后，投保人要求解除合同的，保险人应当将已收取的保险费，按照合同约定扣除自保险责任开始之日起至合同解除之日止应收的部分后，退还投保人。"《保险法》第 58 条规定："合同解除的，保险人应当将保险标的未受损失部分的保险费，按照合同约定扣除自保险责任开始之日起至合同解除之日止应收的部分后，退还投保人。"由此可见，投保人解除保险合同的，保险人须退还全部或者部分保险费。在保险人行使法定解除权的情况下，保险合同解除是否具有溯及力，则需进一步分析。

（二）区分是保险责任开始前的解除还是保险责任开始后的解除

保险合同中，投保人交付保险费，保险人承担保险责任。如果保险人没有承担保险责任，则其收取保险费就失去了依据。因此，如果在保险责任开始前解除合同，保险费应予返还，即保险合同的解除具有溯及力；如果保险责任开始后解除合同，保险人承担了危险，则在保险责任开始至合同解除时的保费不必返还，剩余部分应退还投保人，即保险合同的解除不具有溯及力，保险人已承担了保险责任的保险费不予退还，多收取的保险费则按不当得利规则予以返还。

（三）区分解除事由的发生是基于故意还是过失

保险人解除保险合同的法定条件通常为对方当事人主观上有过错，客观上实施了损害保险人合法权益的行为。如果解除事由的发生是投保人故意而为的，则保险人有权解除保险合同，并不退还保险费，保险合同的解除不具有溯及力。例如，被保险人或者受益人意图诈欺保险公司给付保险金，或者采取其他欺骗手段图谋保险金，保险人有权解除合同，并不退还保险费；投保人、被保险人故意制造保险事故的，保险人有权解除合同，不承担赔偿或者给付保险金的责任，并不退还保险费；投保人故意不履行如实告知义务的，保险人对于合同解除前发生的保险事故，不承担赔偿或者给付保险金的责任，并不退还保险费。

如果解除事由的发生是投保人过失而为的，则保险人有权解除保险合同，但应当退还保险费,保险合同的解除具有溯及力。例如,投保人因重大过失未履行如实告知义务,对保险事故的发生有严重影响的,保险人对于合同解除前发生的保险事故,不承担赔偿或者给付保险金的责任,但应当退还保险费;投保人申报的被保险人年龄不真实,并且其真实年龄不符合合同约定的年龄限制的,保险人可以解除合同,并按照合同约定退还保险单的现金价值;保险合同效力中止的情形下,自合同效力中止之日起满2年双方未达成协议的,保险人有权解除合同,并按照合同约定退还保险单的现金价值。

第四节 保险合同的终止

一、保险合同终止的概念

保险合同的终止,是指保险合同成立后因法定或约定事由的发生,合同的法律效力完全消失。保险合同终止的直接原因是合同的期限届满、履行完毕、主体一方死亡或消灭等法定或约定事由的发生。保险合同终止后,合同的权利义务归于消灭,不存在恢复效力,也不存在溯及既往的问题。因而,保险合同终止与保险合同效力中止、解除相区别。

二、保险合同终止的原因

保险合同终止的原因主要包括以下情形。

(一)保险合同的有效期限届满

保险合同终止的最常见、最普遍的原因,就是保险合同的有效期限届满,又称为自然终止或届期终止。当保险合同订明的保险期限届满时,无论在保险期限内是否发生过保险事故,保险合同终止,当事人之间的权利义务关系即归于消灭。保险合同期满后的续保,则属于投保人与保险人重新签订的新合同,而非原合同的继续。

(二)保险合同已履行

当保险合同已履行,即保险事故发生后保险人按约定履行了全部保险金赔偿或给付义务时,保险合同即告终止。这里包括两种情况:一是保险合同约定的保险事故发生时,保险人按照约定的保险金额全数赔偿或给付;二是保险合同有效期间发生数次保险事故,在保险金额不变的情况下,保险人分次予以赔偿,当某次赔偿的保险金达到保险金额时,保险人的义务即已全部履行,保险合同终止。人身保险合同中保险人按合同约定的方式给付保险金后,保险合同终止。

(三)保险标的灭失或被保险人死亡

保险标的灭失,是指因保险事故以外的原因而造成的保险标的的灭失。财产保险合同中，如果保险标的非因保险事故而灭失，投保人就不再具有保险利益，保险合同也就因客体的消灭而终止。

被保险人的死亡，是指被保险人因保险事故以外的原因而死亡。人身保险合同以被保险人的生命或健康为保险标的，其保险利益是投保人对被保险人的生命或健康所具有的法律上承认的利益。如果被保险人因保险事故以外的原因而死亡，投保人就不再具有保险利益，保险合同也就随之而终止。

三、保险合同终止的后果

保险合同终止的，自终止效力发生之时起，保险合同当事人的权利义务归于消灭。保险合同终止后发生保险事故的，保险人不承担保险责任。

思考题

1. 保险合同的生效需具备哪些条件？
2. 保险合同的变更有哪些具体表现？
3. 解除保险合同应当具备哪些条件？
4. 如何理解保险合同效力的中止和恢复？

第九章 人身保险合同概述

导读

- 人身保险合同作为与财产保险合同并列的一类基本保险，具有不同于财产保险合同的诸多法律特点。
- 人身保险合同是以人的寿命或身体为保险标的的保险合同，是投保人与保险人约定当发生合同约定范围内的意外事故、意外灾害或疾病、年老等原因导致被保险人死亡、伤残或丧失劳动能力，或者合同约定的期限届满时，保险人按照约定承担给付保险金责任的协议。
- 人身保险合同的订立、履行以及合同的条款均存在其特殊性。

第一节 人身保险合同的概念和分类

一、人身保险合同的概念与特征

(一)人身保险合同的概念

我国《保险法》第12条第3款规定："人身保险是以人的寿命和身体为保险标的的保险。"可见，人身保险合同是以人的寿命或身体为保险标的的保险合同，是投保人与保险人约定当发生合同约定范围内的意外事故、意外灾害或疾病、年老等原因导致被保险人死亡、伤残或丧失劳动能力，或者合同约定的期限届满时，保险人按照约定承担给付保险金责任的协议。

人身保险起源于海上保险。15世纪后期，欧洲的奴隶贩子把运往美洲的非洲奴隶当作货物进行投保，如遇到意外伤害，由保险人给予经济补偿；后来船上的船长、船员也可投保。这些被认为是人身保险的萌芽。17世纪中叶，意大利银行家洛伦佐·佟蒂设计了"联合养老保险法"，规定每人缴纳法郎，筹集起总额140万法郎的资金；保险期满后，规定每年支付10%，并按年龄把认购人分成若干群体，年龄较大，分息较多。1693年，英国著名的数学家、天文学家埃蒙德·哈雷，以1687年至1691年间西里西亚的布雷斯劳市的市民死亡统计为基础，用数学方法编制了世界上第一张生命表，后人称之为哈雷生命表。该生命表精确表示了每个年龄的死亡率，为保险费的计算提供了数理依据，从而奠定了现代人寿保险的数理基础。1762年，伦敦公平保险社成立，这是真正根据保险技术基础而设立的人身保险组织。随着市场经济的发展，保险技术日益精确，保险经营不断科学化，人身保险制度不断改进和完善。时至今日，人身保险已成为保险市场的重要组成部分。

中华人民共和国成立后，人民政府对原有的保险业进行了接管、改造，1949年10月20日成立了国营性质的中国人民保险公司，在全国范围内经营财产保险和人身保险。自1959年开始，铁路、轮船、飞机旅客意外伤害强制保险分别移交给铁路、交通、民航部门办理，其他人身保险业务清理停办。1979年2月中国人民银行全国分行长会议决定自1980年起恢复办理国内保险业务，得到了国务院的批准。1982年，人身保险业务开始恢复办理，其险种由单一向多方向发展。如今，人身保险已成为我国保险市场的重点发展领域。

（二）人身保险合同的特征

人身保险合同除具有保险合同的共有属性之外，还具有自己的特殊属性。

1. 人身保险合同一般是定额保险合同。人身保险合同以人的生命或身体为保险标的，而人的生命或身体不具有商品价值，不能用金钱来衡量和估价。因此人身保险合同的保险金额无法以保险标的的价值为依据，而是由双方当事人在订立保险合同时协商确定数额，或者保险人事先综合各种因素进行科学计算规定一个固定数额，在保险事故发生或者期限届满时，保险人据此数额承担保险责任。也正因如此，人身保险合同属于定额保险合同，不存在超额保险、重复保险的可能。

2. 人身保险合同主要是给付性合同。人身保险合同中，投保人按照合同的约定支付保险费后，当被保险人出现了合同约定的死亡、伤残、疾病或者保险期限届满等情况时，保险人向被保险人或受益人给付保险金。因而人身保险合同的保险保障功能，是通过保险人给付保险金的方式来实现的，而不是以被保险人的实际损失为前提，也不论被保险人或受益人是否从第三人处获得补偿。当然，不能据此将人身保险合同等同于给付性保险合同。对于健康保险或意外伤害保险中的医疗费用保险，其目的仅在于补偿被保险人因治疗疾病或医治伤害产生的实际费用，被保险人不得因伤病或受伤治疗而获不当得利。[1]

3. 人身保险合同具有长期性特征。人身保险合同的有效期一般比较长，尤其是人寿保险合同，其有效期往往持续几年或几十年甚至终身。由于被保险人年龄越大，其寻求保险保障的需要就越大，其交费能力却在下降。为了降低费用和保障老年人的利益，人身保险合同往往采取长期保险形式。当然，人身保险合同中也有部分保险合同期限较短，如短期的健康保险合同、意外伤害保险合同等，其保险期限往往比较短。

4. 人身保险合同具有储蓄性特征。人身保险合同不仅能提供经济保障，且兼有

---

〔1〕 参见樊启荣：《保险法诸问题与新展望》，北京大学出版社2015年版，第160页。

储蓄性质。人身保险合同的储蓄性特征突出地表现在人寿保险合同中。在约定保险期限届满后,保险人将投保人所缴纳的保险费加上一定比例的利息,扣除保险人的必要费用后以保险金的形式返还给被保险人或其受益人。如果出现合同解除等情形,保险人则将保单的现金价值退还给投保人或其他权利人,对投保人来说,它是一种储蓄与投资手段。正因为多数人身保险合同具有储蓄性质,投保人或被保险人享有保单质押贷款、退保和选择保险金给付方式等权利。

5. 人身保险合同的保险利益具有特殊性。人身保险的保险标的是人的生命或身体,无法用金钱来衡量,所以人身保险的保险利益是以人与人之间的关系,即投保人与被保险人之间的关系来确定的。《保险法》第 31 条规定,与投保人具有保险利益的人包括:本人;配偶、子女、父母;前项以外与投保人有抚养、赡养或者扶养关系的家庭其他成员、近亲属;与投保人有劳动关系的劳动者;除前款规定外,被保险人同意投保人为其订立合同的,视为投保人对被保险人具有保险利益。在人身保险中,保险利益只是订立保险合同的前提条件,并不是维持保险合同效力及保险人给付保险金的条件。

6. 人身保险合同以生命表为承保基础。生命表,又称死亡表,是以年岁为纲,全面、完整地反映了某一国家或地区一定人群从诞生直至全部死亡的生死规律的统计表。生命表的编制为经营人寿保险业务奠定了科学的数理基础。计算人身保险费率基础之一的人的生存或死亡或然率就是以生命表为依据的。

二、人身保险与财产保险、社会保险的区别

(一)人身保险与财产保险的区别

1. 保险对象不同。人身保险合同中的被保险人只能是自然人;而财产保险合同中的被保险人可以是自然人,也可以是法人等各种组织。

2. 保险金额确定方式不同。人身保险的保险金额是由双方当事人在订立保险合同时协商确定数额,或者保险人事先综合各种因素进行科学计算规定一个固定数额;财产保险的保险金额依照投保标的的实际价值确定。

3. 保险期限不同。除意外伤害保险和短期健康保险外,大多数人身保险险种的保险期限都在 1 年以上;财产保险多为短期保险,一般为 1 年或 1 年以内,计算保费时一般不考虑利率因素。

4. 制度适用范围不同。人身保险不存在超额投保、重复投保和代位求偿的问题,被保险人可以先后或同时参加同一种或几种人身保险,都可以根据约定得到规定的保险金给付。而财产保险则遵循损失补偿原则规定,即所获的补偿金额不应超出实际损失金额,即不允许通过保险补偿而获利。此外,人身保险合同中,投保人或被保险人基于合同的储蓄性而享有的保单质押贷款、退保和选择保险金给付方式等权利是财产保险合同投保人或被保险人所没有的。

(二)人身保险与社会保险的区别

人身保险与社会保险都是以人的身体和生命为保险标的,为社会成员在生活

过程中遇到人身危险时提供经济保障的一种制度。但实际上两者的性质截然不同。

1. 两者的基本性质不同。人身保险是商业保险的一部分，解决的是保险人与投保人或被保险人之间的保险商品交换关系。它由专门的经济实体即保险公司进行经营，具有以营利为目的的性质。社会保险则是指国家为了预防和分担年老、失业、疾病以及死亡等社会风险，实现社会安全，而强制社会多数成员参加的，具有所得重分配功能的非营利性的社会保障制度，其目标在于保证物质及劳动力的再生产和社会的稳定。

2. 两者的实施范围不同。对于人身保险，任何人只要符合人身保险合同规定的条件，都可以根据自愿原则进行投保，人身保险合同中的权利义务关系是建立在商业契约之上的。而对于社会保险，社会保险投保是强制性的，不管本人是否愿意，只要在实施范围内的人都必须参加。社会保险中的权利与义务关系建立在劳动法律关系之上的。

3. 两者保险费的来源和计算不同。人身保险的保费一般是由投保人承担，保险人根据所承担的保险责任按照预定的死亡率、利息率、管理费用率计算被保险人应交的保险费。社会保险的保费则来源于职工本人按其工资总额的一定百分比所交纳的一部分、企业（雇主）按工资总额的一定百分比所交纳的一部分以及由政府负担的一部分。社会保险的保险费是根据实际的支出需要来确定的。

4. 两者保险金额的确定和给付不同。人身保险金额由保险人和投保人双方约定。发生保险事故时，保险人按照约定给付保险金。社会保险的保险金额则是根据整个社会的经济生活水平和国家的福利政策由国家单方面确定的，并依照社会保险法的规定给付，考虑被保险人为社会所作贡献的大小以及实际生活水平需要给付保险金。

5. 两者的保障程度不同。人身保险所提供的保障水平高低，完全根据保险当事人双方的约定和投保人的交费多少而定。而社会保险依据物质帮助和保障基本生活原则确定保障水平，一般高于社会贫困线或社会救济水平线，低于被保险人在职劳动期间的工资收入水平。

三、人身保险合同的分类

（一）人寿保险合同、健康保险合同和意外伤害保险合同

根据《保险法》第 95 条第 1 款的规定，以保障范围为标准进行划分，人身保险包括人寿保险、健康保险和意外伤害保险。

人寿保险合同，是以被保险人的寿命为保险标的，且以被保险人的生存或死亡为给付条件的人身保险合同。其转嫁的是被保险人的生存或者死亡的风险，根据其约定的保险事故，又分为定期人寿保险、终身人寿保险、生存保险以及生死两全保险。

健康保险合同,是以被保险人的身体为保险标的,且以被保险人因疾病、分娩或意外事故所致伤亡或残疾为给付保险金的人身保险合同。根据其保险责任,又分为疾病保险、医疗保险以及收入保障保险等。

意外伤害保险合同,是以被保险人遭受意外伤害而致伤害、残疾或死亡为给付保险金条件的人身保险合同。根据其保险危险,又分为普通意外伤害保险和特定意外伤害保险。

(二)单独人寿保险合同、团体人寿保险合同和联合人寿保险合同

这是以保险人的人数为标准所作的分类。单独人寿保险合同,是指以单独一个人为被保险人的人身保险合同。团体人寿保险合同,是指以一定社会团体为投保人,以团体全体成员为被保险人,以被保险人指定的家属或其他人为受益人的人身保险合同。联合人寿保险合同,是指将具有一定利害关系的两人或两个以上的自然人视为一个被保险人整体的人身保险合同。

(三)补偿型人身保险合同和给付型人身保险合同

这是以保险金的性质为标准所作的分类。补偿型人身保险合同,是指保险人根据保险标的所遭受的实际损失予以补偿的人身保险合同,如医疗保险合同。给付型人身保险合同,是指当保险事故发生时,保险人按合同当事人事先约定的保险金额给付保险金的人身保险合同,如人寿保险合同。

第二节　人身保险合同的内容

以《保险法》第18条为依据,结合人身保险合同的特殊性,可将人身保险合同的内容分为一般条款和特殊条款。

一、人身保险合同的一般条款

(一)当事人条款

人身保险合同的当事人包括保险人、投保人、被保险人和受益人。

1. 保险人

人身保险合同的保险人不仅要有经保险监督管理机关依法批准的保险人资格,而且其业务范围须经过批准。《保险法》第95条第2款规定,保险人不得兼营人身保险业务和财产保险业务。但是,经营财产保险业务的保险公司经国务院保险监督管理机构批准,可以经营短期健康保险业务和意外伤害保险业务。保险公司应当在国务院保险监督管理机构依法批准的业务范围内从事保险经营活动。

2. 投保人

人身保险合同的投保人可以是自然人,也可以是法人或其他组织。当自然人、

法人或其他组织作为投保人时，不仅要具备民事行为能力，还需在订立人身保险合同时具有相应的保险利益。对于判断投保人或被保险人是否具有保险利益的时间点，人身保险是在保险合同订立时。因此，订立合同时，投保人对被保险人不具有保险利益的，合同无效；合同订立后，因投保人丧失对被保险人的保险利益，当事人亦不能主张保险合同无效。

综合各国保险立法，保险利益一般产生于三种情形：血缘、婚姻关系；债权债务关系；劳动关系。我国《保险法》第 31 条规定，投保人对下列人员具有保险利益：

(1)本人。以本人为被保险人而投保人身保险时，法律上不必问其实际经济价值如何，即法律对于本人生命的真实价值，不得作客观衡量。

(2)配偶、子女、父母。根据我国《婚姻法》的规定，夫妻有相互扶养的义务；父母对子女有抚养教育的义务；子女对父母有赡养扶助的义务。配偶、子女、父母通常共同生活，相互间具有利害关系，相互投保一般不会引起损害被保险人身体与寿命的危险。

(3)前项以外与投保人有抚养、赡养或者扶养关系的家庭其他成员、近亲属。家庭其他成员是指除配偶、子女、父母以外同居一家共同生活的人，近亲属即亲等较近的亲属，当家庭其他成员、近亲属与投保人有抚养、赡养或扶养关系时，投保人对其才具有保险利益。

(4)与投保人有劳动关系的劳动者。用人单位在为员工购买人身保险时，就可以直接把自己作为投保人，而无须劳动者同意或签字。

(5)依被保险人同意而产生的保险利益。投保人为被保险人投保时原则上必须具有利益关系，如无利益关系，需得到被保险人同意，保险合同才能成立和生效。

3. 被保险人

人身保险合同的被保险人是指以自己的生命或身体作为保险标的的人，仅限于自然人，而且应当符合保险法规定的限制性条件。例如，为保护幼弱，同时防止道德危险的发生，《保险法》第 33 条规定了死亡保险合同被保险人的限制，即投保人不得为无民事行为能力人投保以死亡为给付保险金条件的人身保险，同时也禁止保险人在上述条件下承保。同时，由于父母与未成年子女之间有抚养关系，法律规定父母可以为其未成年子女投保死亡险，保险人可以承保，但死亡给付保险金额的总和不得超过保险监督管理部门规定的限额。

4. 受益人

受益人是指人身保险合同中由被保险人或者投保人指定的享有保险金请求权的人。受益人可以是投保人或者被保险人，也可以是投保人、被保险人以外的第三人；受益人可以是自然人，也可以是法人或其他组织。受益人由被保险人或者投保人指定。投保人指定受益人时须经被保险人同意。投保人为与其有劳动关系的劳动者投保人身保险的，不得指定被保险人及其近亲属以外的人为受益人。被保险人为无民事行为能力人或者限制民事行为能力人的，可以由其监护人指定受益人。

（二）保险事故条款

保险事故是指保险合同约定的保险责任范围内的事故，即保险人依保险合同所负责任的事由，也是保险人应负担的危险。人身保险合同的保险事故是指被保险人因自然灾害或意外事件而死亡、伤残、疾病等，或者生存至保险期限届满。保险人按照合同约定，以保险事故发生作为给付保险金的条件。

（三）保险金额和保险费条款

保险金额是指保险人承担赔偿或者给付保险金责任的最高限额。人身保险合同的保险金额，是由投保人和保险人在订立人身保险合时根据被保险人的实际需要和交纳保险费的能力协商确定。为了防范道德危险，保险人往往对人身保险合同的保险金额加以限制。例如，以死亡为给付保险金条件的合同，未经被保险人同意并认可保险金额的，合同无效；又如，父母为其未成年子女投保的人身保险，因被保险人死亡给付的保险金总和不得超过国务院保险监督管理部门规定的限额。

保险费是指被保险人参加保险时，根据其投保时所订的保险费率，向保险人交付的费用。人身保险合同的保险费是人身保险基金的主要来源，也是实现人身保险保障的对价。人身保险的保险费由两部分构成：（1）以预定死亡率和预定利率为基础所计算的纯保险费，用于抵付保险金的支出；（2）保险业务经营中需要支出的费用即附加保险费。投保人可以按照合同约定向保险人一次支付全部保险费或者分期支付保险费，如按年交付、按半年交付、按月交付等。

（四）保险期限条款

保险期限是保险合同效力发生和终止的期限，是人身保险合同预定的合同效力持续期间，也是保险合同当事人履行义务的重要根据，必须在保险合同中明确记载。

二、人身保险合同的特殊条款

除了保险合同均应具有的条款以外，人身保险合同还具有以下特殊条款。

（一）不可抗辩条款

不可抗辩条款，又称不可争议条款，是针对保险人的合同解除权而提出的，其基本内容是，自人身保险合同生效满一定时间之后，就成为无可争议的文件，保险人不能再以投保人在投保时违反最大诚信原则，没有履行告知义务等理由主张保险合同自始无效。

1848 年英国伦敦信用寿险公司首次在其契约中添加了一项条款，规定公司将放弃在任何情况下进行保单抗辩的权利。1864 年美国的曼哈顿寿险公司引进了不可抗辩条款。1930 年，美国纽约州以立法形式要求所有寿险保单必须包含不可抗辩条款，用以约束保险人的行为，保护保单持有人的利益，防止保险公司不当得利。此后，日本《商法典》第 644 条、韩国《商法典》第 651 条也对不可抗辩条款作了强制性规定。

我国《保险法》对不可抗辩条款的规定主要体现在两个方面：

1. 告知义务规范中的不可抗辩条款。《保险法》第16条是关于投保人告知义务的一般性规范，同样也应适用于人身保险合同。由于关于年龄不真实的情形已有条款予以规定，因此，本条所规定的不可抗辩条款主要适用于年龄不真实以外的其他违反告知义务的情形，如投保人没有如实告知身体状况等。[2] 根据第16条的规定，适用不可抗辩条款的情形包括两种：(1)投保人故意或者因重大过失未履行前款规定的如实告知义务，足以影响保险人决定是否同意承保或者提高保险费率的，保险人有权解除合同。自保险人知道有解除事由之日起，超过30日不行使而消灭。自合同成立之日起超过2年的，保险人不得解除合同；发生保险事故的，保险人应当承担赔偿或者给付保险金的责任。(2)保险人在合同订立时已经知道投保人未如实告知的情况的，保险人不得解除合同；发生保险事故的，保险人应当承担赔偿或者给付保险金的责任。

2. 年龄不实规范中的不可抗辩条款。根据《保险法》第32条的规定，在投保人申报的被保险人年龄不真实，并且其真实年龄不符合合同约定的年龄限制的情形下，保险人可以解除合同，并按照合同约定退还保险单的现金价值。此时，保险人行使合同解除权，适用《保险法》第16条第3款、第6款的规定。

不可抗辩条款存在例外情况，在某些特定情况下，即使除斥期间结束，保险人也可提出抗辩，如投保人恶意欺诈、故意误告的，未缴纳保险费，投保人对保险标的不具有可保利益等。

典型案例　**投保人未如实告知投保前已发保险事故，保险合同成立两年后保险人仍享有解除权**[3]

陈某之父陈某康，因右肺腺癌于2010年8月10日入院治疗，至2010年8月24日病情平稳后出院。2010年8月25日，陈某为陈某康在被告处投保了8万元的身故险和附加重大疾病险。陈某和陈某康均在“询问事项”栏就病史、住院检查和治疗经历等项目勾选为“否”。两人均签字确认其在投保书中的健康、财务及其他告知内容的真实性，并确认被告及其代理人已提供保险条款，对免除保险人责任条款、合同解除条款进行了明确说明。双方确认合同自2010年9月2日起生效。合同第7.1条及第7.2条就保险人的明确说明义务、投保人的如实告知义务以及保险人的合同解除权进行了约定。

2010年9月6日至2012年6月6日，陈某康因右肺腺癌先后9次入院治疗。2012年9月11日，陈某康以2012年3月28日的住院病历为据向被告申请赔付重

---

〔2〕 参见任自力主编：《保险法学》，清华大学出版社2010年版，第165页。

〔3〕 转引自最高人民法院2015年12月4日发布的合同纠纷典型案例。

大疾病保险金。保险公司经调查发现，陈某康于2010年3月10日入院治疗，被确认为“肝炎、肝硬化、原发性肝癌不除外”，因此被告于2012年9月17日以陈某康投保前存在影响该公司承保决定的健康情况，而在投保时未书面告知为由，向原告送达解除保险合同并拒赔的通知。陈某康、陈某于2012年10月24日诉请判令被告继续履行保险合同并给付重大疾病保险金3万元，后在二审中申请撤诉，二审法院于2012年12月18日裁定撤诉。2014年3月11日至3月14日，陈某康再次因右肺腺癌入院治疗，其出院诊断为：右肺腺癌伴全身多次转移（Ⅳ期，含骨转移）。2014年3月24日，陈某康因病死亡。原告陈某遂诉至法院，请求被告给付陈某康的身故保险金8万元。

裁判结果如下：

一审法院认为，投保人陈某在陈某康因右肺腺癌住院治疗好转后，于出院次日即向被告投保，在投保时故意隐瞒被保险人陈某康患有右肺腺癌的情况，违反了如实告知义务，依据《保险法》第16条第2款的规定，保险人依法享有合同解除权。因上述解除事由在保险合同订立时已发生，且陈某康在2010年9月6日至2012年6月6日期间，即合同成立后二年内因右肺腺癌先后9次入院治疗，却在合同成立二年后才以2012年3月28日的住院病历为据向被告申请赔付重大疾病保险金，又在陈某康因右肺腺癌死亡之后要求被告赔付身故保险金8万元，其主观恶意明显，该情形不属于《保险法》第16条第3款的适用范围，原告不得援引该条款提出抗辩。被告自原告方向其申请理赔的2012年9月11日起始知道该解除事由，即于2012年9月17日向原告送达书面通知拒付并解除合同。原告未在三个月异议期内提出异议。根据《合同法》第96条第1款的规定，双方合同已于2012年9月17日解除。原告以2014年3月24日陈某康因病死亡为由诉请被告支付保险金8万元没有法律依据，判决驳回原告陈某的诉请。

二审法院认为，上诉人主张，根据《保险法》第16条第3款的规定，保险公司不能解除合同。法院认为，从《保险法》第16条第3款的规定来看，“自合同成立之日起超过二年保险人不得解除合同”，保险人不得解除合同的前提是自合同成立之日起二年后新发生保险事故。而在本案中，保险合同成立时保险事故已发生，不属于前述条款适用的情形，保险人仍享有解除权。被保险人、受益人以《保险法》第16条第3款进行的抗辩，系对该条文的断章取义，对此不予支持。另外，被告已于2012年9月17日发出解除通知，而原告在三个月内未提出异议，双方合同已于2012年9月17日解除，上诉人于2014年3月起诉，其诉请不应支持。因此驳回上诉，维持原判。

【评析】

第一，投保人未如实告知投保前已发保险事故，保险合同成立两年后请求理赔，应否支持的问题，尚属于法律空白，但若机械援用《保险法》第16条的规定，将变相鼓励恶意骗保行为。第二，保险合同是射幸合同，对将来是否发生保险事故具有不确定性。但在保险合同成立之前已发生投保事故，随后再投保，其具有主观恶意，系恶意骗保的不诚信行为，并违反保险合同法理，此时不应机械性地固守不可抗辩期间的限定，应赋予保险公司解除权。

(二)年龄不实条款

年龄不实条款，又称年龄误报条款，其内容是，投保人对被保险人年龄的误报，将导致保险人享有合同解除权，或者将导致保险费或保险金额发生相应变动。年龄是寿险风险估计和计算保费的重要因素。我国《保险法》第32条详细规定了投保人申报的被保险人年龄不真实的不同情形的相应处理。

1. 被保险人的真实年龄超过合同约定的最高承保年龄的，保险人可以解除合同，并按照合同约定退还保险单的现金价值。

2. 被保险人的真实年龄大于误报年龄的，致使投保人支付的保险费少于应付保险费的，保险人有权更正并要求投保人补交保险费，或者在给付保险金时按照实付保险费与应付保险费的比例支付。

3. 被保险人的真实年龄小于误报年龄的，致使投保人支付的保险费多于应付保险费的，保险人应当将多收的保险费退还投保人。

(三)宽限期条款

宽限期条款的内容是，在人寿保险合同中分期支付保险费的情形下，投保人在支付了首期保险费后，对到期没有缴纳续期保险费的投保人给予一定时间的优惠，让其在宽限期内补交续期保险费。在宽限期内，保险合同继续有效。如果在此期限内发生保险事故，保险人仍要承担给付保险金的责任，但可以从给付的保险金中扣除欠缴的保险费及利息。

根据我国《保险法》第36条的规定，宽限期限的产生有两种方式：(1)合同约定的期限；(2)法定期限，如果合同没有约定期限的，即宽限期限为30日或60日，即投保人自保险人催告之日起超过30日未支付当期保险费，或者超过约定的期限60日未支付当期保险费的，合同效力中止，或者由保险人按照合同约定的条件减少保险金额。

(四)复效条款

复效条款主要适用于保险期间中止的人寿保险合同，且往往以宽限期条款为前提。其内容是，保险期间中止的人寿保险合同，在符合一定条件时，合同的效力恢复到保险期间中止前的状态。《保险法》第37条规定了保险合同的复效，对于效力中止的合同，经保险人与投保人协商并达成协议，在投保人补交保险费后，合同效力恢复；但是，自合同效力中止之日起满2年双方未达成协议的，保险人有权解除合同。

保险合同自投保人补交保险费之日恢复效力。中止期间仍计入保险期间。复效后的保险合同，是复效前的保险合同的继续，保险合同的效力具有连续性和完整性。但是，并非所有的保险条款的效力都可以连续计算。为控制道德风险，某些特殊条款的效力自复效之日起计算,如自杀条款中的自杀期间的计算。此外,对于人身保险合同约定的不可抗辩条款,已经发生的效力在保险合同复效时仍然有效,保险人不得在保险合同复效后重新主张不可抗辩条款所约定的期间。如果投保人请求复效时,为满足保险合同复效的条件,对保险人另为如实告知,此种情形下,保险人在保险合同复效时得以主张的不可抗辩期间,也仅以投保人在保险合同复效时所告知的事项为限。

(五)保单贷款条款

保单贷款条款,又称保单借款条款、保险单质押贷款条款,其内容是,当保险费缴纳满一定时间,使得保险单上积存有现金价值后,投保人可以在该保险单项下积累的责任准备金的范围内向保险人申请贷款,并承担借款利息。

保单贷款条款设定的主要目的在于维持保单的继续率,满足投保人临时性经济上的需要,简化投保人的融资手续以及提高人身保险合同的使用价值。但是,由于人身保险合同的贷款抵押有可能降低保险金的给付,从而影响受益人的权益,因此应当适度应用保单贷款条款。对此,我国《保险法》第34条规定,按照以死亡为给付保险金条件的合同所签发的保险单,未经被保险人书面同意,不得转让或者质押。由于人寿保险单转让或质押后,保单的利益发生了转移,因而就可能损害被保险人的利益,甚至不利于被保险人的人身安全。因此,人寿保险中的死亡保险保单不能随意转让或质押,除非经被保险人书面同意。

在贷款期间,保险合同仍为有效合同。对于在此期间内发生的保险事故,保险人应履行给付保险金的义务,但应从给付的保险金中扣除贷款本息。此外,如果贷款本息超过了保单上的现金价值,且未及时归还,保险合同即行终止。

(六)自杀条款

自杀条款适用于以死亡为给付保险金条件的人身保险合同,其内容是,被保险人于合同履行一定期限内有故意自杀的行为,保险人对由此导致的死亡不负给付保险金义务的约定。我国《保险法》第44条规定:“以被保险人死亡为给付保险金条件的合同,自合同成立或者合同效力恢复之日起二年内,被保险人自杀的,保险人不承担给付保险金的责任,但被保险人自杀时为无民事行为能力人的除外。保险人依照前款规定不承担给付保险金责任的,应当按照合同约定退还保险单的现金价值。”这一规定实际上是保险人和被保险人之间的利益妥协和平衡:[4]一方面,如果无法阻止被保险人通过自杀为其家属获取保险人的保险金给付,那么其他被保险人就必须承担更高额的保险成本;另一方面,被保险人自杀所致损失与其他方式致死所致损失后果是同样的,立法应最大限度地保障被保险人和受益人的利益,因此立法通过时间限制予以平衡,规定对于保险合同生效后一定期限内的故意自杀行为,保险人不承担保险责任。如此设计,既可以避免被保险人蓄意以自杀方式

〔4〕 参见王林清:《保险法理论与司法适用》,法律出版社2013年版,第603页。

获取保险金，同时也可以保护一定期限后实施故意自杀行为的被保险人家属或受益人的利益。适用自杀条款时，应注意以下问题：

1. 作为免责事由的自杀的范围界定。“自杀”从广义上看，包括故意自杀和非故意自杀。故意自杀是指自然人具有自杀的主观意图，蓄意或自愿采取各种手段结束自己生命的行为；非故意自杀是指因自然人疏于注意或者心态失常、神志不清时所为的结束自己生命的行为。人身保险合同中认定为免责事由的“自杀”，应当是故意自杀，而非故意自杀者则因实施者对自己行为的辨别、后果或防范的认识模糊不清，不属于免责事由。

2. 作为免责事由的自杀的时间界定。这是确定自杀是否作为免责事由的时间标准，如果超过时间界限，则保险人对被保险人的故意自杀行为承担责任。依据《保险法》第 44 条的规定，自保险合同成立或者保险合同效力恢复之日已满 2 年的，被保险人自杀，则保险人应当承担给付保险金的责任。

3. 作为免责事由的自杀的主体界定。实施故意自杀行为的被保险人必须不是无民事行为能力人，否则不构成免责事由。按照《民法通则》第 12 条和第 13 条规定，不满 10 周岁的未成年人以及不能辨认自己行为的精神病人是无民事行为能力人。由于不满 10 周岁的未成年人身心发育尚未成熟，还不具备必要的辨别是非善恶以及辨认和控制自己行为的能力；不能辨认自己行为能力的精神病人也无法认知自杀及其行为后果，因此无民事行为能力人实施的自杀，属于保险责任范畴。

4. 适用自杀条款的法律后果。对于符合自杀条款适用条件的人身保险合同，保险人给付保险金的责任得以免除。也就是说，保险人不承担给付保险金责任，但应当按照合同约定退还保险单的现金价值。

典型案例　畏罪自杀情形下保险人是否承担责任？[5]

2009 年 4 月，刘某以其儿子张甲为被保险人，投保某保险公司某款分红型两全保险产品，保额为 10 万元，受益人为刘某和张甲的父亲张某。保险合同订立后，投保人刘某缴纳了三期的保险费。2012 年 2 月，被保险人张甲在自家将妻子高某杀死，后畏罪自杀。张甲父母以被保险人自杀为由，向某保险公司提出索赔申请，要求保险公司按照被保险人自杀给付保险金 10 万元。某保险公司认为被保险人的该种身故情形并不符合《保险法》中关于被保险人自杀的规定，应当按照《保险法》的相关规定退还保险单的现金价值。考虑到该案情况特殊，某保险公司对该份保单的保险费予以全额退还，返还金额为 7125 元。张甲的父母不服，遂起诉至法院。

---

〔5〕 参见王睿：“畏罪自杀情形下保险人是否承担责任”，载《中国保险报》2015 年 9 月 8 日。

一审法院认为，被保险人张甲在自家将妻子高某杀死，后畏罪自杀，其行为符合《保险法》第45条关于被保险人故意犯罪导致其死亡的情形。关于张甲父母张某、刘某提出依据《保险法》第44条规定，在合同生效之日起二年之后自杀的，保险公司有义务理赔的观点。因被保险人张甲故意杀人，其故意犯罪行为是该款两全保险（分红型）条款约定的责任免除范围，虽保险合同已满二年，但被保险人张甲之前的故意犯罪行为与之后的畏罪自杀死亡后果之间存在直接的因果关系。因此，不能适用《保险法》第44条的规定，刘某、张某的诉讼请求不能成立，本院不予支持。

二审法院认为，一审法院认定的被保险人张甲之前的故意犯罪行为与之后的畏罪自杀死亡后果之间存在直接的因果关系的结论是有相关材料证明的。经查明，公安机关的出警证明以及某机关出具的鉴定文书，能够证明被保险人张甲实施杀妻与自杀之间存在必然的因果关系。因此，一审法院认定事实清楚，适用法律正确，作出维持一审判决的决定。

【评析】

本案的争议焦点在于保险合同成立满两年，被保险人在杀害他人之后自杀的，是否适用《保险法》第44条关于自杀的规定，受益人是否有权要求保险人给付保险金。保险法将故意犯罪行为和两年内自杀行为列为免除保险人赔偿责任的目的是避免道德危险的发生，遏制被保险人通过保险获得不当经济利益的企图。在判定保险人是否因被保险人故意犯罪而免除保险责任时，要强调被保险人实施的犯罪行为与其自身伤亡结果之间因果关系的直接性和必然性。本案中，公安机关的出警证明以及某机关出具的鉴定文书，能够证明被保险人张甲实施杀妻与自杀之间存在必然的因果关系。在此情形下，不能认定该被保险人死于自杀，进而根据该自杀行为是否发生在保险合同成立或者效力恢复之日起两年内，判断保险人是否应当承担保险责任。此时应当认定该被保险人因故意犯罪导致其自身死亡，进而判定保险人免除保险责任。

（七）不丧失价值条款

不丧失价值条款又称不没收条款，其内容是，当投保人无力或不愿意继续缴纳保险费以维持保险合同效力时，保险单所具有现金价值不因保险合同效力的变化而丧失，投保人有权在约定的范围内选择合适的方式要求保险人退还保单的现金价值。

人寿保险的保险费具有储蓄性特征，随着投保人的不断缴费，保单积存的责任准备金金额不断增长，从而形成保单的现金价值。现金价值虽然由保险人占有，但仍然归属于投保人。即使保险合同的效力发生变化，投保人仍然有权选择有利于自己的方式来处理保单现金价值。其处理方式有如下几种：

1. 现金返还。即办理退保手续，将保险单下积存的责任准备金扣除退保手续费以后，以现金形式返还给投保人。

2. 办理减额缴清保险。即不变更原保险期限与条件,以保单积存的现金价值作为趸交保险费,投保与原保险单责任相同的人寿保险。其中,保险期限自停交保险费起至原保单期满时止,保险金额则是与所交清保险费相对应的金额。

3. 办理展期保险。即不变更保险金额,以保单积存的现金价值交纳保险费,投保保险金额不变、仅保险期限发生变化的人寿保险。其中,保险期限根据返还的现金价值的数额来确定保险期间。

(八)保险单转让条款

人身保险单因其积存的责任准备金而具有现金价值所体现的有价证券的性质,因而具有可转让性。保险单转让条款,即投保人与保险人约定是否允许保险单转让以及转让条件的协议。保险单的转让,其实质是投保人的变更。由于关系到被保险人的身体健康和生命安全,对于按照以死亡为给付保险金条件的合同所签发的保险单,原投保人在转让保单时,必须经被保险人书面同意,方能转让。

第三节 人身保险金的给付

一、人身保险金给付的概念

人身保险金的给付是指人身保险合同约定的保险事故发生后或者合同有效期限届满,经权利人请求,保险人向权利人给付保险金的法律活动。给付保险金是保险人履行合同义务的核心内容,直接关系到保险的保障功能的实现。相比而言,人身保险金的给付与财产保险合同保险赔偿金的给付有不同之处。

1. 人身保险金的给付具有定额性。人身保险合同的保险金额无法以保险标的的价值为依据,而是由双方当事人在订立保险合同时协商确定数额,或者保险人事先综合各种因素进行科学计算规定一个固定数额,在保险事故发生或者期限届满时,保险人据此数额向被保险人或者受益人给付保险金。因此,人身保险金的给付具有定额性。需要注意的是,健康保险或意外伤害保险中的医疗费用保险的保险金的给付具有补偿性质,因而不具有定额性,但也不能超出合同约定的保险金额予以给付。

2. 人身保险金的给付不适用代位追偿制度。基于人身保险合同具有给付性,被保险人因第三者的行为而发生死亡、伤残或者疾病等保险事故的,保险人向被保险人或者受益人给付保险金后,不享有向第三者追偿的权利,但被保险人或者受益人仍有权向第三者请求赔偿。

3. 人身保险金不予给付时应退还保险单的现金价值。基于人身保险合同的储蓄性,保险人在不承担保险金给付或者解除保险合同的情况下,应当依法退还保险单的现金价值。例如,《保险法》第45条规定,因被保险人故意犯罪或者抗拒依法采取的刑事强制措施导致其伤残或者死亡的,保险人不承担给付保险金的责任。投保人已交足2年以上保险费的,保险人应当按照合同约定退还保险单的现金价值。根据《保险法》第37条和第47条的规定,保险人或投保人解除合同的,保险人应当按照合同约定退还保险单的现金价值。

二、人身保险金给付的分类

人身保险金的给付,依据人身保险合同的不同,可以划分为人寿保险合同的保险金给付、健康保险合同保险金的给付和意外伤害保险合同的保险金的给付,这将在后文中详细阐释。

人身保险金的给付,依据请求保险金给付的权利人的不同,还可以划分为被保险人行使请求权时保险金的给付、受益人行使请求权时保险金的给付、被保险人死亡且无合格受益人时的保险金给付。

(一)被保险人行使请求权时保险金的给付

被保险人,是指其财产或者人身受保险合同保障,享有保险金请求权的人。在不以被保险人死亡为给付条件的保险合同中,如果没有指定受益人,保险人应向被保险人支付保险金。在以被保险人死亡为给付条件的保险合同中,如果投保人或被保险人没有指定受益人,保险金作为被保险人的遗产,由保险人依照《继承法》的规定履行给付保险金的义务。

(二)受益人行使请求权时保险金的给付

受益人是指人身保险合同中由被保险人或者投保人指定的享有保险金请求权的人。人身保险合同中,如果投保人或被保险人指定了受益人,则受益人享有请求给付保险金的权利。任何单位和个人不得非法干预保险人履行赔偿或者给付保险金的义务,也不得限制被保险人或者受益人取得保险金的权利。

(三)被保险人死亡且无合格受益人时保险金的给付

在人身保险合同被保险人因保险事故发生而死亡时,合格的受益人不存在的情形下,保险金如何给付问题,《保险法》第42条予以明确规定:

1. 受益人先于被保险人死亡,没有其他受益人的情形。受益人先于被保险人死亡时,其不可能再领取保险金。此时如果没有其他受益人,保险金只能归于被保险人自身。被保险人死亡,则保险金就成为其遗产。

2. 受益人依法丧失受益权或放弃受益权,没有其他受益人的情形。根据《保险法》第43条的规定,受益人故意造成被保险人死亡、伤残、疾病的,或者故意杀害被保险人未遂的,该受益人丧失受益权。在受益权丧失或放弃受益权且没有其他受益人时,保险金亦归于被保险人自身。被保险人死亡,则保险金就成为其遗产。

3. 被保险人和受益人同时死亡的情形。受益人与被保险人在同一事件中死亡,且不能确定死亡先后顺序的，推定受益人死亡在先，被保险人死亡在后。

三、人身保险金给付的方式

（一）人寿保险合同的保险金给付

为了满足人们购买人寿保险的不同需求，人寿保险合同的保险金的给付有多种方式。

1. 一次总付现金方式。保险人以现金或支票的方式一次性支付全部保险金。其缺陷在于对受益人的保障作用较小，且不能使受益人领取保险金时免除被保险人的债权人的索债。

2. 按固定金额向受益人分期给付保险金。保险人一般按月给付固定保险金，直到付完本金和利息为止。此种给付方式下，受益人可以在任何时候提取全部或部分保险金。

3. 利息收入支付方式。保险人留存保险金本金，同时按照约定的时间周期和保险利率向受益人支付保险金利息。此种给付方式较为灵活，支付的利息也较高。

4. 定期向受益人给付等额保险金。保险人分期给付的金额取决于保险金数额、约定的利率以及给付次数，以年金方式按期给付。此种给付方式有利于经济上不能自立的受益人。

5. 终身年金支付方式。受益人用领取的保险金投保一份终身年金保险。此后，受益人按期领取年金直至死亡。分期给付金额取决于终身年金的种类、保险金数额、预定利率、受益人的性别以及开始给付时的年龄等。

（二）健康保险合同的保险金给付

健康保险合同承保的危险包括疾病、分娩，以及疾病、分娩导致的残疾、死亡所致的人身、财产损失，因而健康保险合同的保险金具有给付和补偿双重性质。在发生疾病、分娩等保险事故但未致残疾或死亡的情形下，保险金的给付是对被保险人医疗费用支出及由此引起的其他费用支出的损失补偿。在发生疾病、分娩等保险事故而致残疾或死亡的情形下，保险人按约定的保险金额给付保险金，此时的保险金支付才具有给付性质。

由于健康保险合同具有补偿性质，因此其核算与财产保险有共同之处，例如，费率计算都以损失率为基础，保险金的支付额取决于实际发生的费用或损失，存在重复保险问题，等等。

（三）意外伤害保险合同的保险金给付

意外伤害合同中，被保险人在保险期限内遭受意外伤害造成伤残或死亡时，保险人按照保险合同中约定的保险金额支付保险金。意外伤害保险合同的保险金具有给付和补偿双重性质。当被保险人因意外伤害残疾、死亡时，保险人一般按照保险合同的约定给付死亡保险金，或者根据保险金额和残疾程度两个因素确定并给付残疾保险金。此时，保险金的给付属于定额给付方式。当被保险人的身体因意外事故而致伤害，保险人则支付保险金以补偿被保险人的医疗费用及相关合理支出等实际损失。此时，保险人的保险金属于非定额补偿方式。

思考题

1. 人身保险合同有哪些法律特点？
2. 人身保险合同有哪些特殊条款？
3. 人身保险金给付的法律特点是什么？

第十章 人身保险合同的具体类型

导 读

- 人身保险的适用范围十分广泛，概括起来，大致包括人寿保险、健康保险和意外伤害保险三大类。相应地，人身保险合同的类型也包括人寿保险合同、健康保险合同和意外伤害保险合同三类。
- 人寿保险合同是指投保人和保险人约定，以被保险人的生命为保险标的，以其在合同规定的期限内生存或死亡为给付条件的人身保险合同。
- 健康保险合同是指被保险人的身体为保险标的，对被保险人因健康原因和医疗行为导致的伤残或死亡引起的费用支出或损失，保险人承担给付保险金义务的人身保险合同。
- 意外伤害保险合同是以被保险人的身体为保险对象，在被保险人遭受意外伤害或因伤害而致残、死亡时，保险人按照合同约定给付保险金的保险合同。

第一节 人寿保险合同

一、人寿保险合同的概念

人寿保险合同，是指投保人和保险人约定，以被保险人的生命为保险标的，以其在合同规定的期限内生存或死亡为给付条件的人身保险合同。投保人按照合同的约定交纳保险费，保险人承担被保险人在保险期限内死亡或生存至保险期限届满时给付保险金的义务。与其他保险合同不同的是，人寿保险合同转嫁的是被保险人的生存或者死亡的风险。

人寿保险合同具有人身保险合同的典型特征，从而区别于财产保险合同以及其他人身保险合同。除定额性、给付性、长期性、储蓄性等法律属性之外，人寿保险合同在有关保险费的交纳方面具有特殊性。保险费的缴纳分为自然保费制和均衡保费制两种。自然保费制是以各年岁的死亡率为缴付标准计算的保险费，每年更新续保时，保险费因各年岁的死亡率不同而变动。在均衡保费制下，保险人将人的不同年龄的自然保险费结合利息因素，均匀地分配到各个年度，保险费不随年龄变化而变化。均衡保险费可避免被保险人晚年因保险费的上升而无力续保的不足，因此适合长期性的人寿保险。均衡保险费包含危险保险费和储蓄保险费两部分内容：前者是保险人从事保险经营的危险成本，是保险赔偿或死亡给付的资金来源；后者则是投保人留存在保险人处的储金，是期满给付、退保金的资金来源。

二、人寿保险合同的分类

人寿保险合同在保险实务中包括许多不同的险种，各个险种的保障重点各有侧重。依据不同的标准，可将人寿保险合同作以下划分。

（一）死亡保险合同、生存保险合同和生死两全保险合同

这是以保险金的给付条件为标准进行的划分。

1. 死亡保险合同。这是以被保险人在保险期间内死亡为保险人给付保险金条件的人寿保险合同。根据合同约定的保险期限的不同，死亡保险合同又分为定期人寿保险合同和终身人寿保险合同两类。

（1）定期人寿保险合同。又称定期寿险合同。该合同下，如果被保险人在合同规定期间死亡的，保险人给付保险金；如果被保险人在保险期间届满后未死亡，则保险人无须支付保险金也不返还保险费，保险合同终止。定期人寿保险合同一般由当事人双方约定一个确定的保险期间，如5年、10年、20年或者其他更长的约定期限。由于定期人寿保险合同的保险金不具有储蓄性质，因此在保险金额相等的条件下，定期人寿保险合同的保险费低于其他寿险合同。定期人寿保险合同通常适用于短期内从事较危险工作或者负担能力较低又希望获得保险保障的社会成员，其优点在于投保人或被保险人既可以获得保障，又可以降低保险费的支出。

（2）终身人寿保险合同。又称终身寿险合同。该合同下，保险人的保险责任期间是自合同生效后持续至被保险人死亡之时，具有不确定性。不论被保险人何时死亡，保险人均应承担给付保险金的义务。终身人寿保险合同的保险期间较长，因而其保险费高于定期人寿保险合同，并具有储蓄的功能。

需要注意的是，无论是定期人寿保险合同，还是终身人寿保险合同，保险人并非对所有原因造成的被保险人的死亡都承担给付保险金的义务。保险实务中，保险合同往往对保险人的除外责任作明确说明，如投保人、受益人对被保险人的故意行为；被保险人故意犯罪、拒捕、自伤身体；被保险人服用、吸食或注射毒品；被保险人在保险合同生效（或复效）之日起2年内自杀；战争、军事行动、暴乱或武装叛乱；核爆炸、核辐射或核污染及由此引起的疾病等。

2. 生存保险合同。这是以被保险人在保险期间内生存之保险期间届满为保险人给付保险金条件的人寿保险合同。该合同下，如果被保险人生存至保险期间届满，则保险人承担给付保险金的义务；如果被保险人在保险期间内死亡，则保险人不给付保险金，并不退还保险费。因而生存保险合同的保险金具有较强的储蓄性质，其主要目的在于满足被保险人一定期限之后的特定需要，如子女的教育资金、

被保险人的养老金等。

3. 生死两全保险合同。又称混合保险合同。这是由生存保险和死亡保险混合而形成的独立险种，以被保险人在保险期间内死亡或生存至保险期间届满为给付保险金的条件。该合同下，如果被保险人在保险期间内死亡，保险人给付保险金后保险合同终止；如果被保险人在保险期间届满后仍然生存，保险人依然承担给付保险金的义务，尔后保险合同终止。

生死两全保险合同的主要目的在于从生存和死亡两方面对被保险人提供保险保障。其保险费包括危险保费和储蓄保费两部分，无论被保险人在保险期间内是否死亡，被保险人或受益人都能够在保险期间届满之后获得保险金的给付。因此，与死亡保险合同、生存保险合同相比，生死两全保险合同具有较强的保险保障功能。

（二）单独人寿保险合同、联合人寿保险合同和团体人寿保险合同

这是以被保险人数量为标准进行的划分。

1. 单独人寿保险合同。这是被保险人为一个自然人的人寿保险合同，也是最常见、最典型的人寿保险合同。

2. 联合人寿保险合同。这是以相互存在一定利害关系的两个或两个以上的自然人，如夫妻关系、父母子女关系、兄弟姐妹关系和个体工商户、农村承包经营户以及个人合伙等，作为共同被保险人的人寿保险合同。如果其中任何一人在保险期间死亡或者生存至保险期间届满，保险人给付保险金；如果联合被保险人在保险期间届满时均生存的，保险人向联合被保险人给付保险金；保险人给付保险金后，保险合同即告终止。

3. 团体人寿保险合同。这是以团体为投保人，以该团体的全体成员为被保险人的一种人寿保险合同。一般由保险人向投保人签发总保险单为该团体的成员提供保险保障，每个被保险人则持有记载被保险人的姓名、受益人姓名、保险费、保险金额等内容的保险凭证作为保险关系的证明。

（三）普通人寿保险合同和特种人寿保险合同

这是以承保技术为标准进行的划分。从承保技术来看，人寿保险最初是为了保障和救助人们由于不可预测的死亡所造成的经济损失和负担。其后，人寿保险的保障范围扩展到人的身体和健康因保险事故的发生而导致的疾病、伤残、丧失劳动能力等损害后果，进而扩展到社会成员在日常生活中的特殊情况所遭受的经济困难等。其中，多数是保障死亡、年老、伤残、疾病等基本危险的人寿保险合同，称为普通人寿保险合同；其他人寿保险则由普通人寿保险合同派生而来，称为特种人寿保险合同。

1. 普通人寿保险合同。这是指以自然人为投保人和被保险人，运用通常的技术方法经营死亡保险、生存保险和生死两全保险的人寿保险合同。

2. 特种人寿保险合同。这是指普通人寿保险合同以外的其他人寿保险合同。

我国保险市场上,特种人寿保险合同一般包括团体人寿保险和简易人寿保险等。

(四)资金保险合同和年金保险合同

这是以保险金的给付方法为标准进行的划分。

1. 资金保险合同。又称一次性给付保险合同。该合同下,被保险人发生保险事故时,保险人按合同约定向被保险人或受益人一次性给付保险金的人寿保险合同。一般情况下,普通人寿保险合同如无特别约定的,均属于资金保险合同。

2. 年金保险合同。又称分期支付保险合同。该合同下,保险人以被保险人生存为给付保险金条件,按照合同约定的金额和方式,向被保险人定期给付保险金的人寿保险合同。

按被保险人人数的不同,年金保险合同可以分为个人年金保险合同、联合年金保险合同。前者是指以独立一人的被保险人的生存为给付条件的年金保险合同;后者是指以两个或两个以上被保险人的生存作为年金给付条件的年金保险合同。

按给付方式的不同,年金保险合同可以分为终身年金保险合同、最低保证年金合同和定期生存年金合同。终身年金保险合同,是从约定的支付始期起,支付年金直至被保险人死亡时为止;最低保证年金保险合同,是预先确定给付保险金的最低年数或者最低总额,当被保险人过早死亡、丧失领取年金权利仍按约定给付;定期生存年金合同,是从约定的支付始期起,支付年金直至约定期限届满。

按给付开始时间的不同,年金保险合同可以分为即期年金和延期年金。即期年金,是自保险合同成立生效后,保险人立即按期给付保险年金;延期年金,是保险合同成立生效一定时间后,保险人开始给付年金。

(五)红利分配寿险合同和无红利分配寿险合同

这是以被保险人是否参与红利分配为标准进行的划分。

1. 红利分配寿险合同。又称分红型保险合同。该合同下,保险人将上一会计年度经营赢利的一部分,以现金红利或增值红利的方式分配给被保险人的人寿保险合同。红利分配寿险合同兼具保障和赢利的双重功能,即除传统的保险保障功能之外,还具有向被保险人提供非保障的保险利益的功能。

2. 无红利分配寿险合同。该合同下,被保险人在保险事故发生或者保险期限届满时从保险人处获取保险金,并不参与保险人的赢利分配。其所体现的是单纯的保险保障。

典型案例 人身保险新型产品中保险人信息披露义务的认定[1]

2012年11月8日,黄某向平安人寿公司投保平安金裕人生两全保险(分红

〔1〕 参见王益平:"人身保险新型产品中保险人信息披露义务的认定",载中国法院网:http://www.chinacourt.org/article/detail/2016/03/id/1827999.shtml,2016年3月24日访问。

型),合同约定投保人为黄某,被保险人为其儿子吴某(2012 年 3 月 26 日出生);投保主险为平安金裕人身两全保险(分红型),保险期间终身,缴费年限 10 年,基本保险金额 200000 元,首期交保险费 54940 元,红利领取方式为累积生息。保险条款第 2.3 条保险责任中约定平安人寿公司承担给付生存保险金和身故保险金的保险责任;第 4.1 条保单红利中约定“本主险合同为分红保险合同……每年根据分红保险业务的实际经营状况确定红利分配方案。保单红利是不保证的……我们会向您寄送每个保单年度的分红报告,告知您分红的具体情况”;第 8.1 条解除合同的手续及风险中约定“犹豫期后可以申请解除本主险合同……自我们收到解除合同申请书时起,本主险合同终止……您在犹豫期后解除合同会遭受一定损失”。该合同由黄某在投保人、被保险人即法定监护人处签名确认,黄某亲笔书写“本人已阅读保险条款、产品说明书和投保提示书,了解本产品的特点和保单利益的不确定性”。2012 年 11 月 8 日及 2013 年 11 月 12 日,黄某分别向平安人寿公司支付保险费 54940 元,共计 109880 元。截至 2014 年 11 月 8 日,黄某共从平安人寿公司处领取生存金 20000 元、红利 1576.29 元(不包括利息)。平安人寿公司向黄某发送的分红通知书中,载明了上一红利核算年度被告分红保险保费收入及可分配盈余的金额,以及黄某累积红利从本期红利分配日到下一红利分配日期间适用的累计利率。

黄某诉称,其签订系争合同的主要目的是分红,平安人寿公司未将红利来源、相关经营项目的收益、支出及相关财务报表向其告知,红利分配方案不合理,平安人寿公司构成根本违约,致其订立合同的目的无法实现,故诉至法院,要求判令:(1)解除系争人身保险合同;(2)平安人寿公司返还已缴纳的保险费 109880 元。

平安人寿公司辩称,系争保险合同主要保险责任是给付生存和身故保险金,同时具有分红性质,且其已告知分红险的相关信息,不存在违约行为。

上海市静安区人民法院经审理认为:保险公司的主要合同义务是给付生存保险金和身故保险金,披露红利信息并非被告的主要义务。黄某已经签字确认,可以认为平安人寿公司对系争保险产品风险提示已经完成。平安人寿公司已履行了给付生存保险金和红利的合同主要义务。平安人寿公司在红利通知中对红利信息进行了简要说明,可以认为其信息披露义务已经完成。即使未按黄某要求提供更为详细的红利信息,亦不足以构成根本违约。故判决驳回黄某的诉讼请求。

宣判后,黄某不服,向上海市第二中级人民法院提起上诉。

二审法院认为:分红人身保险属于人身保险新型产品,兼具人身保障功能和投资功能。保险人应当按照保监会的相关规定履行人身保险新型产品的信息披露义务。红利分配的不确定和红利分配的信息均属保险人信息披露的内容。对于红利存在不确定风险的披露,投保提示书、保险条款等保险合同材料中对此均有明确记载,并经黄某签字确认。对于红利来源信息的披露,保险条款明确约定红利来源于平安人寿公司的分红保险业务经营状况,投保时的《保险利益和分红测算图表》向黄某进行了利益演示,且平安人寿公司以发送通知书的方式告知黄某相关红利分配的信息。此外,黄某在保险期间领取了生存金和红利,且《保险利益和分红测算图表》演示的红利水平具有低、中、高三档,黄某应当能够预见实际分红水平存在的不确定性。因此,黄某认为实获红利低于预期水平从而认为未能实现合同目的,要求解除合同,缺乏事实依据。故判决驳回上诉,维持原判。

【评析】

本案为一起因保险分红未达投保人预期而引发的保险合同纠纷。2009 年保监会制定了《人身保险新型产品信息披露管理办法》,要求保险人销售上述新型人身保险产品时履行信息披露义务,也就是说,保险人及其代理人向投保人、被保险人、受益人及社会公众描述新型产品的特性、演示保单利益测算以及介绍经营成果等相关信息的行为。信息披露的方式包括媒体、公司网站的说明和介绍,产品说明会上的说明和介绍,销售人员的说明和介绍,客户服务人员的回访,定期寄送报告资料等。保险人未履行信息披露义务时,应承担相应的法律责任。

第二节　健康保险合同

一、健康保险合同的概念和特征

(一)健康保险合同的概念

健康保险合同,是指以被保险人的身体为保险标的,对被保险人因健康原因和医疗行为导致的伤残或死亡引起的费用支出或损失,保险人承担给付保险金义务的人身保险合同。健康保险主要包括医疗保险、疾病保险、失能收入损失保险、护理保险以及相关的医疗意外保险、医疗责任保险等。

20 世纪 80 年代初,我国各项保险业务逐渐恢复。原中国人民保险公司开始在国内部分地区试办商业健康保险业务。1996 年年底,我国开始了城镇职工基本医疗保险制度改革,中国商业健康保险业务开始全面展开。时至今日,健康保险产品在不断地丰富,保障范围也在不断扩大,健康保险的市场越来越完善。2006 年保监会颁布了《健康保险管理办法》,2014 年国务院发布《关于加快发展商业健康保险的若干意见》,以促进健康保险的发展,规范健康保险的经营行为,保护健康保险活动当事人的合法权益。

健康保险具有多方面功能:对个人和家庭来说,健康保险可以为自己或家人因疾病导致暂时或永久失能而面临严重经济困难时提供保险保障;对企业和单位来说,健康保险可以作为员工福利体系中的重要组成部分,对于增强企业凝聚力,促进企业持续稳定发展具有重要意义;对国家和社会来说,健康保险作为社会保障体系的重要组成部分,在为全社会成员提供健康保障方面起着重要作用。

(二)健康保险合同的特征

与人寿保险合同和意外伤害保险合同相比,健康保险合同具有以下特征:

1. 健康保险合同一般是补偿性保险合同。与人身保险合同的保险金通常所具有的给付性质不同,健康保险合同的保险金具有补偿性质。对于被保险人疾病或分娩而未发生残疾、死亡的情形,保险金给付的目的通常在于弥补医疗费用及其他相关费用支出和损失;对于被保险人疾病或分娩而致残的情形,保险金给付的目的通常在于弥补医疗费用支出及生活收入减少所致之损失;对于被保险人疾病或分娩而致死亡的情形,保险金给付的目的通常在于弥补丧葬费用及遗属生活费用的支出。基于健康保险合同的补偿性特征,日本、美国等国家的立法常常将其纳入财产保险的范畴。我国《保险法》第 95 条第 2 款也规定:"经营财产保险业务的保险公司经国务院保险监督管理机构批准,可以经营短期健康保险业务和意外伤害保险业务。"

2. 健康保险合同的承保风险具有特殊性。健康保险合同承保的风险包括疾病、分娩及其导致的残疾、死亡所致的人身、财产损失。这里对疾病有较严格的规定:(1)疾病必须是由于明显非外来原因所造成的,也就是说,疾病的原因来自身体内部,或者虽然来自身体外部,但是经过致病因素的一段时间的酝酿而逐渐形成的。(2)疾病必须是非先天性的原因所造成的,也就是说,疾病是后天发生的、偶然的,而非先天性的或者必然的。

3. 健康保险合同的保险期间较短。由于医疗服务成本呈递增趋势以及疾病的发生率难以确定,保险人很难制定长期的保险费率,健康保险合同的保险期间通常为 1 年及 1 年以下。在合同期限届满时,投保人可以申请办理续保手续,投保人提出续保申请,保险公司必须按照约定费率和原条款继续承保。

4. 健康保险合同的保险费率的厘定较为特殊。与费率制定依据人的生死概率、费用率、利息率等因素的人寿保险不同,健康保险的费率制定主要依据发病率、残废率、死亡率以及疾病或残废的持续时间等因素,并以保险金额损失率为基础,同时结合药品价格和医疗费用水平对费率进行调整。健康保险的费率确定还要考虑被保险人的职业、性别、年龄、保险金额及给付种类。

5. 健康保险合同条款的特殊性。除带有死亡给付责任的终身医疗保险之外,健康保险合同旨在为被保险人提供医疗费用支出和损失的补偿,因而无须指定受益人。健康保险合同条款中,除一般人身保险合同通用条款外,还采用一些特有条款,如体检条款、观察期条款、免赔额条款、等待期条款、给付限额条款等。

二、健康保险合同的分类

依据不同的标准,可将健康保险合同作不同的划分。

(一)医疗费用保险合同、疾病保险合同、失能收入损失保险合同和护理保险合同

这是以承保风险或者保险人提供的保险保障内容为标准进行的划分。

1. 医疗费用保险合同。又称大额医疗费支出保险合同。该合同下,被保险人因

患病而发生大额医疗费用支出时,保险人按合同约定支付保险金。医疗费用保险合同目的在于为被保险人接受诊疗期间的医疗费用支出提供保障,包括住院费、检查费、治疗费、手术费、护理费、药品费等。

为明确保险人的保险责任范围,医疗费用保险合同中通常有免赔额条款,免赔额之内的费用由被保险人自负。免赔额的计算方式有单一赔款免赔额、全年免赔额以及集体免赔额三种。对超出免赔额的医疗费用,医疗费用保险合同中又规定了比例给付条款,即对超出免赔额的医疗费用由保险人和被保险人共同分摊,保险人按某一固定比例给付,或者按累进比例给付保险金。

2. 疾病保险合同。该合同以被保险人发生合同约定的疾病为给付保险金的条件。这里的疾病是从狭义上理解的,即保险合同约定的疾病,一般针对威胁到生命或者费用高昂的重大疾病,通常采用定额给付方式,当被保险人身患合同规定的重大疾病,保险人即按照保险金额一次性赔付。最常见的疾病保险包括两种:重大疾病短期保险和重大疾病终身保险。长期健康保险中的疾病保险产品,可以包含死亡保险责任,但死亡给付金额不得高于疾病最高给付金额。

3. 失能收入损失保险合同。该合同下,被保险人因保险合同约定的疾病或者意外伤害导致工作能力丧失时,保险人按照合同约定给付保险金。失能收入损失保险合同旨在为被保险人在一定时期内收入减少或者中断提供保障,但其提供的保险金不一定能完全补偿被保险人的全部收入损失。在确定最高限额时,保险人往往考虑投保人税前的正常劳动收入、非劳动收入、残疾期间的其他收入来源以及适用的所得税率等因素,一般限额低于被保险人工作能力丧失之前的正常收入水平。失能收入损失险的保险金给付一般是按月或按周进行补偿,主要根据被保险人的选择而定。

4. 护理保险合同。该合同下,被保险人因保险合同约定的日常生活能力障碍引发护理需要时,保险人按照合同约定给付保险金。护理保险合同旨在为被保险人的护理支出提供保障。护理保险包括有治疗性质的治疗护理和家庭护理保险两种:[2]前者承保由医院或者康复院等专门机构对病人提供护理所支出的费用;后者通常承保因被保险人丧失自理能力而需要聘请专人上门护理而发生的费用。护理保险合同保险间有一年、数年和终身等多种选择,同时也规定免责期条款、保证续保条款和不没收价值条款。

(二)总括医疗保险合同和特定医疗保险合同

这是以保险人给付保险金的范围为标准进行的划分。

1. 总括医疗保险合同。该合同下,对于被保险人因疾病支出的各项费用,如医药费、住院费、检查费、手术费、化验费,保险人在合同约定的总括限额内,不分项目地予以给付。

---

〔2〕 参见孙宏涛:《保险合同法精解》,法律出版社2014年版,第186页。

2. 特定医疗保险合同。该合同下，保险人仅仅以合同约定的特定费用项目或特定疾病作为给付保险金的依据。例如，手术费用保险合同、住院费用保险合同、特定疾病保险合同等。

（三）个人健康保险合同和团体健康保险合同

这是以投保人的不同为标准进行的划分。

1. 个人健康保险合同，是指单个自然人同时作为投保人和被保险人的健康保险合同。投保人对健康保险合同中的一些条款，如保险金额和续保条款，有一定的选择权。个人健康保险合同包含一些特殊条款，如可续保条款、既存状况条款、职业变更条款、理赔条款、超额保险条款、时间限制条款等。

2. 团体健康保险合同，是指由团体或单位投保，以其成员作为被保险人的健康保险合同。团体健康保险合同也包含一些特殊条款，如既存状况条款、转换条款、协调给付条款等。

（四）长期健康保险合同和短期健康保险合同

这是以保险期限的不同为标准进行的划分。

1. 长期健康保险合同，是指保险期间超过一年或者保险期间虽不超过一年但含有保证续保条款的健康保险合同。长期健康保险产品应当设置合同犹豫期，并在保险条款中列明投保人在犹豫期内的权利，长期健康保险产品的犹豫期不得少于10天。

2. 短期健康保险合同，是指保险期间在1年及1年以下且不含有保证续保条款的健康保险合同。短期个人健康保险产品可以进行费率浮动。

典型案例　合理期待原则在重大疾病保险合同中的理赔运用[3]

2004年4月28日，投保人王某以自己为被保险人投保了一份H保险公司的重大疾病保险，保险金额为20000元，受益人为其儿子王某某，合同生效日为2004年5月1日。2015年5月5日，被保险人被首都医科大学附属安贞医院诊断为主动脉瓣狭窄伴关闭不全并伴有升主动脉扩张，后在安贞医院进行了主动脉瓣机械瓣膜置换术。出院后被保险人向H保险公司申请重大疾病保险金理赔，H保险公司以被保险人进行的主动脉瓣机械瓣膜置换术非开胸手术为由拒付重大疾病保险金。被保险人不服拒赔决定，向河北省保险行业协会消保中心投诉。

消保中心接到投诉后，积极联系H保险公司。H保险公司认为，王某进行的主动脉瓣机械瓣膜置换手术，未实施开胸，故该疾病不在重大疾病保险保障范围内。消保中心人民调解员走访其他会员公司，征询法院等司法机关意见，形成了调解方案，综合认定，王某所投保险为重大疾病保险，而不是重大疾病治疗方式保险，以被

---

〔3〕 参见刘秀荣、高永飞："合理期待原则在重大疾病保险合同中的理赔运用"，载《中国保险报》2016年5月19日。

保险人投保时的手术方式来界定被保险人是否在重大疾病保险保障范围内,不符合医学发展的客观规律。因此,当保险合同当事人就合同内容的解释发生争议时,应以被保险人对于合同缔约目的的合理期待为出发点对保险合同进行解释。H保险公司以合同约定手术方式来判断是否为重大疾病有失公平,H保险公司认可消保中心的调解方案和理赔思路,认为随着医疗水平的提高,保险条款亦应符合现代医疗发展的规律和治疗方式,遂与保险消费者达成了调解协议,并在短期内积极理赔,补偿消费者在此次手术中的重大损失。

【评析】

本案的争议焦点在于重大疾病保险的约定保障范围如何认定。保险合同中关于重大疾病的约定属于格式条款。采用保险人提供的格式条款订立的保险合同,保险人和投保人、被保险人或者受益人对合同条款有争议的,应当按照通常理解予以解释;对合同条款有两种以上解释的,人民法院或者仲裁机构应当作出有利于被保险人和受益人的解释。在此保险合同纠纷处理过程中,保险合同明确约定了手术方式的范围,被保险人所患疾病从症状、治疗方式、治疗费用来看,应当属于一般人通常理解的重大疾病。保险人单方面界定的重大疾病范围对被保险人来说有失公平,不符合通常理解的重大疾病范围。此种情况下应该按照有利于被保险人和受益人的范围解释。

第三节　意外伤害保险合同

一、意外伤害保险合同的概念和特征

(一)意外伤害保险合同的概念

意外伤害保险合同,是以被保险人的身体为保险对象,在被保险人遭受意外伤害或因伤害而致残、死亡时,保险人按照合同约定给付保险金的保险合同。意外伤害保险合同旨在补偿因意外伤害所造成的被保险人或受益人的经济困难,其适用范围较广,涉及社会各个领域和行业的社会成员。目前我国保险市场的意外伤害保险主要有个人意外伤害保险、团体意外伤害保险、航空意外伤害保险、旅游意外伤害保险、住宿旅客意外伤害保险、出国人员意外伤害保险等险种。意外伤害保险也可以作为附加险附加于各种人身保险合同。

(二)意外伤害保险合同的特征

相比于人寿保险合同和健康保险合同,意外伤害保险合同有如下特征:

1. 意外伤害保险合同原则上是定额给付性合同。当被保险人遭受意外伤害或因伤害而致残、死亡时,其身体利益是无法用金钱衡量的,保险人并非基于被保险人身体利益的对价而给付保险金,而是按照合同约定的保险金额给付保险金,不得

任意增减。当然,某些情况下,意外伤害保险合同也可以是非定额给付。如在 Theobald v. Railway Passenger's Assurance 一案中,在保险单中包含两个不同的条款:(1)如果被保险人遭受意外伤害死亡,保险人赔付受益人 1000 英镑保险金;(2)如果被保险人未死亡,则保险人在 1000 英镑的限额内赔偿被保险人住院治疗所花费的各种费用。该保单中,第二个条款体现了意外伤害保险合同的补偿性,即补偿被保险人因遭受意外伤害所支付的医疗费、手术费等。〔4〕

2. 意外伤害保险合同承保的危险具有特殊性。意外伤害保险合同承保的危险是人身遭受意外伤害。所谓人身,是指人体的天然部分,不包括人工装置的非天然部分,如假牙、假眼、假手、假腿等。所谓意外伤害,应当具备三项条件:(1)外来性,即伤害是因为被伤害人自身之外的因素造成的损伤,如机械性的碰撞、烧伤、电击、光辐射等因素所致的物理性伤害,以及酸、碱、煤气毒剂等因素所引致的化学性伤害;(2)突发性,即人身受到猛烈、突然的侵袭造成的伤害,如交通事故中的撞车、天空坠落物体的砸压等引起的伤害、死亡等;(3)偶然的,即被保险人不能预见、非本人意愿的不可抗力事故所造成的伤害。

3. 意外伤害保险合同的保险费率厘定具有特殊性。由于意外伤害发生的概率主要取决于被保险人的职业、工种或者其所从事的活动,而较少受到年龄、性别的影响,因此意外伤害保险合同的保险费率主要取决于被保险人的职业、工种或者所从事的活动的危险程度。

4. 意外伤害保险合同的保险期间较短。由于被保险人所处的危险因素是变动的,因而意外伤害保险合同通常是短期保险合同,以一年期为多甚至更短。

二、意外伤害保险合同的分类

依据不同的标准,可将意外伤害保险合同作如下划分。

(一)自愿性的人身意外伤害保险合同和强制性的人身意外伤害保险合同

这是以适用依据为标准进行的划分。

1. 自愿性的人身意外伤害保险合同。这是投保人和保险人在自愿协商的基础上订立的意外伤害保险合同。是否投保意外伤害保险,由投保人根据自己的投保需求自行决定。

2. 强制性的人身意外伤害保险合同。这是投保人和保险人基于法律、法规的强制性规定而订立的意外伤害保险合同。是否投保意外伤害保险,并不取决于当事人的自愿。

(二)普通人身意外伤害保险合同和特种人身意外伤害保险合同

这是以承保危险的不同为标准进行的划分。

---

〔4〕 参见孙宏涛:《保险合同法精解》,法律出版社 2014 年版,第 192 页。

1. 普通人身意外伤害保险合同。普通人身意外伤害保险所承保的是由一般风险所造成的各种人身意外伤害事件。其保险期限一般较短，多为 1 年或 1 年以下，如幼儿平安保险合同、中小学生平安保险合同等。

2. 特种人身意外伤害保险合同。特种人身意外伤害保险所承保的是在特定时间、特定地点或由于特定原因所造成的人身意外伤害事件，如煤矿井下职工意外伤害保险就属于此类。

（三）个人人身意外伤害保险合同和团体人身意外伤害保险合同

这是以投保人的不同为标准进行的划分。

1. 个人人身意外伤害保险合同，是指单个自然人投保或者有关单位代为办理的人身意外伤害保险合同。

2. 团体人身意外伤害保险合同，是指团体或单位投保，以其成员作为被保险人的人身意外伤害保险合同。

典型案例 团体保险中保险人仅需向投保人履行说明义务[5]

四川鑫佰利装饰有限公司（以下简称鑫佰利公司）于 2009 年 5 月 25 日向被告投保国寿团体人身意外伤害险，被告向其签发保险单，被保险人数为 818 人。2010 年 1 月 18 日，王进驾驶渝 B4×××号重型自卸货车由犀浦方向朝安靖方向行驶至事故地（犀安路安靖加油站路口）左转弯时，与相对方向行驶的由张华成（未取得机动车驾驶证）驾驶的无号牌二轮摩托车相撞，造成双方车辆受损、张华成当场死亡的交通事故。张华成自 2009 年 5 月至车祸发生期间，在鑫佰利公司从事木工工作，系被保险人之一。保险条款第三条保险责任第一款第一项约定“在本合同保险责任有效期间内，被保险人遭受意外伤害，本公司依下列约定给付保险金：一、被保险人自意外伤害发生之日起 180 日内因同一原因死亡的，本公司按保险金额给付死亡保险金，本合同对该被保险人的保险责任终止……”第四条责任免除第一款第五项约定：“因下列情形之一，造成被保险人死亡残疾的，本公司不负给付保险金责任……五、被保险人酒后驾驶、无有效驾驶执照或驾驶无有效行驶证的机动交通工具……”在意外伤害事故发生后，张华成的直系亲属向被告申请索赔保险金，被告拒赔。

本案的争议焦点为：(1)该团体保险合同是否有效？(2)被保险人张华成无证驾驶摩托车是否属于该人身意外保险合同的免责范围？

裁判要旨如下：

1. 团体保险的目的是提高单位成员福利水平，弥补社会保障的不足。从合同订

---

〔5〕 参见国家法官学院案例开发研究中心编：《中国法院 2014 年度案例·保险纠纷》，中国法制出版社 2014 年版，第 14～17 页。

立的效率而言,要求每一位被保险人在保单上签字具有现实上操作的困难性。若因某一人或某些人履行不能,则导致整个合同签订处于等待状态,自然与为员工谋取福利的团体保险意图相违背。因此,被保险人一一签字没有必要。为保障被保险人的利益和转移投保人的风险,虽然被保险人没有签字投保,但其所在单位为其投保的团体人身保险应视为已经获被保险人同意,故人身保险合同成立。

2.《保险法》第17条规定,订立保险合同,采用保险人提供的格式条款的,保险人向投保人提供的投保单应当附格式条款,保险人应当向投保人说明合同的内容。对保险合同中免除保险人责任的条款,保险人在订立合同时应当在投保单、保险单或者其他保险凭证上作出足以引起投保人注意的提示,并对该条款的内容以书面或者口头形式向投保人作出明确说明;未作提示或者明确说明的,该条款不产生效力。也就是说,现有法律赋予保险人的说明义务的对象规定为投保人。本案中,团体保险合同的签订主体是用人单位鑫佰利公司,其在保险合同及附件中签章,而作为保险合同的实际受益人的自然人张华成并没有在保险合同上签章,即保险合同订立主体和保险利益享有主体存在分离。在该分离的情况下,保险人说明义务的对象限定为投保人,因投保人已在包含免责条款的附件中签章,故可推定保险人已履行了告知义务,免责条款有效成立,若发生免责条款中的事故,则保险人不应承担赔偿责任。基于本案的情况,因免责条款中对于无证驾驶机动车出现意外不予赔偿作出了明确规定,故死者张华成无证驾驶无牌的摩托车因交通事故而死亡属于免责范围,保险人不予赔偿。

基于以上分析,成都市成华区人民法院依据《保险法》的相关规定,驳回原告的诉讼请求。原告不服一审判决提起上诉。二审驳回上诉,维持原判。

【评析】

本案明确了在被保险人没有书面的签字同意投保,所在单位为其投保的团体人身保险是否应认为是被保险人同意,团体保险合同是否有效这一问题。

(四)极短期人身意外伤害保险合同、一年期人身意外伤害保险合同和多年期人身意外伤害保险合同

这是以保险期限的不同为标准进行的划分。

1.极短期人身意外伤害保险合同。其保险期限一般只有几天、几小时甚至更短,如公路旅客人身意外伤害保险、住宿旅客人身意外伤害保险、索道游客人身意外伤害保险、游泳池人身意外伤害保险等。

2.一年期人身意外伤害保险合同。其保险期限为一年,如团体人身意外伤害保险、团体人身保险、学生团体平安保险、附加人身意外伤害医疗保险等。

3.多年期人身意外伤害保险合同。其保险期限超过一年,但一般不超过五年,如人身意外伤害期满还本保险。

(五)基础人身意外伤害保险合同和附加意外伤害保险合同

这是以能否独立投保为标准进行的划分。

1. 基础人身意外伤害保险合同,是指可以单独投保的基本意外伤害保险,其保险责任仅限于人身意外伤害,如团体人身意外伤害保险、公路旅客人身意外伤害保险、学生团体人身意外伤害保险、驾驶员人身意外伤害保险等。

2. 附加意外伤害保险合同,是指不能单独投保,只能附加于主险投保的意外伤害保险合同,如人寿保险附加意外伤害保险合同。

思考题

1. 如何理解人寿保险合同的法律性质?
2. 人寿保险合同的种类有哪些?
3. 如何理解健康保险合同的适用范围?
4. 如何理解意外伤害保险的适用范围?

第十一章 财产保险合同概述

导 读

- 财产保险合同是与人身保险合同并列的两大基本保险合同之一，主要包括财产保险、农业保险、责任保险、保证保险、信用保险等以财产及其有关利益为保险标的的各类保险。
- 各类财产保险合同的具体内容有相异之处，就其共性来看，保险标的、保险金额、保险责任、保险赔付等是财产保险合同的主要内容。

第一节 财产保险合同的概念和分类

一、财产保险合同的概念和特征

（一）财产保险合同的概念

财产保险合同，是指投保人和保险人之间达成的由投保人交付保险费，保险人对所承保的财产及其有关利益因保险事故所致损失承担赔偿责任的保险合同。主要包括财产保险、农业保险、责任保险、保证保险、信用保险等以财产及其有关利益为保险标的的各类保险。

财产保险起源于海上保险，共同海损是海上保险的萌芽，船舶货物抵押借款制度是海上保险的雏形，其后在火灾保险基础上逐步完善。19 世纪，英、德、法、美等西方国家的工业革命推动了财产保险的迅猛发展。时至今日，财产保险发展更为完善，险种更为丰富，在保险市场上占有重要地位。

（二）财产保险合同的特征

与人身保险合同相比，财产保险合同具有如下法律特征：

1. 财产保险合同的保险标的是财产及有关利益。这是财产保险合同区别于人身保险合同的根本特征，也是财产保险合同赖以存在的基础。财产保险合同有狭义和广义之分。狭义的财产保险一般称为财产损失保险，是指以有形的物质财产为保险标的的保险，如企业财产保险、家庭财产保险、运输工具保险、货物运输保险、工程保险、特殊风险保险和农业保险等。广义的财产保险的保险标的不仅包括有形的物质财产,还包括有关经济利益或者损害赔偿责任等无形财产。我国《保险法》第 12 条就规定,财产保险是以财产及其有关利益为保险标的的保险。可见,我国《保险法》是从广义上规定和应用财产保险,其险种包括各种财产损失保险、责任保险、信用保证保险等。当然并非所有的财产及其有关利益都可以作为财产保险的保险标的;只有符合法律规定和财产保险合同要求的财产及其相关利益,才能成为财产保险的保险标的。

2. 财产保险合同是补偿性保险合同。通常在投保财产保险时,财产及其有关利益都有确定的价值。保险事故发生后,保险人针对保险标的因保险事故所遭受的、可以用货币加以计算的经济损失,按照保险合同的约定履行保险责任,给予保险赔偿金。被保险人则是通过获取保险人的经济赔偿来弥补因保险事故发生而遭受的实际经济损失。可见,财产保险合同的目的在于,当保险事故发生导致被保险人经济损失时,保险人赔偿被保险人的实际经济损失,使其恢复到遭受保险事故前的经济状况,因此财产保险合同的适用严格遵守损失补偿原则。

3. 财产保险合同的保险金额以保险标的的价值为基础。财产保险合同的保险金额是指保险人承担赔偿的最高限额,其数额大小取决于保险价值的估价和确定。基于财产保险合同的补偿性,投保人和保险人只能在保险价值的范围内约定保险金额。其中,保险价值等于保险金额的是足额保险,保险金额低于保险价值的是不足额保险。不足额保险的情形下,保险标的发生部分损失时,除合同另有约定外,保险公司按保险金额与保险价值的比例赔偿。保险金额超过保险价值的是超额保险,我国《保险法》未对超额保险的后果进行区分规定,即未区分善意与恶意,而一律规定为超过部分无效。保险事故发生后,保险人只能在保险价值范围内,依据保险标的的实际损失承担保险责任。

4. 财产保险合同的保险期间较短。财产保险合同的保险标的是财产及有关利益,而后者是可以随其所有权的转移而转移,在市场经济活动中具有较强的流动性。因此,财产保险合同的保险期间通常以 1 年为期。合同到期后,经双方当事人协商同意后可以续保。

5. 财产保险合同保险利益存在时间的特殊性。财产保险合同中,保险标的所对应的主体是被保险人而非投保人。同样,真正有权利在保险事故发生后领取保险金的主体是被保险人,而非投保人。因此,财产保险合同中,强调被保险人在保险事故发生时,对保险标的应当具有保险利益。被保险人对保险标的不具有保险利益的,不得对保险人行使请求赔偿保险金的权利。也就是说,在财产保险合同中,只要被保险人在保险事故发生时对保险标的具有保险利益,保险人就应承担保险责任,而不因投保时被保险人对保险标的不具有保险利益而免除保险人的保险责任。

6. 财产保险合同理赔环节的特殊性。基于财产保险合同的补偿性,其理赔环节中适用代位求偿、委付、重复保险的分摊等特殊制度。代位求偿,是指当保险事故是由于第三者的原因而发生时,在保险公司向被保险人支付赔款后,被保险人应当将向第三者的赔偿请求权转让给保险公司,由保险公司代位行使被保险人向第三者行使赔偿请求的权利。重复保险的情形下,对于因保险事故发生造成的保险标的的损失,由各保险人分摊,各保险人承担的赔偿金额总和不得超过保险价值。委付是指被保险人在发生保险事故造成保险标的推定全损时,将保险标的物的一切权利连同义务移转给保险人,而保险人在赔偿被保险人全部损失的同时,获得该受损标的物的所有权。以上制度实际上是损失补偿原则在财产保险合同中的运用,以防止被保险人利用财产保险攫取额外利益。

二、财产保险合同的分类

依据不同标准,可以将财产保险合同作如下分类。

(一)财产损失合同、责任保险合同、信用保险合同和保证保险合同

这是以保险标的为标准进行的划分。

1. 财产损失合同,是指以有形的物质财产为保险标的的保险,如企业财产保险合同、家庭财产保险合同、运输工具保险合同、货物运输保险合同、工程保险合同和农业保险合同等。

2. 责任保险合同,是指以被保险人依法对第三者应负的赔偿责任为保险标的的保险合同,如产品责任保险合同、公众责任保险合同、雇主责任保险合同、职业责任保险合同等。

3. 信用保险合同和保证保险合同,是指以特定的信用风险作为承保对象的财产保险合同。其中,信用保险合同是以债务人的信用作为保险标的,在债务人不能履约时,保险人负责赔偿;保证保险合同则是以投保人因自身信用所涉及的违约行为为保险标的,当投保人违约导致债权人遭受经济损失时,保险人负责赔偿。

(二)国内财产保险合同和涉外财产保险合同

1. 国内财产保险合同,是指以国内的各类企业、国家机关、事业单位、社会团体、城乡居民、个体工商户、农村承包经营户等为投保人的财产保险合同。

2. 涉外财产保险合同,是指以中外合资、合作或外商独资企业、外资企业、外国驻华使领馆及外商机构和人员为投保人的财产保险合同。

此外,随着经济发展和科技进步,诸多新型的财产保险合同逐渐兴起,知识产权保险是其中的典型。知识产权保险[1](IP insurance),即以知识产权为保险标的的保险,其见诸美国、英国、日本、欧盟等国家和地区。知识产权保险主要分为两大类,即知识产权执行保险(IP enforcement insurance)和知识产权侵权保险(IP infringement insurance)。

知识产权执行保险是以被保险人所享有的知识产权为保险标的,以第三人对被保险人知识产权的侵犯为保险事故的保险,其承保范围是被保险人起诉侵权人

---

[1] 参见高留志:“美国知识产权保险制度对我国的启示”,载《特区经济》2006 年第 2 期。

时所必须支出的诉讼费用,包括律师费、专家作证费以及侵权人为了否定该知识产权有效性所提出反诉所产生的费用等。

知识产权侵权保险是以被保险人侵犯他人知识产权所应当承担的赔偿责任为保险标的的保险,其承保范围是当被保险人被诉侵权时为其提供法律辩护的资金和被判承担赔偿责任时支付损害赔偿金。在美国,已经开展的知识产权侵权保险主要是知识产权侵权保单(IP infringement policies)、媒体责任保单(media liability policies)和辩护费用保险(defense – cost only insurance)。其中,知识产权侵权保单对于因为使用、传播、销售或是广告推销被保险人产品所产生的侵权诉讼费用皆可理赔,一般包括辩护费用、和解费用与损害赔偿费用。媒体责任保单针对因传播或者广告、宣传作品所产生的责任风险提供保障,其承保范围较为广泛,理赔费用一般包括辩护费用、抗辩禁制令申请所生费用、调解费用以及损害赔偿费用等。辩护费用保险的理赔费用仅限于辩护费用,也就是仅包括了律师费、专家费以及其他诉讼上所产生的费用,和解费用以及损害赔偿费用并不在理赔范围内。

知识产权保险实质上是一种对知识产权集中托管的有效方式,通过将知识产权侵权纠纷案件交由保险公司集中管理,从而能够促进知识产权资源的合理应用、应对知识产权纠纷。

早在 2011 年 12 月和 2013 年 4 月,中国人民财产保险股份有限公司就曾先后两次接受国家知识产权局独家委托开展知识产权保险试点工作。经过近两年的试点,人保财险分阶段推出专利执行保险、专利代理人职业责任保险和专利侵权保险三款专利保险系列产品。作为一个新兴险种,我国知识产权保险市场具有巨大的开拓潜力。

第二节　财产保险合同的内容

各类财产保险合同的具体内容有相异之处,以《保险法》第 18 条为依据,结合财产保险合同的共性,保险标的、保险金额、保险责任、保险赔付等是财产保险合同的主要内容。

一、财产保险合同的保险标的

财产保险合同的保险标的是指合同所指向的保险对象,是投保人予以投保并寻求保险保障的对象,也是保险人同意承保并负担保险责任的目标。[2]

---

〔2〕 参见贾林青:《保险法》,中国人民大学出版社 2014 年版,第 190 页。

（一）财产保险合同保险标的的构成要件

财产保险合同的保险标的是财产及其有关利益，但并非所有的财产及其有关利益都可以作为财产保险的保险标的。成为财产保险保险标的的财产及其有关利益，应当符合如下要件：

1. 投保的财产及其有关利益应当具有经济价值。财产保险合同的保险标的应当是能够用货币衡量的财产或者利益，如土地、矿藏、森林、江河就不能成为保险标的。否则，当保险事故发生导致保险标的损失时，保险人就会因无法确定赔偿金额而无法履行赔偿责任。

2. 投保的财产及其有关利益是合法的。投保的财产及其有关利益应当与被保险人具有法律上承认的经济利害关系，如属于被保险人所有或与他人共有而由被保险人负责的或者由被保险人经营管理或替他人保管的财产及利益。违法持有的财产或利益不能成为财产保险合同的标的，如违章建筑、危险建筑、非法占用的财产等。

3. 投保的财产及其有关利益应当经保险人同意承保。由于财产保险合同是以双方当事人协商一致为基础，只有当保险人接受投保时，相关财产和利益才能成为财产保险合同的保险标的。

（二）财产保险合同保险标的的分类

财产保险合同保险标的依据不同标准，可作如下划分。

1. 物质财产和与物质财产有关的利益

这是以保险标的的形式为标准进行的划分。物质财产，是指具有物质形态的各种有形财产，是财产保险合同最常见的保险标的，如运输工具保险合同承保的营运中的运输工具，货物运输保险合同承保的在途运输的货物，等等。与物质财产有关的利益，属于无形财产，如经济权益、民事赔偿责任、信用等。

2. 可保财产、特约可保财产和不保财产

财产保险合同的保险标的范围广泛，但并非所有的财产及其有关利益都可以作为财产保险的保险标的，且不同的财产保险合同的范围也有不同。依据保险人在具体财产保险合同中同意承保的财产范围，可将财产保险合同的保险标的分为可保财产、特约可保财产和不保财产。

可保财产是指保险人按照保险合同规定同意承保的财产及有关利益。

特约可保财产是指经保险合同双方当事人协商并特别约定后，才予以承保的财产及有关利益。例如，金银、珠宝、玉器、首饰、古玩、古画、邮票、艺术品等市场价格变化较大或无固定价格、保险金额无法确定的财产；堤堰、水闸、铁路、道路、涵洞、桥梁、码头等价值高、风险较为特别的财产；矿井、矿坑内的设备和物资等风险较大的财产。

不保财产是指保险人不予承保的财产，一般是价值难以确定或者损失率较高或者容易诱发道德危险的财产。不保财产的范围，一般由保险合同或者保险条款特别列明。如我国保险公司开办的企业财产保险一般将土地、矿藏、矿井、矿坑、森林、水产资源以及未经收割或收割后尚未入库的农作物、货币、票证、有价证券、文件、账册、图纸、技术资料以及无法鉴定价值的财产、违章建筑、危险建筑、非法占用的财产以及在运输过程中的物资列为不保财产。

二、财产保险合同的保险金额

财产保险合同的保险金额,是指财产保险合同双方当事人约定的,并且在财产保险合同中载明的保险人应当赔偿的货币额,也是保险人承担保险赔偿金的最高限额。由于保险金额是计算保险费的标准,直接关系到双方当事人的责任和义务,因此必须在财产保险合同中明确规定。财产保险合同的保险金额依据保险标的的实际价值来确定。保险实务中,一般通过以下方式予以确定。

(一)以定值方式确定保险金额

这是指投保人和保险人在订立财产保险合同时,以定值的方式协商确定保险金额,保险人在保险事故发生时按照约定的保险金额支付赔偿金。定值保险是指由双方当事人事先确定保险标的的实际价值并以此来约定保险金额,保险人在发生保险事故时无须再对保险标的的价值进行估价,赔偿金额以事先确定的保险价值为计算依据。这一方法下,保险事故发生后,保险人只需通过确定损失比例来计算赔偿金额。此方法多适用于海上保险、国内货物运输保险、国内船舶保险及一些以不易确定价值的艺术品为保险标的的财产保险。

(二)以不定值方式确定保险金额

这是指投保人和保险人在订立财产保险合同时,以不定值的方式协商确定保险金额,保险人在保险事故发生时按照约定在保险金额的范围之内支付赔偿金。不定值保险,是指双方当事人在订立合同时不预先确定保险标的的保险价值,而是仅约定保险金额作为保险事故发生后的赔偿最高限额的保险合同。这一方法下,保险事故发生后,保险人不但要确定损失比例,而且要确定事故发生时保险标的的实际价值,以实际价值作为保险赔偿金额的计算依据,并以约定的保险金额为最高赔偿额予以实际赔偿。财产保险合同多采用不定值方法确定保险金额。

(三)以重置价值的方式确定保险金额

这是指按照保险标的的重置价值或重建价值来确定保险金额。重置、重建价值是指保险财产重新购置的价值,可以包括对财产重置、重建时所需成本及费用,也可以包括通货膨胀的因素。当保险财产发生保险责任范围内的损失,在全部损失的情形下,保险人按保险金额赔偿;如果受损财产的保险金额高于重置重建价值时,其赔偿金额以不超过重置重建价值为限;在部分损失的情形下,则按实际损失计算赔偿金额。

以重置价值的方式确定保险金额,可使被保险人获得充分保障,而不必以历年折旧的积累来弥补重置重建时的差额,同时也避免了因通货膨胀、物价上涨等因素导致难以足额投保的情形。投保人和保险人在订立合同时，一般都须附加“重置价值保险条款”，以明确双方责任。这一方式多适用于以房屋和机器为保险标的的财产保险。

（四）以原值或原值加成的方式确定保险金额

这是指按照保险财产投保时的账面原值，或者增加一定的成数或倍数来确定保险金额。当保险财产发生保险责任范围内的损失，在全部损失的情形下，按保险金额赔偿；在部分损失的情形下，对于按账面原值投保的财产，如果受损财产的保险金额低于重置重建价值，应根据保险金额按财产损失程度或修复费用与重置重建价值的比例计算赔偿金额；如果受损保险财产的保险金额相当于或高于重置重建价值，按实际损失计算赔偿金额；对于按账面原值加成数投保的财产，按实际损失计算赔偿金额。这一方式多适用于部分固定资产，如建筑物或者货运险中的货物为保险标的的财产保险。

三、财产保险合同的保险责任和责任免除

保险责任和责任免除是财产保险合同的核心内容，其意义在于明确保险人的责任范围，避免发生争讼。财产保险合同的保险责任是指保险人根据保险合同规定的保险危险一旦发生时，对被保险人的保险标的所造成的经济损失应负的赔偿责任，可以从基本责任、特约责任和责任免除三方面予以解读。

（一）基本责任

财产保险合同的基本责任是指保险人按保险合同中载明的保险危险范围所承担的保险责任。通常情况下，财产保险合同所载明的危险范围主要包括三类：

1. 自然灾害，如火灾、雷电、暴风、洪水、雪灾等。

2. 意外事故，主要是指被保险人拥有财产所有权的自用的供电、供水、供气设备因保险事故遭受损坏，引起停电、停水、停气以致造成保险标的的直接损失。

3. 其他损失和费用支出，主要是指发生保险事故时，为抢救保险标的或防止灾害蔓延，采取合理的必要的措施而造成保险标的的损失，以及保险事故发生后，被保险人为防止或者减少保险标的损失所支付的必要的合理的费用。

（二）责任免除

责任免除又称除外责任，是指财产保险合同中保险人不承担保险金赔偿责任的风险范围或种类。保险实务中，责任免除条款大多采用列举的方式，在保险条款中明文列出保险人不负赔偿责任的范围，主要有两个部分：(1)明确列入责任免除条款的部分，如战争、敌对行为、军事行为、武装冲突或罢工、核反应、核辐射、放射性污染及非放射性污染等；(2)不属于保险责任范围内的损失和费用。

（三）特约责任

特约责任又称附加责任，是指财产保险合同载明的基本责任以外的，经保险双方协商同意后特约附加承保的责任，属于约定扩大的保险责任，如企业财产保险附

加盗窃险;或独立存在、单独承保,如机动车辆第三者责任险。

四、财产保险合同的保险赔偿

财产保险合同的保险赔偿,是指在发生保险事故时,保险人应当依照财产保险合同的约定向被保险人支付保险赔偿金。财产保险合同的保险赔偿金的计算应以保险金额为限、以实际损失为限、以保险利益为限。其保险赔偿方式主要有四种,即比例责任赔偿方式、第一危险责任赔偿方式、限额责任赔偿方式和免责限度赔偿方式。当然,就具体的财产保险合同而言,保险事故导致的保险标的的损失情况和程度不同,保险人的赔偿方式也有区别。

(一)全部损失

全部损失,是指财产保险合同的保险标的在遭受保险事故后,已全部灭失或损毁,或者受到严重损坏而完全失去使用价值,或者保险标的受损后无修复、施救的价值,或者被保险人丧失保险标的并无可挽回。全部损失又有实际全损和推定全损之分。

1. 实际全损。实际全损是指财产保险合同的保险标的在遭受保险事故后,已全部灭失或损毁。实际全损情形下,保险标的全部灭失或全部变质而不再有任何经济价值。实务中,主要有四种情形:(1)保险标的已遭毁灭,如投保货物被大火焚烧成灰烬;(2)保险标的遭受严重损坏已失去形体和价值,如水泥浸海水后变成块状而失去原有用途;(3)被保险人丧失保险标的并无可挽回,如投保货物被政府没收;(4)保险标的失踪已达一定期限,如根据《海商法》第248条的规定,船舶在合理时间内未从被获知最后消息的地点抵达目的地,除合同另有约定外,满两个月后仍没有获知其消息的,为船舶失踪;船舶失踪视为实际全损。对于保险标的的实际全损,保险人应当按照合同约定的保险金额承担赔偿责任。

2. 推定全损。推定全损是指财产保险合同的保险标的在遭受保险事故后,虽未达到实际全损的程度,但实际全损已不可避免,或者已无法补救,即推定为全损。实务中,主要有五种情形:(1)保险标的的实际全损已经无法避免;(2)保险标的受损后,修理费用估计超过货物修复后的价值;(3)保险标的受损后,整理和续运到目的地的费用将超过其到达目的地的价值;(4)保险标的受损后,为了避免实际全损需要施救等费用,将超过获救后的保险标的的价值;(5)被保险人失去对保险标的的拥有,收回这一所有权所需费用,将超过保险标的的价值。

发生推定全损时,被保险人可以要求保险人按部分损失赔偿,也可要求保险人按全部损失赔偿。在要求按照全部损失赔偿的情况下,适用委付制度,保险人在全额赔偿后即获得了被保险货物残余价值的所有权。

(二)部分损失

不属于实际全损和推定全损的损失,为部分损失。对于财产保险合同保险标的的部分损失,保险人在保险金额的范围内按实际损失予以赔偿。

思考题

1. 财产保险合同有哪些法律特点?
2. 财产保险合同的种类有哪些?
3. 财产保险合同包括哪些主要条款?

第十二章　财产保险合同的具体类型

导 读

- 财产保险合同是与人身保险合同并列的两大基本保险合同之一，主要包括财产保险、农业保险、责任保险、保证保险、信用保险等以财产及其有关利益为保险标的的各类保险。
- 财产损失保险合同以有形的物质财产为保险标的，包括企业财产保险合同、家庭财产保险合同、运输工具保险合同、货物运输保险合同、工程保险合同以及农业保险合同等多种类型。
- 责任保险合同以被保险人依法对第三者应承担的民事赔偿责任为保险标的，包括公众责任保险合同、产品责任保险合同、雇主责任保险合同、职业责任保险合同以及交通运输工具第三者责任保险合同等多种类型。
- 信用保险合同和保证保险合同均以市场经济活动中的信用风险作为保险标的的财产保险合同。

第一节　财产损失保险合同

一、财产损失保险合同概述

（一）财产损失保险合同的概念和特征

现代保险起源于海上保险。随着社会经济的发展，逐步拓展到生产、生活的各个方面，从而形成较为完整的财产损失保险体系。财产损失保险合同，是指投保人和保险人订立的以有形的物质财产为保险标的的保险合同。其具有如下特征：

1. 财产损失保险合同的保险标的是有形财产，是以特定物形式存在的物质财产。以法律性质为标准可分为动产和不动产；以用途为标准可分为生产资料和生活资料；以资产种类为标准可分为固定资产和流动资产；以承保范围为标准可分为特定范围内的财产和不特定范围内的财产。

2. 作为财产损失保险合同保险标的的有形财产能够以一定的价值尺度进行衡量。有形财产的保险标的在某一特定时期内以金钱估计的价值总额，是确定保险金额和赔偿金的基础。

3. 财产损失保险合同的目的是补偿保险事故发生时作为保险标的的物质财产的损失。保险人按合同约定对因保险事故发生使保险标的毁损、灭失而致财产价值量减少或丧失予以赔偿，包括两个部分，即保险财产的实际损失，以及为防止或减少保险标的损失所支付的必要的施救费用和其他合理费用。

（二）财产损失保险合同的分类

目前我国保险市场上的财产损失保险合同的适用范围极为广泛，具体包括企业财产保险合同、家庭财产保险合同、运输工具保险合同、货物运输保险合同、工程保险合同以及农业保险合同等。

企业财产保险合同是我国财产保险的主要险种，适用于我国各类企事业单位、国家机关、社会团体所有或者经营管理的固定资产和流动资产。企业财产保险合同具有一般财产保险合同的性质，适用财产保险合同的一般原则。

家庭财产保险合同适用于我国城乡居民家庭的财产保险合同，专门为个人和家庭的财产提供保险保障。其类型包括家庭财产个人保险合同、家庭财产团体保险合同和家庭财产两全保险合同。

运输工具保险合同的适用范围很广泛，包括机动车辆、船舶、飞机、摩托车等各种以机器为动力的运载工具，均可以成为运输工具保险合同的保险标的。其类型主要包括机动车辆保险、船舶保险、飞机保险、铁路机车保险等。

货物运输保险合同以运输途中的货物作为保险标的，其目的在于补偿被保险货物在运输过程中因自然灾害或者意外事故所造成的经济损失。其类型包括水路货物运输保险合同、陆上货物运输保险合同以及航空货物运输保险合同等。

工程保险合同以各种工程项目为保险标的。传统的工程保险仅指建筑工程保险和安装工程保险，但随着社会经济的发展，各种科技工程日渐成为工程保险市场上的重要险种。

农业保险合同以其种植的农作物或者养殖的畜禽等为保险标的，其目的在于为农业生产者在从事种植业、林业、畜牧业和渔业生产过程中，因遭受保险事故造成的经济损失提供保障。其类型包括种植业保险合同和养殖业保险合同。

二、企业财产保险合同

（一）企业财产保险合同的概念

企业财产保险合同是指以企业、事业单位或其他组织所有或者经营管理的财产或者以与其有利害关系的他人的财产为保险标的，保险人依照保险合同的约定对保险标的因保险事故发生所造成的损失承担赔偿责任的财产保险合同。作为我国财产保险的主要险种，企业财产保险能够使被保险的企业及其他组织在遭受自然灾害或意外事故时能够及时得到经济补偿，从而有利于保障企业正常生产和经营，促进社会的稳定发展。

企业财产保险合同的保险标的是有形的动产或者不动产。(1)可保财产,属于被保险人所有或与他人共有而由被保险人负责的财产;由被保险人经营管理或替他人保管的财产;其他具有法律上承认的与被保险人有经济利益关系的财产。(2)特约可保财产,即经保险合同双方特别约定并在保险合同中载明保险价值的下列财产,可以成为企业财产保险合同的保险标的:市场价格变化较大,保险金额难以确定的财产;价值高、风险较特别的财产;风险较大,需提高费率的财产。(3)不可保财产。无法鉴定价值的财产、违章建筑以及承保后与有关法律、法规及政策规定相抵触的财产属于不可保财产。

企业财产保险合同的保险责任范围较为广泛:(1)由于不可预料、不可抗力的自然灾害或意外事故,如火灾、爆炸、雷击、暴风、龙卷风、暴雨、洪水、破坏性地震、地面突然塌陷、崖崩、突发性滑坡、雪灾、雹灾、冰凌、泥石流、空中运行物体坠落等,所造成的损失。(2)不可预料和不可抗力的事故所引起的停电、停水、停气以致直接造成保险财产的损失。(3)发生灾害或事故时,为了抢救财产或防止灾害蔓延,采取合理的、必要的措施而造成保险财产的损失。(4)发生保险事故时,为了减少保险财产损失,被保险人对保险财产采取施救、保护、整理措施而支出的合理费用。此外,除保险单内列明的其他除外责任以外,保险人对由于战争、军事行动或暴乱、核子辐射或污染或者被保险人的故意行为造成的损失,不负赔偿责任。

(二)企业财产保险合同的分类

以保障范围的不同为标准,可将企业财产保险合同分为企业财产保险基本险合同、企业财产保险综合险合同、企业财产保险一切险合同。

1. 企业财产保险基本险。企业财产保险基本险采取列明风险方式确定保险责任,保险标的只有遭受保险条款中列明的灾害事故造成损失时,保险人才承担赔偿责任。其所列明的灾害事故包括火灾、雷击、爆炸以及飞行物体和空中运行物体的坠落。

2. 企业财产保险综合险。企业财产保险综合险和基本险内容基本相同,不同的是企业财产保险综合险的保险责任较之基本险则有扩展。其所列明的灾害事故包括:火灾、爆炸;雷击、暴雨、洪水、台风、暴风、龙卷风、雪灾、雹灾、冰凌、泥石流、崖崩、突发性滑坡、地面下陷下沉;飞行物体及其他空中运行物体坠落。

3. 企业财产保险一切险。较之基本险和综合险,一切险的保障范围最为广泛,即除了条款中列明的除外责任,自然灾害和意外事故所造成的直接财产损失都可以承保。

典型案例 供电、供水、供气及其他能源供应中断造成的损失和费用是否属于财产基本险的保险责任?[1]

海祥公司向保险公司投保财产基本险,财产基本险主险条款的责任免除部分

[1] 转引自浙江省义乌市人民法院(2014)金义商初字第3875号民事判决书。

第2条规定:“下列损失、费用,保险人也不负责赔偿……(4)任何原因导致供电、供水、供气及其他能源供应中断造成的损失和费用……”保险期间内,海祥公司镀膜车间内的烘箱发生起火,厂长发现后关闭了电源,造成财产损失。后海祥公司与保险公司确认其中部分的损失有:燃烧机、镀膜机(其中一台因突然断电导致内部多个泵受损)、空压机(一台因突然断电,导致内部三个缸头损坏)、冷却设备(其中一台电动机因突然断电损坏)、水空调。保险公司对因断电造成的设备损失拒赔,海祥公司遂起诉至法院。

本案的争议焦点为:其中部分设备的损失是否因断电造成?

判决要旨如下:经查可确定,原告认为系火灾导致镀膜机、空压机等烧毁,但经现场查勘,镀膜机外部并没有更换,也没有烧毁的痕迹。且内部更换的泵,已被原告处理,导致受损的原因系火灾高温或断电导致高温引起已无法查明,原告应承担不利的法律后果。故法院认定,断电是导致镀膜机等停止工作,最终导致镀膜机等受损的直接原因。断电是因为厂长发现起火后人为断电,故断电造成的三台设备的损失不属于被告保险责任范围内的保险事故,保险公司无须赔偿。

【评析】

财产保险基本险主要承保由于自然灾害或意外事故造成保险标的直接损失及保险事故发生后,为抢救保险标的而采取合理的措施造成标的的损失,以及支付的合理施救费用等。本案是对财产保险基本险承包范围的考察。

三、家庭财产保险合同

(一)家庭财产保险合同的概念和特征

家庭财产保险合同是指以被保险人的家庭有形物质财产为保险标的,在保险标的发生保险事故而受损失时,保险人依照合同的约定承担赔偿责任的财产保险合同。投保家庭财产保险在保险事故发生时补偿城乡居民或家庭的财产损失,从而保障居民生活安定和社会稳定,是目前面向个人和家庭投保的最主要险种之一。

家庭财产保险合同具有下列特征:

1. 家庭财产保险合同的保险标的是城乡居民或家庭被保险人自有的,坐落于保险合同所载明地址内的有形物质财产,可以从以下三方面理解:

(1)可保财产。主要包括:房屋及其室内附属设备(如固定装置的水暖、气暖、卫生、供水、管道煤气及供电设备、厨房配套的设备等);室内装潢;室内财产(家用电器和文体娱乐用品;衣物和床上用品;家具及其他生活用具)。

(2)特约保险财产。经保险合同双方特别约定并在保险合同中载明保险价值的下列财产,可以成为家庭财产保险合同的保险标的:属于被保险人代他人保管或者与他人共有而由被保险人负责的财产;存放于院内、室内的非机动农机具、农用工具及存放于室内的粮食及农副产品;经保险人同意的其他财产。

(3)无法鉴定价值的财产、违章建筑和正处于紧急危险状态的财产属于不可保财产。

2. 家庭财产保险合同的保险金额由投保人自行填写。由于家庭财产的价值无法按统一标准认定，家庭财产保险合同的保险金额由被保险人根据其投保财产的实际价值自行确定，并且按照保险单上规定的保险财产项目分别列明各自的保险金额。特约保险财产的保险金额则由被保险人和保险人双方约定，并在保险合同中载明。

3. 家庭财产保险合同的保险责任范围较为广泛。其中，家庭财产保险基本险的责任范围包括：火灾、爆炸、雷电、冰雹、雪灾、洪水、海啸、地震、地陷、崖崩、龙卷风、冰凌、泥石流；空中运行物体的坠落；以及外来建筑物和其他固定物体的倒塌所造成的保险财产损失；因暴风和暴雨使房屋重要结构倒塌所造成的损失；发生保险事故时，为抢救保险标的或防止灾害蔓延，采取必要的、合理的措施而造成保险标的的损失；保险事故发生后，被保险人为防止或者减少保险标的的损失所支付的必要的、合理的费用。此外，家庭财产保险附加险的内容也十分丰富，包括盗抢保险、家用电器用电安全保险、管道破裂及水渍保险、第三者责任保险、家庭住房附属建筑物保险、出租房屋租金损失保险、房屋出租人责任保险等。

（二）家庭财产保险合同的分类

1. 家庭财产个人保险合同。该合同下，城乡居民以其自有的家庭财产为保险标的，向保险人投保并交纳保险费，保险人对被保险财产因发生保险事故造成的损失承担赔偿责任。

2. 家庭财产团体保险合同。该合同下，城乡居民的所在单位作为投保人，以城乡居民为被保险人，以城乡居民自有的、共有的或者用管的家庭财产为保险标的，以团体为单位向保险人投保并交纳保险费，保险人对被保险财产因发生保险事故造成的损失承担赔偿责任。

3. 家庭财产两全保险合同。这是一类兼具经济补偿和到期还本双重性质的家庭财产保险合同。被保险人投保之后，可以在保险事故发生时按照合同的约定获得保险人的赔偿金，同时，在保险期满时，无论是否发生过保险赔款，被保险人都可以领回所缴纳的保险储金，从而体现了经济补偿和到期还本的双重性质。

四、运输工具保险合同

（一）运输工具保险合同的概念和特征

运输工具保险合同，是投保人和保险人约定以载人或载货或从事某种交通作业的运输工具为保险标的，保险人在运输工具因遭受自然灾害或意外事故而造成损失后承担保险责任的财产保险合同。运输工具保险合同是与人类交通运输工具的发展变化相适应的，其广泛地适用于各种交通运输工具，包括汽车、火车、船舶、飞机，甚至涉及卫星和其他航天器等，目的在于补偿运输工具因遭受自然灾害或意外事故所遭受的损失，为交通运输工具使用中的风险提供保险保障。

运输工具保险合同因其保险标的的特殊性而具有不同于其他财产保险合同的特征：

1. 运输工具保险合同的投保人和被保险人较为广泛。由于运输工具通常处于运动状态，其面临风险较大，其对保险的需求也随之增大。因此，凡是运输工具的所有权人、经营权人、使用权人均可投保运输工具保险，同时也能够成为合同的被保险人。

2. 运输工具保险合同的保险责任涉及第三者责任。运输工具发生保险事故时，使得被保险人的人身和财产受到损失的同时，还会造成第三者财产和人身的损失，如机动车辆保险的险别就分为车辆损失险和第三者责任险。

3. 运输工具保险合同的保险理赔方式往往适用于修理和恢复原状。运输工具因保险事故遭受损坏时，可以通过修理、恢复原状使其适合营运的正常状态而不影响其使用价值，因此，修理、恢复原状是运输工具理赔的首选方式。

依据交通运输工具种类的不同，可以将运输工具保险合同分为机动车辆保险合同、船舶保险合同、飞机保险合同等。

(二)机动车辆保险合同

1. 机动车辆保险合同的概念

机动车辆保险合同是指投保人和保险人约定以机动车辆本身及其第三者责任为保险标的，保险人在承保的机动车辆因遭受自然灾害或意外事故而造成损失后承担保险责任的财产保险合同。其保险标的是各种汽车、电车、电瓶车、摩托车、拖拉机、各种专用机械车和特种车等通过各种能源驱动运行的机动车辆。但并非所有机动车辆都可以作为保险标的，必须具备下列条件：领有交通管理部门核发的行驶证或交通牌照；车辆经过交通管理部门检验合格并办理免检手续。

机动车辆保险产生于19世纪末，世界上最早签发的机动车辆保险单是1895年由英国“法律意外保险公司”签发的、保险费为10英镑到100英镑的汽车第三者责任保险单，但汽车火险可以在增加保险费的条件下加保。第二次世界大战后，在汽车的普及使道路事故频发而产生风险保障需求，以及许多国家将包括汽车在内的各种机动车辆第三者责任列入强制保险范围的背景下，机动车辆保险开始迅速发展。新中国成立以后的1950年中国人民保险公司开办了汽车保险，但由于对该险种存在认识上的争议，汽车保险业务于1955年停办。直到中国保险业恢复之初的1980年，中国人民保险公司逐步全面恢复中断了近25年之久的汽车保险业务，以适应国内企业和单位对于汽车保险的需要，适应公路交通运输业迅速发展、事故日益频繁的客观需要。其后，随着经济的发展、汽车保有量的逐年增加，汽车保险已经成为中国财产保险市场的主要组成部分。

2. 机动车辆保险合同的保险责任

机动车辆保险合同一般分为商业保险合同和机动车交通事故责任强制保险合同。由于机动车交通事故责任强制保险属于责任保险的范畴，将在本章第二节予以分析。以保险责任的地位为标准,商业保险合同可分为基本险合同和附加险合同。

(1)机动车辆保险基本险

机动车辆保险基本险包括机动车辆第三者责任险、车辆损失险、全车盗抢险、车上人员责任险。投保人可以选择投保其中部分险种,也可以选择投保全部险种。

机动车辆第三者责任险,是指在保险期间内,被保险人或其允许的合法驾驶人在使用保险车辆过程中发生意外事故,致使第三者遭受人身伤亡和财产的直接损毁,依法应由被保险人承担的民事赔偿责任,保险人按照合同的约定予以赔偿的财产保险。保险人对于超过机动车交通事故责任强制保险(以下简称交强险)各分项赔偿限额以上的部分,予以赔偿。也就是说,应当由交强险赔偿的损失和费用,保险人不负责赔偿;保险车辆未投保交强险或交强险合同已经失效的,对于交强险责任限额以内的损失和费用,保险人也不负责赔偿。

车辆损失险,是指在保险期间内,被保险人或其允许的合法驾驶人在使用保险车辆过程中,因合同约定的自然灾害或意外事故造成保险车辆的损失,保险人按照保险合同的规定负责赔偿的财产保险。车辆损失险与第三者责任保险共同构成机动车辆保险的主要险种。

(2)机动车辆保险附加险

从我国现行的机动车辆保险条款来看,机动车辆保险附加险类型多样,其中,玻璃单独破碎险、车身划痕损失险、自燃损失险、车辆停驶损失险、代步车费用险、新增加设备损失险等是车辆损失险的附加险,必须先投保车辆损失险后才能投保以上附加险;车上货物责任险、车载货物掉落责任险、附加油污污染责任险等商业第三者责任保险的附加险,已投保商业第三者责任保险的车辆才能投保以上附加险。

典型案例 已投保未上牌车辆发生交通事故能否获得保险赔偿?[2]

粤AV×××U小轿车的所有权人是原告邵玉兵,该车辆的品牌型号为锋范牌HG7154CAA,车辆识别号码为LHGGM2650A2073690,发动机号码为2273689。2010年9月25日,原告为其新购买的小轿车向被告投保购买机动车交通事故责任强制险、车辆损失险、车辆损失险不计免赔险等险种,双方签订了相应的保险合同。投保时原告尚未办理行驶证,其所有的小轿车尚未办理(正式或临时的)号牌号码。同日,原告支付保险费人民币4750元给被告,被告出具一份《保险业专用发票联》交原告收执。同日,被告出具一份《中华联合财产保险股份有限公司机动车辆保险单(正本)》给原告,双方均确认是由于新车购买保险时尚未办理车牌,用发动机号

〔2〕 参见国家法官学院案例开发研究中心编:《中国法院2013年度案例·保险纠纷》,中国法制出版社2013年版,第4~8页。

码后六位填充,并非车牌号。

同年11月8日,案外人范立虎驾驶被保险车辆行驶至增城市增滩公路东西主干道时,因避车碰花基,造成车辆损坏的保险事故。事发后,原告立即向被告报告,但未向交警部门报案。被告派工作人员到现场查勘。同日,范立虎按被告的指示将被保险车辆拖至广州市亿俊汽车销售有限公司定损维修。同年12月17日,被告向原告出具《中华联合财产保险股份有限公司广州客服中心机动车辆保险车辆损失情况确认书》及《零配件更换项目清单》,确定修复被保险车辆需费用人民币16635元。2011年3月11日,被告作出拒赔通知,认为依据《中华联合财产保险股份有限公司家庭自用汽车损失保险条款》第6条第10款约定,"除另有约定外,发生保险事故时被保险机动车无公安机关交通管理部门核发的行驶证或号牌,或未按规定检验或检验不合格",属责任免除。原告于同年4月8日在该通知书上签字。2010年11月4日,原告为其购买的车辆缴纳了车辆购置税。同年11月30日,广州市公安局交通警察支队经核准发给原告《中华人民共和国行驶证》。原告向人民法院提起诉讼,请求人民法院依法判令被告赔偿维修费16635元及利息,利息从2011年1月1日起按中国人民银行规定的同期贷款利率计至付清赔偿款之日止。

本案的争议焦点为:(1)未上牌车辆上路行驶后发生事故造成车辆损失,保险人是否可以依据免责条款不予赔付?(2)保险人是否需要履行对该条款的明确说明义务?

裁判要旨如下:

广东省增城市人民法院经审理认为:

1. 机动车未经公安机关交通管理部门登记即上路行驶是违反道路交通安全法律、法规的行为,但是原告的违法行为造成的损失赔偿应以双方签订的保险合同约定为基础来确定。且机动车强制登记制度的立法本意是便于道路交通安全工作的管理和信息收集,并防止不符合国家安全技术标准的机动车上道路行驶,消除道路交通安全的隐患。本案被保险车辆是新车,不存在硬件状况不符合国家安全技术标准的情形,原告的行为并未增加事故发生的危险程度。

2. 本案中,被告与原告签订保险合同时明确知晓原告未上牌的事实,基于和4S店合作的利益关系及售卖新车常识,被告亦应知晓4S店通常允许购车人在未上牌的情况下提车,由此被告应预见到该车辆在提车后至上牌前将存在一段无牌上路的空白期,在上述前提下,被告有权综合考虑承保风险的程度并自愿选择是否接受原告的投保,但其最终仍同意接受原告对其未上牌车辆的投保,收取保险费并签发保单,应视为被告对上述法律权利的放弃,即被告同意在约定的保险期间内对该未上牌车辆使用过程中所可能产生的风险承担保险责任。在涉案保险事故发生后,被告再以《中华联合财产保险股份有限公司家庭自用汽车损失保险条款》第6条第10款"除另有约定外,发生保险事故时被保险机动车无公安机关交通管理部门核发的行驶证或号牌"为责任免除事由拒赔的做法,显失公平,且与其自愿为未上牌车辆承保的行为自相矛盾,根据诚实信用原则和禁止反言原则,被告应按照保险合同约定承担相应的赔偿责任。综上,被告以原告违反法律规定和合同约定免责的抗辩理由不成立,其作为保险人应当依法赔偿。原告为修复车辆共支出16635元,其请求判令被告赔偿16635元及利息合法有据,应予支持。

一审判决后,中华联合保险公司增城支公司不服,向广州市中级人民法院提起上诉。

广州市中级人民法院经审理认为,上诉人中华联合保险公司增城支公司与被上诉人邵玉兵保险合同关系成立并有效,双方均应依约履行。根据《中华联合财产保险股份有限公司家庭自用汽车损失保险条款》第6条的约定:"发生保险事故时被保险车辆没有公安机关交通管理部门核发的行驶证或号牌的,保险公司不予赔付。"本案二审争议的焦点为,上诉人中华联合保险公司增城支公司能否适用该条款免除赔偿责任。根据《道路交通安全法》第8条规定,机动车辆未经过公安机关交通管理部门登记上道路行驶是法律明确禁止的,而非保险合同根据具体情况所作的特别约定,故即使上诉人中华联合保险公司增城支公司未明确说明,被上诉人邵玉兵也应当知道被保险车辆无证上路是违法行为。而从2011年9月25日提车至11月30日被上诉人邵玉兵取得车辆行驶证和号牌,被保险车辆都是无证上路。上诉人中华联合保险公司增城支公司不应当对被上诉人的违法行为承担赔偿责任,被上诉人邵玉兵的诉讼请求无充分法律依据。依照《中华人民共和国民事诉讼法》第一百五十三条第一款第(二)项的规定,判决如下:一、撤销广东省增城市人民法院(2011)穗增法民二初字第295号民事判决;二、驳回被上诉人邵玉兵的全部诉讼请求。一审案件受理费115元、二审案件受理费230元,均由被上诉人邵玉兵负担。

【评析】

机动车未经公安机关交通管理部门登记上道路行驶是法律明确禁止的,而不是保险合同根据具体情况所作的特别约定,因此即使保险公司未明确说明,一审原告也应当知道被保险车辆无证上路是违法行为。保险公司不应当对一审原告的违法行为承担赔偿责任,因此一审原告的诉讼请求无充分法律依据。

(三)船舶保险合同

1. 船舶保险合同的概念和特征

船舶保险合同是指以各种类型船舶为保险标的,保险人对船舶在海上航行或者在港内停泊时因自然灾害和意外事故所造成的全部或部分损失及可能引起的责任承担赔偿责任的财产保险合同。船舶保险合同属于财产保险合同的范畴,同时也是海上保险合同的基本险种。其具有以下特征:

(1)船舶保险合同的保险标的是船舶,是指能漂浮和航行于海洋、江河及其他可通航水域,并能自由地、有控制地将货物或旅客从一个港口运往另一个港口的浮动物体。[3] 具体包括船体、机器、仪器及用于航行的设备以及特别约定的船舶附属设备。

(2)船舶保险合同是水上保险，主要为船舶在航行或停泊期间因意外事故或水上灾难造成船舶的损失提供风险保障，从而区别于货物运输保险合同。

(3)船舶保险合同的保险责任范围包括物质损失赔偿和对第三者责任赔偿。关于物质损失部分，保险人对因如下原因导致的被保险船舶的全损承担保险责任：自然灾害和意外事故；暴力盗窃或海盗行为；抛弃货物；核装置或核反应堆发生的故障或事故；船舶机件和船壳的潜在缺陷；由于有关人员的过错造成被保险船舶的全损。在船舶保险一切险中，保险人负责赔偿被保险船舶遭受损害后的全部损失或部分损失。此外，保险人还承保以上财产损失以外的利益损失，如施救费用、运费、营运费用、贷款利息、利润、保险费损失等。关于第三者责任，主要包括碰撞责任和共同海损责任。碰撞责任是指被保险船舶在航行中与其他船舶、其他物体碰撞所引起的被撞第三者的财产损失或人身伤亡而应承担的赔偿责任。共同海损和救助，是指当船舶、货物或其他财产遭遇共同危险时，为了共同安全，有意地、合理地采取措施所直接造成的特殊牺牲或额外支付的特殊费用。对此，船舶一切险条款明确规定，如被保险船舶发生共同海损损失，被保险人获得这种损失的全部赔偿，而无须向其他各方索取分摊额。

2. 船舶保险合同的分类

依据不同的分类方法，可将船舶保险合同作不同的分类。

(1)以船舶航行的区域不同为标准，可分为远洋船舶保险合同和内河船舶保险合同。远洋船舶保险合同是指以从事国际远洋运输的各种船舶作为保险标的的保险合同；国内船舶保险合同是指以从事沿海、江河、湖泊运输的各种船舶作为保险标的的保险合同。

(2)以可保利益的不同为标准，可分为船舶一切险合同和船舶全损险合同。船舶一切险合同是指保险人负责赔偿被保险船舶遭受损害后的全部损失或部分损失承担赔偿责任的保险合同；船舶全损险合同是指保险人负责赔偿被保险船舶遭受损害后的全部损失承担赔偿责任的保险合同。

(3)以船舶保险的期限不同为标准，可分为船舶定期保险合同和船舶航次保险合同。船舶定期保险是指船舶保险的期限确定为一个固定时期，通常为一年；而船舶航次保险是指船舶保险的期限以一个航次计算。

(4)以承担的赔偿责任或保险对象不同为标准，还可分为船舶建造保险合同、船舶修理保险合同、船舶修理费用保险合同、木船保险合同以及渔帆船保险合同。

[3] 参见任自力主编：《保险法学》，清华大学出版社 2010 年版，第 252 页。

（四）飞机保险合同

1. 飞机保险合同的概念和特征

飞机保险合同，是投保人和保险人约定以飞机作保险标的，保险人在飞机因遭受自然灾害或意外事故而受损坏，致使第三者或机上旅客人身伤亡、财产损失时承担保险责任的财产保险合同。早期，飞机保险又称航空保险。随着航空事业的发展，航空器的种类不断出新，飞机保险已成为航空保险的一个分支，已不能与后者作为同一个险种称谓。

飞机保险合同具有如下特征：(1)飞机保险合同必须分保或共保。飞机价值昂贵，一旦发生保险事故，其财产损失及责任赔偿数额特别巨大，因此必须采取分保或共保方式转嫁风险，从而加强航空保险经营的稳定性。(2)飞机保险是定值保险合同。保险金额可以按照净值确定，也可以经被保险人与保险人协商确定。(3)飞机保险合同的法定责任保险覆盖面广，除飞机造成对第三者责任及财产损失之外还包括空难对本航班上乘客的人身伤亡及财产损失赔偿。

2. 飞机保险合同的险别

在国际保险市场上，飞机保险合同主要包括如下险别：

(1)飞机机身险。保险人承保飞机在飞行、滑行及地面停放时，不论任何原因造成飞机及其附件的意外灭失或损坏，并负责因意外事故引起的飞机拆卸、重装和清除残骸的费用。飞机机身险的除外责任一般包括：飞机不适航而飞行；被保险人的故意行为；飞机任何部件的自然磨损、腐蚀和制造上的缺陷；停航、停运的间接损失；战争、劫持险的保险责任等。

(2)第三者责任险。保险人承保被保险人在使用飞机时，由于飞行或从机上坠人坠物造成第三者人身伤亡或财产的损失而应由被保险人承担的民事赔偿责任。其性质与机动车辆第三者责任保险相似。第三者责任险的除外责任一般包括：战争和军事行动；飞机不适航而飞行；被保险人的故意行为；因飞机事故产生的善后工作所支出的费用；被保险人及其工作人员和本机上的旅客或其所有以及代管的财产。

(3)旅客法定责任险。保险人承保航空公司在旅客乘坐飞机或上下飞机时，因意外事故造成的人身伤亡和财产损失在法律上应依法承担的赔偿责任。

(4)飞机战争、劫持险。这是以战争、劫持等特殊性质的风险为保险责任的一类飞机保险业务。凡由于战争、敌对行为或武装冲突、拘留、扣押、没收、保险飞机被劫持和被第三者破坏等原因造成的被保险飞机的损坏或费用，以及引起的被保险人对第三者或旅客应负的法律责任或费用，由保险人负责赔偿。

(5)飞机承运货物责任险。保险人承保航运方在受托运送的货物遭受损失时依法应负的赔偿责任。

飞机机身险、第三者责任险以及旅客法定责任保险属于飞机保险基本险；飞机战争、劫持险和飞机承运货物责任险属于飞机保险附加险。

五、货物运输保险合同

(一)货物运输保险合同的概念和特征

货物运输保险合同是指以运输过程中的货物作为保险标的，保险人对承保货物因自然灾害或者意外事故发生保险合同约定的损失承担保险责任的财产保险合同。其目的在于补偿被保险货物在运输过程中因自然灾害或者意外事故所造成的损失，有利于完善运输部门的运输负责制，减少货物运输中的赔偿纠纷，从而不仅能够保障货物所有权人的利益，而且有利于促进商品交易和运输业的健康发展。

货物运输保险合同具有如下特征：

1. 货物运输保险合同的保险标的是运输过程中的各种货物，具有流动性，不受固定地点的限制。正因为如此，货物运输保险合同的被保险人具有多变性和与货物的分离性的特点。

2. 货物运输保险合同承保的风险具有综合性。货物运输保险合同所承保的风险范围较之其他财产保险合同更为广泛：既有财产和利益上的风险，又有责任上的风险；既有海上风险，又有陆上和空中风险；既有自然灾害和意外事故引起的客观风险，又有外来原因引起的主观风险。

3. 货物运输保险合同的保险期限具有特殊性。基于采用不同运输工具的货物运输途程具有不固定性，货物运输保险合同的保险期限通常是以约定的运输途程为准，即将从起运地仓库至到达目的地仓库的一次航程或运程来计算的。

4. 货物运输保险合同属于定值保险合同，其保险金额由当事人双方按约定的价值予以确定，且一经确定便不受市场价格波动的影响。对于国内货物运输保险业务，一般按启运地成本价或者协商价确定；对于出口货物运输保险业务，国际贸易中则广泛采用三种价格形式，即离岸价(船上交货价，即 FOB 价)、成本加运费价(CFR 价)以及到岸价(成本加运费加保险费，即 CIF 价)；对于进口货物运输保险业务，保险金额一般以进口货物的到岸价为准。

(二)货物运输保险合同的分类

以运输方式的不同为标准，可以将货物运输保险合同分为水路货物运输保险合同、陆上货物运输保险合同、航空货物运输保险合同以及邮包运输保险合同。

1. 水路货物运输保险合同

水路货物运输保险合同，是指投保人和保险人达成的，以在海上或内河航行的船只运送的货物作为保险标的，保险人对承保货物因自然灾害或者意外事故所遭受的损失承担保险责任的财产保险合同。依据地域范围划分，水路货物运输保险合同可分为国内水路货物运输保险合同和国际海洋货物运输保险合同。

水路货物运输保险合同的保险责任范围包括：火灾、爆炸、雷电、冰雹、暴风、暴雨、洪水、海啸、崖崩、突发性滑坡、泥石流；船舶发生碰撞、搁浅、触礁，桥梁码头坍塌；以上两款所致船舶沉没失踪；在装货、卸货或转载时因意外事故造成的损失；按国家规定或一般惯例应承担的共同海损的牺牲，分摊和救助费用；在发生上述灾害事故时,因纷乱造成货物的散失以及因施救或保护货物所支付的直接合理的费用。同时,对于由于下列原因造成保险货物的损失,保险人不负赔偿责任:战争、军事行动,扣押,罢工、哄抢和暴动;船舶本身的损失;在保险责任开始前,保险货物已存在的品质不良或数量短差所造成的损失;保险货物自然损耗,本质缺陷、特性所引起的污染、变质、损坏;市价跌落、运输延迟所引起的损失;属于发货人责任引起的损失;投保人、被保险人的故意行为或违法犯罪行为;由于行政行为或执法行为所致的损失;其他不属于保险责任范围内的损失。

2. 陆上货物运输保险合同

陆上货物运输保险合同,是指投保人和保险人达成的,以陆上运输过程中的货物作为保险标的,保险人对承保货物因自然灾害或者意外事故所遭受的损失承担保险责任的财产保险合同。依据地域范围划分,陆上货物运输保险合同可分为国内陆上货物运输保险合同和国际陆上货物运输保险合同。

陆上货物运输保险合同的保险责任范围包括:保险人负责赔偿被保险货物在运输途中遭受暴风、雷电、洪水、地震等自然灾害或由于运输工具遭受碰撞倾覆、出轨或在驳运过程中因驳运工具遭受搁浅、触礁、沉没、碰撞,或由于遭受隧道坍塌,崖崩或失火、爆炸等意外事故造成的全部损失或部分损失;被保险人对遭受承保责任内危险的货物采取抢救,防止或减少货损的措施而支付的合理费用,但以不超过该被救货物的保险金额为限。此外,陆运一切险的责任范围还包括承保货物在运输途中由于外来原因所致的全部损失或部分损失。

同时,对于由于下列原因造成被保险货物的损失,保险人不负赔偿责任:被保险人的故意行为或过失所造成的损失;属于发货人责任所引起的损失;在保险责任开始前,被保险货物已经存在的品质不良或数量短差所造成的损失;被保险货物的自然损耗、本质缺陷、特性以及市价跌落、运输延迟所引起的损失和费用;陆上货物运输战争险条款和陆上货物运输罢工险条款规定的责任范围和除外责任。

3. 航空货物运输保险合同

航空货物运输保险合同,是指投保人和保险人达成的,以飞机运载的货物作为保险标的,保险人对承保货物因自然灾害或者意外事故所遭受的损失承担保险责任的财产保险合同。依据地域范围划分,航空货物运输保险合同可分为国内航空货物运输保险合同和国际航空货物运输保险合同。

航空货物运输保险合同的标的范围广泛,凡在国内经航空运输的货物均可为本保险之标的,但蔬菜、水果、活牲畜、禽鱼类和其他动物不在保险标的范围以内。此外,一些特殊货物,如金银、珠宝、钻石、玉器、首饰、古币、古玩、古书、古画、邮票、艺术品、稀有金属等珍贵财物,除非经投保人与保险人特别约定,并载明于保险单或者保险凭证上,否则不在保险标的范围以内。

航空货物运输保险分为航空运输险和航空运输一切险两种。由于下列保险事故造成被保险货物的损失,保险人应该承担赔偿责任:火灾、爆炸、雷电、冰雹、暴风、暴雨、洪水、海啸、地陷、崖崩；因飞机遭受碰撞、倾覆、坠落、失踪（在三个月以上），在危难中发生卸载以及遭受恶劣气候或其他危难事故发生抛弃行为所造成的损失；因受震动、碰撞或压力而造成破碎、弯曲、凹瘪、折断、开裂的损失；因包装破裂致使货物散失的损失；凡属液体、半流体或者需要用液体保藏的保险货物，在运输途中因受震动、碰撞或压力致使所装容器（包括封口）损坏发生渗漏而造成的损失，或用液体保藏的货物因液体渗漏而致保藏货物腐烂的损失；遭受盗窃或者提货不着的损失；在装货、卸货时和港内地面运输过程中，因遭受不可抗力的意外事故及雨淋所造成的损失。航空货物运输保险合同的责任免除范围和海洋货物运输保险合同类似。

4. 邮运包裹保险合同

邮运包裹保险合同，是指投保人和保险人达成的，以通过邮局用邮包运送的货物作为保险标的，保险人对承保货物因自然灾害或者意外事故所遭受的损失承担保险责任的财产保险合同。由于邮包运输可能通过海、陆、空等运输方式，因此邮运包裹保险合同的保险责任也兼顾了以上三种情况，其保险责任范围主要包括承保邮包在运输途中由于恶劣气候、雷电、海啸、地震、洪水等自然灾害，或由于运输工具搁浅、触礁、沉没、碰撞、倾覆、坠落、失踪、失火和爆炸等意外事故所造成的全部或部分损失。此外，还包括海运途中共同海损的牺牲、分摊和救助费用。邮运包裹保险合同的责任免除范围与海洋货物运输保险合同相同。

六、工程保险合同

（一）工程保险合同的概念和特征

工程保险合同，是指承保对工程项目在建设过程中可能出现的自然灾害和意外事故所造成的物质损失，以及被保险人依法应对第三人的人身伤亡和财产损失承担的民事赔偿责任的财产保险合同。

相对于其他财产保险来说，工程保险的发展历史较短。其作为一个相对独立的险种起源于20世纪初的英国。1929年，英国的保险公司对于泰晤士河上建设的拉姆贝斯大桥工程承包了一切险。第二次世界大战之后，基于战后重建而形成的对工程保险的需求以及工程市场本身的规范化，工程保险得以迅速发展。时至今日，对工程项目投保工程保险，将参与工程建设的组织和个人面临的风险转移给保险公司，已成为当今国际社会采用的最普遍、最有效的风险管理手段之一。在各国保险实务中，工程保险广泛地适用于各类民用、工业用和公共事业用的建筑工程项目以及新建、扩建或改建工矿企业涉及的设备或者钢结构项目的兴建和安装。随着经济的发展，工程保险合同的适用范围日趋扩大，如包括海洋石油开发、航天工程、核能工程在内的科技工程保险合同已出现。

我国的工程保险合同是伴随着改革开放的形势出现和发展的：（1）国外投资者在兴建大量的工程项目，基于分散自身风险的考虑需要工程保险的保障；（2）国内的工程企业海外工程的投标过程中作为履约的条件需要办理工程保险;(3)国内的一些建设项目基于有效控制和管理风险的需求,也促进了工程保险的发展。从1979年中国人民保险公司开办工程保险至今,我国的工程保险已经发展成为财产保险领域中的一个主要险种,设置有建筑工程一切险、安装工程一切险等具体类型,发挥着巨大的风险保障作用。

工程保险合同作为财产保险合同的具体类型,具有如下特征:

1. 工程保险合同中被保险人具有广泛性。工程保险合同中被保险人不限于保险标的的所有权人,还包括其他有可能对工程项目具有保险利益的人。以建筑工程保险合同为例,其中的被保险人大致包括以下几个方面:(1)工程所有人,即建筑工程的最后所有者;(2)工程承包人,即负责建筑工程项目施工的单位,同时又可以分为主承包人和分承包人;(3)技术顾问,即由工程所有人聘请的建筑师、设计师、工程师和其他专业技术顾问等;(4)其他关系方,如贷款银行或债权人等。

2. 工程保险合同的保险标的具有特殊性。与其他财产保险不同的是,工程保险合同的保险标的一般是具有规模宏大、技术复杂、造价昂贵和风险期限较长特点的现代工程。例如,建筑工程保险承保的是适用于各种民用、工业用和公共事业用的各类建筑工程;安装工程保险承保的是各种大型机器、设备的安装工程项目;科技工程保险则是以海洋石油、卫星以及核电站为保险标的。

3. 工程保险合同的承保风险具有复杂性。由于保险标的的特殊性,工程保险合同的承保风险从根本上有别于普通财产保险标的的风险。工程保险合同承保的风险是一种综合性风险,既包括作为保险标的的有形财产和相关费用损失的风险,又包括被保险人在施工过程中因可能产生的第三者责任而承担民事赔偿责任的风险。此外,由于保险标的往往是裸露于工程现场,与普通财产保险相比,其更为直接地面临风险,抵御风险的能力也大大低于普通财产保险合同的保险标的。

4. 工程保险合同的保险金额具有变动性。与其他财产保险的保险价值在保险期限内的相对稳定不同,工程保险合同保险标的的保险价值是随着工程建设的进度而不断增长的,由此决定了工程保险合同的保险金额具有变动性。在确定保险金额时,多数情况下是根据完工时的价值或者承保合同的承保金额来确定保险金额。

5. 工程保险合同的保险期限具有不确定性。与其他财产保险合同中以列明一个确定的时间点不同,工程保险合同的保险期限事先难以确定,往往要根据被保险工程的具体情况而定,可以是几年,也可以是几十年。也正因如此,其保险费率一般采用工期费率而非年度费率。

(二)工程保险合同的分类

依据适用范围的不同,可将工程保险合同分为建筑工程保险合同、安装工程保险合同和科技工程保险合同。

1. 建筑工程保险合同

建筑工程保险合同,即投保人和保险人约定以各类建筑工程为保险标的,当保险标的因自然灾害和意外事故遭受物质损失,以及依法应对第三人的人身伤亡和财产损失承担民事赔偿责任时,保险人按照合同约定支付赔偿金的财产保险合同。其中,作为保险标的的各类建筑工程,是指适用于各种民用、工业用和公共事业用的建筑工程,如房屋、道路、桥梁、港口、机场、水坝、道路、娱乐场所、管道以及各种市政工程项目等。

建筑工程保险合同的保险责任可分为物质部分的保险责任和第三者责任两部分:(1)物质部分的保险责任,即保险期限内保险标的在列明的工地范围内,因保险单除外责任以外的任何自然灾害或意外事故造成的物质损坏或灭失,保险人按合同的约定负责赔偿。同时,保险人的除外责任包括:设计错误引起的损失和费用;自然磨损、内在或潜在缺陷、物质本身变化、自燃、自热、氧化、锈蚀、渗漏、鼠咬、虫蛀、大气(气候或气温)变化、正常水位变化或其他渐变原因造成的保险财产自身的损失和费用;因原材料缺陷或工艺不善引起的保险财产本身的损失以及为换置、修理或矫正这些缺点错误所支付的费用;非外力引起的机械或电气装置的本身损失,或施工用机具、设备、机械装置失灵造成的本身损失;维修保养或正常检修的费用;档案、文件、账簿、票据、现金、各种有价证券、图表资料及包装物料的损失;盘点时发现的短缺;领有公共运输行驶执照的,或已由其他保险予以保障的车辆、船舶和飞机的损失。(2)第三者责任部分,即保险期限内因发生与所承保工程直接相关的意外事故引起工地内及邻近区域的第三者人身伤亡、疾病或财产损失,依法应由被保险人承担的民事赔偿责任,保险人按合同的约定负责赔偿。其中,保险人的除外责任包括:工程所有人、承包人或其他关系方或他们所雇用的在工地现场从事与工程有关工作的职员、工人以及他们的家庭成员的人身伤亡或疾病;工程所有人、承包人或其他关系方或他们所雇用的职员、工人所有的或由其照管、控制的财产发生的损失;领有公共运输行驶执照的车辆、船舶、飞机造成的事故;被保险人根据与他人的协议应支付的赔偿或其他款项,但即使没有这种协议,被保险人仍应承担的责任不在此限。

2. 安装工程保险合同

安装工程保险合同,即投保人和保险人约定以各种大型机器、设备的安装工程项目为保险标的,在安装期间因自然灾害或意外事故造成物质损失及有关民事赔偿责任时,保险人按合同约定支付保险赔偿金的财产保险合同。

安装工程保险合同的保险责任可分为物质部分的保险责任和第三者责任两部分:(1)物质部分的保险责任,即保险期限内保险标的在列明的工地范围内,因保险单除外责任以外的任何自然灾害或意外事故造成的物质损坏或灭失,保险人按合同的约定负责赔偿。同时,保险人对因设计错误、铸造或原材料缺陷或工艺不善引起的保险财产本身的损失以及为换置、修理或矫正这些缺点错误所支付的费用不负责赔偿，其他除外责任条款与建筑工程保险合同相同。（2）第三者责任，即保险期限内因发生与保险单所承保工程直接相关的意外事故引起工地内及邻近区域的第三者人身伤亡、疾病或财产损失，依法应由被保险人承担的民事赔偿责任，保险人按合同的约定负责赔偿。其除外责任同建筑工程保险合同。

3. 科技工程保险合同

科技工程保险是随着现代高科技、新技术的发展和广泛应用而发展起来的一类特殊工程保险合同。因此，科技工程保险虽然与建筑工程保险和安装工程保险有很多相似之处，但科技工程保险更具专业技术性和科技开拓的危险性，且与现代科学技术的研究和应用直接相关。科技工程保险合同以具有危险集中、价值高昂、科技因素极高等特点的各种重大科技工程或科技产业为保险标的，主要分为海洋石油开发保险合同、航天工程保险合同、核能工程保险合同和其他科技工程保险合同等类型。

七、农业保险合同

（一）农业保险合同的概念和特征

农业保险是市场经济国家扶持农业发展、稳定农民收入的通行做法。近些年我国农业保险已全面展开。农业保险合同是指农业生产者以其种植的农作物或者养殖的畜禽等为保险标的，向保险人支付保险费，保险人在保险标的因遭受自然灾害和意外事故等保险事故造成经济损失时支付保险赔偿金的保险合同。基于农业生产的特殊性，农业保险合同具有如下特征：

1. 农业保险合同的保险标的种类繁多，且价值不稳定。根据2013年起实施的《农业保险条例》第2条的规定，农业保险合同的承保范围包括种植业、林业、畜牧业和渔业生产等诸多领域，其保险标的种类繁多。由于作为保险标的的农作物和动物的生长都要经过一定的时间周期。在此周期内，资金的投入、物质资料的损耗、成本的回收、产品的收获也在不断变化，且往往受到自然灾害和市场价格的影响，因而保险标的的保险价值是变化且不稳定的。

2. 农业保险合同的保险金额确定方式灵活多样。我国幅员辽阔，不同地区的自然条件不同，农业生产者从事的农业生产活动也有所区别，且农业产品品种种类繁多，因此在确定保险金额时往往采用灵活多样的方法，如针对农作物的保险金额，一般根据其处于生长期还是收获期而有所不同。

3. 农业保险合同的保险责任以基本保障为原则。农业保险合同的目的在于补偿农业生产者因自然灾害和意外事故所遭受的经济损失，使其能够在受损后及时维持和恢复农业再生产，因此保险人支付的赔偿金数额以补偿被保险人投入农业生产的成本和部分预期利润为标准，而不及于全部预期利润。

（二）农业保险合同的分类

依据所涉及农业种类的不同，可将农业保险合同分为种植业保险合同和养殖业保险合同。

1. 种植业保险合同

种植业保险合同，是指投保人和保险人约定以所种植的农作物为保险标的，保险人于种植物因遭受自然灾害和意外事故等保险事故造成经济损失时支付保险赔偿金的农业保险合同。

种植业保险合同保险标的具有多样性，包括生长期农作物、收获期农作物以及企业或个人种植或承包的防护林、用材林、经济林、薪炭林、特种用途林等。在具体的种植业保险合同中，保险标的的类型也有不同。

种植业保险合同保险金额的确定，与其他财产保险合同不同：(1)对于生长期农作物保险的保险金额，一般采用农作物平均收获量或者生产成本的计算方式；(2)对于收获期农作物保险的保险金额，一般按照测定的当年平均产量价值的八成承保，农作物的价格依据当地收购价和市场价计算；(3)对于以具有经济价值的天然林或人工林作为保险标的的森林保险，则按天然林、人工林划分档次，以每亩为单位计算。

2. 养殖业保险合同

养殖业保险合同是指投保人和保险人约定以所养殖的家畜、家禽等为保险标的，保险人于保险标的因遭受自然灾害和意外事故等保险事故造成经济损失时支付保险赔偿金的农业保险合同。

养殖业保险合同的保险标的是有生命的财产。就其品种而言，同样具有多样性，包括各种役用、肉用、乳用、种用等大牲畜、中小家畜、家禽以及水产等。基于保险标的的特殊性，参加保险时，往往要求饲养管理正常、无伤残、无疾病、符合规定的畜龄等。

养殖业保险合同的保险金额的确定，依据保险标的的不同而有所不同：(1)对于大牲畜保险，通过确定牲畜的市场价值即市场价格来确定，或者通过评定价值，即双方当事人之间协商确定保险金额；(2)对于中小家畜保险，通常由投保人、保险人和公证人三方根据中小家畜的合理估价确定保险金额；(3)对于家禽保险合同，一是采用定额保额的方式，即合同中明确规定赔偿金额，二是变动保额，即根据家禽的生长规律，实行逐日变动的保额；(4)对于水产养殖保险，一般以承保的水面面积作为承保单位来确定保险金额，或者按保险标的在收获时投入的成本作为最高保险金额，或者是以市场价格或产品的销售价与产量作为确定保险金额的依据。

第二节 责任保险合同

一、责任保险合同概述

(一)责任保险合同的概念

责任保险合同是指投保人和保险人约定,以被保险人依法对第三者应承担的民事赔偿责任为保险标的,当被保险人因承保范围内的致害行为导致第三人人身伤亡或财产损失而依法应承担民事赔偿责任时,由保险人负责赔偿的一种财产保险合同。

责任保险是随着社会经济的发展、法律制度的完善以及公民维权意识的增强而逐步发展起来的。作为一类独立体系的保险业务,责任保险产生于19世纪中叶。1880年,英国颁布《雇主责任法》,当年即有专门的雇主责任保险公司成立,承保雇主在经营过程中因过错致使雇员受到人身伤害或财产损失时应负的法律赔偿责任。1901年,美国出现了汽车第三者责任险,用以承保人身伤害和财产损失法律赔偿责任。20世纪70年代以后,雇主责任保险逐渐在各国普及,同时各种运输工具的第三者责任保险迅速发展。20世纪90年代以后,许多发展中国家也日益重视发展责任保险业务。时至今日,责任保险已经在世界范围内获得广泛的应用,并逐步渗透到经济生活的各个领域,起到了促进社会发展、维护社会稳定的作用。从责任保险产生至今,其有下列发展趋势:[4](1)责任保险的性质,在某些领域,基于保护社会大众或消费者的考量,由"任意保险"向"强制保险"发展;(2)在所承保被保险人之行为方面,由"过失责任主义"向"无过失责任主义"发展;(3)在承保的责任种类方面,由承保"侵权行为责任",扩大到"侵权行为责任""债务不履行责任"及其他责任;(4)在责任保险的功能方面,由"填补被保险人因赔偿第三人所致之损害"的思考,有些领域改为"填补被害人之损害"思考。

责任保险在我国的发展开始于20世纪80年代。其时,根据国务院有关文件,机动车辆第三者责任险作为强制保险险种在全国普遍实施。2005年以来,随着我国立法进程的加快,政府对责任保险发展推动力度的加大,责任保险获得较快发展。但总体来看,我国责任保险的发展还处于起步阶段,其规模和作用远远不能满足日益增长的国民经济发展需求。因此,需要大力扶持和培育,增加保险产品的有效供给,扩大责任保险的范围。

(二)责任保险合同的特征

责任保险合同属于广义上的财产保险合同,其仍坚持损失补偿原则,补偿被保

---

〔4〕 参见刘宗荣:《新保险法:保险契约法的理论与实务》,中国人民大学出版社2009年版,第264页。

险人的致害行为所造成的损失,但基于其适用的特殊性,因而是一类独立成体系的财产保险合同。

1. 责任保险合同的保险标的是民事赔偿责任。保险实务中,凡是社会成员在日常的生产和生活中有可能依法承担的民事赔偿责任,都可以向保险人投保,使其成为责任保险合同的保险标的。但是,作为责任保险合同保险标的的民事赔偿责任须具备下述要件:

(1)应当在保险合同有效期间内发生被保险人依法应向第三人承担民事责任的事实。民事责任是民事主体因实施了民事违法行为,根据民法所承担的对其不利的民事法律后果或者基于法律特别规定而应承担的民事法律责任,可以基于民事主体的违约行为或侵权行为而产生。无论是侵权行为还是违约行为,都须发生在保险合同的有效期内,否则保险人不负赔偿责任。保险实务中,责任保险合同承保的一般是基于侵权行为而产生的民事责任,在投保人和保险人特别约定的情况下,也可以是基于违约行为而产生的民事责任。此外,被保险人对第三人应承担的责任只限于"私法上的民事责任"[5],而不能是公法上的刑事责任和行政责任。刑事责任和行政责任不能成为责任保险合同的保险标的。

(2)应当是被保险人基于过失或无过失而承担的民事赔偿责任。民事主体实施的民事侵权行为或违约行为,都是基于一定的主观意志。民事主体的主观意志有故意或过失之分,而能够作为责任保险合同承保范围的只能是基于被保险人过失民事违法行为引起的民事赔偿责任,或者无过错原则下的民事赔偿责任。而故意违法行为所产生的民事责任则排除在外,从而避免造成道德风险。对此,我国台湾地区"保险法"第29条第2项规定:"保险人对于要保人或被保险人之过失所致之损害,负赔偿责任。但出于要保人或被保险人之故意者,不在此限。"

(3)应当是被保险人向第三人承担的民事赔偿责任。由于责任保险的目的在于转移被保险人对第三人应当承担的赔偿责任,当被保险人的人身或者财产发生损失时,保险人不承担保险责任。也就是说,责任保险合同的保险标的不能及于被保险人的人身或其财产。从这个意义上讲,责任保险合同实际上是为第三人利益订立的合同。

2. 责任保险合同的适用方式具有多样性特征。保险实务中,保险人承保责任保险的方式可以概括为三种情形:(1)独立承保方式。保险人将民事赔偿责任作为专门的保险责任予以承保,签发专门的责任保险单,如产品责任保险合同、公众责任保险合同。(2)附加承保方式。保险人将民事赔偿责任作为附加险,与被保险人参加的其他财产保险一并承保,即一般财产保险是主险,责任保险则是附加险,如建筑工程和安装工程的第三者责任保险等。(3)组合承保方式。保险人将民事赔偿责任作为基本责任的一部分予以承保,不必签订单独的责任保险合同,也无须签发附加

---

〔5〕 参见刘宗荣:《新保险法:保险契约法的理论与实务》,中国人民大学出版社2009年版,第319页。

或特约条款，如船舶保险合同中的船舶碰撞责任。

3. 责任保险合同保险金额具有限额化特征。责任保险合同保险标的是无形的民事法律风险，无法用货币来衡量，且每个被保险人责任风险的大小也是事先无法预估的，其损害后果也是不确定的，因此保险人对基于风险产生的民事赔偿责任也无法通过保险价值来界定。故而在订立保险合同时，投保人和保险人不可能约定保险金额，只能约定保险责任的最高限额，而保险人给付保险金额均以合同约定的最高限额为限。

（三）责任保险合同的分类

责任保险合同依据不同的标准可以分为不同的种类。

1. 过失责任保险合同、无过失责任保险合同和合同责任保险合同

这是以民事赔偿责任发生的原因为标准进行的划分。

过失责任保险合同，是指以被保险人因过失行为对第三人造成损害而依法应承担的民事赔偿责任为保险标的的责任保险合同，如职业责任保险合同。

无过失责任保险合同，是指以被保险人因无过错责任原则而在无过失的情况下对造成第三人损害而依法应承担的民事赔偿责任为保险标的的责任保险合同，如雇主责任保险、产品责任保险等。

合同责任保险合同，是指投保人和保险人特别约定，以被保险人依法向第三人承担的违约责任作为保险标的的责任保险合同。

2. 公众责任保险合同、产品责任保险合同、雇主责任保险合同、职业责任保险合同和交通运输工具第三者责任保险合同

这是以适用范围为标准进行的划分。

公众责任保险合同，是指以被保险人的过失行为或意外事故造成公众的人身或财产损失而依法应当承担的民事赔偿责任为保险标的的责任保险合同。

产品责任保险合同，是指以因产品存在缺陷致他人财产、人身损害而承担民事赔偿责任为保险标的的责任保险合同。

雇主责任保险合同，是指作为被保险人的雇主对其雇员在受雇期间因工作遭受意外伤、残、死亡或患有与职业有关的疾病而依法应承担的民事赔偿责任为保险标的的责任保险合同。

职业责任保险合同，是指以各种专业技术人员因工作上的疏忽或过失给他人造成的人身或财产损害的民事赔偿责任为保险标的的责任保险合同。

交通运输工具第三者责任保险合同，是指以被保险人的各种运输工具、建筑安装工程等意外事故造成他人财产损失或人身伤害为保险标的的责任保险合同。

3. 自愿责任保险合同和强制责任保险合同

这是以责任保险发生效力的方式为标准进行的划分。

自愿责任保险合同，是指投保人和保险人在自由协商、意思自治的基础上签订的责任保险合同。目前大多数责任保险合同都属于自愿责任保险合同。

强制责任保险合同，是指法律规定投保人必须与保险人签订的责任保险合同，如机动车辆交通事故强制保险合同。

二、公众责任保险合同

（一）公众责任保险合同的概念

公众责任保险合同，是指以被保险人的过失行为或意外事故造成公众的人身或财产损失而依法应当承担的民事赔偿责任为保险标的的责任保险合同。早在19世纪的英国，公众责任保险就已出现，1855年英国铁路乘客公司就曾提供过承运人责任险。20世纪上半叶，公众责任保险开始兴起并在国际保险市场上发展迅速，成为一类独立的责任险险种。公众责任保险能够通过区别对待、浮动费率的安排鼓励投保人和被保险人主动采取安全防范措施，从而降低风险发生概率，能够在保险事故发生后使受害人得到相应的经济补偿，使企业尽快恢复生产，因而公众责任保险的发展有利于维护社会经济秩序、保障公众利益以及提升社会整体安全度。随着社会经济的发展，公众责任保险的适用范围将不断扩大。

（二）公众责任保险合同的适用

1. 公众责任保险合同的保险标的。公众责任保险合同的保险标的是被保险人依法应当承担的公众责任，即被保险人非故意地违反法定义务而侵害了他人的人身权利或财产权利造成的损害，或者因意外事故造成他人人身伤亡或财产损失，依法应当承担的民事损害赔偿责任。[6] 公众责任涉及范围较为广泛，可适用于工厂、办公楼、旅馆、住宅、商店、医院、学校、影剧院、展览馆等各种公众活动的场所，包括场所责任、电梯责任、承包人责任、承运人责任等多种类型。

2. 公众责任保险合同的主体范围。公众责任保险合同的投保人和被保险人一般情况下是一致的。凡是可能在生产经营或日常生活中致他人的人身或财产损害而依法要承担民事赔偿责任的法人、其他组织或个人，具体包括各类企业、商店、旅馆、公共娱乐场所、社会团体组织，或者是建筑工程、装卸作业、修理行业的承包人，或家庭和个人均可以选择相应的公众责任保险险种而获得保险保障。

3. 公众责任保险合同的保险责任。保险人的保险责任范围包括：（1）在保险期间内，被保险人在保险合同载明的区域范围内因经营业务发生意外事故，造成第三者的人身伤亡或财产损失和损害，依法应由被保险人承担的经济赔偿责任。（2）保险事故发生后，被保险人因保险事故而被提起仲裁或者诉讼的，对应由被保险人支付的仲裁或诉讼费用以及事先经保险人书面同意支付的其他必要的、合理的法律费用。

一般而言，公众责任保险的除外责任主要有：（1）原因的除外，即由某些原因导致的损失、费用和责任，保险人不负责赔偿。例如，投保人、被保险人及其代表的故

---

〔6〕 参见贾林青：《保险法》，中国人民大学出版社2014年版，第229页。

意行为或重大过失;战争、敌对行动、军事行为、武装冲突、罢工、骚乱、暴动、恐怖活动;核辐射、核爆炸、核污染及其他放射性污染;等等。(2)损失、费用和责任的除外,即对于某些特定的损失、费用和责任,保险人不负责赔偿。例如,被保险人或其雇员的人身伤亡及其所有或管理的财产的损失;罚款、罚金及惩罚性赔偿;投保人、被保险人在投保之前已经知道或可以合理预见的索赔情况;等等。(3)其他险种的例外,即其他不属于公众责任保险范围内的损失、费用和责任,保险人不负责赔偿。

此外,投保人可以与保险人约定特别附加责任。特别附加责任是指不能单独予以承保,但经过特别约定可依附于公众责任保险基本保单的责任,如附加客人财产责任条款、出租人责任条款、电梯责任条款、广告及装饰装置责任条款、建筑物改动责任条款等。

典型案例 酒店里热汤倾洒烫伤小孩,公众责任险赔不赔?〔7〕

2015年5月下旬的一天,杨某带着5岁的小孩杨小某在某酒店就餐。席间,小孩杨小某从楼梯间旁的包间出来,与端汤上楼梯的服务员张某发生碰撞,导致热汤倾洒烫伤杨小某。杨小某被送往县人民医院治疗,伤情诊断为:全身多处烫伤(TB-SA4%,深二度)。因烫伤伤口过深,疤痕持续增生,杨小某后又至某大学附属医院门诊部、某医疗美容门诊部等多家医疗机构检查、治疗,共花费医疗费5641.96元。经治疗,杨小某脸部伤情已恢复,颈部还有疤痕。2015年10月,杨小某监护人杨某诉至法院,诉求某酒店赔偿杨小某医疗费、住院伙食补助费、护理费、交通费、营养费、精神损害抚慰金等各项损失26328.60元。法院经多次做工作,当事人以调解方式结案,某酒店承担杨小某各项损失的85%,即赔付杨小某:26328.60×85%=22379.31元。因该酒店在某保险公司投保了公众责任保险,随后,酒店又向法院提起诉讼,要求保险公司赔偿其损失22379.31元。

法庭上,原告酒店提交了保险单、法院民事调解书、杨小某领取赔偿款收据等书面证据,请求法院判令被告赔付原告已赔付杨小某的经济损失22379.31元。保险公司对酒店提出的诉求予以抗辩,保险公司认为,原告酒店赔偿杨小某的各项损失是出于人道的自愿补偿,杨小某的受伤主要是监护人在公众场所未尽监护之责造成,酒店无须承担侵权之责,保险公司也不存在赔偿的义务。

法院经审理认为,酒店与保险公司之间签订的公众责任保险合同合法有效,保险合同约定,由于雇员的过失造成他人人身伤害或财产损失依法应由被保险人承担的经济赔偿责任由保险人负责赔偿。本案中,酒店雇员张某采用传统的托盘传菜,该传菜方式存在较大的安全隐患,张某未采取有效的保障措施以确保被碰撞后

---

〔7〕 参见程太和:“酒店里热汤倾洒烫伤小孩,公众责任险赔不赔”,载《中国保险报》2016年1月21日。

热汤不倾洒致伤他人，这是张某与杨小某发生碰撞后，致杨小某受伤的主要原因，且张某的行为系职务行为。杨某作为监护人在公众场所未尽到监护之责是本起事故的次要原因。酒店承担杨小某各项损失的85%于法有据。故保险公司应依照保险合同约定赔偿原告酒店已支付给杨小某的经济赔偿责任22379.31元。

【评析】

公众责任保险以被保险人依法应当承担的公众责任为保险标的。本案中，酒店与保险公司签订了公众责任保险合同，酒店服务员张某在传菜过程中因未采取安全措施致他人身体受到伤害，属于酒店在经营活动中因雇员的疏忽行为发生的意外事故，酒店依法应承担相应的经济赔偿责任，这一经济赔偿责任已通过酒店投保公众责任保险的方式转嫁给了保险公司。

三、产品责任保险合同

（一）产品责任保险合同的概念

产品责任保险是指以制造商或销售商因其生产、销售或提供的产品存在缺陷而造成第三者人身伤害或财产损失所应承担的产品质量责任为保险标的的责任保险合同。

产品责任保险作为独立的责任保险险种，出现在19世纪末20世纪初。早期的承保内容主要是与人体健康有关的产品，如食品、药品、化妆品等。工业化发展时期，产品责任保险的承保范围扩大到了各种机械、石油、轻纺等工业产品。20世纪70年代以来，伴随着各国产品责任法的相继实施并不断修订完善以及消费者的索赔意识增强，产品的生产者和销售者则利用产品责任保险转嫁风险，产品责任保险开始了全面快速的发展。我国产品责任保险产生于1980年，最初主要承保出口商品，此后，随着市场经济的发展，产品责任保险也进入国内保险领域。1993年《产品质量法》颁布，这为我国产品责任保险的发展提供了有力的支持。

（二）产品责任保险合同的适用

1. 产品责任保险合同的保险标的是产品责任。产品责任是指生产者或销售者因其生产或销售的产品存在缺陷而导致产品的消费者、使用者或其他第三者的人身伤害或财产损失时，依法应承担的法律责任。其构成要件有三项：（1）产品存在缺陷，即产品存在危及人身、他人财产安全的不合理的危险，或产品不符合保障人体健康和人身、财产安全的国家标准、行业标准。（2）缺陷产品造成了他人人身伤害或财产损失。这里的他人，既可以是购买者、消费者，也可以是购买者、消费者之外的第三人；这里的财产，是指缺陷产品以外的财产。（3）产品缺陷与损害事实之间存在因果关系，即产品缺陷与受害人的损害事实之间存在引起与被引起的关系。

2. 产品责任保险合同的保险责任。保险人的保险责任范围包括：（1）由于被保险人所生产、出售的产品或商品在承保区域内发生事故，造成使用、消费或操作该产品或商品的人或其他任何人的人身伤害、疾病、死亡或财产损失，依法应由被保险人承担的损害赔偿责任;(2)对被保险人应付索赔人的诉讼费用以及经保险人书面同意负责的诉讼及其他费用,但该费用与责任赔偿金额之和以保险合同单明细表中列明的责任限额为限。

产品责任保险的除外责任主要有:(1)原因的除外,即由某些原因导致的损失、费用和责任,保险人不负责赔偿。例如,投保人、被保险人及其代表的故意行为;战争、敌对行动、军事行为、武装冲突、罢工、骚乱、暴动、恐怖活动;核辐射、核爆炸、核污染及其他放射性污染;大气污染、土地污染、水污染及其他各种污染;行政行为或司法行为。(2)损失、费用和责任的除外,即对于某些特定的损失、费用和责任,保险人不负责赔偿。例如,被保险人或其雇员的人身伤亡及其所有或管理的财产的损失;被保险人应该承担的合同责任,但无合同存在时仍然应由被保险人承担的经济赔偿责任不在此限;保险产品本身的损失;产品退换回收的损失;保险产品造成对飞机或轮船的损害责任;罚款、罚金、惩罚性赔款;精神损害赔偿;间接损失;保险合同中载明的免赔额或按保险合同载明的免赔率计算的免赔额。(3)法律适用的例外,如根据劳动法应由被保险人承担的责任;根据雇佣关系应由被保险人对雇员所承担的责任;产品仍在制造或销售场所,尚未转移到消费者手中。

此外,投保人可以与保险人约定特别附加责任,如产品回收除外条款、产品保证除外条款、产品召回除外条款、污染绝对除外条款、惩罚除外条款、间接损失除外条款、雇主责任除外条款等。

四、雇主责任保险合同

(一)雇主责任保险合同的概念

雇主责任保险合同,是指以作为被保险人的雇主对其雇员在受雇期间因工作遭受意外伤、残、死亡或患有与职业有关的疾病而依法应承担的民事赔偿责任为保险标的的责任保险合同。雇主责任保险最早产生于英国。1880 年,英国颁布《雇主责任法》,当年即有专门的雇主责任保险公司成立,承保雇主在经营过程中因过错致使雇员受到人身伤害或财产损失时应负的赔偿责任。此后,随着各国劳工法、劳动法的颁布,以及雇主绝对责任的确立,雇主们利用雇主责任保险来转嫁风险,雇主责任保险得以迅速发展。

我国自 20 世纪 50 年代以来,一直用劳动保险为全民所有制企业和集体所有制企业的职工提供经济保障。直至 1982 年才开办了涉外雇主责任保险,20 世纪 90 年代之后才逐渐面向私营企业和个体工商户开办雇主责任保险。

(二)雇主责任保险合同的适用

1. 雇主责任保险合同的保险标的是雇主责任。雇主责任是雇主对其雇员依法所应当承担的法律责任。这一法律责任往往是由雇主的疏忽或过失行为导致,如雇主提供危险的工作地点、机器工具或工作程序,雇主提供的是不称职的管理人员以及雇主本人直接的疏忽或过失行为。

2. 雇主责任保险合同的投保人、被保险人和受益人。雇主责任保险合同适用于各行业的雇主责任，投保人可以是国有企事业单位、集体企业、各类承包企业、“三资”企业、私营企业都可为其雇用人员投保，并成为被保险人。法律规定范围内的全体雇员，包括临时工、短期工、季节工、徒工，则因雇主的投保而成为受益人。

3. 雇主责任保险合同的保险责任。保险人的保险责任范围包括：（1）被保险人所雇用的员工，在保险有效期内，在受雇过程中，从事保险单所载明的被保险人的业务有关工作时，遭受意外而致受伤、死亡或患与业务有关的职业性疾病所致伤残或死亡，被保险人根据雇用合同，须负医药费及经济赔偿责任。（2）被保险人处理保险责任范围内的索赔时支付的法律费用。

雇主责任保险的除外责任主要有：（1）由某些原因导致的损失、费用和责任，保险人不负责赔偿。例如，战争、类似战争行为、叛乱、罢工、暴动或由于核子辐射所致的被雇人员伤残、死亡或疾病，被雇人员由于疾病、传染病、分娩、流产以及因这些疾病而施行内外科治疗手术所致的伤残或死亡，由于被雇人员自加伤害、自杀、犯罪行为、酗酒及无照驾驶各种机动车辆所致的伤残或死亡，被保险人的故意行为或重大过失。（2）被保险人对其承包商雇用的员工的任何赔偿责任，保险人不负责赔偿。（3）其他不属于本保险责任范围内的损失、费用和责任，保险人不负责赔偿。

此外，保险人往往根据雇主的各种不同需要，开设一些附加险，以扩展其责任范围。还有，投保人可以与保险人约定特别附加责任，如附加第三者责任保险、附加雇员第三者责任保险、附加医药费保险、附加战争等风险的保险等。

典型案例　雇主责任险约定按比例赔付是否有效？[8]

彭某系某私营企业业主，2013 年 9 月 25 日，彭某向某保险公司投保了雇主责任险，并于当日全部付清保险费。投保单上赔偿限额为死亡、伤残 40000 元，意外医疗 20000 元。雇主责任保险条款第 27 条第（2）项 B 款规定，“永久丧失部分工作能力，最高赔偿额度按受伤部位及程度，参照本保单所付赔偿金额表规定的百分率乘以本保单规定的赔偿额度”。保单所附赔偿比例表十级伤残赔偿比例为 5%。投保单投保人声明栏内容为“本人已经收悉并仔细阅读了保险条款，尤其是黑体字部分的条款内容，并对保险公司就保险条款内容的说明和提示完全理解，没有异议”，彭某在该栏中签名盖章。2014 年 5 月 25 日职工汪某在车间作业过程中被流水线上的机器轧断左手中指，随后被送往医院救治，花去治疗费 5095.11 元，经劳动能力鉴定委员会鉴定汪某构成拾级伤残。事故发生后，彭某要求赔偿汪某医疗费和一次性伤残赔偿金 12348 元和丧失能力鉴定费 360 元。保险公司答复同意赔偿医疗费，

---

〔8〕 参见吴浩润、查小东：“雇主责任险约定按比例赔付是否有效”，载中国法院网：http://www.chinacourt.org/article/detail/2016/03/id/1825567.shtml，2016 年 3 月 21 日访问。

根据双方订立的保险合同保险条款第27条第(2)项B款规定,“永久丧失部分工作能力,最高赔偿额度按受伤部位及程度,参照本保单所附赔偿金额规定的百分率乘以保单规定的赔偿额度”。汪某系伤残十级,对应5%,限额为40000元,故应为40000元×5%=2000元。双方协商未果,彭某诉至法院,保险公司抗辩应按比例赔付。

本案中,有两种意见:第一种意见认为,按比例赔偿在保险合同中已约定,且彭某在声明栏中签名盖章,保险公司已尽明确说明义务,该按比例赔偿条款已发生效力,保险公司可按比例赔付。第二种意见认为,按比例赔偿应为免责条款,但该条款并不是在保险合同免责条款中,而是作为一般条款列在保险合同中,故彭某虽在声明栏中签名盖章,但不能证明保险公司已尽明确说明义务,该按比例赔偿条款未发生效力,保险公司不能按比例赔付。

【评析】

笔者同意第二种意见,理由如下:首先,《保险法司法解释(二)》第9条规定,保险人提供的格式合同文本中的责任免除条款、免赔额、免赔率、比例赔付或者给付等免除或者减轻保险人责任的条款,可以认定为《保险法》第17条第2款规定的“免除保险人责任的条款”。本案中,雇主责任保险条款第27条第(2)项B款虽然不是规定在免责条款中,但属于比例赔付,故根据司法解释仍应属于免除保险人责任的条款。其次,本案中,诉争第27条在保险合同中只是作为一般条款列出,在投保单或者保险单等其他保险凭证上,未以足以引起投保人注意的文字、字体、符号或者其他明显标志作出提示。且保险合同中约定了按比例赔偿的保险条款,但保险公司并未能举证对该条款的概念、内容和法律后果已作出口头或书面说明。因此,该投保单上彭某签名盖章不足以证明保险公司履行了该条款明确说明的义务。最后,根据《保险法》第17条第2款的规定,本案中,雇主责任保险条款第27条第(2)项B款未产生效力,保险公司不能按比例赔付。

五、职业责任保险合同

(一)职业责任保险合同的概念

职业责任保险合同,是指以各种专业技术人员因工作上的疏忽或过失给他人造成的人身或财产损害的民事赔偿责任为保险标的的责任保险合同。

职业责任保险始于19世纪末西方国家保险市场上的医生职业责任保险。1885年英国出现了第一张职业责任保险单——药剂师过失责任保险单。20世纪初,保险市场上又出现了独立的会计师责任保险业务。20世纪60年代后,由于执业过失引起的诉讼案件不断增多,为转嫁风险,各行业的专业技术人员纷纷向保险人投保职业责任保险,从而促进了职业责任保险业务的发展。目前,在西方国家,职业责任保险已成为普及型的保险项目。相比之下,虽然我国保险市场也已出现了医疗事故责任保险、建设工程勘察设计责任保险、律师职业责任保险、会计师职业责任保险等险种,但职业责任保险尚未普及,有着极大的发展空间。

(二)职业责任保险合同的适用

1. 职业责任保险合同的保险标的是专业技术人员的职业责任。职业责任是指各种专业技术人员在从事职业活动中造成他人人身伤害或财产损失而依法应当承担的赔偿责任。其中包含如下含义:(1)作为被保险人的专业技术人员应当具有合法执业资格;(2)造成他人人身伤害和财产损失的致害行为应当出于专业技术人员的疏忽或过失;(3)致害行为应当是专业技术人员在从事相应的专业技术工作过程中实施的;(4)实施致害行为的后果是承担民事赔偿责任,刑事责任和行政责任不能作为保险标的。

2. 职业责任保险合同的投保人范围广泛。各行业的专业技术人员均可以成为该保险合同的承保对象。目前,在国际保险市场上较为普遍适用的是医生、药剂师、律师、会计师、工程师、建筑师、美容师、房地产经纪人、保险代理人等。职业责任保险通常由提供各种专业技术服务的单位投保,如医院、设计院、律师事务所、会计师事务所等。个体专业技术人员,则由其本人投保个人职业责任保险。

3. 职业责任保险的保险责任。保险人的保险责任范围包括:(1)被保险人、被保险人的前任、被保险人的雇员及从事该业务的雇员的前任因职业上的疏忽和过失对他人造成的财产损失或人身伤害所要承担的赔偿责任。(2)因赔偿纠纷引起的诉讼抗辩费用及经保险人同意的有关费用。

职业责任保险的除外责任主要有:因文件的灭失或损失引起的任何索赔;因被保险人、被保险人的前任、被保险人的雇员及从事该业务的雇员的前任的欺诈、犯罪及其他故意行为所引起的索赔;被保险人在投保或保险有效期间不如实告知的情况所引起的任何索赔;因被保险人恶意中伤或诽谤行为而引起的索赔;职业责任事故造成的间接损失或费用。

六、交通运输工具第三者责任保险合同

(一)交通运输工具第三者责任保险合同的概念

交通运输工具第三者责任保险合同,是指以被保险人的各种运输工具、建筑安装工程等意外事故造成他人财产损失或人身伤害为保险标的的责任保险合同。

交通运输工具第三者责任保险最早是以汽车第三者责任保险的方式出现。自1895年英国首创汽车第三者责任保险后,伴随着汽车工业的发展和汽车使用范围的推广,其在世界范围内得到适用。实际上,随着蒸汽机车的出现,汽车、船舶、火车、飞机等各类交通工具的普及使用也使得交通事故频发,对受害者的民事赔偿责任的风险也与日俱增。为分散因使用交通工具而导致的民事赔偿责任的风险,交通运输工具第三者责任保险应运而生,并逐渐发展为保险领域一类重要的险种形式。此外,交通事故频发而造成的不特定的第三人的人身和财产损害,且这种损害往往得不到有效保障。为了确保不特定的第三人的损害能得到有效保障,实现交

通安全,稳定社会秩序,各国政府将交通运输工具第三者责任保险作为一个有效的方法予以适用。时至今日,以汽车第三者责任保险为代表的交通运输工具第三者责任保险在大多数国家和地区属于强制保险或法定保险,成为各国政府推行保护交通事故受害人利益、维持正常的交通运输秩序政策的法律手段。

我国2004年实施的《道路交通安全法》首次提出“建立机动车第三者责任强制保险制度,设立道路交通事故社会救助基金”。2006年颁布了《机动车交通事故责任强制保险条例》(2012年修订),使得机动车交通事故责任强制保险在全国范围内的统一使用有了明确的法律依据,这是国家以立法的形式强制机动车所有人或者管理人购买机动车交通事故责任强制保险,为机动车道路交通事故的受害人提供基本保障的重大举措。

(二)机动车交通事故责任强制保险合同的概念和特征

机动车交通事故责任强制保险合同,是指由保险人对被保险机动车发生道路交通事故造成本车人员、被保险人以外的受害人的人身伤亡、财产损失,在责任限额内予以赔偿的强制性责任保险合同。

与其他财产保险合同相比较,机动车交通事故责任强制保险合同具有以下特征:

1. 机动车交通事故责任强制保险合同是强制保险合同。《机动车交通事故责任强制保险条例》第2条规定:“在中华人民共和国境内道路上行驶的机动车的所有人或者管理人,应当依照《中华人民共和国道路交通安全法》的规定投保机动车交通事故责任强制保险。”根据《道路交通安全法实施条例》第5条的规定,申请机动车注册登记,应当交验机动车,并提交机动车第三者责任强制保险凭证。同时,《机动车交通事故责任强制保险条例》第10条还规定:“投保人在投保时应当选择具备从事机动车交通事故责任强制保险业务资格的保险公司,被选择的保险公司不得拒绝或者拖延承保。”可见,机动车交通事故责任强制保险保障的是交通事故受害人的利益,本身带有公益性,实行强制投保和强制承保。

2. 机动车交通事故责任强制保险合同的订立及履行不以营利为目的。机动车交通事故责任强制保险虽属于商业保险,但是具有突出的社会属性和公益性,如日本机动车交通事故责任强制保险的保费执行“成本价主义”,实行“无损失、无利润”原则。又如,我国《机动车交通事故责任强制保险条例》第1条就规定了立法目的是“保障机动车道路交通事故受害人依法得到赔偿,促进道路交通安全”。

3. 机动车交通事故责任强制保险合同的保障范围广泛,几乎涵盖了所有的道路交通责任风险。而其他财产保险合同中,保险人不同程度地规定了免赔额、免赔率等条款。

(三)机动车交通事故责任强制保险合同的适用

1. 机动车交通事故责任强制保险合同的保险标的是被保险人因道路交通事故致第三人人身或财产损害而依法应当承担的民事赔偿责任。这里的被保险人是指投保人及其允许的合法驾驶人；作为受害人的第三人是指因被保险机动车发生交通事故遭受人身伤亡或者财产损失的人，但不包括被保险机动车本车车上人员、被保险人。

2. 机动车交通事故责任强制保险合同的保险责任。被保险机动车发生道路交通事故造成本车人员、被保险人以外的受害人人身伤亡、财产损失的，由保险公司依法在机动车交通事故责任强制保险责任限额范围内予以赔偿。责任限额包括：(1)死亡伤残赔偿限额，即被保险机动车发生交通事故，保险人对每次保险事故所有受害人的死亡伤残费用所承担的最高赔偿金额。(2)医疗费用赔偿限额，即被保险机动车发生交通事故，保险人对每次保险事故所有受害人的医疗费用所承担的最高赔偿金额。医疗费用包括医药费、诊疗费、住院费、住院伙食补助费，必要的、合理的后续治疗费、整容费、营养费。(3)财产损失赔偿限额，即被保险机动车发生交通事故，保险人对每次保险事故所有受害人的财产损失承担的最高赔偿金额。

有下列情形之一的，保险人在机动车交通事故责任强制保险责任限额范围内垫付抢救费用，并有权向致害人追偿：(1)驾驶人未取得驾驶资格或者醉酒的；(2)被保险机动车被盗抢期间肇事的；(3)被保险人故意制造道路交通事故的。有前述所列情形之一，发生道路交通事故的，造成受害人的财产损失，保险人不承担赔偿责任。

有下列情形之一时，道路交通事故中受害人人身伤亡的丧葬费用、部分或者全部抢救费用，由道路交通事故社会救助基金先行垫付，救助基金管理机构有权向道路交通事故责任人追偿：(1)抢救费用超过机动车交通事故责任强制保险责任限额的；(2)肇事机动车未参加机动车交通事故责任强制保险的；(3)机动车肇事后逃逸的。

典型案例　商业三者险肇事逃逸免责条款是否有效？

案例一：商业三者险肇事逃逸免责条款无效——广东省高级人民法院裁定安华保险公司申请再审交通肇事逃逸免责案

2012年1月31日18时许，被告人王某某驾驶桂K·L2×××号牌大货车行驶至池揭公路S236线广太镇山前村路口附近，因掉头转弯占线，与被害人谢某诚驾驶的粤V·M30××号牌摩托车发生碰撞，致谢某诚倒地受伤。王某某驾车逃离现场，行至广太收费站附近时被群众开车追上抓获。谢某诚住院抢救18天后死亡。肇事车辆系广西壮族自治区博白县永发运输公司所有，实际支配人为陈×。永发运输公司已为该车向安华财产保险股份有限公司广西分公司（以下简称安华保险公司）分别购买了机动车交强险和商业第三者责任险，其中商业三者险赔偿限额为50万元。交警部门认定王某某对此次事故负全部责任。

普宁市人民检察院以交通肇事罪向普宁市人民法院提起公诉。被害人谢某诚的近亲属提起附带民事诉讼,要求被告人王某某赔偿经济损失58万余元,车主永发运输公司、实际支配人陈×、安华保险公司承担连带赔偿责任。

普宁市人民法院经过审理,以被告人王某某犯交通肇事罪,判处有期徒刑五年零六个月,赔偿民事原告人45.4万元;判决安华保险公司在交强险限额内赔偿民事原告人12万元;车主永发运输公司、实际支配人陈×、安华保险公司对被告人的民事赔偿承担连带责任。

宣判后,安华保险公司以合同订有肇事逃逸免责条款为由,提出上诉,请求不承担连带赔偿责任。

普宁市人民法院经过审理,以第三者责任险是为确保因被保险人的致害行为而受害的第三人能够得到切实有效赔偿而设立,保险人和被保险人约定的免责事由不能对抗受害人为由,驳回上诉,维持原判。

安华保险公司以同样理由向广东省高级人民法院提出申诉。

广东省高级人民法院经审查认为,在商业第三者责任保险中,交通事故的发生意味着合同约定的赔偿条件成就,保险人即应履行赔偿义务。肇事逃逸的影响只及于事故发生之后,不溯及以前,投保人只应对逃逸行为扩大损害的部分担责。保险人以肇事逃逸为由免除自己的全部责任,违反公平原则、诚实信用原则和保险法的规定,属于无效条款。本案被告人肇事逃逸的行为并没有给保险人造成新的损失,保险人不能以此为由免除赔偿责任。

广东省高级人民法院裁定:驳回安华保险公司的申诉请求。

案例二:肇事后逃逸,保险公司尽到提示义务商业三者险不赔

龚某3年前驾驶轻型货车,车头撞击前方同向成某骑行的无牌自行车尾部,导致成某当场死亡。事发后,龚某驾车驶离现场。交警部门经调查认为,龚某对前方路面动态情况疏于观察,遇情况反应不及,事发后驾车离开现场,是造成事故的直接原因。最终交警部门认定被告龚某负事故全部责任,成某不负事故责任。后龚某被判交通肇事罪且属肇事后逃逸。涉案车辆投有交强险与商业三者险,商业三者险的保险条款第5条第(六)项规定,事故发生后,被保险人或其允许的驾驶人在未依法采取措施的情况下驾驶被保险机动车或者遗弃被保险机动车逃离事故现场,或故意破坏、伪造现场、毁灭证据的,造成人身伤亡或财产损失,保险人均不负责赔偿。

成某的近亲属将龚某及保险公司告上了法庭。法院查明,此次交通事故导致原告一方的损失金额为83万元。法院认为,龚某明知其驾车发生事故,未采取任何措施即驾车离开现场,案发后其拨打110报警时也未如实交代其交通肇事的事实,其驾车离开现场的行为从主观上看系为逃避法律追究而逃跑的行为,已经构成交通肇事犯罪后逃逸加重情节,属商业三责险条款约定的责任免除情形。

法院认为,龚某驾驶车辆发生交通事故后逃逸,符合免责条款的约定,保险公司免除商业三责险责任,仅在交强险范围内赔偿11万元,其余损失由车主及驾驶员承担。

【评析】

在商业第三者责任保险中,《机动车损失保险条款》及《机动车第三者责任保险条款》一般都将"交通肇事后逃逸"列入免责条款。但是,对于该免责条款的效力,司法实践中存在分歧。

以案例一为代表的观点认为,保险人以肇事逃逸为由免除自己的全部赔偿责任,违反公平原则、诚实信用原则和保险法的规定。且保险人和被保险人签订的保险条款不得对抗作为第三人的受害人,因此保险人针对第三人的"肇事逃逸,保险公司免赔"的条款不能成立,保险人不能以此免除赔偿责任。

以案例二为代表的观点认为,交通肇事后逃逸属商业三者险条款约定的责任免除情形。依照法律规定,保险人应当对免责条款尽到明确的提示说明义务,但对于将酒后驾车、肇事逃逸等交通安全法规中的禁止性规定作为免责条款的,保险人的说明义务可适当减轻。一般认为,保险人就该部分内容只要在保险单等凭证上提示投保人注意免责条款即可认定保险人已尽到明确说明义务,该免责条款发生法律效力。

本书认为,对于商业三者险肇事逃逸免责条款是否有效,不宜作绝对化判断,应结合具体个案予以认定。

第三节 信用保险合同和保证保险合同

一、信用保险合同和保证保险合同概述

(一)信用保险合同和保证保险合同的概念

信用保险合同和保证保险合同都是以市场经济活动中的信用风险作为保险标的的财产保险合同,只是根据承保方式的不同而划分为两种合同。其中,信用保险合同是债权人为投保人和被保险人,以债务人的信用作为保险标的,在债务人不能履约而导致债权人遭受经济损失时,保险人负责赔偿;保证保险合同则是债务人为投保人,并以因自身信用所涉及的违约行为为保险标的,当被保险人因债务人的违约而遭受经济损失时,保险人负责赔偿。

保证保险合同最早出现于18世纪末19世纪初的英国、美国等商业信用发达的国家。1842年,英国保证保险公司成立。1876年,美国在纽约开办了诚实保证业务,1893年成立了专营信用保险的美国信用保险公司。1919年,英国建立了出口信用制度,成立英国出口信用担保局。1934年,各国私营和国营出口信用保险机构在瑞士成立了国际信用保险协会,标志着国际信用保险的成熟和完善。时至今日,信用保险和保证保险已成为各国保险市场的重要组成部分,被普遍地适用于国内商品交换和国际贸易活动。

我国的信用保险和保证保险的发展始于20世纪80年代初期。1983年年初，中国人民保险公司上海分公司与中国银行上海分行达成协议，对一笔出口船舶的买方信贷提供中、长期信用保险；1986年人保开始试办短期出口信用保险；1988年，国务院决定由中国人民保险公司设立出口信用保险部，由中国人民保险公司试办出口信用保险业务，并在该公司设立了信用保险部。1994年以后，中国进出口银行也经办各种出口信用保险业务。2001年，我国第一家专门经营信用保险的国有独资的中国出口信用保险公司成立。2003年之后，中国平安财产保险公司、中国人民财产保险公司相继开展国内贸易信用保险业务。2013年，中国人民财产保险公司获批从事短期出口信用保险，从而打开了出口信用保险业务的垄断之门。从目前状况来看，信用保险和保证保险在我国尚存在极大的发展空间。

(二)信用保险合同和保证保险合同的特征

与其他财产保险合同相比较，信用保险合同和保证保险合同具有如下特征：

1. 信用保险合同和保证保险合同的保险标的是信用风险。由于信用风险是一类无形的经济利益，无论债权人还是债务人要求投保，保险人事先都必须对被保证人的资信情况进行严格审查，认为确有把握才能承保。保险实务中，由债权人投保债务人信用的，是信用保险合同；由债务人投保自己信用的，是保证保险合同。信用—保证保险承保的信用风险主要有以下几种：财务信用风险、商业信用风险、预付款信用风险、保证信用风险以及诚实信用风险。

2. 信用保险合同和保证保险合同的主体具有特殊性。在信用保险与保证保险中，实际上涉及三方的利益关系：在信用保险合同中，合同主体由保险人和被保险人(债权人)构成；在保证保险合同中，合同主体则由保险人、投保人(债务人)和被保险人(债权人)构成。

3. 信用保险合同和保证保险合同的承保风险具有特殊性。相较于其他财产保险合同，信用保险合同和保证保险合同的承保风险具有不确定性。信用风险是一种无形风险，具有很强的敏感性、关联性和动态性，因而具有很强的不确定性。信用风险的主体是人，信用风险与人的本性和品格有着天然的联系，市场经济中经济人的趋利性使得信用风险具有很强的不确定性和不规律性。此外，诸如战争、政府征用等客观原因的存在增强了信用风险的不规律性和不确定性。

二、信用保险合同

(一)信用保险合同的概念

信用保险合同，是指以信用风险作为保险标的，保险人对于被保险人(债权人)因债务人不能履约而遭受的经济损失承担保险赔偿责任。在信用保险合同中，投保人与被保险人是一致的，保险人承保的是债务人不履行义务的信用风险，被保险人即债权人则通过信用保险合同转嫁这一风险。

关于信用保险合同的法律性质，有观点将信用保险、特别是保证保险视为一种连带责任保证担保,其理由是债权人将债务违约风险转嫁至保险人,由保险人自身独立承担风险,特别是投保人支付的保费仅为使用保险人的信誉而支付的一种手续费。然而,信用保险合同是将债权人作为被保险人,将其面临的信用风险转嫁给保险人,从而构成独立的保险活动,与被保险人(债权人)与债务人之间的合同并无从属关系,因此信用保险合同属于保险合同的范畴。对此,2013 年《最高人民法院关于审理出口信用保险合同纠纷案件适用相关法律问题的批复》中指出:"对出口信用保险合同的法律适用问题,保险法没有作出明确规定。鉴于出口信用保险的特殊性,人民法院审理出口信用保险合同纠纷案件,可以参照适用保险法的相关规定;出口信用保险合同另有约定的,从其约定。"

(二)信用保险合同的类型

以信用保险合同承保内容为标准,可分为出口信用保险合同、投资信用保险合同、国内信用保险合同以及雇员忠诚信用保险合同。

1. 出口信用保险合同

出口信用保险合同,是指保险人与出口商之间就保险人对出口商因其债务人不履行合同义务而遭受的经济损失承担保险赔偿责任的保险合同。与其他商业性保险合同不同,出口信用保险合同一般由国家政府资助参与业务管理,其目的是提高本国产品的国际竞争力,推动本国的出口贸易,保障出口商的收汇安全和银行的信贷安全。我国于 1988 年正式开办了出口信用保险业务。1994 年,中国进出口银行成立,其业务中也包括了出口信用保险业务。2001 年年底中国出口信用保险公司成立。2013 年,中国人民财产保险公司获批从事短期出口信用保险。目前,我国出口信用保险业务以短期为主,承保信用期在 180 日以内的出口贸易合同。

出口信用保险合同的保险责任包括商业信用风险和政治风险两类。在保险期间内,被保险人按销售合同约定出口货物后,或作为信用证受益人按照信用证条款规定提交单据后,因商业风险和政治风险引起的直接损失,保险人按保险合同约定承担保险责任。

(1)商业风险。在非信用证支付方式下包括:买方破产或无力偿付债务;买方拖欠货款;买方拒绝接受货物。在信用证支付方式下包括:开证行破产、停业或被接管;开证行拖欠;开证行拒绝承兑。

(2)政治风险。在非信用证支付方式下包括:买方所在国家或地区颁布法律、法令、命令、条例或采取行政措施;买方所在国家或地区,或货款须经过的第三国颁布延期付款令;买方所在国家或地区发生战争、内战、叛乱、革命或暴动,导致买方无法履行合同;导致买方无法履行合同的、经保险人认定属于政治风险的其他事件。在信用证支付方式下包括:开证行所在国家或地区颁布法律、法令、命令、条例或采取行政措施,禁止或限制开证行以信用证载明的货币或其他可自由兑换的货币向被保险人支付信用证款项;开证行所在国家或地区,或信用证付款须经过的第三国颁布延期付款令;开证行所在国家或地区发生战争、内乱、叛乱、革命或暴动,导致开证行不能履行信用证项下的付款义务;导致开证行无法履行信用证项下付款义务的、经保险人认定属于政治风险的其他事件。

出口信用保险合同的责任免除包括如下事项:(1)汇率变更引起的损失。(2)被保险人或其代理人的违约、欺诈或其他违法行为,或被保险人的代理人的破产引起的损失。(3)被保险人知道或应当知道保险风险已经发生,或由于买方根本违反销售合同或预期违反销售合同,被保险人仍继续向买方出口而遭受的损失。(4)非信用证支付方式下发生的下列损失:可以及通常由货物运输保险或其他保险承保的损失;买方的代理人破产、违约、欺诈或其他违法行为引起的损失;银行擅自放单、运输代理人或承运人擅自放货造成的损失;被保险人向其关联公司出口,由于商业风险引起的损失;由于被保险人或买方未能及时获得各种必须许可证、批准书或授权,致使销售合同无法履行引起的损失。(5)信用证支付方式下发生的下列损失:因单证不符或单单不符,开证行拒绝承兑或拒绝付款所造成的损失;信用证项下的单据在递送或电讯传递过程中迟延或遗失或残缺不全或误邮而引起的损失;虚假或无效的信用证造成的损失。

2. 投资信用保险合同

投资信用保险合同,又称政治风险保险合同,是指保险人对被保险人(本国投资者)在外国投资期间因投资国的政治原因造成的投资损失承担保险赔偿责任的保险合同。由于投资信用保险承保的是国家政治风险,该类保险通常是由政府特设机构或者指定的机构办理。

投资信用保险合同的保险责任主要包括:征用风险,即国有化风险;汇兑风险,即外汇风险;战争风险,又称战争、革命、暴乱风险。投资信用保险合同同样规定保险人的责任免除事项:由于原子弹、氢弹等核武器造成的损失;被保险人的间接损失;被保险人及其代表违背或不履行投资合同或故意违法行为导致政府有关部门征用或没收造成的损失;被保险人没有按照政府有关部门所规定的汇款期限汇出汇款所造成的损失;投资合同范围之外的任何其他财产的征用、没收所造成的损失。

3. 国内信用保险合同

国内信用保险合同,又称国内商业信用保险合同,是指保险人对国内工商企业(债权人)因债务人不履行义务而遭受的损失承担保险赔偿责任的保险合同。它是为促进本国商业信用的发展,以及适应现代市场经济条件下商业赊销方式的广泛应用而发展起来的一类信用保险合同。我国国内信用保险合同绝大部分属于短期商业信用保险合同,一般在180日之内,最长不超过一年。

国内信用保险合同的保险责任是指被保险人在保险期间内交易商品或提供服务,在按贸易合同约定将商品交付买方或提供服务后,由于买方破产、买方拖欠应收账款之原因引起的被保险人应收账款损失,保险人按照保险合同的约定负责赔偿。

同时,国内信用保险合同的责任免除包括如下事项:(1)原因的除外:被保险人及其雇员的故意行为、违反贸易合同义务的行为或违法行为;被保险人依法或依照约定可以终止履行贸易合同时,仍继续履行贸易合同;核反应、核辐射和放射性污染;买方所在地区发生战争、军事行为、恐怖事件、武装冲突、叛乱、暴动、民众骚乱、飓风、洪水、地震、火山爆发和海啸;非买方原因导致的行政行为或司法行为。(2)损失、费用和责任的除外:贸易合同中包括有偿劳务,但在保险事故发生时,劳务尚未提供或尚未完全提供,未提供劳务部分的报酬;被保险人向关联方的交易发生的损失;被保险人未按保险合同约定申报的交易或申报后未按约定交付保险费的贸易合同下的损失;买方信用限额撤销通知的生效日期之后,被保险人仍继续履行贸易合同而发生的损失;除保险合同另有约定外,被保险人任何的利息损失;保险合同中约定的免赔额。

4. 雇员忠诚信用保险合同

雇员忠诚信用保险合同,又称诚实担保保险合同,是指保险人对(被保险人)雇主因其雇员的欺诈、伪造、隐匿、盗窃、违背职责等不诚实行为所遭受的经济损失时承担保险赔偿责任的保险合同。但并非雇员所有的不诚实行为都会导致保险人承担赔偿责任,只有同时具备三项要件,保险人对雇主因雇员欺骗或不忠实行为而遭受的直接经济损失才承担保险责任:(1)雇员的不诚实行为发生在保险期内;(2)雇员的不诚实行为发生在其受雇用期间(该期间连续未中断);(3)雇员的不诚实行为发生在其从事雇用工作的过程中,与其职业或职责有关。此外,被保险人在保险期间或保险期间结束后 6 个月内或其雇员死亡、被解雇或退休后 6 个月内发现其雇员的不诚实行为(以先发生者为准),也属保险责任范围之内。

以承保形式为标准,雇员忠诚信用保险合同大抵有四种类型,即承保特定雇员的不诚实行为的指名忠诚保险合同,承保多数雇员的不诚实行为的团体忠诚保险合同,承保全体雇员的不诚实行为的总括忠诚保险合同,以及承保特定职位的雇员的不诚实行为的职位忠诚保险合同。

三、保证保险合同

(一)保证保险合同的概念

保证保险合同是指以债务人(投保人)因自身信用所涉及的违约行为为保险标的,保险人对债务人违约导致债权人(被保险人)遭受的经济损失承担保险赔偿责任。保证保险合同的主体涉及三方当事人,即保险人,作为投保人的债务人,作为被保险人的债权人。与信用保险合同中投保人和被保险人的身份统一于债权人不同,保证保险合同的投保人和被保险人是分离的,即投保人是债务人,被保险人是债权人。

对于保证保险合同的法律性质,目前尚存在不同认识,主要有以下三种观点:

(1)保险说,这一观点将保证保险视为保险公司以保险方式开办的保证业务,认为保证保险是有偿保证。(2)保险说,这一观点认为保证保险合同与保证合同存在本质上的区别,它应属于财产保险的一种。(3)二元说,这一观点认为保证保险制度具有保证与保险的二元属性,该制度蕴含着保障各方当事人合法权益的双重救济模式,保证保险合同的性质取决于当事人的主张与选择。本书认为,从构成要件层面来看,保证保险合同符合保险合同的基本特征:(1)保证保险是投保人与保险人为他人利益而签订的保险合同,以债务人为投保人、债权人为被保险人;(2)保证保险约定的保险事故依然具有偶发性的特征;(3)保证保险合同具有独立性,并不从属于借款合同;(4)保险人在承担保险责任后,向债务人行使的追偿权性质上是保险人的代位求偿权而非保证人的追偿权;(5)保证保险的经营符合保险的本质,保险公司收取的是保险费而非手续费。

理论拓展 消费贷款保证保险究竟是保险还是保证?〔9〕

就消费贷款保证保险的法律适用,理论界与实务界存在很大争议。司法实务中,多数法院认为,消费贷款保证保险合同属于保险合同,应当首先适用保险法的规定。

如北京市高级人民法院2005年《关于审理汽车消费贷款纠纷案件及起草消费贷款保证保险纠纷案件若干问题的指导意见(试行)》第7条规定:在以借款人为投保人、银行为被保险人的保证保险合同中,贷款合同是保证保险合同的基础合同,但二者之间不存在主从合同关系,保证保险合同具有独立性;第8条规定:在以借款人为投保人、银行为被保险人的保证保险纠纷案件中,贷款合同被认定无效或被撤销,保险合同的效力及保险人的责任应依据合同法、保险法的相关规定以及保证保险合同的相关约定来认定。

福建省高级人民法院民二庭2010年《关于审理保险合同纠纷案件的规范指引》第26条规定:"保证保险合同是指借款合同或借款担保合同的债务人向保险人投保,当因债务人不履行借款合同或借款担保合同约定的义务,导致债权人权益受到损失时,由保险人承担保险赔偿责任的财产保险合同。保证保险合同效力独立于借款合同或借款担保合同效力之外,不具有从属性。"第27条规定:"人民法院审理保证保险合同纠纷案件,应当适用保险法、合同法及其他相关法律、法规和司法解释。"

也有的法院认为,应当根据消费贷款保证保险合同的具体约定来确定其性质及法律适用。如广东省高级人民法院2006年《关于审理汽车消费贷款保证保险纠纷若干问题的指导意见》第1条规定:"因《汽车消费贷款保证保险合同》发生纠纷

〔9〕 节选自王静:《保险案件司法观点集成》,法律出版社2016年版。

的案件,应根据合同的主要内容、当事人责任、履约方式及合同目的等确定合同性质属于保险合同还是担保合同,并据此确定相应适用的法律。保险公司在《汽车消费贷款保证保险合同》中或在银行签订的合作协议中明确约定为借款人的借款提供保证,银行向法院起诉要求保险公司承担保证责任的,应认定银行与保险公司之间建立保证法律关系,适用《中华人民共和国担保法》认定保险公司责任。”第3条规定:“不构成担保法规定的保证关系的保证保险合同具有独立性,应依照《保险法》相关规定确定合同效力,不应以借款合同无效为由认定保证保险合同无效。”

上海市高级人民法院《2012年第一次高中院金融审判联席会议纪要》在讨论银保合作支农贷款背景下保证保险合同相关问题时,倾向性意见认为:“履约保证保险是保险公司开办的一种保险业务。在该险种具体实施中,由于各保险公司制订的合同具体内容并不统一,导致其法律性质存在一定争议。鉴于2009年《保险法》已将保证保险明确纳入财产保险范畴,故法院在审理此类合同引发的纠纷时,应将之作为保险法律关系处理。对于此类合同纠纷,首先适用《保险法》《合同法》的相关规定,《保险法》《合同法》没有明确规定的,才参照《担保法》相关规定。但合同明确约定,保险公司承担保证责任,而且合同约定的权利义务也符合保证的法律性质的,法院应当将其界定为保证,适用《担保法》的相关规定。”

作为最高司法机关的最高人民法院前后的观点则存在反复。2000年8月28日,最高人民法院在给湖南省高级人民法院《关于中国工商银行郴州市苏仙区支行与中保财产保险有限公司湖南省郴州市苏仙区支公司保证保险合同纠纷一案的请示报告的复函》中认为,“保证保险是由保险人为投保人向被保险人(即债权人)提供担保的保险,当投保人不能履行与被保险人签订合同所规定的义务,给被保险人造成经济损失时,由保险人按照其对投保人的承诺向被保险人承担代为补偿的责任。因此,保证保险虽是保险人开办的一个险种,其实质是保险人对债权人的一种担保行为。在企业借款保证保险合同中,因企业破产或倒闭,银行向保险公司主张权利,应按借款保证合同纠纷处理,适用有关担保的法律”。

2001年3月14日,最高人民法院在审理神龙汽车有限公司诉华泰财产保险股份有限公司保证保险合同纠纷案之民事裁定书中认定,保证保险是当事人依据保险法的规定而成立的保险合同;2003年,最高人民法院在《关于审理保险纠纷案件若干问题的解释(征求意见稿)》中将保证保险规定为“是为保证合同债务的履行而订立的合同,具有担保合同性质”;而到2005年4月,最高人民法院《关于审理保险合同纠纷案件适用法律若干问题的解释(送审定稿)》中则回避了保证保险的定性问题,只就保证保险合同纠纷的法律适用及当事人问题作了原则性的规定,但在该稿所附的说明中,仍然强调“多数人认为保证保险是由保险人向权利人即被保险人提供的一种担保业务,与一般财产保险有重大的区别”。

直到2010年6月24日,最高人民法院在给辽宁省高级人民法院《关于保证保险合同纠纷案件法律适用问题的答复》中,才就消费贷款保证保险的法律性质及其法律适用作了明确表态，指出消费贷款保证保险系保险公司开办的一种保险业务，性质上属于保险合同。该答复指出："汽车消费贷款保证保险是保险公司开办的一种保险业务。在该险种的具体实施中，由于合同约定的具体内容并不统一，在保险公司、银行和汽车销售代理商、购车人之间会形成多种法律关系。在当时法律规定尚不明确的情况下，应依据当事人意思自治原则确定合同的性质。你院请示所涉中国建设银行股份有限公司葫芦岛分行诉中国人民保险股份有限公司葫芦岛分公司保证保险合同纠纷案，在相关协议、合同中，保险人没有作出任何担保承诺的意思表示。因此，此案所涉保险单虽名为保证保险单，但性质上应属于保险合同。同意你院审判委员会多数意见，此案的保证保险属于保险性质。"最高人民法院起草保证保险相关司法解释的思路是，人民法院审理此类案件应当遵循充分尊重当事人意思自治的原则，在法律或司法解释未对此作出详细规定的情况下，当事人合同约定的内容是判断合同性质以及如何适用法律的重要依据。最高人民法院起草保证保险司法解释的指导思想是立足现实，着眼未来。初步意见是根据保险法的规定，消费贷款保证保险属于保险合同，同时但书规定，当事人有特别约定的，从其约定。

但是，2013年12月26日，最高人民法院在审理中国人民财产保险股份有限公司葫芦岛市分公司与中国建设银行股份有限公司葫芦岛分行保证保险合同纠纷再审申请作出的(2013)民申字第1565号民事裁定书中又认定：最高法院对湖南省高级人民法院《关于中国工商银行郴州市苏仙区支行与中保财产保险有限公司湖南省郴州市苏仙区支公司保证保险合同纠纷一案的请示报告》的复函指出，"保证保险虽是保险人开办的一个险种，其实质是保险人对债权人的一种担保行为。在企业借款保证保险合同中，因企业破产或倒闭，银行向保险公司主张权利，应按借款保证合同纠纷处理，适用有关担保的法律"，故中国人民财产保险股份有限公司葫芦岛市分公司主张本案应优先保险法相关规定的再审理由不能被支持。

(二)保证保险合同的分类

目前，各国保险市场上开办的保证保险合同业务通常分为确实保证保险合同和产品质量保证保险合同两类。

1. 确实保证保险合同

确实保证保险合同，是指保险人对债务人不履行法律或合同义务给债权人造成的经济损失承担保险赔偿责任的保险合同。其主要包括：(1)合同保证保险合同，是指保险人对因债务人不履行合同义务而造成的债权人经济损失承担赔偿责任的保证保险合同，主要适用于建筑工程的承包合同。(2)司法保证保险合同，是指保险人对债务人不履行司法义务而造成的经济损失承担赔偿责任的保证保险合同，又可分为诉讼保证保险合同和委托保证保险合同。(3)许可证保证保险合同，是指保险人对从事经营活动领取执照的人遵守法律法规或者履行义务提供保险责任的保证保险合同。其主要适用于从事美容业、加油站、娱乐业，或者经营汽油、酒类、烟草业务的企业和个人。(4)存款保证保险合同，是指保险人于商业银行发生支付危机不能向存款人兑付时承担保险赔偿责任的保证保险合同。(5)贷款保证保险合同，是指保险人对投保人未能按约偿还贷款所造成的损失承担赔偿责任的保证保险合同。

2. 产品质量保证保险合同

产品质量保证保险合同，是指保险人对制造商、销售商或修理商因制造、销售或修理的产品的质量问题给使用者造成的经济损失承担保险赔偿责任的保险合同。此合同中，产品的购买者或消费者是保险合同的权利人，被保险人在保险合同项下的权益由权利人享有。

产品质量保证保险合同的保险责任包括三个部分：(1)被保险产品因不具备产品应当具备的使用性能而事先未作说明的，或者不符合在产品或者包装上注明采用的产品标准的，或者不符合以产品说明，或实物样品等方式表明的质量状况，依法应由被保险人承担修理、更换、退货责任的，保险人按照保险单载明的赔偿比例对被保险人负责赔偿实际损失；(2)经保险人事先同意，因被保险产品修理、更换或退货而产生的应由被保险人承担的鉴定费、运输费和交通费；(3)保险事故发生后，被保险人因保险事故而被提起仲裁或者诉讼的，对应由被保险人支付的仲裁或诉讼费用以及事先经保险人书面同意支付的其他必要的、合理的费用。

思考题

1. 如何理解财产损失保险合同的法律含义？
2. 如何理解责任保险合同的法律含义？
3. 如何理解信用保险合同和保证保险合同的法律含义？

第十三章　再保险合同

第一节　再保险合同概述

一、再保险合同的概念和特征

(一)再保险合同的概念

再保险也称“分保”,是指原保险合同的保险人,为了避免或者减轻其在原保险合同中承担的保险责任,将其承保危险的全部或者一部分再转移给其他保险人所订立的保险合同。[1] 亦即,保险人将其承担的风险和责任以分保形式部分转移给其他保险人。我国《保险法》第28条第1款规定:“保险人将其承担的保险业务,以分保形式部分转移给其他保险人的,为再保险。”财政部《企业会计准则第26号——再保险合同》第2条规定:“再保险合同,是指一个保险人(再保险分出人)分出一定的保费给另一个保险人(再保险接受人),再保险接受人对再保险分出人由原保险合同所引起的赔付成本及其他相关费用进行补偿的保险合同。”

再保险最早产生于欧洲海上贸易发展时期。14世纪开始,随着海外贸易和航运业的发展,保险人承担的风险责任越来越大,客观上产生了分保的需求。1370年,意大利海上保险人首次签发了一份转嫁风险责任的保单。十七八世纪由于商品经济和世界贸易的发展,特别是1666年的伦敦大火,使保险业产生了巨灾损失保障的需求,为国际再保险市场的发展创造了条件。从19世纪中叶开始,在德国、瑞士、英国、美国、法国等国家相继成立了再保险公司。1821年,巴黎国民保险公司和布鲁塞尔业主联合公司签订了第一个固定分保合同。1852年,世界上第一家独立专业再保险公司——德国科龙再保险公司成立。第二次世界大战以后,发展中国家的民族保险业随着国家的独立而蓬勃发展,使国际再保险业进入了一个新的历史时期。时至今日,再保险已成为保险总体中不可缺少的组成部分。

在我国,1979年中国国内恢复保险业务以后,在近十年的时间里,只有中国人民保险公司一家保险公司,所以在国内不存在再保险市场的概念。直至20世纪80年代末在深圳、上海两地相继成立平安和太平洋两家保险公司,才形成了再保险市场架构的雏形。1992年平安保险公司和太平洋保险公司获准经营国内和国际再保

---

〔1〕 参见贾林青:《保险法》,中国人民大学出版社2014年版,第104页。

险业务。1995 年颁布的《保险法》默许其他商业保险公司经营再保险业务，从而使国内再保险市场的垄断局面彻底打破，各保险公司的再保险业务均得到了不同程度的发展。1996 年，中国人民保险公司进行了改革，改组后的中保集团设立了中保再保险公司，这是新中国成立之后出现的第一家专业的再保险公司。该公司于 1999 年再次改组，正式更名为中国再保险公司。2003 年经过再次重组改制，中国再保险（集团）公司成立，开始了我国民族再保险业产寿险分体改制、集团化经营的崭新一页。

（二）再保险合同的特征

与原保险合同比较，再保险合同的特征有：

1. 再保险合同主体的特殊性。再保险合同双方均是保险人，即再保险分出人和再保险接受人。根据其经营的再保险业务和直接保险业务的比重不同，可以将再保险人分为专业的再保险人、再保险和直接保险业务共同经营的再保险人。再保险分出人以向再保险接受人交纳再保险费为代价，分出其承保危险的全部或部分，同时有权利就其由原保险合同所引起的赔付成本及其他相关费用从再保险接受人处获得补偿。

2. 再保险合同是补偿性合同。再保险合同的保险标的是原保险保险人所承担的保险责任之部分或全部，不具有直接对原保险合同标的进行赔偿或给付的性质，而是以补偿再保险分出人就其由原保险合同所引起的赔付成本及其他相关费用为目的，因而属于补偿性合同。

3. 再保险合同独立于原保险合同。原保险合同是再保险合同的前提，再保险合同的订立以原保险合同为基础。但是作为两种不同的危险转移方式，再保险合同与原保险合同是相互独立的两个合同，“两者各别独立，并无继承关系之存在”。[2]（1）赔偿请求权方面，原保险的被保险人或者受益人不得向再保险接受人提出赔偿或者给付保险金的请求；（2）保险费请求权方面，再保险合同的再保险接受人与原保险合同的投保人和保险受益人之间不发生任何法律或业务关系，再保险接受人不得向原保险的投保人要求支付保险费；（3）赔偿义务方面，再保险分出人不得以再保险接受人未履行再保险责任为由，拒绝履行或者迟延履行其原保险责任。

二、再保险合同的法律性质

关于再保险合同的法律性质，理论界有以下观点。

（一）合伙合同说

该说认为，再保险合同是原保险人与再保险人以分担危险为共同目的之合伙合同。[3] 首先，再保险合同的双方当事人对于原保险合同的标的具有利害与共的

---

〔2〕 参见梁宇贤：《保险法实例解说》，中国人民大学出版社 2004 年版，第 70 页。

〔3〕 参见袁宗蔚：《再保险论》，三民书局 1972 年版，第 12 页。

关系,这与合伙中的共收益、共赔偿相似。其次,基于原保险合同的约定,保险事故发生后,原被保险人可以直接向原保险人主张赔付保险金,这与合伙中的债权人可以向合伙中的当事人主张债权相似。最后,再保险合同双方当事人可以以比例再保险方式或非比例再保险方式,划定原保险人和再保险人各自所承担的责任,这与合伙中根据双方出资的多少而承担与之相应的责任类似。

(二)保险合同说

该说认为,从再保险合同的内容来看,其仍为保险合同。但究竟为何种保险合同,又有不同观点。

1. 原保险合同说。该说认为,再保险合同是继承原保险合同而来。再保险成立与否,仅取决于原保险是否存在,其实质内容仍以原保险合同为基础。[4] "如果原保险合同是财产保险合同则再保险合同为财产保险合同。原保险合同是人身保险合同则再保险合同是人身保险合同。因为其保险标的并未改变。"[5] 在英国的一个判例中,法官霍夫曼认为,再保险合同不是一个对原保险人潜在责任或赔偿的保险,它是再保险人和再保险被保险人之间的一个独立合同,该合同中的保险标的与原保险中的保险标的相同。[6]

2. 新型保险合同说。该说认为,保险法将有关再保险的规定放在保险合同总则部分,这是将再保险界定为一种不同于原保险的类型。"在再保险法律关系中,原保险人转嫁了风险,再保险人取得了再保险费,双方通过共命运等条款的约定,再保险人在其利害关系范围内与原保险人同命运,这种法律关系不同于原保险中的任何险种。"[7] 基于这种观点,再保险合同应为独立于保险合同基本分类之外的一种特殊保险合同。但因为原保险合同与再保险合同的密切关系,所以再保险合同可适用原保险合同的相关规定。[8]

3. 责任保险合同说。该说认为,再保险合同是以分担原保险人向原被保险人的赔偿责任而产生的,其标的是原保险人的赔偿或给付责任。再保险合同的保险事故不是原保险合同标的的毁损或灭失,而是原保险人对被保险人损失补偿或赔偿责任的发生,是保险合同约定的保险责任范围内的责任事故。[9] "再保险契约之法律性质惟以责任保险契约说为通说。盖再保险,系以原保险人,基于原保险契约所负责任为对象之保险,性质上属于责任保险之一种,有关再保险契约之事项,可适

---

〔4〕 参见陈继尧:《再保险实务研究》,三民书局1976年版,第47页。

〔5〕 参见陈继尧:《再保险实务研究》,三民书局1976年版,第74页。

〔6〕 See Charter, Re – insurance Co. Ltd . v. Fagan, 1997. 转引自陈欣:《保险法》,北京大学出版社2006年版,第249页。

〔7〕 参见李玉泉主编:《保险法学理论与实务》,高等教育出版社2007年版,第380页。

〔8〕 参见桂裕:《再保险实务研究》,三民书局1969年版,第69页。

〔9〕 参见张洪涛、郑功成主编:《保险学》,中国人民大学出版社2000年版,第377~378页。

用责任保险之规定。”〔10〕

我国《保险法》未明确规定再保险合同的性质。从诸说内容来看,唯责任保险合同说最能符合再保险的原旨。我国《保险法》第 28 条第 1 款规定:“保险人将其承担的保险业务,以分保形式部分转移给其他保险人的,为再保险。”可见,原保险人寻求再保险的目的在于将其所承担的保险责任的一部分转移给再保险人,以减少自身所承担的风险,因而具有责任保险合同的本质。

三、再保险合同的分类

依据不同标准,可将再保险合同作不同分类。

(一)比例再保险合同和非比例再保险合同

这是以保险责任限制为标准进行的划分。比例再保险合同是指以保险金额为基础确定再保险分出人自留额和再保险接受人分保额的再保险合同。比例再保险合同中,原保险人与再保险人按事先约定的比例分配保险金额,相应的再保险费计算以及赔款的分摊也全都按约定的保险金额同一比例分担。

非比例再保险合同是指以赔款金额为基础确定再保险分出人自负责任和再保险接受人分保责任的再保险合同。非比例再保险合同中,原保险人与再保险人协商议定一个由原保险人赔付保险金的额度,在此额度以内的由原保险人自行赔付,超过该额度的,就须按协议的约定由再保险人承担其部分或全部赔付责任。

(二)临时再保险合同、合约再保险合同和预约再保险合同

这是以合同安排方式为标准进行的划分。临时再保险是指原保险人和再保险人根据各自情况洽商分保条件和费率,而临时达成的再保险合同。

合约再保险合同,又称固定再保险合同,是指原保险人和再保险人通过合同的方式约定一定时期内的再保险项目、双方所必须遵守的条件以及各自的权利与义务的一种再保险方式。它是一种长期性的再保险协议,在一定时期内连续有效。如果一方想终止合同,必须在规定期限内通知对方,否则合同继续有效。

预约再保险合同是介于临时再保险和合约再保险之间的再保险合同,指原保险人对合同规定的业务是否分出,可自由安排而无义务约束,而再保险公司对合同规定的业务必须接受,无权选择的一种再保险安排方式。

此外,再保险合同还可以依据再投保对象的不同,分为人身再保险合同和财产再保险合同;依据合同订立强制性的不同,分为自愿再保险合同和法定再保险合同。

---

〔10〕 参见梁宇贤:《商事法论》,中国人民大学出版社 2003 年版,第 394 页。

第二节 再保险合同的适用

一、再保险合同的主体

再保险合同的主体包括原保险人和再保险人。下文分而述之。

(一)原保险人

原保险人是指根据再保险合同的规定,将其所承保风险的一部分或全部分出给再保险人的分保人,又称再保险分出人。

根据再保险合同的规定,原保险人享有如下权利:[11](1)保险金索赔权,原保险人有权依据再保险合同,在约定的保险责任发生时向再保险人提取保险赔款;(2)单独处理和要求分摊权,原保险人有权根据再保险合同约定,在维护双方共同利益的前提下,单独处理原保险业务,因此而产生的一切费用,可要求分入人按约定分摊;(3)对于比例再保险,原保险人有权要求再保险人提存保险费准备金和赔款准备金;(4)向再保险人行使现金摊赔请求权,在遇到巨额赔款时,赔款责任超过约定数额时,原保险人可以要求再保险人以现金摊赔。

同时,原保险人还应当履行相关义务。(1)原保险人应履行告知和通知义务。主要包括两方面内容:其一,保险内容的告知与通知。原保险人在再保险合同订立时,应将有关再保险测定风险的重要事项以书面形式(初步业务报告表)告知再保险人。再保险合同订立之后,原保险人应按时将各分保账户所有分保业务,以书面形式(确定业务报告表)通知再保险接受人。此外,初步业务报告中未成立的合同,或合同成立但其条款及内容有变动时,再保险分出人也应以书面形式(异动业务报告表)通知再保险接受人。其二,危险变更或增加的通知。再保险合同成立后,如有关再保险的危险发生变更或增加时,原保险人应当及时通知再保险人。(2)原保险人在保险事故发生时应履行防止损害扩大的义务。原保险人对于损害负有防止其扩大的责任,并且必须采取措施减轻损失。对于为防止损害扩大所支付的费用,再保险人也应负责。(3)原保险人应履行交付再保险费的义务。原保险人必须向再保险人支付再保险费,这是原保险人取得再保险保障的先决条件。再保险费率的大小,一般以原保险费率为基础。

(二)再保险人

再保险人是指接受原保险人分出的再保险业务,对再保险合同的原保险人所发生的保险赔付承担赔偿责任的主体,又称再保险接受人。

2002 年中国保监会发布了《再保险公司设立规定》,明确了再保险公司设立的

---

〔11〕 参见任自力主编:《保险法学》,清华大学出版社 2010 年版,第 289 ~ 290 页。

条件。依据业务经营范围,再保险公司可以分为人寿再保险公司、非人寿再保险公司和综合再保险公司。其中,人寿再保险公司和非人寿再保险公司的实收货币资本金应不低于2亿元人民币或等值的可自由兑换货币;综合再保险公司的实收货币资本金应不低于3亿元人民币或等值的可自由兑换货币;外国保险公司的出资应当为可自由兑换货币。

根据再保险合同的规定,再保险人一般享有以下权利:[12] (1)收取再保险费的权利,再保险费是再保险人承担再保险责任的对价,收取的再保险费构成再保险基金的组成部分,成为履行再保险责任的物质基础;(2)检查原保险人业务记录的权利,检查的内容是原保险人有关再保险业务的相关事项,如危险单位的划分、危险单位的分配与安排、保险标的的风险评估、自留额、再保险费率等;(3)再保险代位求偿权,即再保险人在向原保险人履行义务后,取得对第三人的代位求偿权,目的是防止保险人的不当得利。

关于再保险人的保险代位求偿权,理论上有两种不同观点:(1)再保险人可自行行使代位权。这一观点认为,再保险性质上属于责任保险,再保险人是责任保险的保险人,而原保险人是被保险人。原保险人在赔偿被保险人损失后,所获得的代位权,同样适用于再保险。再保险人将再保险金给付原保险人后,再保险人取得代位权。[13] (2)再保险人不能直接行使,须由原保险人行使代位权。这一观点认为,为求再保险人之方便,并免第三人应诉之累,代位权之行使权人应限原保险人得为之。[14] 原保险人以自己名义代位请求全部赔偿金额,并将追偿所得摊还给再保险人。

对此,目前理论界和实务界持否定观点者为大多数。John S. Butler 和 Robert M. Merkin[15]认为,代位求偿的目的在于防止被保险人的双重获偿,故以对被保险人赔偿为前提要件,任何允许再保险人以自己名义提起诉讼,对导致原损害的侵权行为人行使代位求偿权的安排,因其不在于剥夺被保险人的双重获偿,且难以证实对被保险人提供损害填补,似乎不具有强而可信的说服力。综观各国保险立法,也都有代位求偿权对再保险不适用的明文规定。例如,德国《保险契约法》第186条规定:“本法规定对……再保险不适用。”日本、法国、瑞士、奥地利等国亦均有类似的规定。

同时,再保险人应履行相关义务,主要包括:接受分担额的义务;损失补偿的义务;再保险佣金与盈余佣金支付的义务;保费准备金提存与管理的义务;接受再保险金额及再保险费减额请求的义务;保全与行使代位权所需费用的承担义务等。

---

〔12〕 参见任自力主编:《保险法学》,清华大学出版社2010年版,第288页。
〔13〕 参见陈继尧:《再保险论——当代趋势与型态研究》,三民书局1993年版,第33页。
〔14〕 参见[日]田边康平:《保险契约法》,台湾财团法人保险事业发展中心出版社1993年版,第115页。
〔15〕 See John S. Butler and Robert M. Merkin, Reinsurance Law. c. 3. 1 - 09(1986 - 1987).

二、再保险合同的内容

再保险合同的内容由原保险人和再保险人协商确定，不同类型的再保险合同，其内容也有不同。一般来看，其基本内容包括：(1)缔约当事人的名称、地址；(2)保险期限，包括合同开始和终止时间；(3)执行条款，包括再保险的方式、业务范围、地区范围及责任范围；(4)除外责任；(5)保险费的计算、支付方式及对原保险人的税收处理；(6)手续费条款；(7)赔付条款；(8)账务条款，即账单编送及账务结算事宜；(9)仲裁条款，规定再保险合同仲裁范围、仲裁地点、仲裁机构、仲裁程序和仲裁效力等；(10)保险合同终止条款；(11)货币条款，规定自负责任额、分保责任额、保费和赔款使用的货币以及结付应用的汇率等。

再保险合同还具有几类特殊条款。

1. 共同利益条款。又称共命运条款，〔16〕是指原保险人与再保险人在保险费的获得、向第三者追偿、保险金赔付、保险仲裁或诉讼等方面对被保险人或受益人有着共同的利益，而就上述事宜，授权原保险人为维护分保双方共同利益作出决定，由此产生的一切权利与义务都由双方按达成的协议规定共同分享和分担。为维护再保险人的利益，共同利益条款的履行一般须符合两个条件，即原保险人的损失必须属于再保险合同的承保范围；原保险人在处理原被保险人的索赔时必须以诚实和符合保险惯例的方式行事。共同利益条款仅适用于比例再保险合同。

2. 过失或疏忽条款。按照此条款规定，在保险期限内保险事故发生以及原保险人在执行再保险合同条款时，由于原保险人的过失或疏忽而非故意造成的损失，再保险人仍应承担相应的赔偿责任。当然，原保险人一旦发现差错或失误，应立即采取相应措施向再保险人补报或纠正。

3. 双方权利保障条款。按照此条款规定，原保险人与再保险人应当保证对方享有一定的权利，以保护其合法利益。例如，原保险人应赋予对方查阅账册、单据和文件的权利；再保险人则赋予原保险人选择承保标的、制定费率和处理赔款的权利。

典型案例 2011年原保险人Y公司与再保险人F公司之间再保险合同纠纷案〔17〕

2006年原保险人Y公司与再保险人F公司就其承保的S公司建筑安装工程一切险及第三者责任险达成再保险协议。分保期间为2006年9月28日至2009年6月15日，分出比例为8%。2007年11月26日S公司汽轮发电组发生事故，并向原保险人Y公司委托Z保险公估公司进行现场查勘定损，定损结果于2009年2月25

〔16〕 国际惯例中，共同命运条款通常表述为："兹特约定凡属本合同约定的任何事宜，再保险人在其利害关系内，与原保险人同一命运。"

〔17〕 参见陈会平、李挺："我国再保险纠纷第一案述评"，载《中国保险》2012年第6期。

日得到原被保险人S公司的确认。在此前的2008年2月28日，原保险人Y公司已先行预付保险赔款100万元，2009年9月28日，再向S公司支付保险赔款423.29万元，至此理赔完毕。2010年4月20日，原保险人Y公司根据最终保险赔款金额，加上公估查勘费用若干，向再保险人F公司申请摊回赔款43.30万元，后者于2010年6月30日主要以索赔已过诉讼时效为由加以拒绝。虽经多方交涉，双方无法就争议问题达成一致，于是2011年5月26日原保险人Y公司根据再保险协议中的仲裁条款向中国国际贸易仲裁委员会上海分会申请仲裁。

本案的争议焦点为：再保险的诉讼时效是适用《保险法》第26条规定的诉讼时效，还是适用《民事诉讼法》关于时效的一般规定？

仲裁意见如下：

1. 再保险诉讼时效适用《保险法》的规定，但原保险与再保险的诉讼时效起算时间不一致。

仲裁庭认为，再保险协议属于保险合同的一种，应当适用《保险法》关于诉讼时效的一般规定。但是，再保险的标的与原保险的标的并不相同。原保险的保险事故是保险标的的财产或人身的损失，再保险的保险事故是指原保险人承担其在原保险中的赔偿责任。当原保险事故发生时，原保险人是否要承担赔偿责任尚不能确定，即再保险事故是否发生并不能确定。此时原保险人将原保险事故的发生通知再保险人，由于原保险人赔偿责任的不确定性，这种通知不构成一种权利主张或索赔，而是一种基于合同约定和最大诚信原则所为的民事行为。因此，仲裁庭认为，本案原保险事故发生时，再保险事故并没有同时发生。由于赔偿责任与赔偿金额的不确定性，原保险人向再保险人摊赔的主张尚不充分，据此认定原保险人尚不能确定自己的权益遭受了损失，其主张权利的诉讼时效不应当从原保险事故发生时开始计算，而应当从再保险事故发生即申请人承担赔偿责任时起算。

2. 再保险事故发生的时间为原保险人承担保险赔偿责任之时，再保险的诉讼时效从原保险人承担保险责任时起算。

仲裁庭认为，既然《保险法》第26条关于保险时效的一般规定同样适用于再保险，那么再保险的诉讼时效就应当从再保险被保险人知道或应当知道再保险事故发生时起算，也就是应当从原保险人承担赔偿责任时起算。同时，之所以再保险的保险事故的发生时间不是原保险的责任认定之时，是因为责任被认定时，原保险人支出尚未发生，并未构成实际损失。另外，原保险人预付赔款的行为也不构成保险事故的已经发生或部分发生，主要原因是预见付赔款是基于《保险法》第25条规定的法定义务、保险人的社会责任和商业竞争的需要。而且，本案中原保险人预付赔款在责任与损失认定之前，保险责任尚未最终认定，预付赔款不应当认定为再保险事故已经发生并进而构成再保险人拒赔的理由。

虽然仲裁庭认定原保险人Y公司未及时通知原保险事故发生属违约行为，但认为此种义务的违反尚不能导致其丧失摊回赔款权利。最终，仲裁庭支持了原保险人Y公司的摊回赔款、支付迟延利息并承担仲裁费用的请求。

思考题

1. 试述再保险合同的概念及特征。
2. 再保险合同当事人的权利和义务分别有哪些？

第十四章　保险业法概述

导读

- 保险业法是国家对保险业进行监督和管理的法律规范体系，其功能主要体现在维护保险人的偿付能力、保护各方当事人的利益、防范和化解保险风险等方面。
- 我国保险业法采用合并立法体例，其基本内容由保险组织法、保险经营法、保险中介人法律制度以及监督机构的法律制度等内容。

第一节　保险业法的概念和功能

一、保险业法的概念

保险业法，又称保险业监管法，是国家对保险业进行监督和管理的法律规范体系。从各国的保险业立法来看，一般都涉及保险业的组织和经营规则、国家保险监管体制和监管形式等内容。具体而言，其调整对象主要包括：

1. 调整国家保险监管活动诸构成要素及其相互关系。其包括国家保险监管的主体及其职权、保险监管对象、保险监管形式及其相互关系。

2. 国家对保险业组织的组织活动的监管关系。其既包括对保险企业组织形式以及保险企业的设立、变更和终止的监管关系，也包括对保险企业内部组织机构和管理活动的监管关系。

3. 国家对保险业组织的经营活动的监管关系。其包括对保险企业经营范围、偿付能力、经营风险、资金运用以及保险市场行为的监管关系。

4. 国家对保险中介组织的监管关系。其包括对保险代理人、保险经纪人、保险公估人等保险中介组织的主体资格和市场行为的监管关系。

二、保险业法的功能

从各国保险立法和保险实践来看，保险业法在保险法中的地位日渐突出。究其原因，主要是基于保险业法的诸多功能。

1. 维护保险人的偿付能力，促进保险业保障功能的实现。保障功能是保险业的立业之基，具体表现为财产保险的补偿功能和人身保险的给付功能。而财产保险的补偿功能和人身保险的给付功能都是通过在保险事故发生时或约定的期限届满时保险人按照约定的保险金的赔付来完成的。可见，保险人的偿付能力至关重要。如果保险人正常经营，可以维持其赔付能力，则能保证被保险人、受益人的权益得以实现。如果保险人经营不善，导致保险偿付困难，则必然损害被保险人、受益人的权益，从而使保险业的保障功能落空。而保险业法能够通过其制度设计对保险人的保险经营活动实施监督管理，例如提取保证金规则、提取责任准备金规则、提取公积金规则、缴纳保险保证基金规则、最低偿付能力的维持规则等，监督保险人从事科学、合法的保险经营活动，保证其在日常的保险经营中有足够的偿付能力，从而有利于保证保险业之保障功能之实现。

2. 保护各方当事人的利益，规范保险市场竞争秩序。现代保险市场的结构关系错综复杂，包括保险人与投保人、被保险人以及受益人之间保险合同关系或者基于保险合同所产生的关系，各个保险人之间的竞争与协作关系。要维持保险市场活动的公平和公正，建立和维护良性发展的市场秩序，就需要对保险业实施有效的监督管理。保险业法能够以其制度设计来保障保险市场各主体的合法权益和保险业的稳定发展。例如，保险业法可以通过对保险人的市场准入监管、竞争行为监管来预防和规制保险市场的不正当竞争、限制竞争以及过度竞争，将保险市场上各种竞争行为都纳入公平、合法的范围之内。又如，保险业法还可以通过设立保险人的经营规则来防止其欺诈投保人、被保险人和受益人。

3. 防范和化解保险风险，维护保险体系的安全与稳定。保险业主要是针对意外风险事故造成的经济损失提供保险保证的特殊行业，其经营过程面临特有的风险，即经营风险和道德风险。前者如市场无序竞争引发的风险、保险中介市场不完善带来的风险、资本经营机制不规范造成的资金结构风险；后者如来自保险从业人员、投保人和被保险人的道德风险。保险业法能够通过建立保险企业的内部控制制度、建立保险市场主体行为规则、改进保险监管方式等路径来防范和化解上述保险风险，从而维护保险体系的整体安全与稳定，促进保险业健康发展。

第二节 保险业法的立法体例和内容体系

一、保险业法的立法体例

随着市场经济的深入发展，保险已渗透到社会经济生活的各个领域。保险业的组织和经营是否规范，直接关系到整个社会经济秩序的稳定和人民生活的安定。因此，制定保险业法，用法律手段对保险业进行监督管理，具有重大意义。综观各国保险业法的立法实践，主要有两种立法体例：

1. 分别立法体例。即分别制定保险合同法与保险业法。该模式基于保险合同法为私法性质,而保险业法为公法性质,采用保险合同法和保险业法相分离的立法体系。如德国1993年《保险业监管法》、日本1900年《保险业法》、意大利1923年《民营保险业法》、英国1958年《保险公司法》、法国于1905年颁布的《人寿保险事业监督法》及1938年通过的有关保险业监管的专门法律均属此例。我国原保险业立法亦属此例,1985年3月国务院颁布的《保险企业管理暂行条例》,是当时我国唯一对保险企业进行专门规制的立法。

2. 合并立法体例。即将保险合同法与保险业法合并于一部法典之中,以保证法律规范的系统、协调和完整,通常统称为"保险法"。该模式不单独制定一部专门的保险业法典,而是制定统一的保险法典或商法典,其中包括保险业法的内容。采合并立法体例之典型代表为美国加利福尼亚州的《保险法》。[1] 我国现行《保险法》、我国台湾地区"保险法"亦采此种模式。[2]

随着保险业的迅速发展,新现象、新问题不断涌现,各国往往都不断修改保险业法,或在主法之外制定一些补充性的法律规定,如英国的《保险经纪人法》,我国的《保险公司管理规定》。

理论拓展 保险合同法与保险业监理法:"合"还是"分"?[3]

从立法背景看,《中华人民共和国保险法》于1995年制定之初,草案起草者之所以选择合并立法体例,并非出于理性,而是出于实用或便利。也就是说,采合并立法体例,在立法时只制定通过一部保险法,而不是保险合同法与保险业法两部法律,只需一次立法程序即可完成,降低了立法成本,易于被立法机关接受,有助于提高立法效率。[4] 但是,合并立法体例从法理而论并不科学;就实务而言,不仅给法律适用和修正带来了困扰,而且造成了法律制度之间的相互干扰。这主要表现在以下三个方面:

首先,合并立法体例在法理上并不科学。诚如我国台湾地区著名保险法学者林勋发教授所言:"保险契约之规范与保险事业之监理,两者之性质截然不同。保险契约法系以规范契约当事人之权利义务为目的,属私法之范畴,重在权义之平衡与法之安定性;而保险业法则以赋予主管机关监督保险业之权限与准则为宗旨,具公法之性质,

---

〔1〕 See John. K. Dimugno & Paul E. B. Glad, California Insurance Laws, Annotated, 2003, West Group, 2003.

〔2〕 日本2008年《保险法》仅实现了保险合同法的法典化,未将保险业法纳入其中。我国台湾地区曾采取分别制定保险合同法与保险业法的立法体例,但现行保险法已改采统一立法的体例。

〔3〕 参见樊启荣:《保险法诸问题与新展望》,北京大学出版社2015年版,第2~5页。

〔4〕 参见李祝用:"保险法立法体例研究",载《河北法学》2006年第12期。

重在保险业之健全发展与法之适应性。”[5]一言以蔽之,“保险合同法与保险业法固均以促进保险业之稳定发展为其终极目标,唯其规范之对象不同,其所持之原则因而有异”。[6] 因此,合并立法体例在法理上并不科学。

其次,采合并立法例,使得立法者在处理“保险合同分类”与“保险业务分类”这两类不同性质的问题时,相互牵制、彼此干扰,不得不迁就其一、忽略其一。保险合同的分类所考量的重点应当是如何将性质上相同者归为一类,以利于对保险合同的权利义务予以有效地规范;而保险业务分类所考量的重点应是如何区隔业务范围,以便于主管机关对保险经营予以有效的监理。若保险合同法与保险业法采分别立法体制,则在保险合同法部分应当将保险合同区分为“损失填补保险”与“定额给付保险”;而在保险业法部分则可区分为“财产保险业务”与“人身保险业务”。但是,囿于《中华人民共和国保险法》采合并立法体制,在该法第二章“保险合同”中放弃了“损失填补保险”与“定额给付保险”之分类,而采“人身保险合同”与“财产保险合同”的分类,以迁就财产保险与人身保险之业务分类。[7] 这种处理方式的结果是顾此失彼,给法律的理解和适用徒增无数的争议和困扰。

最后,合并立法例给我国保险合同法的修订和完善制造了“瓶颈”,已是不争的事实。《中华人民共和国保险法》于1995年制定之初,由于受“重保险监管立法、轻保险合同立法”观念的影响,有关保险合同法的条文仅有区区60个条文(第9~68条),实属“先天不足”,不足以发挥有效规范保险合同之功效。2002年《中华人民共和国保险法》第一次修订时,以“履行我国加入WTO的承诺、强化保险监督管理”为指导思想,仅仅对保险业法部分作了修正,而对保险合同法部分根本未作出任何实质性的修订。鉴于上述情况,中国保险监督管理委员会(以下简称中国保监会)于2004年12月正式启动《中华人民共和国保险法》第二次修订的工作,提出了以“保险合同法”与“保险业法”同时兼修的设想。但是,2008年年底立法机关在审议修正案时,由于受汶川大地震、国际金融危机等国内外因素的左右,修改重点又向保险业法倾斜;全部条文数量从158条增加到187条,而有关保险合同的条文数量则从60条降至58条,所占比例从39%降至31%。尽管对保险合同法部分的诸多条文进行了“增、删、改”,但仍然属在已有架构基础上的小修小补,对于保险实务中早已存在的保证保险、信用保险、意外伤害保险、健康保险、团体人身保险等险种仍然未作规定,滞后于保险业的发展,又属“后天不良”。

总之,保险合同法与保险业法,两者同等重要,不可偏废;但两法合并的立法体例,已在很大程度上成为我国修订和完善保险合同法的制约因素,未来修法时应当放弃两法合并体例,回归大陆法系之传统,采两法分立体制。

---

〔5〕 参见林勋发:《保险法论著译作选集》,台湾1991年自版,第3页。

〔6〕 参见施文森:《保险法论文》(第1集),台湾三民书局1985年版,第55页。

〔7〕 参见《保险法》第95条。

二、保险业法的内容体系

与保险业法的调整对象相适应，保险业法的内容非常丰富。综观各国保险业法，其内容可以分为两部分，既包括对保险监管对象的规定，亦包括对保险监管机构授权的规定。一般来说，保险业法主要由以下几个部分构成：

1. 保险组织法律制度。主要规定保险业组织的基本形式，以及其设立、变更、终止的条件和程序等。

2. 保险经营法律制度。主要规定保险人的经营行为规则，包括确定保险人经营范围、偿付能力、危险管理、资金运用以及行为规范等内容。

3. 保险中介法律制度。主要是关于保险代理人、保险经纪人和保险公估人的种类、资格、行为规则以及国家对其的监督管理规则等内容。

4. 监管机构法律制度。该部分主要是关于保险监督管理机构的组织及其权限、监督的主要内容和行使权力的程序等内容。

思考题

1. 保险业法的功能有哪些？
2. 谈谈对保险业法立法体例的理解。

第十五章　保险组织

导读

- 保险组织是保险业的投资者和从业者依据保险业法所采取的组织形式。其基本形式包括公营保险组织、保险公司、合作保险组织以及个人保险组织。
- 保险公司的设立、变更和终止应当具备《公司法》和《保险法》规定的条件。
- 保险公司在进行保险业务活动时应当遵守法定的准则，主要涉及保险公司的经营范围、偿付能力、保险准备金、公积金提取、保险保障基金提存、再保险等内容。

第一节　保险组织的基本形式

一、保险组织形式概述

保险组织是指在保险领域内依法设立的专门经营保险业务的组织和个人。保险组织采取何种形式，与一国保险业的发展水平密切相关。由于各国经济、文化、民族传统的不同，保险市场的发展水平不一、复杂程度各异，保险业者用以经营保险业的组织机构形式也不相同。各国均在保险业法中对保险业组织形式加以规定。

德国法律对保险公司的设立和组织结构都有详细的规定。按照德国《保险监督法》的规定，德国保险公司的组织形式有三种类型：(1)股份公司。按照德国《股份公司法》规定，德国股份公司的最低注册股份资本为5万欧元(对保险公司有另外的偿付能力要求)。德国商业保险公司只能采用这种公司组织形式。(2)相互保险协会。这是一种仅适用于保险公司的组织形式，德国众多的中小型保险公司很多都采用这种形式。(3)公法保险公司。主要是国有保险公司，公司的实际代表机构一般为董事会，监事会的职权一般由政府部门来行使。

日本《保险业法》对保险业组织形式作了明确规定，即保险事业的经营主体必须是股份有限公司或相互保险公司，其他形式的公司(譬如有限责任公司等)不能经营保险事业，并且其资本金或基金总额须在三千万日元以上。其中，股份有限公司是营利社团法人，适用商法中股份有限公司的法律规定。但是考虑到其经营内容的特殊性，保险业法设置了若干的特别规定。日本的损害保险大部分是营利保险,几乎都采用这种股份有限公司的形式。相互保险公司是由保险业法移植国外的法律制度创设的一种特殊的公司形态,具有法人资格。日本的生命保险大都采用这种相互保险的形式。它是由不特定多数的负有限责任的社员构成的,且其事业经营的方式和其他公司法人有相同之处,所以保险业法将一般公司法特别是股份有限公司的许多规定适用于它。

英美法系国家保险人的组织形式还包括个人保险组织、相互保险社和相互保险公司。美国对于保险业组织形式的规定以州立法为主。例如,美国《纽约州保险法》规定保险业组织形式包括股份公司、相互保险公司、保险合作社和劳合社等。英国《保险公司法》也对保险组织形式作了规定,包括股份公司、相互保险公司和劳合社。

我国台湾地区"保险法"第136条规定:"保险业之组织,以股份有限公司或合作社为限。但经主管机关核准者,不在此限。"可见我国台湾地区保险业组织形式主要包括股份有限公司和合作社。至于"经主管机关核准者",是指即使保险组织的形式"纵非股份有限公司或合作社,甚至相互保险公司(或法人),均得为保险业"。[1]

为适应保险业的发展需要,我国《保险法》在2009年修订时删除了有关保险公司组织形式的特别规定,保险公司在组织形式上直接适用《公司法》,既可以采取股份有限公司的形式,也可以采取有限责任公司的形式。同时,《保险法》第181条规定:"保险公司以外的其他依法设立的保险组织经营的商业保险业务,适用本法。"2015年1月,中国保监会印发了《相互保险组织监管试行办法》,对相互保险组织的界定、设立的条件、组织机构和业务规则等方面作了规定,从而在很大程度上丰富了我国保险企业的组织形式,有利于推进保险市场朝着多元化的方向迈进。

从世界范围来看,国际保险业的发展已经走上组织形式多元化的道路。各国保险法均规定了多元化的保险业组织形式。就经营主体而言,有国有保险组织和私营保险组织之分;就经营目的而言,有营利性保险组织如个人保险组织、保险股份公司,也有非营利性保险组织如相互保险社、相互保险公司、保险合作社;此外,还有特殊保险公司组织形式如自保组织。可见,保险业组织形式的规范化、多元化是保险业发展的必由之路。

二、公营保险组织

公营保险组织,是指由国家和地方政府设立的经营保险业务或授权经营保险业务的机构,也有学者称之为政府保险组织。[2]

设立公营保险组织,主要基于以下原因:

---

〔1〕 参见梁宇贤:《保险法新论》,中国人民大学出版社2004年版,第253页。

〔2〕 参见贾林青:《保险法》,中国人民大学出版社2014年版,第308页。

1. 为实现国家的政策目标而设立。例如，为实现本国的进出口政策，鼓励货物、技术和服务等出口，增加出口创汇而向出口商提供出口信用保险，大多由政府直接经营或政府授权的保险机构经营。例如，1919年，英国设立了世界上首个官方支持的出口信用保险机构——出口信用担保局，经营出口信用保险，为英国出口商提供出口信用保险。又如，我国于2001年设立专营出口信用保险的中国出口信用保险公司，其主要任务在于积极配合国家外交、外贸、产业、财政、金融等政策，通过政策性出口信用保险手段，支持货物、技术和服务等出口，支持中国企业向海外投资，为企业开拓海外市场提供收汇风险保障，并在出口融资、信息咨询、应收账款管理等方面为外经贸企业提供快捷、完善的服务。

2. 为弥补私营保险的缺失而设立。由于某些保险业务经营成本比较高而利润微薄，私营的商业保险组织不愿意涉入其中，这就需要国家和地方政府设立保险机构，经营此类保险业务。典型如农业保险。鉴于农业保险承保的风险情况复杂，且收费低、赔付率高，很多国家采用官营或官助民营的方式进行经营。例如，按照《美国联邦农作物保险法》的规定，联邦设立"联邦农作物保险公司（FCIC）"，由农业部部长领导下的董事会管理。又如，1934年成立的美国进出口银行，其主要职责就是为促进美国商品及服务出口提供金融支持，进入私人部门不愿或无力涉足的信用风险和国别风险较高的领域。

3. 为稳定金融市场和保险市场而设立。金融体系对一国经济的稳定发展有着特殊意义，因此许多国家都对金融体系进行了较多的干预。为了防止私营保险组织垄断保险市场或者为了便于保险市场的监管，增强政府对保险市场的控制能力，不少国家设立保险组织来控制保险市场的发展方向。例如，美国于1933年建立了联邦储蓄保险公司，为商业银行提供存款人保险，以达到防止挤兑、保障金融体系正常运行的目的。又如，印度于1972年颁布《产险业国有化法案》，107家产险公司被合并成为四家国营保险公司，[3]并成立了四家保险公司的控股公司即印度产物保险公司（General Insurance Cornoration），以维护本国利益，减少或避免保险资金的外流，对促进印度保险业的发展起到了重要作用。

与其他保险组织相比，公营保险组织具有如下特点：

1. 公营保险组织经营范围的特殊性。大多公营保险不以营利或增加财政收入为目的，主要是贯彻国家社会政策；在一般情况下，所承保风险多属私营保险不愿意或无能力经营的特殊风险，如失业保险、农业保险、投资保险、出口信用保险等。

2. 公营保险组织经营业务的特殊性。公营保险组织所经营的业务可以是非垄

---

[3] 四家国营保险公司分别是加尔各答国家保险有限公司（National Insurance Co. Ltd.）、孟买新印度保险有限公司（New India As－surance Co. Ltd.）、新德里东方保险有限公司（Orientd Insurance Co. Ltd.）、马德拉斯印度联合保险有限公司（United India Insurance Co. Ltd.）。根据GIC与四家公司缔结的市场协定精神，四家公司之间不得竞争，即使有竞争，也仅限于保险公司服务方面，GIC作为管理部门，其业务仅限于非比例再保险。

断性的，与私营保险公司自由竞争；也可以是垄断性的业务，如日本的邮政简易人身保险就是由日本邮政省垄断专营。

3. 公营保险组织经营方式多以强制保险为主。这种保险方式不仅强调公营，而且对于投保人提出强制性要求，一般是通过颁布特别保险法的形式施加法律上的义务，否定保险参加者自由选择的权利。强制性公营保险的目的在于推行产业政策，体现政府对某一特定行业及其从业人员的重视，是从社会公益角度出发而采取的强制保险措施。

4. 公营保险组织形式的多样性。并非所有的公营保险组织都是由政府出资设立，也并不是必须由政府设机构经营。有的政府制定法律，规定某些公共团体为保险经营主体；有的政府成为私营保险公司的大股东；有的政府与私营保险公司签订合同，授权其在一定的地区经营某种业务；有的政府对巨灾风险组织多家私营保险公司组成团体经营；有的政府给予保险公司补助金或接受再保险等。只要不改变其国家所有的性质，都可以成为公营保险组织的组织形式。

三、保险公司

保险公司是依法设立的，有独立的法人财产，专门经营保险业务的保险组织。保险公司是目前各国保险业普遍采取的保险组织类型。例如，我国《保险法》第10条规定，保险人即为保险公司。随着保险业的不断发展，保险组织形式日益多元化。就保险公司而言，其中包含了股份有限保险公司、有限责任保险公司、相互保险公司、专业自保保险公司四种形式。

（一）股份有限保险公司

股份有限保险公司是各国保险业存在最多的保险形式。它最早出现于荷兰，而后由于其组织较为严密健全，适合保险经营而逐渐为各国保险业普遍采用。股份有限保险公司通过投资者购买股票来募集保险公司的资本，投资者以其认购的股份为限享有股权并对保险公司承担债务责任。其组织机构适用《公司法》的相关规定。但为了确保股份有限公司的偿付能力，维持稳定的保险经营秩序，保险业法对股份有限保险公司规定了高于一般股份有限公司的规则。例如，我国《保险法》规定，设立保险公司，其注册资本的最低限额为人民币2亿元，且保险公司的注册资本必须为实缴货币资本。股份有限保险公司具有以下特点，亦是其优势所在：

1. 股份有限保险公司能够广泛吸收社会资金，且随着股票市场的不断壮大，股份有限保险公司资本易于筹集的优势更加明显。因此，股份有限保险公司能够以雄厚的经济基础来保障其应有的赔付能力，从而充分保障被保险人的权益。

2. 股份有限保险公司实行资本与经营分离的制度，这与保险业经营的特点相适应。保险业经营具有复杂的专业技术性，需要有专门保险业知识和管理经验的经营管理人员，而股份有限保险公司则确立了投资者行使股权，具体经营活动则用专业管理人员实施的经营模式，从而有利于公司管理水平和市场竞争能力的提高。

目前,股份有限保险公司是我国保险公司的主要组织形式,如中国人寿财产保险股份有限公司、中国平安保险股份有限公司等。

(二)有限责任保险公司

有限责任保险公司是由股东投资形成的,保险公司以自己的全部资产对外承担责任,而公司股东则以所投资的资本为限享有股权并对公司债务承担有限责任的保险公司。我国2002年《保险法》第70条规定,保险公司应该采取股份有限公司或国有独资公司的形式。但随着社会财富的迅速增加和人们保险意识的不断增强,这一规定已不再适应实际需要。因此,2009年修订的《保险法》删去了关于保险公司组织形式的有关规定,关于保险公司的组织形式,可直接适用我国《公司法》的规定。也就是说,目前我国保险公司也可以采用有限责任公司的形式,保险市场上已出现有限责任公司组织形式的保险公司。有限责任保险公司具有如下特点:

1. 有限责任保险公司的股东对外承担有限责任。与劳合社等保险组织相比,有限责任性质的保险公司可以避免经营失败而导致的无限责任的承担甚至破产的风险,从而保护投资者的积极性,有利于保险公司资本的筹集。

2. 有限责任保险公司的股东人数有限。股东之间有着较强的人身信任关系,所以有限责任保险公司既有资本联合的性质,又有很强的人合性。

3. 相较于股份有限保险公司,有限责任保险公司的设立条件相对较低,设立程序较为简便,组织机构设置简单,因而在经营保险业务时,具有较强的灵活性和较高的运行效率。

(三)相互保险公司

相互保险公司,是指在平等自愿、民主管理的基础上,由全体会员持有并以互助合作方式为会员提供保险服务的法人组织,或者说,它是由具有相同保险需要的社会成员作为股东出资设立并为组织成员提供风险保障的保险组织。其经营方式是社员缴纳相当资金形成基金,用以支付创立费用、业务费用及担保资金,它是公司的负债,当公司填补承保业务损失后开始支付债务利息,同时在全部创立费用、业务费用摊销并扣除准备金之后偿还基金。

在保险业发达的国家,相互保险公司是一种重要的保险组织形态,也是保险业所特有的组织形态。例如,德国《保险监督法》将相互保险公司定义为:社团法人按照相互性原则保险其成员,并获得主管监督机关授权经营业务的法人组织形态公司。日本《保险业法》也规定了设立相互保险公司的程序。英国也通过1856年《相互保险法》确认了相互保险公司的组织形式。在我国,中国保监会2015年发布了《相互保险组织监管试行办法》,对相互保险组织的界定、设立的条件、会员、组织机构和业务规则等作了明确规定。保险实务中,2004年年底,作为建立我国政策性农业保险制度的一个试点,国务院批准在黑龙江垦区设立了我国第一家相互制保险公司——阳光农业相互保险公司。

相对于股份制保险公司而言,相互保险公司有着诸多优势:

1. 相互保险公司的投保人具有双重身份，既是公司的投资者，又是公司的被保险人；既是保险保障的供给者，又是保险保障的购买者。当保险关系解除时，作为公司会员的资格随之消失。可以说，相互保险公司实现了出资人、债权人和客户三者的融合。而股份制公司虽然能够享有专业化和融资便利带来的收益，但所有者、管理者和消费者的分离，使得管理者和所有者之间、所有者和消费者之间存在利益冲突。与股份制公司相比，相互保险公司能够消除利益冲突，推动公司的稳健发展。

2. 相互保险公司不以营利为目的，而是重视互助和分红。从相互保险的定义来说，其是指具有同质风险保障需求的单位或个人，通过订立合同成为会员，并缴纳保费形成互助基金，由该基金对合同约定的事故发生所造成的损失承担赔偿责任，或者当被保险人死亡、伤残、疾病或者达到合同约定的年龄、期限等条件时承担给付保险金责任的保险活动。可以看出，相互保险的本质是互助，并不以营利为目的，因而在降低保险费用和压缩经营成本方面具有优势。且当合同结束时，若互助基金有剩余，则以分红的形式返还给保单持有人。

3. 相互保险公司的保险产品具有价格低、风险小的特征。相对股份制公司来说，相互保险公司的业务来源比较集中，进而能够控制销售成本；且由于相互保险公司的客户即是公司所有人，所以天然就会规避逆选择，并且可以在一定程度上降低道德风险。因此，相互保险公司的保险产品保费相对较低，保险标的的风险也相对较小。

然而，相互保险公司经营本身也存在其特有的风险。首先，相互保险公司的所有权具有高度分离的特征，这使得任何一个保单持有人都不可能对公司具有绝对的控制权，因而对公司的经营和管理就缺乏监管激励，由此产生经营风险。其次，根据相互制保险公司的经营规则，当公司偿付能力不足时，保单持有人具有追加保费的法定义务，否则就视为自动放弃对公司的相应权利。这种规则会导致两方面的风险，即衍生出类似非法集资性质的运营风险，或者导致公司破产或转变经营性质。最后，相互保险公司的外部治理结构只有政府监管一个层次，而股份制保险公司的外部治理结构包含了资本市场、职业经理人市场和政府监管三个层次。

目前，我国对相互保险公司的监管只有2015年颁布的《相互保险组织监管试行办法》，对相互保险公司的监管办法也只限于一般的经营规则，多是参照传统保险公司执行，因而需要对相互保险公司所特有的风险防范和偿付能力等方面予以进一步明确。

（四）专业自保保险公司

专业自保保险公司，又称自保保险公司，是指非保险业的企业或跨国企业以自行保险为目的，作为母公司全额出资设立的专为其母公司提供保险服务的保险机构。自保保险公司附属于母公司，母公司直接影响并支配着该专业自保公司的运营，包括承保、索赔处理的政策和投资行为等。可以说，自保保险公司是决定自留风险的企业避免不合理税收的技术性产物，也是企业利用内部基金进行风险融资的高级形式。随着自保保险公司的发展,其含义也逐渐加入开放性,不仅仅为母公司提供保险,也为与母公司无隶属关系的企业提供保险。

专业自保保险公司产生于19世纪中期。当时由于投保人发现传统的保险险种和保险费率无法满足他们的保险需求,因而创建了自己的保险机构。但直到20世纪60年代初,专业自保公司才开始真正发展起来,并作为企业进行风险管理的重要工具,在国际上已得到广泛运用。2013年12月,中石油专属财产保险股份有限公司成立,其经营范围是中国石油及其关联企业的财产损失保险、责任保险、信用保险和保证保险,短期健康保险、意外伤害保险和上述业务的再保险,以及国家法律、法规允许的保险资金运用等业务。这是我国境内诞生的首家自保公司,也是我国保险业创新的试点探索。

与一般商业保险公司相比较,专业自保保险公司的特点主要有:

1. 能够满足处置自留危险的需要以获取全面的保险保障。企业在生产经营过程中会面临各种各样的危险,这些危险有可能一般商业保险公司不予承保,或者对外投保成本过高,或者虽然承保但是基于保险合同约定的免赔额或者保险限额而需要企业自行承担。专业自保保险公司则可以为上述风险提供保障,且可以根据母公司的保险需要提供服务,更有针对性。

2. 能够节省保险费用,降低经营成本。通过自保保险公司投保的保险费用会远低于对外投保所需缴纳的保险费用,因此,设立自保保险公司,可以节约保险费,减少其中附加费用的支出,降低企业生产经营成本。同时还可以使企业在危险事故发生后及时得到补偿,迅速恢复生产。

但专业自保保险公司也有其不足之处,如难以与其他商业保险公司之间进行信息交流、反馈和资源共享,不能通过自保转嫁未知风险,难以行使代位追偿权和代理保户从事诉讼事务等。

四、合作保险组织

合作保险组织,是指由社会上具有共同风险、需要保险保障的个人或单位,共同筹资设立的保险组织形式。合作保险组织属于非营利性组织,且不具有法人资格。合作保险组织的形式主要有相互保险社、保险合作社和交互保险社。

(一)相互保险社

相互保险社,是指同一行业的人员,为了应付自然灾害或意外事故造成的经济损失而自愿结合起来的集体组织。它是最早出现的保险组织,也是最原始的保险组织形态,至今仍在英、美国家广泛存在,例如在人寿保险方面有英国的"友爱社(Friendly society)"、美国的"同胞社(Fraternal orders)",海上保险方面有"船东相互保障协会(Protection and Indemnity Association)"等。据统计,2014年,全球相互保险保费收入1.3万亿美元,占全球保险市场份额的27.1%,覆盖人群超过9亿人。近年来,我国保险业也加快了多层次保险市场体系建设的步伐。2016年,中国保监会正式批准众惠财产相互保险社、汇友建工财产相互保险社和信美人寿相互保险社筹建,标志着相互保险这一国际传统、主流的保险组织形式即将在我国开启新一轮实践探索。

与相互保险公司不同,相互保险社是非法人组织。其特点如下:相互保险社为全体被保险人所共有,其成员既是保险人,也是被保险人,当保险关系解除时,作为保险社成员的资格随之消失;相互保险社的业务仅限于某一团体内的所有成员,并不对外公开营业,且不以营利为目标;相互保险社无股本,只有保险费形成的保险基金,经营资金的来源为社员缴纳的分担额。

(二)保险合作社

保险合作社是按照地域或者行业,由一些具有相同保险需求的人组织起来、共同经营的相互保险组织。保险合作社是保险领域的合作,强调"人"的组合,而非"资本"的结合,是非营利组织。最早的合作保险组织是1867年英国的合作保险社,迄今已有三十多个国家和地区有保险合作社这种组织,典型代表如美国的蓝十字会和蓝盾协会。

与相互保险社相比,保险合作社的特点在于:保险合作社属于社团法人,参加保险合作社的社员交纳股金,社员对合作社的债务以其所出的股金为限;保险合作社采用固定保费制,会员无须分摊保险费;保险合作社与社员间的关系较为固定,会员认缴股本后,即使不投保也不影响其会员身份。

(三)交互保险社

交互保险社是美国创立的一种介于相互保险组织与个人保险组织之间的混合体,不具有法人资格。其具有如下特点:交互保险社是由被保险人即社员互相约定交换保险并约定其保险责任限额,在限额内可将保险责任比例分摊于各社员之间,同时接受各社员的保险责任;交互保险社无股本金和准备金,其保险基金是通过赋课制,由各个成员交纳保险费而形成;交互保险社的业务一般委托代理人经营并由其代表全体社员处理社内一切事务,各社员支付其酬劳及费用并对其进行监督。

五、个人保险组织

个人保险组织是指以个人名义承保,并以个人财产向被保险人承担保险责任的保险经营方式。最初的保险业务,尤其是海上保险是由个人保险商经营的。但随着社会经济的发展和保险市场的完善,个人保险组织因受个人财力、经营能力和承保风险种类的限制而趋于被淘汰。目前,个人保险组织在世界各国都比较少见。迄今为止,只有英国伦敦的劳合社采用这一形式。

英国伦敦的劳合社是世界上最大、历史最悠久的保险机构。伦敦劳合社全称为劳合社保险人协会,在世界保险业中有着特殊的地位,是最古老的保险市场。劳合社实际上并非保险公司,也不是合作保险组织。其实质类似于一个保险市场,只向其成员提供交易场所和有关的服务,本身并不承保业务。劳合社的主要职能如下:搜集全世界的有关保险资料并对危险损失作出完整记录;帮助其成员处理理赔事务,监督各地区的救难与维修工作;为会员提供进行保险交易的场所;制定保险交易规则、仲裁纠纷、开发新险种,并为会员寄送保险单。劳合社承保人以个人名义对劳合社保险单项下的承保责任单独负责,其责任绝对无限,会员之间没有相互牵连的关系。其承保业务大体分为四大类,即水险、非水险、航空和汽车保险。

第二节 保险公司的设立、变更和终止

一、保险公司的设立

关于保险公司的设立制度,各国保险立法一般从保险公司的设立条件和设立程序两方面进行规制。我国《保险法》《保险公司管理规定》同样就保险公司的设立条件和设立程序作了全面规定。

(一)保险公司的设立条件

我国《保险法》立足于符合法律、行政法规且有利于保险业的公平竞争和健康发展之原则,对保险公司的设立条件作了如下规定。

1. 主要股东应当具备法定资格

为确保保险公司的信誉和偿付能力,《保险法》将设立保险公司的条件扩展到主要股东,要求其具有持续盈利能力,信誉良好,最近三年内无重大违法违规记录,净资产不低于人民币2亿元。如此,显然有利于增强保险公司的资信能力,保持和促进保险市场的稳定发展。

关于主要股东的定义,2014年《保险公司股权管理办法》第15条规定:"持有保险公司股权15%以上,或者不足15%但直接或者间接控制该保险公司的主要股东,还应当符合以下条件:(1)具有持续出资能力,最近三个会计年度连续盈利;(2)具有较强的资金实力,净资产不低于人民币2亿元;(3)信誉良好,在本行业内处于领先地位。"由此可知,主要股东是指:(1)持有保险公司股权15%以上且同时具备以上三项条件的;(2)持有保险公司股权虽不足15%但直接或者间接控制该保险公司且同时具备以上三项条件的。

2. 有符合《保险法》和《公司法》规定的章程

公司章程,是指公司依法制定的、规定公司名称、住所、经营范围、经营管理制度等重大事项的基本文件。它是确定公司权利义务关系的基本法律文件,也是对外进行经营交往的基本法律依据。作为公司组织与行为的基本准则,公司章程对保险公司的成立及运营具有十分重要的意义。因此拟设立的保险公司应当依据《保险法》和《公司法》的规定,提交其公司章程。

根据《公司法》的规定,有限责任公司章程应当载明下列事项:公司名称和住

所;公司经营范围;公司注册资本;股东的姓名或者名称;股东的出资方式、出资额和出资时间;公司的机构及其产生办法、职权、议事规则;公司法定代表人;股东会会议认为需要规定的其他事项。

股份有限公司章程应当载明下列事项:公司名称和住所;公司经营范围;公司设立方式;公司股份总数、每股金额和注册资本;发起人的姓名或者名称、认购的股份数、出资方式和出资时间;董事会的组成、职权和议事规则;公司法定代表人;监事会的组成、职权和议事规则;公司利润分配办法;公司的解散事由与清算办法;公司的通知和公告办法;股东大会会议认为需要规定的其他事项。

3. 有符合保险法规定的注册资本

注册资本又称核准资本,是指公司注册成立时所填报的,并经核准的出资人的出资总额。注册资本是公司营运的物质基础,也是公司对债权人的财产担保,同时还是公司股东承担责任的限额。基于使保险公司具有与其保险经营业务相适应的资产规模的考虑,加之保险公司的经营活动具有突出高风险性,因此各国保险业法都对保险公司设立时应具备的注册资本予以强制性规定。例如,韩国要求保险业者经营人身保险业需缴纳 2 亿元以上资本金或基金;经营损害保险业需缴纳 3 亿元以上资本金或基金,否则不得开业。财务部长官从事业规模、资产状态、市场状况以及其他情况考虑,认为必要时,可命令增加或限制其增加资本金或基金。又如,新加坡保险立法规定,注册前申请人必须拥有 100 万新加坡元的净资产,若同时经营人身险和财产险业务,净资产不得少于 150 万新加坡元。英国《保险公司法》也规定,经营保险业务股份制保险公司的实收资本必须达到或超过 10 万英镑。

我国《保险法》规定,设立保险公司,其注册资本的最低限额为人民币 2 亿元,且必须为实缴货币资本。同时,国务院保险监督管理机构根据保险公司的业务范围、经营规模,可以调整其注册资本的最低限额,但不得低于 2 亿元之限额。对保险公司规定相对于其他行业较高的注册资本,有利于保障保险公司的偿付能力和保险经营的安全,从而最终保护投保人和被保险人的利益。

4. 有具备任职专业知识和业务工作经验的董事、监事和高级管理人员

保险公司的高级管理人员,是指对保险机构经营管理活动和风险控制具有决策权或者重大影响的人员,包括总公司总经理、副总经理和总经理助理;总公司董事会秘书、合规负责人、总精算师、财务负责人和审计责任人;分公司、中心支公司总经理、副总经理和总经理助理;支公司、营业部经理;与上述高级管理人员具有相同职权的管理人员。

由于保险公司经营业务的专业技术性较强,需要由专业人员进行管理,以保证保险公司业务正常运转,保护被保险人的利益。因此,各国立法往往要求保险公司的董事、监事和高级管理人员具备任职专业知识和业务工作经验。我国 2014 年修订的《保险公司董事、监事和高级管理人员任职资格管理规定》规定,保险机构董事、监事和高级管理人员应当具有诚实信用的品行、良好的合规经营意识和履行职

务必需的经营管理能力；应当通过中国保监会认可的保险法规及相关知识测试。保险公司董事长应当具有金融工作5年以上或者经济工作10年以上工作经历。保险公司董事和监事应当具有5年以上与其履行职责相适应的工作经历。同时，如果保险机构拟任董事、监事或者高级管理人员有禁止性任职条件的，中国保监会不予核准其任职资格。

《公司法》第146条规定，有下列情形之一的，不得担任公司的董事、监事、高级管理人员：(1)无民事行为能力或者限制民事行为能力；(2)因贪污、贿赂、侵占财产、挪用财产或者破坏社会主义市场经济秩序，被判处刑罚，执行期满未逾五年，或者因犯罪被剥夺政治权利，执行期满未逾5年；(3)担任破产清算的公司、企业的董事或者厂长、经理，对该公司、企业的破产负有个人责任的，自该公司、企业破产清算完结之日起未逾3年；(4)担任因违法被吊销营业执照、责令关闭的公司、企业的法定代表人，并负有个人责任的，自该公司、企业被吊销营业执照之日起未逾3年；(5)个人所负数额较大的债务到期未清偿。同时，《保险法》第82条规定，有下列情形之一的，不得担任保险公司的董事、监事、高级管理人员：(1)因违法行为或者违纪行为被金融监督管理机构取消任职资格的金融机构的董事、监事、高级管理人员，自被取消任职资格之日起未逾五年的；(2)因违法行为或者违纪行为被吊销执业资格的律师、注册会计师或者资产评估机构、验证机构等机构的专业人员，自被吊销执业资格之日起未逾5年的。此外，在被整顿、接管的保险公司担任董事、监事或者高级管理人员，对被整顿、接管负有直接责任的，在被整顿、接管期间，不得到其他保险机构担任董事、监事或者高级管理人员。[4]

5. 有健全的组织机构和管理制度

保险公司的组织机构是指从事公司经营活动的决策、执行和监督的公司最高领导机构，包括决策机构、执行机构和监督机构。健全的组织机构是保险公司正常从事保险经营活动的保证。因此，设立保险公司必须遵循《保险法》和《公司法》的要求，建立健全公司的治理结构。

保险公司的管理制度是公司根据公司章程和业务性质，为加强成本控制、维护工作秩序、提高工作效率、增加公司利润而通过一定的程序所制定出的对保险公司进行管理的依据和准则。换言之，其是对保险公司工作秩序和人员活动准则的系统化规范，大体上可以分为规章制度和责任制度。前者偏重于工作内容和范围、工作程序和方式，后者则侧重于规范职权和责任。健全的公司管理制度是保证保险公司正常运转、提高效率和效益的基础，因而成为保险公司设立的必要条件之一。

6. 有符合要求的营业场所和与经营业务有关的其他设施

营业场所是保险公司主要业务活动和经营活动的处所。公司作为一个相对稳固的组织体，并不是只为从事一次性的交易活动而设立的，从事连续性营业是保险

---

〔4〕 参见《保险公司董事、监事和高级管理人员任职资格管理规定》第22条。

公司的一个重要特征。这就需要保险公司有一定的营业场所。同时,公司得以运转还必须有与其业务有关的其他设施。

除上述条件外,保险监督管理部门如认为必要,还可以按规定要求保险公司的设立申请者满足其他条件,以便更好地了解设立保险公司的准备情况,审慎地作出该保险公司是否应设立的决定。

(二)保险公司的设立程序

我国对保险公司的设立适用行政许可制度,设立保险公司应当经国务院保险监督管理机构批准,未经保险监督管理部门批准,任何人不得经营保险业务。因此,设立保险公司,必须经保险监管机构审批,颁发保险业许可证,并依法办理登记注册,才能取得经营保险业务的资格。

1. 筹建申请。为了使保险监督管理部门审查设立保险公司的申请更有效率,节省审查保险公司设立申请的时间和费用,《保险法》将对保险公司的设立申请的审查,划分为初步审查和许可审查两个阶段。申请设立保险公司,经过保险监督管理部门初步审查后,才可以进一步请求许可经营保险业务。

《保险法》第70条规定,申请设立保险公司,应当向中国保监会提出书面申请,并提交设立申请书、可行性研究报告、筹建方案等材料。以上应当提交的文件、资料,仅以初步审查需要提交的文件、资料为限。其中,设立申请书中应当载明拟设立的保险公司的名称、注册资本、业务范围等。可行性研究报告是对设立公司的目的、必要性以及对公司未来的经营活动进行分析论证的说明,其重点是回答设立公司是否可行的问题。筹建方案包括拟设机构、组织管理架构、内控体系,拟聘高管的基本情况和聘任其他从业人员计划,拟授权的筹建组人员名单和履历、联系地址和电话,选址方案。

2. 筹建工作。保险公司的设立申请者在递交有关设立的文件、材料后,中国保监会应当对设立保险公司的申请进行审查,自受理之日起6个月内作出批准或者不批准筹建的决定,并书面通知申请人。决定不批准的,应当书面说明理由。如果被批准筹建的,申请人应当依照《保险法》和《公司法》的规定进行保险公司的筹建,使保险公司的设立条件得以成就。筹建工作包括如下内容:拟订和批准公司的章程;筹集资本;聘任具备任职专业知识和业务工作经验的高级管理人员;建立、健全公司的组织机构和管理制度;租赁和收购营业场所,购置相关设备等;向公司登记机关申请名称预先核准。

申请人应当自收到批准筹建通知之日起一年内完成筹建工作。逾期未完成筹建者,原批准筹建的文件自动失效。如遇特殊情况,经中国保监会批准,可适当延长期限,但筹建期最长不得超过3个月。筹建机构不得从事任何保险业务经营活动。

3. 正式申请。经过筹建,具备了《保险法》规定的设立条件的,申请人可以提交正式开业申请表和有关文件、资料,包括:开业申请书、创立大会的会议记录、公司章程、持有公司股份10%以上的股东资信证明和有关资料、营业场所所有权或者使用权的证明文件、三年经营规划和再保险计划、拟经营保险险种的计划书及保险公司拟经营的险种的保险条款和保险费率、计算机设备配置和网络建设情况的报告。国务院保险监督管理机构应当自受理开业申请之日起60日内,作出批准或者不批准开业的决定。决定批准的,颁发经营保险业务许可证;决定不批准的,应当书面通知申请人并说明理由。

4. 工商登记,领取营业执照。经批准开业的保险公司,应当持批准文件以及经营保险业务许可证,向工商行政管理部门办理登记注册手续,领取营业执照后方可营业。保险公司及其分支机构自取得经营保险业务许可证之日起6个月内,无正当理由未向工商行政管理机关办理登记的,其经营保险业务许可证失效。

二、保险公司的变更

(一)保险公司变更的概念和内容

保险公司的变更,是指保险公司组织上的变更,以及活动宗旨、业务范围上的变化,包括保险公司的合并与分立、名称和营业场所的变更、公司章程的修改、资产的变动等。这些不同形式的变更将带来不同的后果。例如,可能会影响到保险公司的权利能力和行为能力,或者导致原保险公司的消灭和新保险公司的产生。由于直接或间接与投保人、被保险人、受益人的利益乃至社会稳定相关联,保险公司的变更必须向主管机关提出申请,经主管机关审查批准。

从各国保险立法来看,有关保险组织变更的内容包括:保险经营组织形式变更,保险经营组织实体方面的变更,保险经营组织的分立与合并。例如,德国保险立法规定保险组织的变更内容有:经理或董事的辞职,资本金的增加或减少,公司章程的修订,合并或认购,去国外设立保险分支机构,保险结构的改变,保险经营计划的改变等。

根据我国《保险法》第84条的规定,保险公司的变更包括:变更名称;变更注册资本;变更公司或者分支机构的营业场所;撤销分支机构;公司分立或者合并;修改公司章程;变更出资额占有限责任公司资本总额5%以上的股东,或者变更持有股份有限公司股份5%以上的股东。《保险公司管理规定》第26条补充了"扩大业务范围"这一项内容。

(二)保险公司的分立

保险公司的分立是指一个保险公司通过签订协议,不经过清算程序,分为两个或两个以上保险公司的法律行为。主要有派生分立与新设分立两种形式。派生分立又称存续分立,是指一个保险公司分立成两个以上公司,本公司继续存在并设立一个以上的新公司。新设分立又称解散分立,是指一个保险公司分解为两个以上公司,本公司解散并设立两个以上的新保险公司。

保险公司分立时,先由保险公司的股东会或股东大会会议作出决定,再经过保险监管部门批准,并应当清理财产和债务,制作资产负债表和财产清单,由分立各方签订分立协议,明确分立后债权的行使和债务的分担,并通知和公告债权人,最后再办理相应的登记手续。

保险公司分立也可能损害公司债权人和被保险人的利益。因此,在保险公司分立时,其债权人及被保险人利益的保护也是一个应加以考虑的重要问题。在对债权人的保护方法上,除了相应的债权人告知程序外,法律赋予债权人以分立异议权,是对其保护的核心内容。《公司法》第176条规定:“公司分立,其财产作相应的分割。公司分立,应当编制资产负债表及财产清单。公司应当自作出分立决议之日起十日内通知债权人,并于三十日内在报纸上公告。”此时,还可以根据《公司法》第177条“公司分立前的债务由分立后的公司承担连带责任”的规定来保护被保险人及债权人的利益。

(三)保险公司的合并

保险公司合并是指两个或两个以上的保险公司订立合并协议,依照《公司法》和《保险法》的规定,不经过清算程序,直接合并为一个公司的法律行为。保险公司合并可分为吸收合并和新设合并两种类型。其中,吸收合并是指一个保险公司吸收其他保险公司,被吸收的保险公司解散,而吸收其他公司的保险公司继续存在,保留自己法人格的合并方式。在吸收合并中,因继续存续的公司接受了被合并保险公司的权利和义务,需要办理相应的变更登记;被合并的保险公司归于消灭,办理注销登记。新设合并,是指两个或两个以上的保险公司合并为一个新的保险公司,合并各方解散的合并方式。在新设合并中,各个合并的保险公司的法人格消灭,办理注销登记,而新设立的保险公司则对被合并的保险公司的所有权利和义务概括享有和承担。

保险公司合并中的债权人、被保险人利益保护问题也是必须考虑的重要问题。在对债权人的保护方法上,除了相应的债权人告知程序外,法律赋予债权人以合并异议权,是对其保护的核心内容。我国《公司法》第173条规定:“公司合并,应当由合并各方签订合并协议,并编制资产负债表及财产清单。公司应当自作出合并决议之日起十日内通知债权人,并于三十日内在报纸上公告。债权人自接到通知书之日起三十日内,未接到通知书的自公告之日起四十五日内,可以要求公司清偿债务或者提供相应的担保。”

三、保险公司的终止

保险公司的终止是指保险公司在存续过程中,由于法定事由的出现而终止业务经营,并按照法定程序消灭公司法人资格。保险业务的特殊性决定了保险公司的终止关系到众多投保人、被保险人的合法利益,因此各国保险法均予以严格规制。保险公司的终止主要表现为解散和破产。

(一)保险公司的解散

保险公司的解散是指已经成立的保险公司,因公司章程的规定或法定事由出现而终止公司业务经营活动,开始公司的清算,处理未了结事务并使公司的法人资格消灭的法律行为。在英国保险市场上,保险管理局可以根据保险企业的申请,批准其停止营业;或者认为保险企业不能够履行保险责任时,有权撤销保险业务经营许可,使其停止营业。日本《保险业法》则规定,保险公司作出了解散决定,必须报内阁总理大臣审查批准,才能够终止营业。

根据我国《公司法》的有关规定,公司解散有任意解散和强制解散两种情况。任意解散即公司基于自己的意志而自愿终止公司的活动并消灭保险人资格。主要基于三项事由,即公司章程规定、公司权力机构的决议或决定以及公司分立或合并。由于保险公司在经营中的任何时间都存在未了责任,当保险公司出现了任意解散事由时,必然会有一部分保险单责任尚未到期,公司解散将给被保险人带来许多不便。对此,各国保险法一般限制保险公司的自愿解散,特别是严格限制经营长期人身保险业务的保险公司的自行解散。我国《保险法》也规定了经营有人寿保险业务的保险公司除分立、合并或者被依法撤销外不得解散。相对人寿保险业务而言,财产保险业务一般期限较短,保险单未了结责任所占比例相对较低,保险合同的转移也比较便利,因此《保险法》未明令禁止经营财产保险的保险公司的任意解散。

强制解散是指公司由于法律或保险监督管理机关的命令而被迫解散。保险公司在经营过程中发生严重违法、违规行为,危害被保险人和公众利益的,可以由行政机关责令关闭,强制解散。这里的行政机关是指登记机关或保险监督管理机关。《保险法》第149条规定:"保险公司因违法经营被依法吊销经营保险业务许可证的,或者偿付能力低于国务院保险监督管理机构规定标准,不予撤销将严重危害保险市场秩序、损害公共利益的,由国务院保险监督管理机构予以撤销并公告,依法及时组织清算组进行清算。"保险公司宣告解散后,公司的权利能力受到限制,公司进入清算程序,同时,公司清算组成为公司对外代表人。

(二)保险公司的破产

保险公司的破产是指保险公司不能支付到期债务,经保险监督管理机构同意,由法院依法宣告破产,而终止公司业务经营活动并消灭其法人资格的一种法律行为。由于保险企业的破产可能会危害投保人、被保险人的合法权益,不利于社会秩序的稳定,各国保险法对保险企业的破产持谨慎态度。例如,日本《保险业法》没有直接规定保险企业的破产问题,而是通过建立资金援助制度来避免经营失败的保险公司破产。如果此举仍不能使其摆脱破产境地的,便应根据内阁总理大臣的意见进行调查后进入破产程序。随着保险公司的破产,对于这些破产公司的投保人利益,即对于购买保险的消费者的利益如何进行保护,这一问题一直备受各界的关注。对此,日本专门成立了特别保护机构,当某一家保险公司面临破产困境的时候,保护机构能够在有效保护消费者利益方面发挥十分积极的作用。例如,根据日本保险业法规定,经大藏大臣批准,日本于1998年设立了财产损害保险投保人保护机构的法人组织。其设立目的是,当财产损害保险公司经营失败、破产时,该机构将全力保护投保人的利益,以维持公众对保险业的信赖。

我国《保险法》第90条规定:"保险公司有《中华人民共和国企业破产法》第二条规定情形的,经国务院保险监督管理机构同意,保险公司或者其债权人可以依法向人民法院申请重整、和解或者破产清算;国务院保险监督管理机构也可以依法向人民法院申请对该保险公司进行重整或者破产清算。"保险公司的业务属于金融业务的组成部分,其影响广泛,因此是否应当由人民法院宣告保险公司破产,应当经多方考虑,而不能单纯依据保险公司不能清偿债务这一现象。法院宣告保险公司破产的,应当经过保险监督管理机构同意。没有保险监督管理机构的同意,法院不能依法宣告保险公司破产。此外,如果保险公司符合《破产法》第2条规定情形的,中国保监会可以向人民法院提出对该金融机构进行重整或者破产清算的申请。中国保监会依法对出现重大经营风险的金融机构采取接管、托管等措施的,可以向法院申请中止以该金融机构为被告或者被执行人的民事诉讼程序或者执行程序。

保险公司破产,应由保险监督管理机构批准,并经人民法院宣告。需要注意的是,经营人寿保险业务的保险公司被依法撤销或被依法宣告破产的,其持有的人寿保险合同及准备金,必须转移给其他经营人寿保险业务的保险公司,不能达成转让协议的,由金融监督管理部门指定经营有人寿保险业务的保险公司接受。

保险公司宣告破产后,人民法院指定破产清算组,负责清理保险公司的债权债务。破产清算依照破产法规定的清算程序进行。但是,保险公司不同于其他企业,为维护被保险人或受益人的利益,依法维护保险的基本功能,《保险法》规定了保险公司破产财产的清偿顺序:破产财产在优先清偿破产费用和共益债务后,按照下列顺序清偿:(1)所欠职工工资和医疗、伤残补助、抚恤费用,所欠应当划入职工个人账户的基本养老保险、基本医疗保险费用,以及法律、行政法规规定应当支付给职工的补偿金;(2)赔偿或者给付保险金;(3)保险公司欠缴的除第(1)项规定以外的社会保险费用和所欠税款;(4)普通破产债权。

第三节　保险公司的经营规则

保险公司的经营规则,是指为规范保险市场秩序、保护保险当事人的合法权益而要求保险公司在进行保险业务活动时应当遵守的法定准则。我国《保险法》对保险经营规则的规定,主要涉及保险公司的经营范围、偿付能力、保险准备金、公积金提取、保险保障基金提存、再保险等内容。

一、保险公司经营管理规则

（一）保险公司业务范围限制规则

保险公司的业务范围，是指保险公司根据法律和公司章程的规定并由保险监管机构核定的业务经营活动领域。由于各类保险业务具有各自不同的性质，经营方式和核算原理各有特点，各国保险业法对于保险公司的业务范围都有所限制。我国《保险法》第 95 条第 1 款规定了保险公司的业务范围：(1)人身保险业务，包括人寿保险、健康保险、意外伤害保险等保险业务；(2)财产保险业务，包括财产损失保险、责任保险、信用保险、保证保险等保险业务；(3)国务院保险监督管理机构批准的与保险有关的其他业务。第 2 款规定："保险人不得兼营人身保险业务和财产保险业务。但是，经营财产保险业务的保险公司经国务院保险监督管理机构批准，可以经营短期健康保险业务和意外伤害保险业务。"第 3 款规定："保险公司应当在国务院保险监督管理机构依法批准的业务范围内从事保险经营活动。"由此，可以将我国保险公司业务范围限制规则分述如下：

1. 保险公司业务范围法定规则。即保险公司应当在国务院保险监督管理机构依法批准的业务范围内从事保险经营活动。

2. 原则上的分业经营原则。保险分业经营，是指同一保险人不得同时兼营财产保险业务和人身保险业务。综观世界各国保险立法，大都限制保险公司兼营数种保险业务。例如，美国多数州的保险法规定，保险公司只能根据法律限制承保单一险种业务，火灾保险、伤害保险、寿险等业务不得兼营。日本商法将保险业务分为损害保险和生命保险两类，任何一家保险公司不得同时兼营两类保险业务。但是，日本 1996 年《保险业法》允许保险公司可以通过设立子公司的形式兼营其他保险业务。

我国《保险法》规定，保险人不得兼营人身保险业务和财产保险业务。之所以实行分业经营原则，一是由财产保险和人身保险各自的特点决定的，财产保险和人身保险在保险标的、保险期限、保险风险等方面都有明显区别。二是由经营技术方面的原因决定的，财产保险与人身保险在承保手续、保险费的计算基础以及保险金的赔付方式等方面截然不同。若同一保险人兼营两者，则难免顾此失彼，两俱无成。三是基于经济方面的原因，若同一保险机构兼营财产保险和人身保险，则其业务势必过分庞杂，资金方面势必难以应付自如，其偿付能力将因之减弱，影响投保人之权益及社会公益；加之人寿保险具有储蓄性质，如许其与财产保险兼营，则不免有移此之储蓄，充彼之赔偿之弊。因此，实行分业经营原则，不仅有利于保险业经营的稳健，而且有利于保险主管机构的分业管理。

3. 经批准的兼业经营。即经营财产保险业务的保险公司经国务院保险监督管理机构批准，可以经营短期健康保险业务和意外伤害保险业务。

（二）保险合同条款和保险费率的管理规则

保险合同是保险公司从事保险经营活动的基本手段。在长期的保险实践中，保险合同逐渐发展为格式合同。为了规范保险公司的经营行为，维护投保人、被保险人和受益人的合法权益,很多国家对保险合同条款和保险费率进行监管。其中,关于保险合同条款的监管较为宽松,一般允许保险公司自行拟定或者保险行业组织协商确定保险合同条款。

保险费率监管又称费率监管,是指保险监督管理部门依法对费率的合理性、公平性和适当性进行监管。目前各国均对保险经营中保险费率加以监管。具体监管模式大致可分为三类:

1. 国家直接管理模式。保险监管机构以各种方式对保险费率的形成进行直接的干预和控制。对具有均质性的险种如终身寿险,由于各企业销售的保险合同标准比较划一,监管机构对其规定统一的费率标准;对有较大差异性的险种如定期人寿保险和汽车保险,监管机构要求各企业按规定的风险类别和费率构成要素比例,依照企业相关的财务资料确定。

2. 费率组织间接协调模式。保险监管机构本身不直接参与费率的制定,而是通过立法允许组成费率组织,由其依据平均损失率、管理费用和目标利润,厘定统一费率并要求会员执行,或公布建议费率作为会员公司自主确定费率的上下限和参照基准,由此实现对市场费率的一定程度的规范协调。

3. 自主确定费率模式。各保险公司依据财务、统计资料,按费率构成要素自主确定费率,同业公会在市场费率形成和公司费率厘定中起着技术服务的作用,仅限于提供风险统计数据、精算计算和咨询等服务。

我国《保险法》第114条规定了保险公司在拟订保险条款和费率方面的义务,即保险公司应当按照国务院保险监督管理机构的规定,公平、合理拟订保险条款和保险费率,不得损害投保人、被保险人和受益人的合法权益。同时,《保险法》第135条规定:"关系社会公众利益的保险险种、依法实行强制保险的险种和新开发的人寿保险险种等的保险条款和保险费率,应当报国务院保险监督管理机构批准。国务院保险监督管理机构审批时,应当遵循保护社会公众利益和防止不正当竞争的原则。其他保险险种的保险条款和保险费率,应当报保险监督管理机构备案。"可见,保监会对条款和费率的监管为混合模式,对一般条款采取报备制度,对关系社会公众利益的保险险种、依法实行强制保险的险种和新开发的人寿保险险种等的保险条款和保险费率,采取审批制度,应当报国务院保险监督管理机构批准。

保险公司使用的保险条款和保险费率违反法律、行政法规或者国务院保险监督管理机构的有关规定的,由保险监督管理机构责令停止使用,限期修改;情节严重的,可以在一定期限内禁止申报新的保险条款和保险费率。

(三)强制再保险规则

保险市场上,再保险业务具有风险共担、利益共享、相互制衡的作用。对于分出的保险公司而言,通过分保,可以达到维持保险公司稳定经营,保证偿付能力的目的。再保险是保险公司进行风险管理的重要手段。因此,为确保保险公司的财政稳定性与偿付能力,各国保险法普遍规定保险公司的每一笔业务或每一危险单位的最高自留额不得超出公司资本与公积金之和的一定比例，否则必须参加再保险。

我国《保险法》也建立了强制再保险规则，一方面要求经营财产保险业务的保险公司当年自留保险费，不得超过其实有资本金加公积金总和的四倍；另一方面要求保险公司对每一危险单位，即对一次保险事故可能造成的最大损失范围所承担的责任，不得超过其实有资本金加公积金总和的10%，超过的部分应当办理再保险。保险公司应当按照国务院保险监督管理机构的规定办理再保险，并审慎选择再保险接受人。

（四）保险公司及其工作人员的行为规则

保险公司及其工作人员的行为规则主要体现在两个方面：一是保险市场竞争行为的规则；二是保险市场业务行为的规则。

1. 保险市场竞争行为的规则。保险公司开展业务，应当遵循公平竞争的原则，不得从事不正当竞争。公平竞争是指在同等的市场条件下，市场主体通过采用符合法律和商业道德的手段或方法以实现其产品价值的一种市场机制。根据相关竞争法律法规的规定，不正当竞争应当包括：(1)《反不正当竞争法》采取定义加列举的方式规定了11种不正当竞争行为，包括混淆行为、虚假宣传、商业贿赂、侵犯商业秘密，低价倾销、不正当有奖销售以及诋毁商誉行为。(2)《反垄断法》规定的垄断协议、滥用市场支配地位、具有或者可能具有排除、限制竞争效果的经营者集中等三类经济性垄断行为。

2. 保险市场业务行为的规则。保险公司及其工作人员应当在保险合同订立、履行过程中恪守诚实信用原则，依法向对方提供可能影响对方是否订立合同及确定合同内容的重要事实，绝对信守保险合同中的承诺。保险公司及其工作人员在保险业务活动中不得有下列行为：(1)欺诈投保人、被保险人或者受益人。(2)对投保人隐瞒与保险合同有关的重要情况。(3)阻碍投保人履行法定的如实告知义务，或者诱导其不履行法定的如实告知义务。(4)承诺向投保人、被保险人或者受益人给予保险合同规定以外的保险费回扣或者其他利益。(5)拒不依法履行保险合同约定的赔偿或者给付保险金义务。(6)故意编造未曾发生的保险事故、虚构保险合同或者故意夸大已经发生的保险事故的损失程度进行虚假理赔，骗取保险金、保险赔款或者谋取其他不正当利益。(7)挪用、截留、侵占保险费。(8)利用未取得合法资格的机构或者个人从事保险销售活动。(9)利用开展保险业务为其他机构或者个人谋取不正当利益。(10)利用保险代理人、保险经纪人或者保险评估机构，从事以虚构保险中介业务或者编造退保等方式套取费用等违法活动。(11)利用特定事件或者捏造、散布虚假事实等方式，损害竞争对手的商业信誉，扰乱保险市场秩序。(12)泄露在业务活动中知悉的投保人、被保险人的商业秘密。(13)违反法律、行政法规和国务院保险监督管理机构规定的其他行为。

（五）保险公司整顿和接管规则

保险公司的整顿和接管，是保险监督管理机构对经营管理不善或存在其他问题的保险公司采取的改善其经营状况、恢复其正常经营活动的一系列行为。为保护被保险人的合法利益,避免因保险公司的经营困难引起保险市场秩序的混乱,各国保险业法通常规定保险公司严重违法违规经营,已经或可能危及其偿付能力时的整顿和接管措施。例如,英国 1982 年《保险公司法》规定,保险公司违反法定义务时,保险监管机构有权干预其事务;保险公司违反法定义务时,保险监管机构有权批准其停业清理。又如,我国台湾地区"保险法"第 149 条规定,保险业因业务或财务状况显著恶化,不能支付其债务,或无法履行契约责任或有损及被保险人权益之虞时,主管机关得依情节之轻重,分别为监管、接管、勒令停业清理、命令解散之处分。我国《保险法》亦规定了保险公司的整顿和接管制度。

1. 保险公司的整顿

在保险公司存在违反《保险法》规定的行为且限期未改正的情况下,保险监督机构将依法采取必要措施介入其日常经营管理,进行整治和监督,以纠正保险公司违法经营行为,使其恢复正常经营。根据《保险法》的规定,如果保险公司未依照保险法规定提取或者结转各项责任准备金,或者未依照保险法规定办理再保险,或者严重违反保险法关于资金运用的规定的,由保险监督管理机构责令限期改正,但是保险公司逾期未改正的,国务院保险监督管理机构可以决定选派保险专业人员和指定该保险公司的有关人员组成整顿组,对公司进行整顿。因此,保险公司整顿的适用条件有二:(1)保险公司存在违反《保险法》规定的行为,由保险监督管理机构责令限期改正;(2)保险公司逾期未改正。

整顿程序如下:(1)成立整顿组织。保险公司符合整顿条件的,保险监管机构应作出整顿决定,并选派保险专业人员和指定该保险公司的有关人员组成整顿组。整顿组有权监督被整顿保险公司的日常业务。被整顿公司的负责人及有关管理人员应当在整顿组的监督下行使职权。(2)公告整顿决定。整顿决定应当载明被整顿公司的名称、整顿理由、整顿组成员和整顿期限。(3)实施整顿措施。整顿过程中,被整顿保险公司的原有业务继续进行。但是,国务院保险监督管理机构可以责令被整顿公司停止部分原有业务、停止接受新业务,调整资金运用。(4)整顿结束。这时有两种情形:其一,被整顿保险公司经整顿已纠正其违反法律规定的行为,恢复正常经营状况的,由整顿组提交报告,经国务院保险监督管理机构批准,结束整顿,并由国务院保险监督管理机构予以公告;其二,如果整顿组认为被整顿的保险公司不能清偿到期债务,并且资产不足以清偿全部债务或者明显缺乏清偿能力的,国务院保险监督管理机构可以依法向人民法院申请对该保险公司进行重整或者破产清算。

2. 保险公司的接管

在保险公司存在违反《保险法》规定的行为且造成严重后果的情况下,保险监督机构将依法采取必要措施代为行使该保险公司的经营管理权力,以纠正保险公司违法经营行为,使其恢复正常经营。根据《保险法》的规定,如果公司的偿付能力严重不足的,或者违反保险法规定,损害社会公共利益,可能严重危及或者已经严重危及公司的偿付能力的,国务院保险监督管理机构可以对其实行接管。

接管的程序如下:(1)成立接管组织。接管组的组成由国务院保险监管机构决定。(2)公告接管决定。其内容包括接管组的组成和接管的实施办法等。(3)实施接管措施。接管措施由保险监管机构根据实际情势决定。一般是由接管组织代为行使保险公司的经营管理权,但被接管的保险公司的债权债务关系不因接管而变化。(4)接管终止。这里有三种情形:其一,如果接管期限届满,被接管的保险公司已恢复正常经营能力的,由保险监管机构决定,可以接管终止;其二,如果接管期限届满,保险公司未能恢复正常的经营能力,经保险监管机构决定,可以延期,但接管期限最长不得超过 2 年;其三,如果接管组织认为被接管的保险公司不能清偿到期债务,并且资产不足以清偿全部债务或者明显缺乏清偿能力的,国务院保险监督管理机构可以依法向人民法院申请对该保险公司进行重整或者破产清算。

二、保险公司偿付能力管理规则

保险公司偿付能力是指保险公司偿还债务的能力。保险公司承担着广大被保险人可能发生保险事故而引致的赔偿或给付责任,只有本身具有足够的偿付能力,才能为被保险人提供充分的保障。一旦发生偿付能力危机,不仅保险公司无法维持正常经营,被保险人或投保人的利益遭到威胁或损害,甚至可能会破坏国民经济的正常运转和社会的稳定发展。因此,保险公司的偿付能力监管已成为保险业监管的重要目标和核心内容。

为进一步完善偿付能力监管,加强制度建设的顶层设计,建立科学有效的第二代偿付能力监管制度体系,中国保监会于 2013 年发布了《中国第二代偿付能力监管制度体系整体框架》,中国第二代偿付能力监管制度体系又称为“中国风险导向的偿付能力体系”(China Risk Oriented Solvency System,C - ROSS)。其总体目标为:(1)科学全面地计量保险公司面临的风险,使资本要求与风险更相关。(2)守住风险底线,确定合理的资本要求,提高我国保险业的竞争力;建立有效的激励机制,促进保险公司提高风险管理水平,促进保险行业科学发展。(3)积极探索适合新兴市场经济体的偿付能力监管模式,为国际偿付能力监管体系建设提供中国经验。

保险公司偿付能力的管理规则可分为两个方面:(1)在正常年度,如果没有巨灾发生,只要监督保险公司厘定适当、公平、合理的保险费率,自留与其净资产相一致的承保风险,并提足各项准备金,使保险基金增值保值,保险公司就能有足够的资金应付赔偿或给付,维持其偿付能力;(2)在非正常年度,很可能发生巨额赔偿或给付,使实际经历的赔偿或给付超出预定的额度,这就要求保险公司实际资产减去负债后的余额经常保持最低的法定偿付能力额度,以应付可能产生的偏差风险。我国《保险法》对保险公司偿付能力的管理规则也是从这两个方面予以规定。

(一)提取保证金规则

保险保证金,是指国家规定由保险公司成立时向国家缴存的保证金额。我国

《保险法》第 97 条规定："保险公司应当按照其注册资本总额的百分之二十提取保证金，存入国务院保险监督管理机构指定的银行，除公司清算时用于清偿债务外，不得动用。"

（二）提取责任准备金规则

保险公司的责任准备金是保险人为了履行未来的赔偿或给付责任而在每一会计年度末提存的资金准备，主要有未到期责任准备金、未决赔款准备金、寿险责任准备金等。保险责任准备金不是保险企业的营业收入，而是保险企业的负债。保险企业应有与保险责任准备金等值的资产为后盾，随时准备履行其保险责任。根据《保险法》第 98 条，保险公司应当根据保障被保险人利益、保证偿付能力的原则，提取各项责任准备金。

（三）提取公积金规则

《保险法》第 99 条规定保险公司应当依法提取公积金，但未规定具体办法，因此适用《公司法》关于公积金的一般规定。对于提取公积金，公司法规定如下：公司分配当年税后利润时，应当提取利润的 10% 列入公司法定公积金；公司法定公积金累计额为公司的注册资本的 50% 以上的，可不再提取；公司的法定公积金不足以弥补以前年度公司亏损的，在提取法定公积金之前，应当先用当年利润弥补亏损；公司在从税后利润中提取法定公积金后，经股东会或股东大会决议，可以提取任意公积金；股东会或股东大会或者董事会违反规定，在公司弥补亏损和提取法定公积金之前向股东分配利润的，必须将违反规定分配的利润退还公司；公司的公积金用于弥补公司的亏损，扩大公司生产经营或者转为增加公司资本。

（四）缴纳保险保障基金规则

保险保障基金是为保障被保险人的利益而设立的行业公共基金，其资金来源是被保险人缴纳的保险费。也就是说，保险保障基金的真正所有人是全体被保险人。因此，它在一定程度上体现了危险分散的原则，是在保险公司的基础上更高层次的保险。保险保障基金直接保障的对象扩及整个保险业。它可以保障保险公司的稳定经营和协助保险公司破产时清偿合同项下的债务。为了保障被保险人的利益，支持保险公司稳健经营，保险公司应当缴纳保险保障基金。

保险保障基金应当集中管理，并在下列情形下统筹使用：(1)在保险公司被撤销或者被宣告破产时，向投保人、被保险人或者受益人提供救济；(2)在保险公司被撤销或者被宣告破产时，向依法接受其人寿保险合同的保险公司提供救济；(3)国务院规定的其他情形。[5]

（五）最低偿付能力的维持规则

保险公司应当具有与其业务规模和风险程度相适应的最低偿付能力。保险公司的认可资产减去认可负债的差额不得低于国务院保险监督管理机构规定的数

---

〔5〕 参见我国《保险法》第 100 条。

额;保险公司达不到保险公司最低偿付能力控制指标的,应当按照国务院保险监督管理机构的要求采取相应措施达到规定的数额。

对偿付能力不足的保险公司,国务院保险监督管理机构应当将其列为重点监管对象,并可以根据具体情况采取下列措施:(1)责令增加资本金、办理再保险;(2)限制业务范围;(3)限制向股东分红;(4)限制固定资产购置或者经营费用规模;(5)限制资金运用的形式、比例;(6)限制增设分支机构;(7)责令拍卖不良资产、转让保险业务;(8)限制董事、监事、高级管理人员的薪酬水平;(9)限制商业性广告;(10)责令停止接受新业务。[6]

(六)保险公司的资金运用规则

保险公司的资金运用必须稳健,遵循安全性原则。保险公司的资金运用限于下列形式:(1)银行存款;(2)买卖债券、股票、证券投资基金份额等有价证券;(3)投资不动产;(4)国务院规定的其他资金运用形式。保险公司资金运用的具体管理办法,由国务院保险监督管理机构依照前述规定制定。[7]

经国务院保险监督管理机构会同国务院证券监督管理机构批准,保险公司可以设立保险资产管理公司。保险资产管理公司从事证券投资活动,应当遵守《证券法》等法律、行政法规的规定。保险资产管理公司的管理办法,由国务院保险监督管理机构会同国务院有关部门制定。[8]

(七)保险公司财务管理规则

保险公司作为从事风险经营的特殊公司,除应遵守一般财务会计制度外,还应受到特殊的规制。我国《保险法》第85～88条对此作了专门规定,其主要内容如下:

1. 保险公司应当聘用专业人员,建立精算报告制度和合规报告制度。

2. 保险公司应当按照保险监督管理机构的规定,报送有关报告、报表、文件和资料。保险公司的偿付能力报告、财务会计报告、精算报告、合规报告及其他有关报告、报表、文件和资料必须如实记录保险业务事项,不得有虚假记载、误导性陈述和重大遗漏。

3. 保险公司应当按照国务院保险监督管理机构的规定妥善保管业务经营活动的完整账簿、原始凭证和有关资料。该账簿、原始凭证和有关资料的保管期限,自保险合同终止之日起计算,保险期间在一年以下的不得少于5年,保险期间超过一年的不得少于10年。

4. 保险公司聘请或者解聘会计师事务所、资产评估机构、资信评级机构等中介服务机构,应当向保险监督管理机构报告;解聘会计师事务所、资产评估机构、资信评级机构等中介服务机构,应当说明理由。

---

〔6〕 参见我国《保险法》第138条。

〔7〕 参见我国《保险法》第106条。

〔8〕 参见我国《保险法》第107条。

思考题

1. 保险组织有哪些主要类型？
2. 阐述各种保险公司的特点。
3. 劳合社对于我国保险业组织的发展有何借鉴意义？

第十六章　保险中介组织

导 读

- 保险中介组织是介于保险人之间或保险人与投保人、被保险人或受益人之间，专门从事保险中间业务并从中依法获取佣金或手续费的机构或个人。
- 保险中介组织的类型多样，主要包括保险代理人、保险经纪人、保险公估人。

第一节　保险中介组织概述

一、保险中介组织的概念

保险中介组织，是指介于保险人之间或保险人与投保人、被保险人或受益人之间，专门从事保险业务咨询与招揽、风险管理与安排、价值衡量与评估、损失鉴定与理算等中介服务活动，并从中依法获取佣金或手续费的机构或个人。保险中介组织的类型多样，主要包括保险代理人、保险经纪人、保险公估人。此外，其他一些专业领域的单位或个人也可以从事某些特定的保险中介服务，如保险精算师事务所、事故调查机构和律师等。

保险中介组织是保险市场精细分工的结果，反过来又推动了保险业的发展。保险中介组织以其中立性、技术性和诚信性在保险市场上发挥着重要作用。(1)降低交易成本。在信息不对称的保险市场中，保险中介组织能够利用其专业优势，为保险合同双方提供信息服务，从而有利于加强保险合同双方的信息沟通，协调保险合同双方的关系，进而更好地平衡保险当事人之间的利益关系，降低交易成本。(2)促进保险资源的优化配置。保险中介组织的迅速发展，使得保险代理人、保险经纪人和保险公估人之间形成了互为补充的中介运行机制，从而加快了保险公司与中间商之间的社会分工，提高了保险经营集约化程度，进而更加有效地配置了保险资源。(3)保障保险市场的稳定和创新发展。保险市场的健康稳定发展，有赖于各个市场主体的良性运转。其中，保险中介组织的作用不可或缺。保险中介组织的发展有利于完善保险市场结构，从而将市场化机制引入保险市场，推动保险市场监管体制和运行机制创新。

二、国外保险中介组织的发展概况

（一）美国保险中介组织的发展概况

美国的保险业在发展初期受英国的影响较大，但其后逐渐形成了自身的发展模式，其采取以保险代理人、经纪人共存的保险中介制度模式，并确立了以保险代理人为主体的中介制度体系。

保险代理人分为专用代理人和独立代理人，独立代理人具有独立地位，可以同时为多家保险公司代理业务，而专用代理人只能为一家保险公司或保险集团代理业务。在人寿保险中，美国保险公司主要依赖于专业代理人；在非寿险领域，则更多地借助独立代理人。

美国的保险经纪人可分为销售财产意外险的经纪人和销售人寿保险的经纪人。一些州在法律上并不存在人寿保险经纪人，而在另一些州允许保险经纪人同时作为保险代理人，只有少数州保险经纪人是纯粹的经纪人。

美国主要通过各州立法及行业自律规则来对保险中介人加以规范，一般均是从注册登记、资格保证、业务知识培训、职业道德培育、销售行为及客户保护上作出严格规定。

美国联邦政府与州政府在保险中介制度实施方面互相配合。其中，州政府保险监督官负责对中介人行为的具体控制，而全国保险专员协会则负责信息的沟通及政策的协调。此外，美国设有相应的行业自律组织，如全国人寿保险协会、美国特许人寿保险经销商和特许金融顾问协会等，并十分注重运用这些自律组织来实现对中介人的管理。

（二）英国保险中介组织的发展概况

英国保险中介人制度的典型特点是以保险经纪人为中心。由于英国是现代海上保险最古老、最发达的国家，国民的风险观念和保险意识强，在英国立法及国民习惯等的影响下，保险经纪人先于保险代理人、保险公估人产生，进而形成了以保险经纪人制度为中心的保险中介人模式。

在保险业务的市场分割上，保险代理人充当了寿险市场上的主要角色，而在财产保险领域，则是保险经纪人控制了大半市场。尤其是再保险业务和劳合社承保的业务，都是保险经纪人在运作。1986 年英国《金融服务法》对代理人采用了两极化原则，公司代理人只允许销售所代理公司的寿险产品，即使该公司没有适合顾客需要的产品，公司代理人也不能把其他寿险公司的产品介绍给顾客。公司代理人可以把顾客指引给独立的经纪人，由独立的经纪人为顾客提供最佳服务，但公司不能把顾客指引给另一家保险公司或代理人。也就是说，寿险代理人与经纪人二者不能兼营，保险经纪人只能从事保险经纪业务，而保险代理人则只能从事保险代理业务。

英国的保险经纪人制度历史悠久。保险经纪人在英国保险市场起着举足轻重的作用。1977 年《保险经纪人注册法》和 1986 年《金融服务法》对保险经纪人的资格、职业行为、授权范围等有详尽的规定。1988 年劳合社制定了《保险经纪人细则》,对保险经纪人提出了独立性要求、专业性要求和销售规则方面的要求。鉴于劳合社在英国保险市场的地位,《保险经纪人细则》也成为英国保险经纪人的一项行为规范。

英国保险中介人的行业自律较强,且行业自律组织分工较细。例如,保险经纪人协会不仅配合国家立法机关对保险经纪人的行为进行监督,还代表保险经纪人参与同政府、其他保险组织及商业机构进行的谈判。

(三)德国保险中介组织的发展概况

德国的保险市场体制比较健全,市场监管比较严格。传统上,逐步形成了以代理制为主体,尤其是以专用代理人为中心,辅之以保险经纪和直销渠道等的保险中介体系。德国对于保险中介组织进行监管的法律主要有《保险合同法》、2002 年《统一金融服务监管法》等。对于保险代理人,监管部门主要从资格许可、强制性职业责任保险和市场行为规范方面对其销售行为进行监督和管理。为降低保险代理人在销售过程中可能出现的责任风险,德国于 2005 年施行《保险中介指导方针》,规定保险代理人必须购买职业责任保险,保险公司也有义务按照《保险合同法》向监管部门通报代理人购买职业责任保险的情况。此外,德国《民法典》也有对保险代理人活动的规范。

在德国,对保险经纪人的监管主要依据《民法》来进行。保险经纪人在从事保险经纪活动过程中,因自身过错造成委托人损失的,应单独承担民事法律责任。且保险经纪人必须投保职业责任保险,以维护他们所服务对象的利益。

(四)日本保险中介组织的发展概况

日本保险中介市场是一种以保险代理人为主体、以保险经纪人为补充的体系。在 1996 年日本保险法修订以前,日本保险中介市场仅仅由保险代理人组成。日本的代理人制度主要包括两种类型:生命保险营销员和损害保险代理店,前者主要应用于人寿保险市场,而后者则主要应用于(财产)损害保险市场。

1996 年保险法修订后,保险经纪人制度逐步引入。保险经纪人采用登记制而非执照制。经纪人直接向大藏省登记注册,但要求经纪人寄存一定数目的保险金,超过最低保证金的部分由经纪人投保赔偿责任保险。但日本保险经纪人并未能够发挥更大作用。其原因有二:一是因为日本财产保险公司数量不多,且实行费率算定会制度,制定统一的费率标准;二是日本保险营销主要依靠公司外勤职员和代理店来进行,其中,保险代理店的作用与保险经纪人接近,其他国家经纪人从事的风险评估工作在日本主要由公司职员完成。

在对保险中介组织的监管方面,日本强调政府管理,从事保险中介活动要经过保险监管机关批准。此外,日本对保险代理人与保险经纪人严格进行区分,两者不可兼营。

三、我国保险中介组织的发展概况

新中国成立后，我国的保险业务划归当时唯一的保险公司即中国人民保险公司，再由其直接在全国各地设立保险代理机构，另外取消了保险经纪人和保险公估人。自1959年起，保险业务中断。1980年开始，中国人民保险公司开始恢复经营保险业务，同时恢复了保险代理人展业的做法。以银行为代表的兼业代理人和以乡镇代办所为主专职代理人迅速发展。此后，随着平安保险公司、中国太平洋保险公司等保险公司的相继成立，保险代理人制度渐渐发展起来。

与此同时，随着我国经济和保险事业突飞猛进的发展，对保险经纪人的需求日益增多。保险经纪业逐步发展，保险经纪人制度逐步形成，成为保险市场中的一个重要组成部分。1995年《保险法》以法律形式正式确立了保险经纪人制度。1999年中国保监会决定正式批准成立我国首批保险经纪公司，并于1999年5月15日在全国举行了首次注册保险经纪人资格考试。此外，保险公估人也逐渐发展，1993年，上海诞生了新中国第一家公估行——上海东方公估行，主要开展保险标的的勘查、鉴定、评估和定损等事宜。此后，又陆续出现了天津北方公估行、山东公估行、南京公估行等保险公估人。

伴随经纪人、公估人的出现，我国保险中介体系初步建立，保险中介人的入市退出机制得以建立，对保险中介人监管和自律有所加强，相关法律法规不断完善。1998年，我国保险业主管机关——中国保监会成立。2000年中国保监会颁布了《保险公估人管理规定（试行）》，2000年颁布了《保险代理机构管理规定》《保险经纪公司管理规定》和《保险公估公司管理规定》。这些规范性文件的出台，标志着我国保险中介事业进入规范发展阶段。目前，保险中介组织的规范依据主要是2015年修订的《保险法》、2009年《保险专业代理机构监管规定》（2013年、2015年修订）、2009年《保险经纪机构监管规定》（2013年、2015年修订）、2009年《保险公估机构监管规定》（2013年、2015年修订），它们是中国保监会针对保险中介市场出现的新现象和新问题制定并进一步修订的法律文件，对于规范我国的保险中介市场具有重要作用。

第二节　保险代理人

一、保险代理人的概念和特征

（一）保险代理人的概念

保险代理人，是根据保险人的委托，向保险人收取佣金，并在保险人授权的范围内代为办理保险业务的机构或者个人。其中，保险代理机构包括专门从事保险代理业务的保险专业代理机构和兼营保险代理业务的保险兼业代理机构。

保险代理人的主要职责是代理保险人承接保险业务,代为保险人签发保险单或批单。保险代理人受保险人委托而存在,是保险环节中关键的一环。保险代理人的保险代理活动有助于扩大保险人的经营范围和业务来源,增强保险人的竞争实力,因而保险代理人在保险市场上具有举足轻重的作用。保险代理人的作用主要体现在以下几方面:(1)有利于沟通保险需求方与供给方。通过保险代理人的保险代理活动,保险人能够更直接地与市场接触,扩大市场交换行为,从而增加保险供给方与需求方的接触,可以通过保险代理人有针对性地推动保险业务向纵深领域发展。(2)有利于沟通保险信息。通过保险代理人的保险代理活动,保险人可以对市场信息进行分析,不断完善各种保险单、保险条款及经营策略,提高保险企业的服务水平和自身的经营管理能力。(3)有利于发挥行业和个人优势,改善保险服务。保险代理人往往具有自身独特的优势,如熟悉某些客户的行业技术等,从而能够利用这一优势,提高保险服务质量。

(二)保险代理人的特征

保险代理人与保险公司之间是一种委托代理关系,即一方基于授权或委托关系,以另一方名义完成保险代理活动,并收取保险代理费用,被代理方对代理方的代理行为承担民事责任。保险代理人实施的保险代理活动是民事代理制度在保险领域中适用的具体情况,因此,保险代理人在具备民事代理人的一般法律属性的同时,又具有自己的特征:

1. 保险代理人是具有独立法律地位的法律主体,其实施的保险代理行为受民法和保险法调整。保险代理是一般商务代理在保险业的应用和发展,保险代理人基于独立的经营地位和经济利益,与被代理的保险人彼此区分,独立从事保险代理经营活动。保险代理人实施的保险代理行为既要符合民事代理的相关立法规定,又必须遵守保险立法的特殊规则。例如,《保险法》第五章“保险代理人和保险经纪人”对保险代理行为作了规定。

2. 保险代理人的保险代理权来源于保险人的委托授权。保险代理是基于保险人授权的委托代理。委托代理应当采用书面形式,通过签订保险代理合同来明确保险人与保险代理人关于委托代理保险业务的授权范围和双方当事人的权利义务。无论是个人代理人,还是专业代理人或兼业代理人,其代理权产生于保险人的委托授权,其从事保险代理的前提是必须要根据保险人的委托,并在保险人授权范围内活动。如果保险代理人没有代理权、超越代理权或者代理权终止后以保险人名义订立合同,使投保人有理由相信其有代理权的,为保护善意投保人的利益,该代理行为有效,保险人不得以其未授权或未明确授权为由否认保险代理的效力,但可以依法追究越权的保险代理人的责任。

3. 保险代理行为的后果由保险人承受。因保险代理人的行为产生的利益归属于保险人,伴随利益而来的责任也应当由保险人承担。保险代理人不享有因在保险人授权范围内办理保险业务而产生的权利和利益,也不应承担由此而产生的责任。因此,保险代理人根据保险人的授权代为办理保险业务的行为,由保险人承担责任。投保人可以向保险人主张保险代理行为的效力,并要求保险人受该行为的约束,承担该行为产生的义务和责任。

二、保险代理人的分类

(一)专业代理人、兼业代理人和个人代理人

1. 专业代理人。专业代理人是专门从事保险代理业务的保险代理机构,是根据保险公司的委托,向保险公司收取佣金,在保险公司授权的范围内专门代为办理保险业务的机构,包括保险专业代理公司及其分支机构。2009 年 9 月 25 日,中国保险监督管理委员会发布了《保险专业代理机构监管规定》,2009 年 10 月 1 日起施行,并分别于 2013 年、2015 年予以修订。该规定对市场准入、经营规则、市场退出、监督检查和法律责任等事项作出了明确规定。

依据《保险专业代理机构监管规定》,除中国保监会另有规定外,保险专业代理机构应当采取有限责任公司或股份有限公司的组织形式。设立保险专业代理公司,应当具备下列条件:(1)股东、发起人信誉良好,最近 3 年无重大违法记录;(2)注册资本达到《公司法》和该规定的最低限额;(3)公司章程符合有关规定;(4)董事长、执行董事、高级管理人员符合本规定的任职资格条件;(5)具备健全的组织机构和管理制度;(6)有与业务规模相适应的固定住所;(7)有与开展业务相适应的业务、财务等计算机软硬件设施;(8)法律、行政法规和中国保监会规定的其他条件。

设立保险专业代理公司,除中国保监会另有规定的除外,其注册资本的最低限额为人民币 5000 万元。保险专业代理公司的注册资本必须为实缴货币资本。依据法律、行政法规规定不能投资企业的单位或者个人,不得成为保险专业代理公司的发起人或者股东。保险公司员工投资保险专业代理公司的,应当书面告知所在保险公司;保险公司、保险中介机构的董事或者高级管理人员投资保险专业代理公司的,应当根据《公司法》有关规定取得股东会或者股东大会的同意。

保险专业代理公司可以设立分支机构,包括分公司、营业部,但设立分支机构应当具备下列条件:(1)内控制度健全;(2)注册资本达到法定的要求;(3)现有机构运转正常,且最近 1 年内无重大违法行为;(4)拟任主要负责人符合法定的任职资格条件;(5)拟设分支机构具备符合要求的营业场所和与经营业务有关的其他设施。

保险专业代理机构可以经营下列保险代理业务:(1)代理销售保险产品;(2)代理收取保险费;(3)代理相关保险业务的损失勘查和理赔;(4)中国保监会批准的其他业务。

2. 兼业代理人。兼业代理人是指受保险公司的委托,在从事自身业务的同时,指定专人为保险公司代办保险业务的单位。中国保险监督管理委员会 2000 年 8 月

颁布《保险兼业代理暂行管理办法》,对兼业保险代理人的代理资格管理、代理关系管理和执业管理作出了明确规定。从事保险兼业代理业务必须向中国保监会申请保险兼业代理资格,经中国保监会核准后取得保险兼业代理业务许可证。申请保险兼业代理资格证应该具备下列条件:具有工商行政管理机关核发的营业执照;有同经营主业直接相关的一定规模的保险代理业务来源;有固定的营业场所;具有在其营业场所直接代理保险业务的便利条件。党政机关及其职能部门、事业单位和团体不得从事保险代理业务。

保险兼业代理人代理业务范围以《保险兼业代理许可证》核定的代理险种为限,一般包括代理推销保险产品、代理收取保险费,以及其他与本行业直接相关、且能为投保人提供便利的保险业务。

我国保险兼业代理人的形式主要有四种:(1)金融机构兼业代理,即利用银行、邮政储蓄机构、信用社、证券等金融机构与各行各业接触广泛的特点,在其柜台为客户代办保险业务;(2)行业兼业代理,即利用某一行业对保险的特殊需求以及该行业业务开展的便利条件为保险人代理保险业务;(3)企业兼业代理,即企业的主管部门受保险人委托兼办下属企业的保险业务,或企业代办企业内部职工的保险业务;(4)社会团体兼业代理,即通过某些社团组织的特殊职能进行保险业务的代理。

3. 个人代理人。个人代理人是根据保险人的委托,在保险人授权的范围内,以保险人的名义代为办理保险业务,并依法向保险人收取代理手续费的个人。个人代理人的业务范围包括代理推销保险产品和代理收取保险费。但个人代理人不得办理企业财产保险业务和团体人身保险业务。其中"企业财产保险业务",是指与法人经营活动有关的一切财产保险业务,它包括企业财产损失保险(私用运输工具除外)、货物运输保险、责任保险、保证保险和信用保险等;"团体人身险业务"是指在一张保单承保某一单位内全体或部分成员的人身保险的业务,它包括团体人身保险、团体人身意外伤害保险、团体人寿保险和集体养老金保险等。

同时,财产保险公司个人保险代理人只能代理家庭财产保险和个人所有非经营用的运输工具的运输工具保险及其第三者责任保险等业务。人寿保险公司个人保险代理人只能代理个人人身保险、个人人寿保险、个人人身意外伤害保险和个人疾病医疗保险等业务,且个人保险代理人在代为办理人寿保险业务时,不得同时接受两个以上保险人的委托。此外,任何个人不得兼职从事个人保险代理业务。个人代理人也不得签发保险单。

(二)专属保险代理人和普通保险代理人

1. 专属保险代理人。专属保险代理人是指保险立法对其保险代理范围予以限制的保险代理人。例如,我国保险法规定,个人保险代理人在代为办理人寿保险业务时,不得同时接受两个以上保险人的委托。专属保险代理人又称为独家代理人。

2. 普通保险代理人。普通保险代理人是指保险立法对其保险代理范围没有作出限制性规定的保险代理人。我国保险法对经营人寿保险之外的其他代理业务的保险代理人的保险代理范围没有加以限制,因此属于普通保险代理人,又称为独立保险代理人。独立保险代理人不隶属任何保险公司或中介机构,其持有个人从业资质,个人承担法律责任。独立保险代理人的制度安排能够大幅降低保险公司的经营成本,提高销售的专业化程度,有利于推动保险业的发展。2015 年中国保监会发布《关于深化保险中介市场改革的意见》指出,应培育一批具有专业特色和国际竞争力的龙头型保险中介机构,发展一大批小微型、社区化、门店化经营的区域性专业代理机构,形成一个自主创业、自我负责、体现大众创业、万众创新精神的独立个人代理人群体。

三、保险代理人的从业资格和执业规则

(一)保险代理人的从业资格

对于保险个人代理人及保险代理机构的代理从业人员,我国 2015 年修订的《保险法》第 122 条规定:“个人保险代理人、保险代理机构的代理从业人员、保险经纪人的经纪从业人员,应当品行良好,具有从事保险代理业务或者保险经纪业务所需的专业能力。”实际上取消了原保险法关于“取得保险监督管理机构颁发的资格证书”这一项内容。资格证书考试取消后,面对法律风险和监管压力的加大,保险人势必会按照“销售从业人员应当品行良好,具有保险销售所需的专业能力”要求,提高销售人员的选拔标准。

保险专业代理机构的高级管理人员,应当品行良好,熟悉保险法律、行政法规,具有履行职责所需的经营管理能力,并在任职前取得保险监督管理机构核准的任职资格。保险专业代理机构拟任董事长、执行董事和高级管理人员应当具备下列条件,并报经中国保监会核准:(1)大学专科以上学历;(2)从事经济工作 2 年以上;(3)具有履行职责所需的经营管理能力,熟悉保险法律、行政法规及中国保监会的相关规定;(4)诚实守信,品行良好;(5)中国保监会规定的其他条件。从事金融工作 10 年以上,可以不受前款第 1 项的限制。同时,未经股东会或者股东大会同意,保险专业代理机构的董事和高级管理人员不得在存在利益冲突的机构中兼任职务。

此外,《保险专业代理机构监管规定》第 19 条规定:“有《公司法》第一百四十六条规定的情形或者下列情形之一的,不得担任保险专业代理机构董事长、执行董事或者高级管理人员:(1)担任因违法被吊销许可证的保险公司或者保险中介机构的董事、监事或者高级管理人员,并对被吊销许可证负有个人责任或者直接领导责任的,自许可证被吊销之日起未逾 3 年;(2)因违法行为或者违纪行为被金融监管机构取消任职资格的金融机构的董事、监事或者高级管理人员,自被取消任职资格之日起未逾 5 年;(3)被金融监管机构决定在一定期限内禁止进入金融行业的,期限未满;(4)受金融监管机构警告或者罚款未逾 2 年;(5)正在接受司法机关、纪检监

察部门或者金融监管机构调查;(6)中国保监会规定的其他情形。"

(二)保险代理人的执业规则

保险人委托保险代理人代为办理保险业务,应当与保险代理人签订委托代理协议,依法约定双方的权利和义务。委托代理协议即为保险代理合同,保险代理人根据保险代理合同以保险人的名义为保险人开展业务,并据此接受代理手续费。其具体条款包括:合同双方的名称;代理权限范围;代理期限;代理地域范围;代理的险种;手续费的支付标准和支付方式;保险费转交时间和方式;违约责任;争议处理。保险代理人的执业规则主要体现为保险代理人的权利和义务,主要包括以下几方面:

1. 独立开展业务活动,获得劳务报酬的权利。保险代理人在代理合同规定的授权范围内,具有独立进行意思表示的权利,并有权利就其开展的保险代理业务所付出的劳动向保险人收取劳务报酬。

2. 自觉履约的义务。保险代理人应自觉遵守并执行保险代理合同,认真履行代理职责,不能随意单方面变更和解除合同。

3. 遵循诚信原则和如实告知的义务。保险代理人基于保险人的授权从事保险代理业务,承担着保险人所应承担的义务,因此保险代理人必须遵循诚信原则和如实告知的义务。一方面,保险代理人应将投保人、被保险人应该知道的保险公司业务情况和保险条款的内容及其含义,尤其是保险条款的免除责任如实告知投保人、被保险人;另一方面,保险代理人也应将其与投保人订立保险合同的情况,以及投保人、被保险人所反映的实际情况如实告知保险人。

4. 如实转交保险费的义务。保险代理人受保险人委托可以在业务范围内代收保险费,代收的保险费应立即上缴保险人或按合同规定的方式上缴或转账给保险人。保险代理人无权擅自挪用代收的保险费。此外,对于投保人欠交的保险费,保险代理人也没有垫付的义务。

5. 维护保险人权益的义务。保险代理人不得与第三者串通或合伙隐瞒真相,损害保险人的利益。在代理过程中,保险代理人有义务维护保险人的利益。这是由保险代理关系和代理活动的特点所决定的。

6. 接受监督管理的义务。保险人可以在一定范围内对于其委托的代理人的代理行为和代理活动实施间接的监督管理。如对保险代理人的经营状况、账册、单证、业务记录、收据等方面的监督管理,保险代理人有义务接受。此外,保险代理人还必须接受金融监管部门的直接监督管理。

四、保险代理人的监督管理

根据我国《保险法》第9条的规定,中国保险监督管理委员会依法对保险业实施监督管理,对保险代理机构及分支机构履行监管职责。中国保监会派出机构,在中国保监会授权范围内履行监管职责。在我国境内设立保险专业代理公司,必须符合中国保险监督管理委员会规定的资格条件,取得经营保险代理业务许可证。保险专业代理机构应当遵守法律、行政法规和中国保监会的有关规定,遵循自愿、诚实信用和公平竞争的原则。

保险专业代理机构应当依照中国保监会有关规定及时、准确、完整地报送有关报告、报表、文件和资料,并根据中国保监会要求提交相关的电子文本。中国保监会根据监管需要,可以对保险专业代理机构的董事长、执行董事或者高级管理人员进行监管谈话,要求其就经营活动中的重大事项作出说明。

中国保监会还可以依法对保险专业代理机构进行现场检查,包括但不限于下列内容:(1)机构设立、变更是否依法获得批准或者履行报告义务;(2)资本金是否真实、足额;(3)保证金提取和动用是否符合规定;(4)职业责任保险是否符合规定;(5)业务经营是否合法;(6)财务状况是否良好;(7)向中国保监会提交的报告、报表及资料是否及时、完整和真实;(8)内控制度是否完善,执行是否有效;(9)任用董事长、执行董事和高级管理人员是否符合规定;(10)是否有效履行从业人员管理职责;(11)对外公告是否及时、真实;(12)计算机配置状况和信息系统运行状况是否良好。

第三节 保险经纪人

一、保险经纪人的概念和特征

(一)保险经纪人的概念

保险经纪人是指基于投保人的利益,为其提供投保、缴费、索赔等中介服务,并向承保保险人收取佣金的机构。与保险代理人不同,保险经纪人是基于投保人的利益,向保险人或其代理人洽定保险合同,并为客户提供风险管理、保险安排、协助索赔与追偿等全过程服务。我国《保险法》第118条规定,保险经纪人是基于投保人的利益,为投保人与保险人订立保险合同提供中介服务,并依法收取佣金的机构。

现代意义上的保险是从海上保险发展而来的。随着海上贸易的发展,对海上保险的需求增加,导致了保险经纪制度的产生与发展。英国在17世纪和18世纪已成为海上贸易大国。1720年英国国王特许皇家交易所和伦敦保险公司专营海上保险,在此前后,作为保险人和被保险人媒介的保险经纪人便应运而生。英国第一家保险经纪公司成立于1906年,并于1910年被英国政府贸易委员会予以注册。1977年,英国通过了《保险经纪人法》,并设立了专门的法案机构,即英国保险经纪人协会和英国保险经纪人注册理事会(IBRC)。英国对保险经纪人的管理相当严格,设立专门的监管机构即保险经纪人注册理事会,对保险经纪人的信誉、宣传及服务进行监管,对保险经纪人进行严格的财务管理,同时制定严厉的惩罚条例。

我国的保险经纪起步较晚。1998 年 2 月颁布了《保险经纪人管理规定(试行)》,1999 年 5 月举行了第一次保险经纪人资格考试。2002 年 6 月,江泰、东大、长城三家保险经纪公司才相继在北京、上海和广州开业运营。2009 年 9 月 25 日中国保险监督管理委员会发布《保险经纪机构监管规定》,并于 2013 年和 2015 年进行两次修订,这标志着我国保险经纪人制度进入蓬勃发展阶段。

(二)保险经纪人的特征

1. 保险经纪人具有独立的法律地位,以自己的名义独立实施保险经纪行为。根据《保险经纪机构监管规定》第 6 条,保险经纪机构一般采取有限责任公司和股份有限公司的组织形式,能够以自己的名义享有民事权利,承担民事义务。因此,保险经纪人以自己的名义与保险人从事保险经纪活动,并承担由此产生的法律后果。保险经纪人因过错给投保人和被保险人造成损失的,应当依法承担赔偿责任。

2. 保险经纪人代表作为委托人的投保人、被保险人的利益。保险经纪人在保险经纪活动中,必须维护投保人或被保险人的利益,达到以最佳条件实现投保人、被保险人获得保险保障的目的。

3. 保险经纪人基于投保人或被保险人的委托,实施以向投保人、被保险人签订保险合同提供帮助为内容的民事法律行为。除非与投保人有特别约定,保险经纪人并不代表投保人订立保险合同,亦即,保险经纪人本身不是保险合同当事人,而是为投保人与保险人订立合同创造条件、提供中介服务,一般不能代保险人订立保险合同,而且也不能擅自超越客户的委托范围。

4. 保险经纪人从事保险经济活动的范围广泛。保险经纪人的业务范围不限于投保环节,还涉及协助被保险人或者受益人进行索赔、再保险经纪业务、为委托人提供防灾、防损或者风险评估、风险管理咨询服务等诸多方面。

二、保险经纪人的分类

(一)寿险经纪人、非寿险经纪人和再保险经纪人

这是按照业务范围的不同所作的分类。

1. 寿险经纪人。寿险经纪人是指在人身保险市场上代表投保人选择保险人、代办保险手续并从保险人处收取佣金的保险经纪人。在国外,寿险经纪人主要从事公司员工福利计划中的团体寿险和高收入者养老金保险的经纪业务。

2. 非寿险经纪人。非寿险经纪人是安排各种财产、利益、责任保险业务,在保险合同订约双方斡旋,促使保险合同成立并为此从保险人处收取佣金的中间人。非寿险经纪人的业务领域涉及各类财产保险、健康保险和意外伤害保险。

3. 再保险经纪人。再保险经纪人是指促成在保险分出公司(原保险人)与再保险分入公司(再保险人)之间建立再保险合同关系,并向再保险分入公司收取佣金的保险经纪人。保险实践中,再保险经纪人与原保险人签订委托合同,基于原保险

人的利益,为原保险人与再保险人安排再保险业务提供中介服务,包括介绍再保险业务、提供保险信息、在再保险合同有效期间对再保险合同进行管理等等,并按约定收取佣金。由于再保险业务具有较强的国际性,因此充分利用再保险经纪人就显得十分重要。尤其是对于巨额保险业务的分保,再保险经纪人能够为本国巨额保险的投保人提供有吸引力的保险和再保险方案,从而把许多资金力量不大、规模有限的保险人组织起来,成立再保险集团,承办巨额再保险。

(二)个人保险经纪人、合伙保险经纪组织和保险经纪公司

这是按照组织形式的不同所作的分类。

1. 个人保险经纪人。个人保险经纪人是指自然人以个人名义从事保险经纪业务的经纪人。多数国家都允许个人保险经纪人从事保险经纪业务活动,例如在英国、美国、日本、韩国等国家,个人保险经纪人是保险经纪行业中的重要组成部分。但是为了保护投保人的利益,各国保险监管机关都对个人保险经纪人予以严格监管,如英国保险经纪人注册委员会规定了个人保险经纪人的最低营运资本额和职业责任保险的金额。

2. 合伙保险经纪组织。合伙保险经纪组织是指采取合伙企业形式的保险经纪组织。合伙保险经纪组织一般规模较小,合伙人共同出资、共同经营、共享收益、共担风险。英美等国允许合伙保险经纪组织的存在,但要求全部合伙人必须进行保险经纪人注册。

3. 保险经纪公司。保险经纪人是以公司形式设立的,基于投保人的利益,为投保人与保险人订立保险合同提供中介服务,并依法收取佣金的保险经纪组织。

三、保险经纪人的从业资格和执业规则

(一)保险经纪人的从业资格

在我国境内设立保险经纪公司,应当符合中国保监会规定的资格条件,取得经营保险经纪业务许可证。我国《保险经纪机构监管规定》第 6 条规定:“除中国保监会另有规定外,保险经纪机构应当采取下列组织形式:(1)有限责任公司;(2)股份有限公司。”同时规定保险经纪公司的设立,须具备下列条件:(1)股东、发起人信誉良好,最近 3 年无重大违法记录;(2)注册资本达到《中华人民共和国公司法》和本规定的最低限额;(3)公司章程符合有关规定;(4)董事长、执行董事和高级管理人员符合本规定的任职资格条件;(5)具备健全的组织机构和管理制度;(6)有与业务规模相适应的固定住所;(7)有与开展业务相适应的业务、财务等计算机软硬件设施;(8)法律、行政法规和中国保监会规定的其他条件。设立保险经纪公司,其注册资本的最低限额为人民币 5000 万元,中国保监会另有规定的除外。保险经纪公司的注册资本必须为实缴货币资本。

对于保险经纪人的经纪从业人员,我国 2015 年修订的《保险法》第 122 条规定:“个人保险代理人、保险代理机构的代理从业人员、保险经纪人的经纪从业人员,应

当品行良好，具有从事保险代理业务或者保险经纪业务所需的专业能力。”实际上取消了原保险法关于“取得保险监督管理机构颁发的资格证书”这一项内容，亦即，保险经纪人的从业人员执业前，所属公司应为其在中国保监会保险中介监管信息系统执业登记，资格证书不作为执业登记管理的必要条件。

保险经纪人的高级管理人员，应当品行良好，熟悉保险法律、行政法规，具有履行职责所需的经营管理能力，并在任职前取得保险监督管理机构核准的任职资格。保险经纪机构拟任董事长、执行董事和高级管理人员应当具备下列条件，并报经中国保监会核准：(1)大学专科以上学历；(2)从事经济工作2年以上；(3)具有履行职责所需的经营管理能力，熟悉保险法律、行政法规及中国保监会的相关规定；(4)诚实守信，品行良好；(5)中国保监会规定的其他条件。从事金融工作10年以上，可以不受大学专科以上学历的限制。同时，非经股东会或者股东大会批准，保险经纪公司的董事和高级管理人员不得在存在利益冲突的机构中兼任职务。

此外，《保险经纪机构监管规定》第20条规定，有《公司法》第146条规定的情形或者下列情形之一的人员，不得担任保险经纪机构董事长、执行董事或者高级管理人员：(1)担任因违法被吊销许可证的保险公司或者保险中介机构的董事、监事或者高级管理人员，并对被吊销许可证负有个人责任或者直接领导责任的，自许可证被吊销之日起未逾3年；(2)因违法行为或者违纪行为被金融监管机构取消任职资格的金融机构的董事、监事或者高级管理人员，自被取消任职资格之日起未逾5年；(3)被金融监管机构决定在一定期限内禁止进入金融行业的，期限未满；(4)受金融监管机构警告或者罚款未逾2年；(5)正在接受司法机关、纪检监察部门或者金融监管机构调查；(6)中国保监会规定的其他情形。

(二)保险经纪人的执业规则

1.保险经纪人的业务范围

在国外，保险经纪人的业务范围包括财产保险、人寿保险以及再保险。美国保险经纪人分为销售财产和责任保险的经纪人以及营销人寿保险经纪人两类，一般允许地区、全国和全球性的保险经纪公司兼营上述两类经纪业务和再保险经纪业务。英国保险经纪人的业务范围涉及财产保险、人寿保险和再保险领域。英美等国一般允许保险经纪人可以兼营其他保险中介业务。在韩国，保险经纪人分为人身保险经纪人和损害保险经纪人，在分别取得人身保险经纪人和损害保险经纪人的执业证书的前提下，允许兼营。韩国严格禁止保险经纪人兼营保险公司、保险代理人、保险精算人及理赔理算人的业务。

我国保险经纪人的业务范围包括：(1)为投保人拟订投保方案、选择保险公司以及办理投保手续，保险经纪机构可以运用其保险专业知识和投保实务经验，根据投保人的实际需要，为其设计最合理的投保方案，选择最合适的保险人，并代为办理投保手续。(2)协助被保险人或者受益人进行索赔，保险经纪机构可以向被保险人或受益人提供中介服务，协助其依据保险合同的约定及时向保险人行使保险赔偿请求权或保险金给付请求权。(3)再保险经纪业务,保险经纪机构能够根据其所掌握的经营信息,为保险公司安排再保险业务,或者按照某些大宗保险业务本身的需要进行再保险业务。(4)为委托人提供防灾、防损或者风险评估、风险管理咨询服务,保险经纪机构能够利用其专业技术知识,根据委托人的实际需求,为委托人的防灾、防损或者风险评估、风险管理等事项提供咨询和建议,以减少或预防灾害损失的发生。

2. 保险经纪人的行为标准

根据《保险法》和《保险经纪机构监管规定》,我国保险经纪人的行为标准主要包括:

(1)按照核定的经济区域和业务范围从事业务活动。保险经纪机构从事保险经纪业务不得超出承保公司的业务范围和经营区域;从事保险经纪业务涉及异地共保、异地承保和统括保单,中国保监会另有规定的,从其规定。保险经纪机构的经营范围不得超出《保险经纪机构监管规定》第27条规定的范围。

(2)遵循诚信原则和如实告知的义务,不得欺骗投保人、被保险人、受益人或者保险公司。保险经纪机构及其从业人员在开展经纪业务过程中,不得有以下行为:隐瞒或者虚构与保险合同有关的重要情况;误导性销售;伪造、擅自变更保险合同,销售假保险单证,或者为保险合同当事人提供虚假证明材料;阻碍投保人履行如实告知义务或者诱导其不履行如实告知义务;未取得投保人、被保险人的委托或者超出受托范围,擅自订立或者变更保险合同;虚构保险经纪业务或者编造退保,套取佣金;串通投保人、被保险人或者受益人骗取保险金。

(3)按照与保险合同当事人的约定收取佣金。作为中介的保险经纪人主要以收取佣金为利润来源,各国对此有不同的规定。在英国,监管机关不规定佣金率的幅度,佣金率是由保险人和经纪人自行协商确定的。在美国,保险经纪人根据不同的险种收取不同比例的佣金,其主要方式包括按照保险费比例收取佣金和按照赔付率收取利润分享佣金。在韩国,保险经纪人的佣金由保险人支付,保险经纪人需将佣金等相关内容进行记账,以供投保人查阅,法律禁止保险经纪人向投保人收取中介手续费或其他费用。

在我国,保险经纪公司按照双方当事人的约定来收取经纪佣金,其报酬收入与服务内容紧密相连。具体来说,保险经纪人如果接受客户的委托,代为拟订投保方案、选择保险公司并办理投保手续,则可以向保险公司收取佣金。反之,如果保险经纪人应客户(投保人或被保险人)的要求,提供风险评估和风险管理咨询服务或代为办理保险索赔,则可以向客户收取咨询费或服务费。

四、保险经纪人的监督管理

中国保监会根据《保险法》和国务院授权,对保险经纪机构履行监管职责。中国保监会派出机构,在中国保监会授权范围内履行监管职责。在我国境内设立保险经纪公司，应当符合中国保监会规定的资格条件，取得经营保险经纪业务许可证。保险经纪机构应当遵守法律、行政法规和中国保监会的有关规定，遵循自愿、诚实信用和公平竞争的原则。

中国保监会依法对保险经纪机构进行现场检查，包括但不限于下列内容：(1)机构设立、变更是否依法获得批准或者履行报告义务；(2)资本金是否真实、足额；(3)保证金提取和动用是否符合规定；(4)职业责任保险是否符合规定；(5)业务经营是否合法；(6)财务状况是否良好；(7)向中国保监会提交的报告、报表及资料是否及时、完整和真实；(8)内控制度是否完善，执行是否有效；(9)任用董事长、执行董事和高级管理人员是否符合规定；(10)是否有效履行从业人员管理职责；(11)对外公告是否及时、真实；(12)计算机配置状况和信息系统运行状况是否良好。

第四节　保险公估人

一、保险公估人的概念和特征

(一)保险公估人的概念

保险公估人是指接受保险人、投保人或被保险人的委托，专门从事保险标的或者保险事故评估、勘验、鉴定、估损理算等业务，并按约定收取报酬的机构。保险公估人基于独立的立场，对委托事项作出客观、公正的评价，为保险当事人提供服务。

保险公估业起源于英国。1666 年伦敦大火之后，对建筑物火灾保险的评估和理赔直接导致了保险公估业的产生。保险公估业的雏形大约始于 18 世纪。最初保险公估工作主要涉及火灾保险领域，以后随着保险的发展，对外扩展到意外保险、公众责任保险和其他险种。早在 19 世纪 20 年代末的旧中国，保险公估机构就已存在，彼时称之为“公证行”。新中国成立后，保险公估人在我国长期缺位，直至 1990 年内蒙古自治区“保险理赔公证技术服务中心”和 1991 年山东省“保险理赔鉴定服务中心”的设立，我国早期的保险公估人出现。1998 年中国保险监督管理委员会成立，为规范行业发展，保监会 2000 年制定《保险公估人管理规定(试行)》，2009 年发布《保险公估机构监管规定》(分别于 2013 年、2015 年修订)，以规范保险公估机构的经营行为，保护保险活动当事人的合法权益，维护市场秩序，促进保险业健康发展。

(二)保险公估人的特征

保险公估人以独立、公平、公正的身份介入保险市场，是维护保险合同双方利益的重要保证，也是保险公估人的存在和发展的重要因素。

1. 保险公估人具有独立性和公正性。保险公估人既可以受托于保险人，也可以受托于投保人,然其不代表任何一方利益,而是基于独立的立场,尊重客观事实,不偏向任何当事人。当保险公估人在保险合同双方的利益发生冲突,尤其是当赔案发生时,对委托事件作出客观、公正的评价。在保险评估过程中,保险公估人客观公正的方案可以缓解与调和当事人之间的利益矛盾。

2. 保险公估人具有专业性和科学性。保险公估人是接受保险人或投保人的委托,独立依赖其专业知识、技术能力来处理保险标的或者保险事故评估、勘验、鉴定、估损理算等工作。由于保险公估人面向众多的保险人或被保险人处理不同类型的保险理赔、评估业务,因此,保险公估机构必须拥有既知晓保险法、保险理论和实务,又熟悉相关法律、工程技术等知识的专业工程技术人员。

3. 保险公估人具有中介性。保险公估人以中间人身份,接受保险合同当事人的委托,从事保险公估经营活动,为保险双方提供服务,并参与保险经济利益的分配,收取合理费用,因此具有鲜明的中介性特征。

二、保险公估人的分类

依据不同的划分标准,可以将保险公估人作如下分类。

(一)承保公估人和理赔公估人

根据保险公估人在保险公估执业过程中的顺序标准,保险公估人可划分为承保公估人和理赔公估人。

所谓承保公估人,也称核保公估人,是在投保人投保后,保险人承保前,从事保险标的价值评估和风险评估的保险公估人。核保公估人提供的查勘报告,是保险人评估风险,审核承保能力的重要参考。

所谓理赔公估人,是指在保险事故发生之后,受当事人委托进行保险标的检验、估损和理算的专业保险公估人。理赔公估人又分为损失理算师、损失鉴定人和损失评估人。损失理算师,是指在保险事故发生之后,计算损失赔偿金额,确定损失分担赔偿责任的理赔公估人。损失鉴定人,是指在保险事故发生之后,判断事故发生原因,确定事故责任归属的理赔公估人。损失评估人,在英美等国,是指受被保险人单方面的委托,为了被保险人的利益办理保险标的损失查勘和计算的人。

(二)海上保险公估人、火灾及特种保险公估人、机动车辆保险公估人和责任保险公估人

根据保险公估人执业内容标准,保险公估人可划分为海上保险公估人、火灾及特种保险公估人、机动车辆保险公估人和责任保险公估人。

海上保险公估人,主要处理海上、航空运输保险等方面的业务。海上保险和航空运输保险均为国际型的保险,船舶保险中的船身价值或其修理规模和费用的确定均与船舶的种类、吨位、用途直接相关,船上设备、机器、引擎、发电机等也有专业要求,保险公司必须请船舶公估公司处理;航空货物运输保险中的货运检验涉及发货人、收货人、承运人和保险公司多方利益和责任,保险公司通常委托居于独立地

位的保险公估人处理,海上保险公估人由此而出现。

火灾及特种保险公估人,主要处理火灾及特种保险等方面的业务。随着经济的发展和科学技术的进步,财产保险的承保范围日益扩大,涉及工商业的各个具体行业,其保险标的涉及房屋、建筑物、机器设备、仪器仪表、库存产成品、原材料等诸多种类的有形财产。这些财产承保评估或者理赔定损工作,保险公司难以独立完成,因此需要委托拥有专业技术知识和保险业务经验的保险公估人以独立、公平、公正的立场,提供科学、合理的保险公估服务,为保险承保和理赔提供依据。

机动车辆保险公估人,主要处理与汽车保险有关的业务。从各国保险市场来看,汽车保险的业务量大、事故比例高、赔付率高。汽车保险公估人参与汽车保险理赔公估,不仅有利于减少保险公司和被保险人之间在修理费用、重置价值方面的直接冲突,避免保险公司理赔人员与被保险人、汽车修理行会合谋骗取保险赔款,还可以有效制止汽车保险理赔中的不正当行为,保障各保险公司在公平的市场环境中平等竞争。

三、保险公估人的从业资格和执业规则

(一)保险公估人的从业资格

在我国境内设立保险公估机构,应当符合中国保监会规定的资格条件,取得经营保险公估业务许可证。保险公估机构应当采取有限责任公司、股份有限公司、合伙企业等组织形式。设立保险公估机构,应当具备下列条件:(1)股东、发起人或者合伙人信誉良好,最近3年无重大违法记录;(2)公司章程或者合伙协议符合有关规定;(3)董事长、执行董事和高级管理人员符合规定的条件;(4)具备健全的组织机构和管理制度;(5)有与业务规模相适应的固定住所;(6)有与开展业务相适应的业务、财务等计算机软硬件设施;(7)法律、行政法规和中国保监会规定的其他条件。保险公估机构的注册资本为在公司登记机关登记的全体股东认缴的出资额。

对于保险公估机构的从业人员,根据中国保监会2015年《关于保险中介从业人员管理有关问题的通知》,《关于保险公估从业人员资格考试有关工作的通知》予以废止,保监会不再委托中国保险行业协会组织保险公估从业人员资格考试。保险公估从业人员应当品行良好,具有保险销售所需的专业能力。其执业前,所属公司应当为其在中国保监会保险中介监管信息系统进行执业登记,资格证书不作为执业登记管理的必要条件。

保险公估机构拟任董事长、执行董事和高级管理人员应当具备下列条件:(1)大学专科以上学历;(2)从事经济工作2年以上;(3)具有履行职责所需的经营管理能力,熟悉保险法律、行政法规及中国保监会的相关规定;(4)诚实守信,品行良好;(5)中国保监会规定的其他条件。从事金融或者评估工作10年以上,可以不受大学专科以上学历之限制。

此外,有《公司法》第146条规定的情形或者下列情形之一的,不得担任保险公

估机构董事长、执行董事和高级管理人员:(1)担任因违法被吊销许可证的保险公司、保险中介机构的董事、监事或者高级管理人员,并对被吊销许可证负有个人责任或者直接领导责任的,自许可证被吊销之日起未逾3年;(2)因违法行为或者违纪行为被金融监管机构取消任职资格的金融机构的董事、监事或者高级管理人员,自被取消任职资格之日起未逾5年;(3)被金融监管机构决定在一定期限内禁止进入金融行业的,期限未满;(4)因违法行为或者违纪行为被吊销执业资格的资产评估机构、验证机构等机构的专业人员,自被吊销执业资格之日起未逾5年;(5)受金融监管机构警告或者罚款未逾2年;(6)正在接受司法机关、纪检监察部门或者金融监管机构调查;(7)中国保监会规定的其他情形。

未经股东会或者股东大会同意,保险公估公司的董事和高级管理人员不得在存在利益冲突的机构中兼任职务。保险公估机构的合伙人不得自营或者同他人合作经营与本机构相竞争的业务。

(二)保险公估人的执业规则

1. 业务范围。保险活动当事人可以委托保险公估机构等依法设立的独立评估机构或者具有相关专业知识的人员,对保险事故进行评估和鉴定。接受委托对保险事故进行评估和鉴定的机构和人员,应当依法、独立、客观、公正地进行评估和鉴定,任何单位和个人不得干涉。其经营范围包括:保险标的承保前和承保后的检验、估价及风险评估;保险标的出险后的查勘、检验、估损理算及出险保险标的残值处理;风险管理咨询;中国保监会批准的其他业务。

2. 遵守法定和约定的义务。保险公估机构及其从业人员应当遵守法律、行政法规及中国保监会的规定,接受行业管理,维护行业声誉,遵守评估准则、职业道德和有关标准,对使用的有关文件、证明、资料的真伪进行查验,依法、独立、客观、公正地进行评估和鉴定。保险公估机构及其分支机构从事保险公估业务,应当与委托人签订书面委托合同,依法约定双方的权利义务及其他事项。

3. 勤勉尽责义务。保险公估机构、保险公估分支机构及其从业人员在开展公估业务过程中,应当勤勉尽职,对于委托人的各项委托尽职尽责,不因公估服务费用的高低而影响公估服务的质量,保险公估报告不得存在重大遗漏。同时,保险公估从业人员应忠诚服务于所属保险公估机构,不得以个人名义招揽、从事保险公估业务或者同时在两个以上保险公估机构中执业,不侵害所属保险公估机构的利益。

4. 告知和保密义务。保险公估机构及其分支机构在开展业务过程中,应当制作规范的客户告知书,并在开展业务时向客户出示。客户告知书应当至少包括保险公估机构及其分支机构的名称、营业场所、联系方式、业务范围等基本事项。保险公估机构及其董事、高级管理人员与公估业务相关的保险公司、保险中介机构存在关联关系的,应当在客户告知书中说明。同时,保险公估机构及其从业人员不得泄露在经营过程中知悉的投保人、被保险人、受益人或者保险公司的商业秘密及个人隐私。

四、保险公估人的监督管理

中国保监会根据国务院授权，对保险公估机构履行监管职责。中国保监会派出机构，在中国保监会授权范围内履行监管职责。保险公估机构及其分支机构应当依照中国保监会有关规定及时、准确、完整地报送报表、报告、文件和资料，并根据中国保监会要求提交相关的电子文本。保险公估机构及其分支机构应当妥善保管业务档案、会计账簿、业务台账以及佣金收入的原始凭证等有关资料，保管期限自保险合同终止之日起计算，保险期间在 1 年以下的不得少于 5 年，保险期间超过 1 年的不得少于 10 年。

中国保监会依法对保险公估机构及其分支机构进行现场检查，包括但不限于下列内容：(1)机构设立、变更是否依法获得批准或者履行报告义务；(2)业务经营状况是否合法；(3)财务状况是否良好；(4)向中国保监会提交的报告、报表及资料是否及时、完整、真实；(5)内控制度是否完善，执行是否有效；(6)任用董事长、执行董事和高级管理人员是否符合规定；(7)是否有效履行从业人员管理职责；(8)对外公告是否及时、真实；(9)计算机配置状况和信息系统运行状况是否良好。

思考题

1. 如何理解保险代理人的法律地位和职业规则？
2. 如何理解保险经纪人的法律地位和职业规则？
3. 如何理解保险公估人的法律地位和职业规则？

第十七章 保险业的监督管理

导读

- 保险业监督管理的概念有广义和狭义之分：广义的保险业监督管理包括国家监督管理、行业自律管理和保险企业的内部监督管理；狭义的保险业监督管理仅指国家对保险业的监督管理。
- 保险业的监督管理主要有三种模式，即严格监管模式、松散监管模式和折中监管模式。
- 保险行业协会是保险业的自律性组织，是社会团体法人。保险业自律管理能够有效弥补政府监管的不足，维护保险市场经济秩序。

第一节 保险业的监督管理概述

一、保险业监督管理的概念

现代市场经济社会中，各市场主体无不参与到各种金融活动之中，金融活动是市场经济的中心，对金融业的监管也就成为规范市场秩序的重要手段之一。保险业的监督管理作为金融监管的一个组成部分，以其法定性、专业性、广泛性和严格性维护着保险市场的稳定发展，从而对整体市场经济的有序运行起着不可或缺的重要作用。保险业的监督管理，其概念有广义和狭义之分。"广义的保险监管，是指在一国范围内，为达到一定的目标，从国家、社会、保险行业、保险企业自身等各个层次上对保险企业、保险经营活动及保险市场进行的监督和管理。狭义的保险监管仅指国家对保险企业、保险经营活动及保险市场的监督与管理。"[1]依此来看，广义的保险业的监督管理主要包括以下内容：

1. 保险业的国家监督管理。即国家对保险业的监管，是国家管理经济的职能在保险业中的体现。这种监管的重心在于对保险市场准入和退出的监管上，并以保险企业偿付能力为核心，在不同程度上对保险合同格式条款、费率以及保险资金运

---

〔1〕 参见申曙光：《保险监管》，中山大学出版社2000年版，第64页。

用等方面进行监管。[2]

2. 保险业的行业自律管理。这种监管通过行业公会组织的建立、行业规则的制定与实施等方式而实现。[3]

3. 保险企业的内部监督管理。即保险公司通过制定有关稽查和审计制度及其他内控管理措施而进行自我监督管理的活动。[4]

二、保险业监督管理的目标和意义

保险业监督管理的目标是由保险产品的特殊性和保险经营的特殊性决定的。从各国对保险业的监督管理来看,尽管保险业发展程度不同,但其所期望达到的目标有相同之处。

1. 强化保险人的偿付能力。由于偿付能力关系到保险人最终能否履行合同约定向被保险人、受益人赔付保险金,一旦保险人的偿付能力出现问题,将会极大损害被保险人、受益人的利益,甚至可能引发社会秩序的紊乱。因此,各国保险业监督管理的首要考虑目标就是强化保险人的偿付能力,保证其稳健经营。

2. 维护公平的保险市场环境。保险市场的公平主要体现在两个方面:(1)体现在保险人与投保人、被保险人或受益人之间的关系方面,监管部门可以通过制定强制性规范消除信息不对称等市场外部性问题,防范和规制保险合同主体的不诚信行为,从而保证保险人与投保人、被保险人或受益人之间的公平;(2)体现在保险人之间,监管部门可以通过制定强制性规范来约束保险人的市场竞争行为,从而避免因市场垄断、价格垄断或产品垄断造成竞争的不完全性。

3. 合理引导保险资金的流向。由于收取保费和赔偿给付的时间与数量上存在差异性,保险人通常情况下会拥有一定数量的闲置资金。监管部门可以通过合理引导保险企业投资流向和流量比例来避免因资金使用不当而导致的风险,从而提高保险企业的经济效益和社会效益。

由此可见,保险业的监督管理有着重要的经济意义和社会意义。从经济层面来看,保险监管有助于稳定保险市场,提高保险企业的经营效益,使保险企业在良好的市场环境中可以充分地创造经济价值。从社会层面来看,保险监管可以通过强化保险企业的偿付能力来保护被保险人和受益人的利益,从而促进社会稳定与发展。

三、保险业监督管理的模式

保险业的监督管理模式是一国关于保险监管机构和保险监管法规的体制安

---

〔2〕 参见温世扬:《保险法》,法律出版社2003年版,第425页。

〔3〕 参见申曙光:《保险监管》,中山大学出版社2000年版,第65页。

〔4〕 参见贾林青:《保险法》,中国人民大学出版社2014年版,第347页。

排。综观世界各国保险业的监管实践，保险业监管有三种主要模式，即严格监管模式、松散监管模式和折中监管模式。[5]

严格监管模式是指监管部门颁布规范性文件对保险合同条款、费率安排、投资活动、红利分配和信息对称性等进行详细说明，并通过权责分明的政府机构进行有效监管。典型代表是德国和美国。德国的保险监管以《保险监管法》和《保险合同法》为基本法律框架，建立了多层次的保险监管体系，各职能部门责权清晰、信息共享，实现了对保险市场的有效监管。美国的保险监管以各州保险监督局和全国保险监督官协会为监管部门，各州的监管相对独立，但在监管内容方面均包括偿付能力监管、保险合同监管、财务监管和市场行为监管这四个方面。[6]

松散监管模式是指监管部门将监管内容集中在保险人的偿付能力上，其他内容则交给市场自由竞争或行业自律来完成。典型代表是英国。20 世纪 70 年代以前，英国政府对保险市场的监管比较有限，保险人和保险中介人较多地受到同业公会规则、普通法和自身诚信的约束，而缺乏来自监管部门的权威性监管。20 世纪 70 年代后，英国政府着重加强了保险监管法律制度的建设，并依据相关法律建立起新的保险监管体系；但总体来看，保险监管仍然比较宽松，主要是通过行业协会的自律监管来保证保险市场的健康发展。

折中监管模式是介于严格监管模式和松散监管模式之间的一种制度安排，一般为发展中国家所使用。典型代表是中国。我国的保险监管的法制化进程相对较晚，因而缺乏严格监管模式的建立基础，而不发达的市民社会也使得保险业的自律监管缺失建立基础。实际上，折中监管模式是发展中国家在保险市场逐步发展和对外开放过程中的一种必然选择。

第二节　保险业的监督管理体制

一、国外保险业的监督管理体制

（一）英国保险业的监督管理体制

20 世纪 70 年代以前，英国政府通过贸易工业部下属的保险局来监督保险市场，同时保险同业工会对保险业进行自我监管。20 世纪 70 年代后，英国政府逐步建立了完善的保险监管法律制度。1977 年《保险经纪人注册法》、1982 年《保险公司法》和《劳合社法案》以及 1986 年《金融服务法》颁布，标志着英国对保险市场监

---

〔5〕 参见林宝清、施建祥："论西方保险监管模式变革与我国保险监管模式选择"，载《金融研究》2003 年第 6 期。

〔6〕 参见林宝清、施建祥："论西方保险监管模式变革与我国保险监管模式选择"，载《金融研究》2003 年第 6 期。

管力度的加强。1997年,英国成立了金融服务局,负责统一监管银行、证券和保险业。自2005年1月起,英国金融服务局开始对一般保险业务的监管。20世纪末在统一金融监管体制的过程中,英国首先颁布《2000年金融服务和市场法》,取代了包括1982年的《保险公司法》和1986年的《金融服务法》等在内的一系列金融法规,成为英国金融业的基本法。同时,金融服务监管局(FSA)成立,整合了原来的9个金融业监管机构,实现了金融监管组织的统一性。

2008年的国际金融危机暴露了英国金融服务局单一监管体制对金融体系的宏观审慎监管严重不足的弊端。2009年7月,英国财政部发布了《改革金融市场》白皮书,提出了金融监管改革的计划和方案。根据《2012年金融服务法案》,新的英国金融管理框架下设立了三个专职机构,即金融政策委员会(FPC),以及由原来的金融服务监管局拆分的金融行为监管局(Financial Conduct Authority,FCA)和审慎监管局(Prudential Regulation Authority,PRA)。其中,审慎监管局(PRA)作为英格兰银行的子公司,负责对吸收存款机构(包括银行、住房贷款协会和信用社)、保险公司和大型或复杂投资公司(证券公司)进行审慎监管;金融行为监管局(FCA)负责对上述主体进行行为监管,以及对一般投资公司、投资交易所(证券交易所)及其他金融机构(如保险经纪公司、基金管理公司等)进行审慎和行为监管;两者在与宏观审慎监管有关的方面都将接受金融政策委员会的指导。换言之,银行、保险公司和某些投资公司等具有审慎重要性的金融机构由审慎监管局(PRA)和金融行为监管局(FCA)进行双重监管。[7]

由此可见,在保险领域,审慎监管局(PRA)是英国保险业的监管主体,其实行前瞻性的且基于判断的监管,并实行以偿付能力Ⅱ[8]为标准的宏观审慎监管机制;其目标在于最大限度保护投保人利益以及破产保险机构的有序处置和市场退出。金融行为监管局(FCA)则审查保险公司的销售、咨询业务和新型保险产品的适当性。

此外,英国保险业的行业自律性极强,保险市场、保险企业和行业组织的自我监管能力极为突出。劳合社是保险业自律性组织的典范,其对保险参与者的要求甚至较一般行业标准更为严格。

(二)美国保险业的监督管理体制

19世纪末之前,美国各州相继建立了保险监管法律法规,对保险公司资本要求、偿付能力、投资资金管理、保险费率厘定、保险中介管理等作出较为全面的规定。

---

〔7〕 See Bank of England & FSA, Bank of England, Prudential Regulatory Authority, Our approach to banking supervision, http://www.fsa.gov.uk/pubs/speeches/boe_pra.pdf.

〔8〕 偿付能力Ⅱ监管制度体系采用三支柱的整体框架。支柱1:资本充足要求,包括资产负债评估标准、实际资本标准、最低资本标准、资本充足率标准和监管措施等。支柱2:风险管理要求,包括公司全面风险管理要求,监管部门对公司资本计量和风险管理的监督检查等。支柱3:信息披露要求,包括对监管部门的报告要求和对社会公众的信息公开披露要求。

19 世纪末 20 世纪初，保险业跨州交流日益频繁。1871 年成立的全美保险监督官协会（National Association of Insurance Commissioners，NAIC）从统一保险公司财务报表、监管立法和信息数据收集与传递方面协调各州的保险监管工作。1945 年，美国国会出台《麦克伦—福克森法》，明确了州政府在保险监管中的主要责任，同时也肯定了联邦政府的监督职责。1977 年，美国政府颁布了《联邦保险法》，并建立起联邦保险委员会，负责各类保险公司经营许可证的发放工作。1999 年，美国颁布的《格雷姆—里奇—比利雷法》，取消了保险公司开设分支机构的种种限制，并允许股份公司制的银行、证券、保险相互控股。

2008 年全球金融危机的爆发使美国保险市场面临巨大挑战。美国财政部于 2008 年 3 月发布了《现代金融监管结构蓝皮书》，其中建议通过设立一个保险监管机构来全面监管保险业。美国金融服务委员会主席于 2009 年 10 月也通过提交的一份《联邦保险办公室（草案）》来强调提升联邦政府对保险监管的能力，但由于在诸如该法案的实施是否能将保险业的监管落实到位，是否能避免重要保险公司在金融危机中引发系统风险等方面还有待进一步研究，该法案尚未出台。2010 年，美国通过了《2010 非许可和再保险改革法》，试图在保险市场和再保险市场设立全国统一的标准，明确监管职责，避免监管漏洞和多重监管问题。

美国保险业的监督管理体系颇具特色。（1）各州的保险监管体系严格而规范。19 世纪 60 年代末，当时弗吉尼亚州政府指控当地的保险经纪人萨缪尔·保罗的商业活动违反了该州的有关规定，并对其进行了判罚。保罗在向美国最高法院申诉后却得到了维持原判的结果，同时最高法院强调了州政府在保险监管中的地位。此后，州政府主要负责监管保险业的传统在美国得到了确立。美国保险专业协会于 2002 年提议建立一个《州际保险产品监管协议》，用以建立统一的保险产品标准和一次性审查制度，从而达到将监管权力保留在州政府的目的。美国各州通过州议会、法院和州保险局三个机构共同完成本层次的监管工作。（2）联邦保险监管体系适度扩张。21 世纪初，美国联邦政府提出《州立监管现代化和透明度法》法案，该法案希望通过建立一个联邦与各州合作的保险监管体系来提高州政府的监管效率。此后，美国联邦政府又相继推出了《选择性联邦法规（草案）》和《2007 国家保险法（草案）》来提高联邦政府的监管能力。全球金融危机之后，美国保险监管制度也在金融危机之后出现了显著的改革迹象。

（三）德国保险业的监督管理体制

德国以立法形式实施对保险业的监管始于 20 世纪初，即 1901 年《保险监管法》的颁布。2012 年 7 月，德国政府主要针对该法律中与欧盟偿付能力Ⅱ指令相违背的内容进行了修改。此外，1934 年《帝国银行法》、1961 年《联邦银行法》、1962 年《信用制度法》以及 2002 年《统一金融服务监管法》都从不同侧面约束和监管着保险市场。

德国的保险监管体系主要分为联邦和州两个层次。其中，联邦一级负责监管跨州经营的私营保险公司和竞争性的国有保险公司；州一级监管针对在特定州经营的私营保险公司和竞争性的国有保险公司。德国的保险监管体系中，2002年建立的联邦金融监管局（BaFin）是最高层监管机构，其履行对金融市场的国家监管职能，成立独立的部门进行银行监管、保险监管和证券监管，跨行业任务则由从传统监管功能分离出来的交叉业务部门执行。在联邦金融监管局下层的监管机构是德意志联邦银行，它主要负责监督和审计德国各金融机构的日常经营活动，并与金融监管局共享信息、技术等资源。除以上两个政府监管机构外，德国还在金融市场中积极引进以经济审计师协会为代表的外部监管机构，使包括保险市场在内的金融体系得到更有效的监管。

（四）日本保险业的监督管理体制

日本于19世纪80年代后期开始引进保险制度，1900年颁布《保险业法》，1995年进行修订。新法强调保险业的自由竞争导向，重建了保险监管机制，调整和完善了保险公司的破产处理制度，着重于事后监管。

1997年前，日本的保险监管权力集中于中央，由大藏省负责制定和解释保险市场的各种规章制度，对保险市场的各种交易活动进行监督管理。其监管手段主要体现为一种行政式的监管。20世纪90年代以后，日本金融危机加剧，金融机构倒闭频繁。为了加强金融监管，1998年，日本设立金融监督厅和金融再生委员会。金融监管职能由大藏省移交新设机构，即大藏省下设的银行局及后来分设的金融监督厅，并设有保险审议会和汽车赔偿责任审议会作为咨询机构。2001年，为了确保金融监管的独立性，大藏省的金融监督厅和金融统计局合并，主要负责制定金融制度、进行金融执法和实施金融监管，同时撤销金融监督厅和金融再生委员会，设立金融厅（Financial Service Agency，FSA），专职负责监管银行、证券和保险等金融机构。金融厅下设证券交易监督委员会和注册会计师监察审查会。

二、我国保险业的监督管理体制

从1949年中华人民共和国成立到1979年改革开放，我国保险业还不存在真正意义上的保险监管制度。1985年，《保险企业管理暂行条例》开始实施，1995年，中国人民银行设立保险司，专门对保险公司和保险中介行使保险监管职能。同时，各省市陆续成立了保险同业协会，逐步形成了行业监管自律机制。1995年，《保险法》正式实施，强调对保险企业市场行为的监管，但鉴于当时保险市场的特点以及监管主体的力量不足，这方面的监管缺少实质性的措施。[9]

1998年，中国保险监督管理委员会正式成立，依照《保险法》和国务院规定的职责，遵循依法、公开、公正的原则，对保险业实施监督管理，维护保险市场秩序，保护投保人、被保险人和受益人的合法权益。同时，《保险法》赋予其相应的监管权力。

---

〔9〕 参见袁成：《中国保险监管制度研究》，南京大学出版社2011年版，第55～56页。

根据《保险法》第135条和第138条的规定,中国保监会依照法律、行政法规制定并发布有关保险业监督管理的规章,且应当建立健全保险公司偿付能力监管体系,对保险公司的偿付能力实施监控。为保证监管的有效性,《保险法》还要求其应当与中国人民银行、国务院其他金融监督管理机构建立监督管理信息共享机制;应当依法履行职责,进行监督检查、调查时,有关部门应当予以配合。

中国保监会下设发展改革部、政策研究室、财务会计部(偿付能力监管部)、保险消费者权益保护局、财产保险监管部(再保险监管部)、人身保险监管部、保险中介监管部、保险资金运用监管部、国际部(港澳台办公室)、法规部、统计信息部、稽查局等内设部门。其主要职责有:

1. 拟定保险业发展的方针政策,制定行业发展战略和规划;起草保险业监管的法律、法规;制定业内规章。

2. 审批保险公司及其分支机构、保险集团公司、保险控股公司的设立;会同有关部门审批保险资产管理公司的设立;审批境外保险机构代表处的设立;审批保险代理公司、保险经纪公司、保险公估公司等保险中介机构及其分支机构的设立;审批境内保险机构和非保险机构在境外设立保险机构;审批保险机构的合并、分立、变更、解散,决定接管和指定接受;参与、组织保险公司的破产、清算。

3. 审查、认定各类保险机构高级管理人员的任职资格;制定保险从业人员的基本资格标准。

4. 审批关系社会公众利益的保险险种、依法实行强制保险的险种和新开发的人寿保险险种等的保险条款和保险费率,对其他保险险种的保险条款和保险费率实施备案管理。

5. 依法监管保险公司的偿付能力和市场行为;负责保险保障基金的管理,监管保险保证金;根据法律和国家对保险资金的运用政策,制定有关规章制度,依法对保险公司的资金运用进行监管。

6. 对政策性保险和强制保险进行业务监管;对专属自保、相互保险等组织形式和业务活动进行监管;归口管理保险行业协会、保险学会等行业社团组织。

7. 依法对保险机构和保险从业人员的不正当竞争等违法、违规行为以及对非保险机构经营或变相经营保险业务进行调查、处罚。

8. 依法对境内保险及非保险机构在境外设立的保险机构进行监管。

9. 制定保险行业信息化标准;建立保险风险评价、预警和监控体系,跟踪分析、监测、预测保险市场运行状况,负责统一编制全国保险业的数据、报表,并按照国家有关规定予以发布。

10. 承办国务院交办的其他事项。

三、保险业的自律管理体制

(一)保险业自律管理的概念和功能

保险行业协会是保险业发展到一定阶段的产物,是保险市场成熟的标志之一。

保险业自律，是指通过保险业行业组织依据保险业法的规定，在保险业内部为解决保险企业之间的利益冲突或者协调保险企业与保险监管机构及其他行业之间的关系而实行自我管理、自我约束、自我监督的制度。[10]

保险业自律管理能够有效弥补政府监管的不足。保险业自律管理能够通过自我约束、自我管理，协调保险企业之间的关系，平衡相互之间的利益冲突，这是政府监管所难以达到的。因而保险业自律管理能够有效地弥补政府监管的不足。以政府监管为主、以行业自律为补充的保险监管体制，符合市场经济条件下监管主体多元化的趋势，促进保险市场的发展。

保险业自律管理能够有效维护保险市场经济秩序。正如英国社会学家、政治学家麦基弗所言，“任何一个团体，为了进行正常的活动以达到各自的目的，都要有一定的规章制度，约束其成员，这就是团体的法律”。[11] 保险业行业协会可以通过制定行规行约、行为规范，进行行业内部质量评级和惩罚处置，进行行业准入认定、资质认定等，对保险业内企业的行为和产品质量进行约束和监管，从而发挥行业自律的作用。

（二）国外保险业的自律管理体制

英国保险业以高度的行业自律为特色。包括劳合社理事会、英国经纪人委员会、保险推事局、保险人协会、寿险组织协会和个体保险仲裁服务公司等在内的保险业自律组织各自负责不同的管理范围，对保险的政府监管和宏观监管起着重要的辅助作用。

美国保险行业协会制度已有上百年的历史。行业协会主要有三类：一是同业公会类，其主要宗旨是代表行业进行政策游说，影响国会立法、州立法和州监管法规的制订，维护行业、会员和消费者的合法权益；二是专业服务类，其主要宗旨是提供数据信息、研究咨询或技术服务；三是教育培训类。美国保险行业协会的具体职能包括：(1)积极进行政策游说。例如，美国寿险协会（ACLI）每年都要研究至少15000份提交待议的政策法规，提出很多涉及退休保障、国际贸易和监管现代化的政策观点。(2)提供行业信息。例如，美国财产与责任保险协会拥有80多个公开出版物，包括每天的立法及监管警示报告、协会公报和统计分析，还全资设立了一家保险数据公司。(3)提供法律咨询服务。例如，美国再保险协会为其会员提供全国性的法令和判例法分析，并为会员提供代理诉讼服务。(4)提供行业交流平台。例如，美国财产与责任保险协会每年都举行研讨会和委员会会议，加强交流沟通。(5)提供教育服务。例如，美国保险代理人和经纪人协会为会员提供在线教育服务。(6)制定行业标准。例如，美国保险市场标准协会（IMSA）为人寿保险、年金和长期护理保险的个人销售与服务行为制定了一系列道德标准，并为会员公司提供

---

〔10〕 参见贾林青：《保险法》，中国人民大学出版社2014年版，第369页。

〔11〕 参见邹永贤等：《现代西方国家学说》，福建人民出版社1993年版，第322页。

道德标准认证。

德国保险协会于1948年在科隆成立,其任务包括代表德国保险业的利益、为成员公司提供重要服务以及为消费者提供教育和信息等。在与政府监管机构的协调方面,德国保险协会及其成员公司在联邦金融监管局拥有代表席位,参与联邦金融监管局战略与预算的讨论和决策;在消费者保护领域,德国保险协会设立了一个具有独立法人资格的申诉专员协会,来作为一种替代性纠纷解决机制;在公共关系和教育工作方面,德国保险协会设立了信息中心,为消费者提供获取信息的机会,同时通过互联网为消费者提供针对保险相关议题的具体建议。

日本保险行业协会是按照寿险、非寿险、中介等业务种类组成各自的行业协会。其中,日本寿险协会(Life Insurance Association of Japan, LIAJ)1898年设立,1908年取得社团法人资格。其职能主要包括:(1)代表会员表达对管理机构的想法和诉求,调解和斡旋与寿险有关的财政、经济、社会福利、税收或者其他问题。(2)进行与寿险事业相关的研究和统计,组织研究国内外的人寿保险业和关联产业的发展状况,进行与寿险相关的法律法规制度、保险监督制度、社会保障制度和海外保险问题等调查。(3)提供寿险教育培训,为寿险行业的销售人员和雇员提供教育和培训,组织有关职业方面的考试。

日本损害保险协会(General Insurance Association of Japan, GIAJ)成立于1946年,其具体职能如下:(1)维护行业和会员合法权益。包括制定行业标准和行业指导性条款,开展行业调查研究,参与决策论证,协调协会会员间的关系,为协会会员公司提供信息交换服务。(2)为客户提供服务。包括协调会员公司与客户的关系,为消费者和客户提供信息咨询服务,提供降低风险的设施及多种与保险和风险相关的援助服务。(3)宣传保险知识,提供社会贡献。

(三)我国保险业的自律管理体制

根据我国《保险法》的规定,保险行业协会是保险业的自律性组织,是社会团体法人。保险公司应当加入保险行业协会,保险代理人、保险经纪人、保险公估机构可以加入保险行业协会。我国保险业自律组织是中国保险业行业协会,成立于2001年2月23日,是经中国保险监督管理委员会审查同意并在国家民政部登记注册的中国保险业的全国性自律组织,是自愿结成的非营利性社会团体法人。

保险行业协会的权力机构为全体会员组成的会员大会。保险行业协会章程由会员大会制定,并报保险监督管理机构备案。保险行业协会履行下列自律管理职责:(1)教育和组织会员以及从业人员遵守保险法律、行政法规、自律规则,组织开展保险行业文化宣传和诚信建设;(2)依法维护会员的合法权益,向保险监督管理机构反映会员的建议和要求;(3)制定和实施保险行业自律规则,监督、检查会员以及从业人员行为,对违反自律规则或者协会章程的,按照规定给予纪律处分或者实施其他自律管理措施;(4)制定保险行业执业标准和业务规范,组织相关保险从业人员的从业考试和业务培训,对相关保险从业人员进行资格管理;(5)组织会员就保险行业的发展、运作及有关内容进行研究，收集整理、发布保险相关信息，提供会员服务，组织行业交流；(6)对保险业务纠纷进行调解；(7)保险行业协会章程规定的其他职责。

此外，精算师协会、保险资产管理业协会、保险中介行业协会分别是精算师行业、保险资产管理行业、保险中介行业的自律性组织，是社会团体法人，分别对精算师行业、保险资产管理行业、保险中介行业实施自律管理。

思考题

1. 详述国外保险业监督管理体制的借鉴意义。
2. 如何理解保险业自律管理的概念及特点？

主要参考文献

1. 王建文:《商法教程》(第三版),中国人民大学出版社 2016 年版。
2. 王建文、张宇、熊敬:《公司高管重大经营决策失误民事责任研究》,法律出版社 2012 年版。
3. 王建文:《中国商法立法体系:批判与建构》,法律出版社 2009 年版。
4. 范健、王建文:《商法学》(第四版),法律出版社 2015 年版。
5. 范健、王建文:《公司法》(第四版),法律出版社 2015 年版。
6. 范健、王建文:《商法总论》,法律出版社 2011 年版。
7. 范健、王建文:《证券法》(第二版),法律出版社 2010 年版。
8. 范健、王建文:《破产法》,法律出版社 2009 年版。
9. 范健、王建文:《商法的价值、源流及本体》(第二版),中国人民大学出版社 2007 年版。
10. 范健、王建文:《商法基础理论专题研究》,高等教育出版社 2005 年版。
11. 范健、王建文:《商法论》,高等教育出版社 2003 年版。
12. 范健主编:《商法》,高等教育出版社 2012 年版。
13. 范健主编:《商法》(第四版),高等教育出版社、北京大学出版社 2011 年版。
14. 范健:《德国商法:传统框架与新规则》,法律出版社 2003 年版。
15. 王静:《保险案件司法观点集成》,法律出版社 2016 年版。
16. 樊启荣:《保险法诸问题与新展望》,北京大学出版社 2015 年版。
17. 黎建飞:《保险法新论》(第二版),北京大学出版社 2014 年版。
18. 孙宏涛:《保险合同法精解》,法律出版社 2014 年版。
19. 国家法官学院案例开发研究中心编:《中国法院 2014 年度案例・保险纠纷》,中国法制出版社 2014 年版。
20. 国家法官学院案例开发研究中心编:《中国法院 2013 年度案例・保险纠纷》,中国法制出版社 2013 年版。
21. 王林清:《保险法理论与司法适用》,法律出版社 2013 年版。
22. 袁成:《中国保险监管制度研究》,南京大学出版社 2011 年版。
23. 任自力主编:《保险法学》,清华大学出版社 2010 年版。
24. 贾林青:《保险法》(第三版),中国人民大学出版社 2009 年版。
25. 贾林青、徐涛主编:《海商法保险法评论》(第二卷),知识产权出版社 2007 年版。
26. 刘宗荣:《新保险法:保险契约法的理论与实务》,中国人民大学出版社 2009 年版。
27. 温世杨主编:《保险法》(第二版),法律出版社 2007 年版。
28. 覃有土主编:《商法学》(修订三版),中国政法大学出版社 2007 年版。
29. 覃有土主编:《保险法概论》(第二版),北京大学出版社 2001 年版。

30. 覃有土、樊启荣:《保险法学》,高等教育出版社 2003 年版。
31. 李永军主编:《商法学》(修订版),中国政法大学出版社 2007 年版。
32. 王保树:《商法总论》,清华大学出版社 2007 年版。
33. 王保树、崔勤之:《中国公司法原理》(最新修订第三版),社会科学文献出版社 2006 年版。
34. 王保树主编:《商法》,法律出版社 2005 年版。
35. 王保树主编:《中国商事法》(新编本),人民法院出版社 2001 年版。
36. 张民安:《商法总则制度研究》,法律出版社 2007 年版。
37. 赵中孚主编:《商法总论》(第三版),中国人民大学出版社 2007 年版。
38. 顾功耘主编:《商法教程》(第二版),上海人民出版社、北京大学出版社 2006 年版。
39. 顾功耘主编:《金融市场运行与法律监管》,世界图书出版公司 1999 年版。
40. 施天涛:《商法学》(第三版),法律出版社 2006 年版。
41. 朱翌锟:《商法学——原理·图解·实例》,北京大学出版社 2006 年版。
42. 方乐华:《保险法论》(第二版),立信会计出版社 2006 年版。
43. 许崇苗、李利:《中国保险法原理与适用》,法律出版社 2006 年版。
44. 中国保险监督管理委员会国际部编:《全球视野——境外保险考察报告》,中国金融出版社 2006 年版。
45. 姚海明主编:《保险学》(第二版),复旦大学出版社 2005 年版。
46. 林宝清:《保险法原理与案例》,清华大学出版社 2005 年版。
47. 梁宇贤:《保险法新论》,中国人民大学出版社 2004 年版。
48. 梁宇贤:《保险法实例解说》,中国人民大学出版社 2004 年版。
49. 梁宇贤:《商事法论》,中国人民大学出版社 2003 年版。
50. 赵旭东主编:《商法学教程》,中国政法大学出版社 2004 年版。
51. 曹兴权:《保险缔约信息义务研究》,中国检察出版社 2004 年版。
52. 雷兴虎主编:《商法学》,人民法院出版社、中国人民公安大学出版社 2003 年版。
53. 温世扬主编:《保险社》,法律出版社 2003 年版。
54. 李玉泉主编:《保险法》(第二版),法律出版社 2003 年版。
55. 彭虹、豆景俊主编:《保险法》,中山大学出版社 2003 年版。
56. 中国保险监督管理委员会编:《国际保险监管研究》,中国金融出版社 2003 年版。
57. 龙卫球:《民法总论》(第二版),中国法制出版社 2002 年版。
58. 沙银华:《日本经典保险判例评释》,法律出版社 2002 年版。
59. 沈达明:《法国商法引论》,对外经济贸易大学出版社 2001 年版。
60. 杜鹃主编:《保险学基础》,上海财经大学出版社 2001 年版。
61. 史尚宽:《民法总论》,中国政法大学出版社 2000 年版。
62. 彭喜锋编:《保险学原理》,复旦大学出版社 2000 年版。
63. 樊启荣:《保险法论》,中国法制出版社 2001 年版。
64. 徐卫东:《保险法论》,吉林大学出版社 2000 年版。
65. 曹雪琴编:《保险学概论》,立信会计出版社 2000 年版。
66. 羊焕发、吴兆祥:《保险法》,人民法院出版社 2000 年版。
67. 苏号朋主编:《美国商法》,中国法制出版社 2000 年版。

68. 张洪涛、郑功成主编:《保险学》,中国人民大学出版社 2000 年版。
69. 秦道夫主编:《保险法论》,机械工业出版社 2000 年版。
70. 申曙光:《保险监管》,中山大学出版社 2000 年版。
71. 吴志攀主编:《国际金融法》,法律出版社 1999 年版。
72. 魏华林、林宝清主编:《保险学》,高等教育出版社 1999 年版。
73. 尹章华等:《商事法入门》,台湾月旦出版公司 1998 年版。
74. 孙积禄:《保险法论》,中国法制出版社 1997 年版。
75. 徐卫东等:《保险法》,吉林人民出版社 1996 年版。
76. 张文显:《二十世纪西方法哲学思潮研究》,法律出版社 1996 年版。
77. 徐国栋:《民法基本原则研究》,中国政法大学出版社 1992 年版。
78. 张洪涛、郑功成编:《保险学》,中国人民大学出版社 2000 年版。
79.《法国商法典》(上、中、下册),罗结珍译,北京大学出版社 2015 年版。
80.《法国公司民法典》(上、下册),罗结珍译,中国法制出版社 2007 年版。
81.《法国民法典》(上、下册),罗结珍译,法律出版社 2005 年版。
82.《英国 2006 年公司法》,葛伟军译,法律出版社 2008 年版。
83.《最新美国标准公司法》,沈四宝编译,法律出版社 2006 年版。
84.《意大利民法典》,费安玲等译,中国政法大学出版社 2004 年版。
85.《意大利民法典》,费安玲、丁玫译,中国政法大学出版社 1997 年版。
86.《日本公司法典》,吴建斌、刘惠明、李涛译,中国法制出版社 2006 年版。
87.《瑞士债法典》,吴兆祥等译,法律出版社 2002 年版。
88.《德国民法典》,陈卫佐译注,法律出版社 2004 年版。
89.《德国商法典》,景林、卢谌译,中国政法大学出版社 2000 年版。
90.《德国股份法 · 德国有限责任公司法 · 德国公司改组法 · 德国参与决定法》,杜景林、卢谌译,中国政法大学出版社 2000 年版。
91.《日本商法典》,王书江、殷建平译,中国法制出版社 2000 年版。
92.《韩国商法》,吴日焕译,中国政法大学出版社 1999 年版。
93.《俄罗斯联邦民法典》,黄道秀、李永军、鄢一美译,中国大百科全书出版社 1999 年版。
94. 卞耀武主编:《当代外国公司法》,法律出版社 1995 年版。
95.《澳门商法典》,中国人民大学出版社 1999 年版。
96. [美]肯尼斯 · S. 亚伯拉罕:《美国保险法原理与实务》,韩长印等译,中国政法大学出版社 2012 年版。
97. [美]小罗伯特 · H. 杰瑞、道格拉斯 · R. 里士满:《美国保险法精解》(第四版),李之彦译,北京大学出版社 2009 年版。
98. [美]约翰 · F. 道宾:《美国保险法》,梁鹏译,法律出版社 2008 年版。
99. 美国法律研究院:《公司治理原则:分析与建议》(上、下卷),楼建波等译,法律出版社 2006 年版。
100. ALI(美国法学会)、NCCUSL(美国统一州法委员会):《美国〈统一商法典〉及其正式评述》(第一卷),孙新强译,中国人民大学出版社 2004 年版。
101. [美]Malcom A. Clarke:《保险合同法》,何美欢、吴志攀等译,北京大学出版社 2002 年版。

102. [美]哈罗德·J. 伯尔曼:《法律与革命——西方法律传统的形成》,贺卫方、高鸿钧、张志铭、夏勇译,中国大百科全书出版社 1993 年版。
103. [德]C. W. 卡纳里斯:《德国商法》,杨继译,法律出版社 2006 年版。
104. [德]托马斯·莱塞尔、吕笛格·法伊尔:《德国资合公司法》(第三版),高旭军等译,法律出版社 2005 年版。
105. [德]莱因哈德·齐默曼、[英]西蒙·惠特克:《欧洲合同法中的诚信原则》,丁广宇、杨才然、叶桂峰译,法律出版社 2005 年版。
106. [英]戴维·M. 沃克:《牛津法律大辞典》,李双元等译,法律出版社 2003 年版。
107. [英]施米托夫:《国际贸易法文选》,赵秀文译,中国大百科全书出版社 1993 年版。
108. [英]约翰·T. 斯蒂尔:《保险的原则与实务》,孟兴国等译,中国金融出版社 1992 年版。
109. [日]奥村宏:《法人资本主义》,李建国等译,生活·读书·新知三联书店 1990 年版。
110. [日]园乾治:《保险总论》,李进之译,中国金融出版社 1983 年版。
111. [比利时]勒梅尔:《欧美保险业监管》,袁卫、孟生旺译,经济科学出版社 1999 年版。
112. [日]田边康平:《保险契约法》,台湾财团法人保险事业发展中心出版社 1993 年版。
113. 江朝国:《保险法基础理论》,中国政法大学出版社 2002 年版。
114. 郑玉波:《商事法》,台北大中国图书公司 1998 年版。
115. 郑玉波:《保险法论》,台北三民书局 1998 年版。
116. 郑玉波:《票据法》,台北三民书局 1986 年版。
117. 刘清波:《商事法》,台北商务印书馆 1995 年版。
118. 武忆舟:《民法总则》,台北三民书局 1985 年版。
119. 施文森:《保险法论文》(第 1 集),台北三民书局 1985 年版。
120. 汤俊湘:《保险学》,台北三民书局 1984 年版。
121. 吴荣清:《财产保险概要》,台北三民书局 1992 年版。